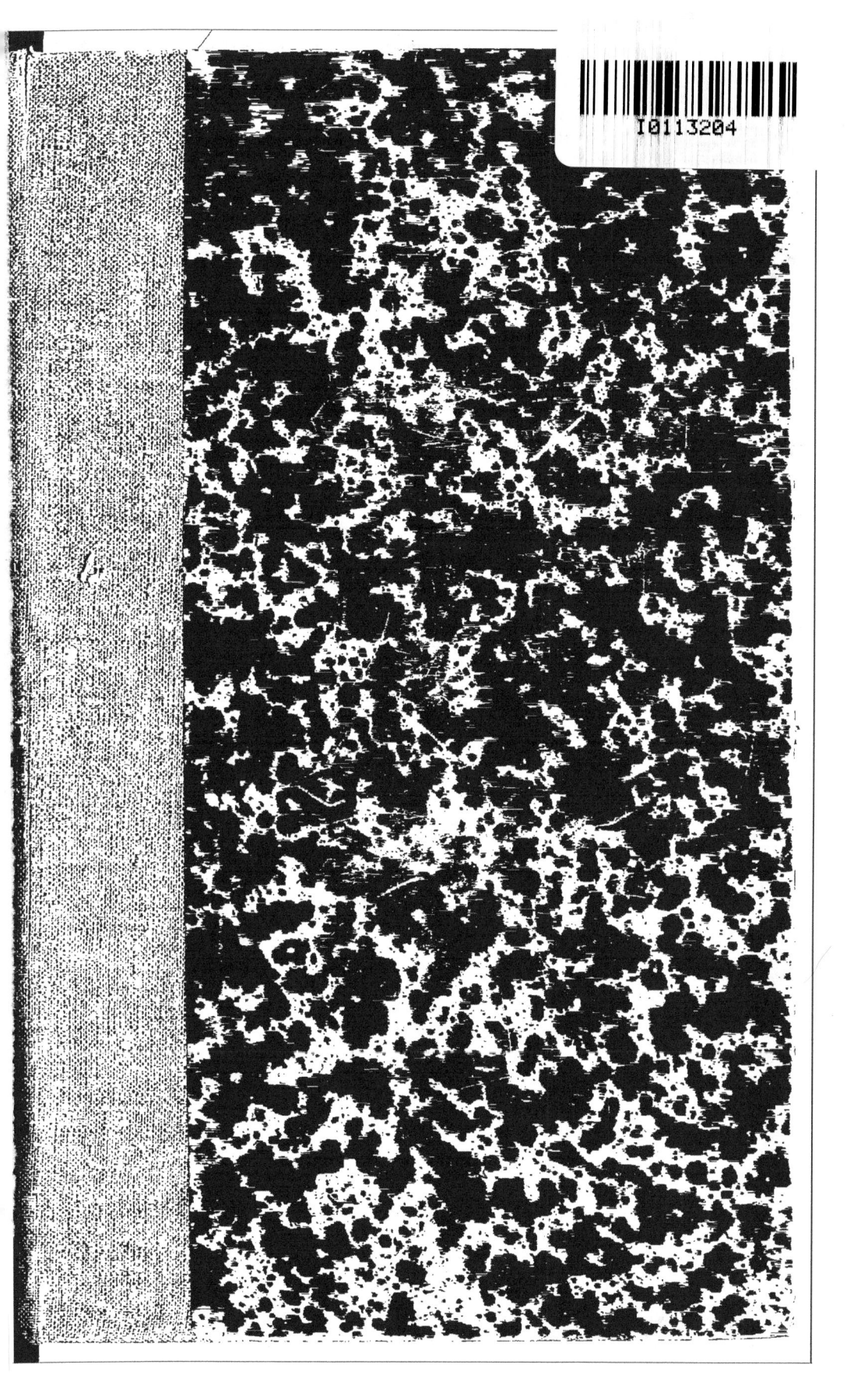

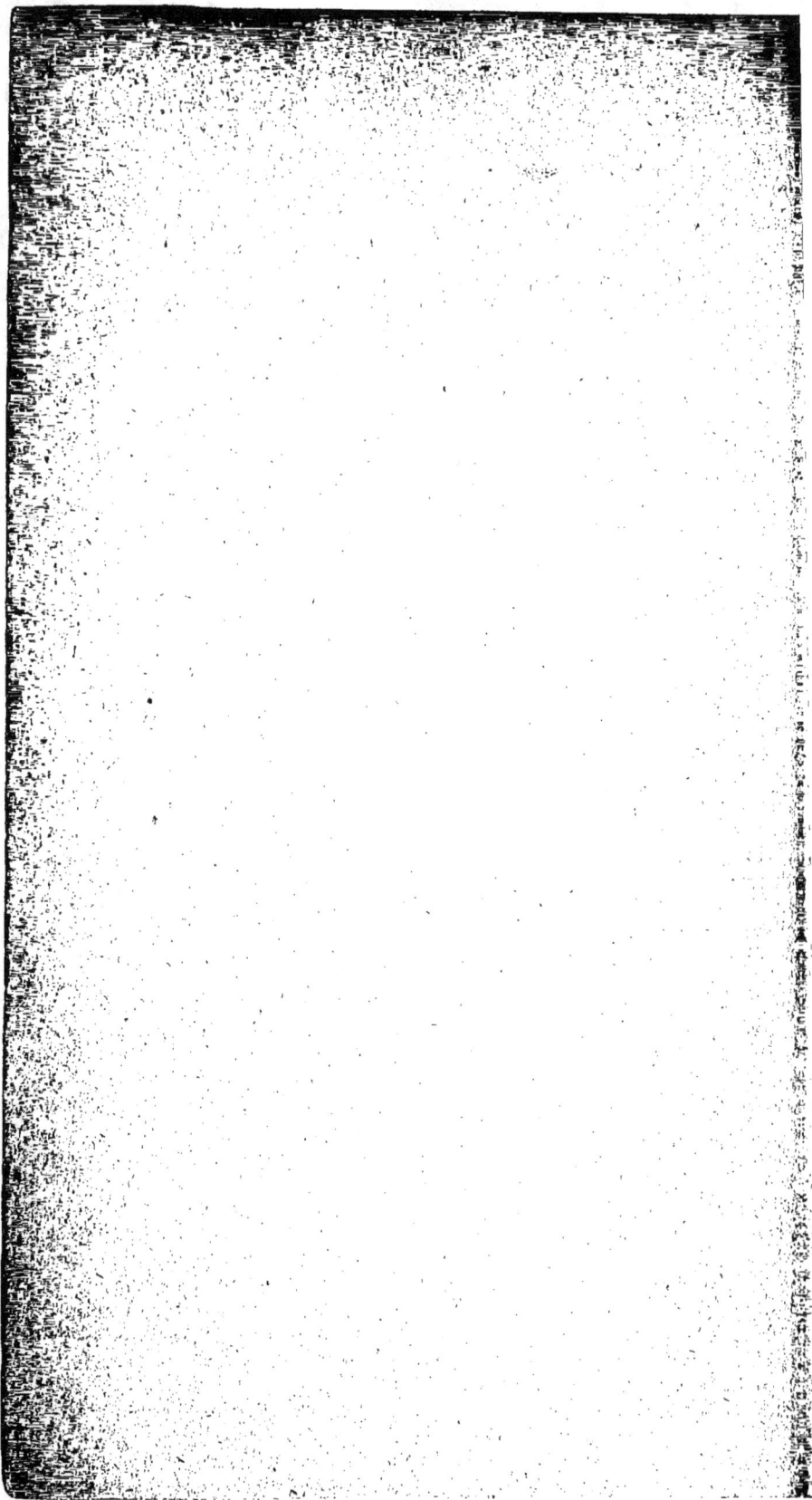

CAMPAGNES
DE CRIMÉE

D'ITALIE
D'AFRIQUE, DE CHINE ET DE SYRIE
1849-1862

LETTRES ADRESSÉES AU

MARÉCHAL DE CASTELLANE

PAR LES MARÉCHAUX

BARAGUEY D'HILLIERS, NIEL, BOSQUET, PÉLISSIER
CANROBERT, VAILLANT

ET LES GÉNÉRAUX

CHANGARNIER, CLER, MELLINET, DOUAI

ETC., ETC.

PARIS
LIBRAIRIE PLON
E. PLON, NOURRIT ET Cⁱᵉ, IMPRIMEURS-ÉDITEURS
RUE GARANCIÈRE, 10
—
1898

CAMPAGNES DE CRIMÉE

D'ITALIE

D'AFRIQUE, DE CHINE ET DE SYRIE

PARIS. TYP. DE E. PLON, NOURRIT ET Cie, 8, RUE GARANCIÈRE. — 3698.

CAMPAGNES
DE CRIMÉE

D'ITALIE

D'AFRIQUE, DE CHINE ET DE SYRIE

1849-1862

LETTRES ADRESSÉES AU

MARÉCHAL DE CASTELLANE

PAR LES MARÉCHAUX

BARAGUEY D'HILLIERS, NIEL, BOSQUET, PÉLISSIER
CANROBERT, VAILLANT

ET LES GÉNÉRAUX

CHANGARNIER, CLER, MELLINET, DOUAI

ETC., ETC.

PARIS

LIBRAIRIE PLON

E. PLON, NOURRIT et Cie, IMPRIMEURS-ÉDITEURS

RUE GARANCIÈRE, 10

1898

CAMPAGNES D'AFRIQUE

LA COLONISATION EN 1848

1. — *Lettre du colonel Dumontet* (1), *du 43ᵉ de ligne,*
commandant la subdivision de Bône.

Bône, le 2 septembre 1848.

MON GÉNÉRAL,

J'habite en ce moment un pays que vous connaissez et où votre souvenir n'est point effacé; je suis à Bône. Voilà près de trois mois que j'y ai été envoyé pour commander la sub-division et cette mission dont j'ai été chargé a eu pour mon régiment l'avantage de l'arracher à une abominable rési-dence, celle du camp de Batna, et de le transporter dans une des plus agréables garnisons de l'Afrique.

Peu de jours après mon installation dans ma petite souve-raineté, M. le général Le Flô est venu m'en déposséder et me réduire aux simples proportions de mon commandement de régiment. Son règne a été encore plus court que le mien, car, par le temps qui court, rien ne dure. A peine était-il installé qu'un ordre de je ne sais qui l'a rappelé à Paris, pour y être chargé d'une mission diplomatique, et nous venons d'apprendre que cette mission n'est ni plus ni moins qu'une ambassade en Russie. Vous serait-il venu à l'esprit, mon général, lors-qu'en 1835 vous proposiez M. le lieutenant Le Flô pour le

(1) *Loreton-Dumontet* (Philippe-Jules), né à Vareilles, le 1ᵉʳ juillet 1795, garde du corps le 4 octobre 1814, lieutenant le 23 octobre 1817, lieutenant-colonel le 5 octobre 1844, colonel du 43ᵉ de ligne le 11 avril 1844, général de brigade le 3 janvier 1852, commandant la subdivision du Rhône et la place de Lyon, le 1ᵉʳ janvier 1857, décédé à Varennes-l'Arconce (Saône-et-Loire), le 25 juin 1860.

grade de capitaine, que, treize ans après, votre candidat représenterait la France à Saint-Pétersbourg? A voir la rapidité des ascensions qui s'opèrent aujourd'hui, il y a en vérité de quoi prendre le vertige. S'il est vrai que le temps ne consacre rien de ce qu'on fait sans lui, tout ce qu'on édifie aujourd'hui n'a pas chance de durée, car jamais on n'a opéré avec tant de hâte, jamais on n'a marché avec tant de précipitation. Quoi qu'il en soit, il est résulté du départ de M. Le Flô, qui, du reste, est un homme de mérite et l'une des désignations qui font le plus d'honneur à votre discernement, il en est résulté que j'ai repris le commandement de la subdivision de Bône, dont je viens récemment d'être constitué possesseur titulaire. Ainsi ma souveraineté, comme tant d'autres, a eu ses éclipses et ses révolutions; plus heureuses qu'elles, elle est sortie triomphante et raffermie des moments d'épreuve qu'elle a eu à subir.

Maintenant, mon général, je dois vous rendre compte, comme à mon ancien inspecteur général, de l'état du corps que je commande. Le 42ᵉ est un régiment composé de très bons éléments, mais dont on n'a pas tiré tout le parti qu'on pouvait en obtenir; les détails du service ayant été un peu négligés, il s'en est suivi un certain laisser aller qui, vous le pensez bien, ne pouvait pas convenir à un de vos anciens élèves. Je travaille depuis mon arrivée à remonter la machine, mes réformes ont déjà produit de bons résultats, et avant peu j'espère avoir un régiment digne de figurer dans la division des Pyrénées-Orientales, la meilleure école que l'armée ait eue en France.

J'ai vivement applaudi à votre énergique protestation que j'ai vue dans le temps dans les journaux, relativement à l'odieuse et illégale mesure dont on frappe des généraux qui étaient la gloire et l'élite de l'armée. Je continue à espérer qu'on reviendra sur cet acte brutal et qu'on ne privera pas pour toujours le pays des bons et utiles services que vous êtes encore dans le cas de lui rendre. Du reste, le Gouvernement, à cet égard, a manqué d'à-propos; la réparation de cette haute injustice devait avoir lieu le lendemain des journées de

Juin, de ces journées où ces braves généraux et vous le premier, mon général, victimes d'un indigne ostracisme, vous
vous êtes armés d'un fusil pour défendre le pays attaqué par
ses plus dangereux ennemis.

Le pays que j'habite est tranquille et n'offre pas le moindre
événement dont je puisse vous faire part.

Veuillez agréer de nouveau l'assurance des sentiments de
respect et d'attachement avec lesquels je serai toute ma vie,
mon général,

Votre très obéissant et tout dévoué serviteur.

DUMONTET.

2. — *Lettre du colonel Canrobert* (1), *du régiment*
des zouaves.

Alger, le 21 septembre 1848.

MON GÉNÉRAL,

Daignerez-vous me permettre de rompre avec vous un silence qui me pèse et auquel la discrétion seule m'a contraint
à me livrer, à mon grand regret?

Je n'ai pas oublié, mon général, et n'oublierai jamais que
c'est à votre haute bienveillance que je suis redevable d'une
partie de ma fortune militaire, les sentiments de respectueuse affection et de reconnaissance profonde que je vous ai
voués ne s'affaibliront jamais en moi, quoi qu'il puisse arriver,
et je serai trop heureux si vous voulez bien toujours les
agréer.

Je n'ai pas besoin de vous dire, mon général, combien le
coup qui vous a si injustement frappé a eu un triste retentis-

(1) *Canrobert* (François Certain *de*), né à Saint-Céré (Lot), le 27 juin 1809,
sorti de l'École spéciale militaire, lieutenant en 1833, envoyé en Algérie
en 1835, capitaine en 1837, chargé en 1839 de l'organisation des bataillons espagnols, colonel le 8 novembre 1847, général de brigade le 13 janvier 1850, général de division le 14 janvier 1853, maréchal de France le
18 mars 1856, mort le 28 janvier 1895.

sement chez tous ceux qui, dans l'armée française, portent un noble cœur. Votre expérience, vos lumières, votre énergique dévouement devaient nous être pendant longtemps encore d'une puissante utilité; ceux qui nous en ont privés ont commis une mauvaise action et nous ont fait bien du mal.

Ne pouvant plus consacrer momentanément votre épée de commandement à la patrie, vous employez vos loisirs à la servir de votre plume par la propagation des saines doctrines militaires qui vous sont si familières. C'est là un moyen bien noble et bien digne de vous venger!

Lorsque j'eus l'honneur de vous écrire ma dernière lettre, j'étais colonel du 2ᵉ régiment de la légion étrangère et commandant de la subdivision de Batna, je suis aujourd'hui colonel du régiment de zouaves et commandant supérieur du Cercle d'Aumale. Le premier de ces deux titres, en me créant une position exceptionnelle parmi mes camarades, a été pour moi une récompense bien sentie des quelques services que j'avais pu rendre en Algérie. Quant au commandement du Cercle d'Aumale, quelque important qu'il puisse être, il ne vaut pas celui d'une subdivision, et j'en quitte une où, après avoir conduit des colonnes dans le Sahara et les monts Aurès, j'avais obtenu quelques résultats, heureusement couronnés par la prise de l'ancien bey de Constantine, Achmet-Bey (1).

Ce commandement a en outre l'inconvénient de me tenir éloigné de la majeure partie de mon nouveau régiment, dont la composition toute particulière et l'effectif considérable (quatre mille trois cents hommes) nécessitent constamment la présence et la direction immédiate du chef.

Nous avons reçu hier notre nouveau gouverneur général, M. Charon (2), il est le quatrième depuis quelques mois; ces changements fréquents sont très dangereux, ils pourraient amener de l'agitation chez les Arabes, qui aiment la fixité dans le pouvoir.

(1) Achmet-Bey s'était rendu au colonel Canrobert, le 7 juin 1848.
(2) Le général Charon succédait au général Marey; il fut remplacé comme gouverneur général de l'Algérie, le 4 novembre 1850, par le général d'Hautpoul.

J'ai vu avec chagrin que votre fils Pierre s'était obstiné à sortir de nos rangs (1); je n'ai rien négligé, daignez le croire, mon général, pour prévenir ce fâcheux événement.

Oserais-je vous prier, mon général, de vouloir bien continuer à me donner quelquefois de vos nouvelles? Rien ne saurait me procurer plus d'honneur et plus de plaisir.

Daignez agréer, mon général, la franche expression du respectueux attachement, de la vive reconnaissance et du dévouement absolu,

De votre très humble serviteur.

CANROBERT,

qui, malade d'une ophtalmie, vous prie de vouloir bien l'excuser s'il s'est servi, pour vous écrire, d'une plume étrangère (2).

3. — *Lettre du colonel Canrobert, du régiment des zouaves.*

Aumale, le 24 décembre 1848.

MON GÉNÉRAL,

Votre bonté pour moi a daigné, depuis plus de dix ans, me permettre d'accomplir, au renouvellement de l'année, un devoir religieux qui m'est imposé par la reconnaissance et le respectueux dévouement; je n'ai garde d'y manquer aujourd'hui, et fasse le ciel, mon général, que mes vœux pour vous soient exaucés! L'armée vous aura bientôt revu occuper à sa tête la place que vous n'auriez jamais dû quitter, et vos nombreux amis en seront heureux et fiers!

Je continue, mon général, à mener ici ma modeste existence de soldat, heureux de pouvoir encore rendre à mon pays quelques services.

J'avais avec mes turbulents voisins, les Kabyles du Djurjura, une affaire assez grave, j'ai été assez heureux pour la

(1) Le lieutenant Pierre de Castellane avait refusé de prêter serment au gouvernement de la République.
(2) Ces trois lignes sont écrites de la main du colonel Canrobert.

conduire à bonne fin et obtenir de ces orgueilleux montagnards de me livrer quatre de leurs principaux, ce qu'ils
n'avaient jamais fait à aucun pouvoir jusqu'à ce jour. Le Gouverneur m'en a félicité hautement.

Les Arabes commencent à trouver que la France leur envoie
beaucoup de colons qui, naturellement, viennent s'établir sur
leurs terres. Si dans ce moment un homme hardi et habile se
mettait à leur tête et que quelques complications survinssent
en Europe, nous ne serions pas loin de voir surgir l'insurrection.

Daignez agréer, mon général, l'expression du respectueux
attachement, du dévouement absolu et de la profonde reconnaissance de votre très humble serviteur.

CANROBERT.

4. — Lettre du général de brigade Camou (1).

Cherchell, le 31 décembre 1848.

MON GÉNÉRAL,

Je ne devrais pas attendre le 1er janvier pour vous écrire,
car je suis en retard pour répondre à votre dernière lettre, qui
me fit un grand plaisir par les détails qu'elle contenait; je désire bien sincèrement que l'année 1849 vous traite mieux que
celle qui vient de s'écouler.

La nomination du Président de la République occupe beaucoup les esprits, je pense; ici, nous nous en apercevons peu.

_____

(1) *Camou* (Jacques), né le 1er mai 1792, à Sarrance (Basses-Pyrénées),
sergent au 1er bataillon des chasseurs des montagnes le 5 septembre 1808,
sous-lieutenant le 28 février 1811, chef de bataillon au 34e de ligne le
29 septembre 1837, lieutenant-colonel du 3e léger le 31 décembre 1841,
colonel du 33e de ligne le 14 avril 1844, général de brigade le 25 avril 1848,
général de division le 6 février 1852, commandant la 2e division d'infanterie de la garde impériale le 7 février 1856, mort à Paris le 5 février 1868.
Le général Camou avait fait toutes les campagnes de 1809 à 1815, celles de
1823 en Espagne, de 1830-1831 et de 1841 à 1854 en Algérie, la campagne
de Crimée et celle d'Italie.

Aurons-nous la guerre? Aurons-nous la paix et la tranquillité? C'est la grande question.

Mon vieux camarade Changarnier a un commandement bien important; vous devez être content de votre élève, parce que je suis sûr qu'il sera à la hauteur de cette position, comme il a été dans toutes celles qu'il a occupées.

L'Afrique est très calme, et, d'après toutes les apparences, les Arabes ne bougeront pas cette année, quoique l'arrivée de nos colons les intrigue beaucoup et ne les contente pas.

Je suis à Cherchell depuis le 14 et j'y séjournerai encore environ huit jours, pour l'établissement de deux villages (Novi et Zurich); le pays est beau, les terres très productives, mais malheureusement, il y a peu de cultivateurs parmi les familles qui sont arrivées; cependant ils paraissent tous animés du désir de la réussite, ils sont assez contents parce qu'ils voient qu'on ne les néglige point. Le gouverneur a fait ensemencer les terres qui doivent leur être concédées, par la « touiza » (corvée arabe), pour qu'ils aient la récolte cette année, ce qui les avancera beaucoup pour les ressources de leurs lots de terre.

On construit de fort bonnes baraques en planches, en attendant qu'ils fassent leurs maisons.

Cette émigration ne sera peut-être pas une mauvaise opération, si le désir de rentrer plus tard en France ne les domine pas.

Veuillez agréer, mon bon général, l'assurance de mon affectueux dévouement.

CAMOU.

5. — *Lettre du colonel Beauchamps* (1), *du 12ᵉ de ligne.*

Alger, le 17 mars 1849.

MON GÉNÉRAL,

L'Afrique, quoiqu'en apparence toujours assez tranquille, éprouve cependant un malaise qui nécessite une démonstration dans l'intérieur des provinces. Oran a déjà vu quelques défections parmi ses tribus, et le général Pélissier s'est mis en marche pour arrêter les progrès d'un mal qui menaçait de s'étendre dans des directions différentes. On annonce en même temps à Alger une sortie qui durera six semaines environ; les troupes seront partagées en deux colonnes. Le Sud, où l'esprit des populations paraît plus en fermentation, sera, je crois, plus particulièrement le théâtre de nos opérations. On fixe vers le commencement du mois prochain l'époque de notre départ...

BEAUCHAMPS.

6. — *Lettre du chef de bataillon Cler* (2).

Avignon, le 3 mai 1849.

MON GÉNÉRAL,

Depuis longtemps je remets de jour en jour l'honneur de vous écrire, sentant le besoin d'avoir des nouvelles de votre

(1) *Daulomieu-Beauchamps* (Charles-Henri-Emmanuel), né le 16 avril 1799, à Orthez (Basses-Pyrénées), soldat dans la légion départementale des Basses-Pyrénées le 31 mai 1817, sous-lieutenant le 28 avril 1824, lieutenant le 28 décembre 1828, capitaine le 14 août 1835, chef de bataillon le 18 juillet 1841, lieutenant-colonel le 19 mai 1846, colonel du 12ᵉ de ligne le 31 octobre 1848, général de brigade le 18 mars 1856.
(2) *Cler* (Jean-Joseph-Gustave), né à Salins, le 2 décembre 1814, élève de l'École spéciale militaire le 20 novembre 1832, sous-lieutenant le 20 avril 1835, lieutenant le 27 avril 1838, capitaine le 18 avril 1841, lieutenant-colonel le 9 janvier 1852, colonel du 2ᵉ zouaves le 10 août 1853, général de brigade commandant la 2ᵉ brigade de la division de la garde impériale en Crimée, tué à Magenta le 4 juin 1859.

santé et aussi le désir de connaître comment vous employez l'activité qui a été pendant longtemps si utile à l'armée.

Vous m'avez appris dans votre dernière lettre que vous recueilliez des documents pour vos *Mémoires* (1) que vous vous prépariez à écrire. Cette manière d'employer vos loisirs sera encore utile à la partie studieuse de l'armée, en lui offrant des connaissances historiques puisées à bonne source et des instructions encore inédites sur la politique des derniers gouvernements. Quant à moi, je me réjouis d'avance en pensant qu'à chaque page je retrouverai vos idées sur l'organisation, la discipline et l'esprit de corps, science et vertus que nous ne retrouverons bientôt plus qu'à l'état de tradition.

Je désirerais vous voir faire partie de la nouvelle Chambre, d'autant plus que presque tous les membres militaires de l'ancienne ont employé leur temps, leurs connaissances et leur influence à saper notre organisation et notre discipline.

Qu'ils y prennent garde, ces imprudents, un jour peut-être, cette loi du talion, dont ils abusent aujourd'hui, sera employée par des cadets dont ils ont développé les mauvais instincts et l'ambition.

Mes vœux les plus sincères sont, mon général, pour que la nouvelle Chambre revienne sur le décret qui a privé l'armée de ses capacités et de ses illustrations. Cette mesure, en livrant nos institutions aux vendeurs du Temple, a jeté aussi la déconsidération sur l'épaulette et a mis en doute toutes les garanties de notre état. Du reste, ceux qui remplacent nos anciens généraux méritent-ils plus qu'eux notre affection et notre confiance ?

Veuillez agréer, mon général, la nouvelle expression de ma très respectueuse affection et celle de la reconnaissance de votre très dévoué et très obéissant serviteur.

CLER.

---

(1) A cette époque, le maréchal de Castellane avait commencé, en s'aidant de son Journal manuscrit et de sa correspondance, à rédiger ses Mémoires sous le titre de *Bagatelles sur mon temps*. Voir l'Avant-propos du *Journal du maréchal de Castellane*.

7. — Lettre du colonel Beauchamps, du 12ᵉ de ligne.

Alger, le 4 juillet 1849.

Mon général,

Les abus se multiplient en Algérie et sous les yeux du général Rulhière lui-même. Ainsi, par exemple, mon général, des chefs de corps nous envoient en Afrique des hommes auxquels on reproche d'être socialistes ou communistes. A la vérification des feuilles de punitions, il est facile de se convaincre que ces hommes ne sont que de très mauvais sujets, qu'ils auraient dû déjà être traduits devant un conseil de guerre ou devant un conseil de discipline et que, sous prétexte de liaisons dangereuses, les colonels demandent leur destination pour l'Algérie, uniquement pour s'en débarrasser.

Qu'en résulte-t-il? Que ces hommes qui continuent leurs excès sont traduits devant les conseils, au titre de leur nouveau régiment, ce qui ne serait pas arrivé si, dans les corps de l'intérieur, on eût voulu se donner la peine de sévir à leur égard. Indigné de ce mode d'agir, j'en ai porté plainte au Gouverneur avec les pièces à conviction, et, partageant mon avis, cet officier général m'a non seulement remercié, mais encore il a transmis immédiatement une lettre motivée au ministre de la guerre.

J'aborde maintenant, mon général, votre question au sujet des colonies agricoles.

Le choix des colons, il faut en convenir, n'a pas été heureux, et cette première faute vraiment déplorable a pour ainsi dire fait manquer le but qu'on s'était proposé. Ennemis du travail, fainéants, habitués à la vie molle des villes, les individus qui composent en général ces colonies se refusent nettement à cultiver les terres qui leur ont été données en partage. Lorsqu'on engage l'un à prendre la charrue, il répond : « J'étais peintre, je ne sais pas labourer »; si on oblige l'autre à prendre la pioche, il répond : « Moi, piocher? croyez-

vous que je sois venu ici pour faire ce métier; j'étais hor-
loger, j'ai quarante-cinq ans et vous conviendrez qu'à mon
âge, c'est un peu tard pour apprendre à remuer la terre. Je
veux boire, manger et dormir, et déjà, sous l'influence de ce
soleil ardent, n'est-ce pas une rude tâche que d'être obligé de
vivre loin de la patrie ? » Ainsi disent les colons.

Ce que je viens de vous narrer, mon général, s'applique à
presque toutes les colonies. Aussi nos pauvres soldats sont-
ils occupés à défricher, à labourer et à construire les maisons
qui doivent servir d'abri à ceux qui les récompenseront peut-
être un jour par un coup de fusil !... Dix compagnies du régiment ont été occupées, depuis le mois de février, aux travaux
de colonisation dans les villages d'El-Afroun, de Marengo, de
Novi et de Bou-Roumi. Le témoignage des officiers sur la
mauvaise composition des colons et sur leur fainéantise est
unanime; à l'exception de quelques-uns, habitués à la vie des
champs et qui veulent sincèrement coloniser, le reste mourra
de faim et de misère. Attendons le mois de septembre.

Ce qui augmente les difficultés de la colonisation, c'est
l'indifférence de l'autorité civile. Le préfet d'Alger, homme
d'une capacité assez restreinte, ne s'en occupe pas du tout.
Chacun s'accorde à le dire. C'est donc l'autorité militaire qui
pourvoit à tout. Logements, nourriture, fabrique d'outils ara-
toires, tout est assuré par ses soins. Sans cette précaution, les
colonies seraient encore à fonder. Mais l'activité et le dévouement de nos soldats ne se sont pas ralentis, et, grâce à leurs
efforts, ces villages ont déjà beaucoup de maisons fort avancées. Ce résultat est significatif et vient témoigner hautement
en faveur du système du pauvre Maréchal qui vient de mou-
rir(1). Les esprits sains et éclairés reconnaissent actuellement
l'avantage de la colonisation militaire.

La commission envoyée par l'Assemblée pour visiter les
colonies agricoles aura beaucoup à faire, surtout si elle prend
la résolution de signaler les vices des éléments qui les composent, les abus qui s'y sont introduits et les dépenses excessives qu'entraîne leur fondation.

(1) Le maréchal Bugeaud.

Aussi les démagogues d'Alger ont-ils salué l'arrivée des représentants par de ces cris qui tendent à l'insulte. Six d'entre eux ont été arrêtés. Le procureur de la République fait instruire l'affaire, et, d'ici à quelques jours, ils seront traduits aux assises, comme coupables d'insultes envers des fonctionnaires dans l'exercice de leurs fonctions. Le préfet, dans cette circonstance, est bien blâmable ; prévenu depuis le 27 juin de l'arrivée de la Commission, il n'a fait prendre aucune mesure d'ordre. Je crois qu'il payera un peu cher cette négligence.

Le Gouverneur, affligé de cette scène scandaleuse, en a témoigné ses regrets à la Commission ; il est probable que le gouvernement sera officiellement informé de ces faits.

Les expéditions dirigées vers la Kabylie sont rentrées. Cependant mon premier bataillon, qui, après avoir quitté le général Saint-Arnaud, a fait partie de la colonne du général de Salles, n'est pas encore rentré ; il est allé de Bougie à Sétif et revient de Sétif à Alger par terre. Il aura parcouru presque toute la Kabylie. La soumission d'une partie des tribus, le payement de l'impôt arriéré et des amendes assez élevées pour produire au Trésor une somme de deux cent mille francs, tous frais payés : tels sont les résultats de notre visite chez les Kabyles. Cette leçon suffira-t-elle pour les corriger ? Je ne le pense pas et je suis convaincu qu'il faudra recommencer l'année prochaine.

Je suis avec des sentiments respectueux, mon général, votre très humble serviteur,

BEAUCHAMPS.

8. — *Lettre du chef de bataillon Cler.*

Montbrison, 22 juillet 1849.

MON GÉNÉRAL,

Je viens de suivre avec un bien vif intérêt la séance de la Chambre, du 19 juillet, où a figuré le rapport sur la pétition que vous avez adressée à l'Assemblée législative pour demander l'annulation de l'arrêté du Gouvernement provisoire 'qui vous a mis à la retraite (1). J'ai vu avec un plaisir extrême que votre demande avait été prise en considération, et qu'enfin le ministre était en demeure de vous faire rendre justice. MM. les officiers généraux qui comme vous, mon général, ont eu à se plaindre de cet arrêté inique doivent se féliciter de votre persévérance, et joindre leurs efforts aux vôtres pour que prompte justice leur soit rendue. Quant à moi, tout en partageant la manière de voir du général Fabvier, je trouve qu'il aurait dû attaquer plus vivement quelques-unes des tristes nominations qui ont été faites dans l'armée depuis la Révolution.

Bien des officiers qui, sous le rapport des services, ne le cèdent en rien à M. Charras, ont été atterrés et même dégoûtés du service, en apprenant la manière plus que cavalière avec laquelle ce lieutenant-colonel d'hier avait foulé aux pieds les droits sacrés de nos illustrations militaires. Moins qu'un autre, vous deviez vous attendre à tant d'ingratitude de la part de la France, car, seul entre tous les généraux commandant les divisions, vous avez eu le courage de faire noblement votre devoir, aux jours si difficiles qui ont suivi la Révolution du 24 février.

Mon plus vif désir, aujourd'hui, est de vous voir bientôt en possession d'un commandement important.

Je suis avec une respectueuse reconnaissance, mon général, Votre très humble et très obéissant serviteur.

CLER.

9. — Lettre du chef de bataillon Cler.

Montbrison, le 14 août 1849.

MON GÉNÉRAL,

C'est avec un grand plaisir que je viens d'apprendre l'adoption par l'Assemblée de la loi qui réintègre dans les cadres

---

(1) Voir le *Journal du maréchal de Castellane,* tome III, chapitres v et vi.

d'activité les officiers généraux qui en avaient été illégalement rayés au mois d'avril 1848. Je vous avouerai, mon général, qu'un instant j'avais craint de voir ajourner la discussion de cette loi. L'arrêté inique du Gouvernement provisoire avait révolté tout ce qui porte un cœur vraiment militaire, la révocation de cette mesure va être accueillie avec la plus vive satisfaction. Cette circonstance, mon général, a mis en évidence, une fois de plus, l'énergique persévérance de votre caractère. Dans les temps difficiles que nous aurons encore à parcourir, cette qualité doit être appréciée ; aussi j'espère vous voir obtenir un de ces commandements qui ne peuvent appartenir qu'aux hommes vigoureux et résolus.

Montbrison est une fort triste petite ville, mais tout me fait espérer un prochain changement de garnison. Je serais bien heureux si mon étoile me rapprochait du lieu où vous exercerez un commandement.

Les habitants de la Loire sont fort paisibles. A Montbrison, il n'y a que fort peu d'ouvriers, ils paraissent fort partisans de l'ordre de choses actuel, tout en espérant mieux pour l'avenir. Les fonctionnaires sont généralement bons, bien que quelques-uns, cependant, doivent leur nomination à M. Ledru-Rollin.

Je suis avec respect et reconnaissance, mon général,

Votre très humble et très obéissant serviteur.

J. CLER.

10. — *Lettre du colonel Rigaud* (1), *du 9ᵉ de ligne.*

Tlemcen, le 27 août 1849.

MON GÉNÉRAL,

J'ai suivi avec le plus vif intérêt les débats sur votre pétition à l'Assemblée nationale, la mesure qui vous avait frappé

(1) *Rigaud* (Jacques-Amédée-Honoré), né le 25 août 1796 à Saint-Claude (Jura), élève à l'École spéciale militaire le 26 octobre 1812, sous-lieutenant

était tellement inique que le succès ne pouvait être douteux.

Ainsi, mon général, vous et les bons et braves généraux atteints par le triste décret Arago, avez eu justice de cet ex-ministre et de cet impudent Charras, complètement ignoré de l'armée de France et plus qu'inconnu de celle d'Afrique. Il n'existait qu'un officier dans l'armée qui eût osé contresigner le décret en question, cet officier est M. Charras.

Je ne doute pas, mon général, que vous n'obteniez prompte-ment un commandement important. Qui mieux que vous peut l'exercer?

Daignez agréer, mon général, l'hommage empressé de mon respect et l'assurance de mon plus sincère dévouement.

RIGAUD.

11. — Lettre du colonel Dumontet, du 43ᵉ de ligne.

Bône, le 25 août 1849.

MON GÉNÉRAL,

A quoi songe donc le général Fabvier, bon Dieu ! de vouloir faire relâcher Abd-el-Kader ! La faible armée dont l'Afrique dispose en ce moment a déjà assez de peine à comprimer les tentatives de révolte qui se manifestent sur tous les points. Que serait-ce donc si Abd-el-Kader venait à reparaître dans le pays? Je suis convaincu que son retour serait le signal d'une conflagration générale. Nos folies et celles de nos voisins d'Europe mettent à la France assez d'affaires sur les bras, sans nous créer à plaisir de nouveaux embarras en Afrique.

Nous avons eu dernièrement la visite de la Commission chargée de l'inspection de la colonie; ces messieurs ont fait de bien beaux discours sur la prospérité naissante et sur l'avenir de l'Afrique, ce qui ne m'empêche pas d'être parfaitement

au 37ᵉ de ligne le 22 octobre 1813, lieutenant le 2 avril 1823, capitaine le 9 octobre 1830, chef de bataillon le 8 septembre 1840, lieutenant-colonel du 31ᵉ de ligne le 14 avril 1844, colonel du 9ᵉ de ligne le 13 juin 1848, retraité le 2 janvier 1851. Il avait fait les campagnes de 1814 et 1815, et celles d'Afrique de 1835 à 1850.

convaincu que, dans deux ans, il ne restera pas ici un seul des colons parisiens qu'on nous a envoyés l'automne dernier.

Les trois quarts seront morts, le reste sera rentré en France. La fièvre fait en ce moment de terribles ravages parmi ces malheureux. Les locaux habituels étant insuffisants pour contenir les malades, on a changé nos casernes en hôpitaux et on en est à chercher de nouveaux emplacements.

Mes compagnies qui, depuis un an, sont détachées dans des localités insalubres, occupées de la construction des nouveaux villages, ont subi le sort des colons; j'ai, en ce moment, cinq cents hommes à l'hôpital et trois cents malades à la chambre. Que d'hommes et d'argent dépensés, et tout cela pour n'aboutir à rien!

DUMONTET.

12. — *Lettre du colonel Canrobert, du régiment des zouaves, commandant la subdivion d'Aumale.*

Aumale, le 25 août 1849.

MON GÉNÉRAL,

L'année dernière, lorsqu'un pouvoir injuste chercha à briser votre épée en vous éloignant d'une armée qui était habituée à vous considérer comme un de ses plus glorieux et habiles chefs, je voulus être un des premiers à vous offrir l'expression de mon chagrin et de mon indignation. Aujourd'hui, mon général, que la réparation éclatante, dont j'attendais l'arrivée avec impatience, vient d'avoir lieu, j'ose vous prier de me permettre de vous en témoigner toute ma joie. Elle est aussi vive que les sentiments de respectueuse affection et de profonde reconnaissance que les bontés dont vous m'avez honoré ont depuis longtemps fait naître en moi.

Je continue à mener ici une existence rude, mais non inutile au pays. J'ai pour voisins quarante mille Kabyles *zouaoua* avec lesquels je dois parfois compter, et qui, par la croyance et la confiance qu'ils ont en leur nombre, pourront bien devenir, avant peu, un grave embarras pour le Gouverneur général.

Daignez agréer, mon général, les sentiments de respect, d'attachement et de vive reconnaissance de votre très dévoué serviteur.

CANROBERT.

13. — *Lettre du colonel Beauchamps, du 12ᵉ de ligne.*

Alger, le 17 août 1849.

MON GÉNÉRAL,

La situation de l'Algérie, sans être brillante, peut offrir cependant quelques garanties de sécurité. Les dernières expéditions dirigées dans la Kabylie avaient amené d'heureux résultats, et tout permettait d'espérer de la facilité dans la rentrée de l'impôt, lorsqu'on nous a appris l'échec du colonel Carbuccia qui, jaloux de tenter aussi un coup de main contre une oasis située à vingt-deux kilomètres de Biskra, est allé recevoir une leçon devant un fossé plein d'eau et a été obligé de rentrer à Batna, après avoir perdu au moins deux cents hommes (1).

Ce revers inattendu a mis ici tout le monde en émoi, même le Gouverneur général. Comment comprendre en effet qu'un commandant supérieur, à peu de distance des limites de son commandement, aille hasarder des troupes, sans avoir la description des lieux et ces renseignements indispensables qui assurent le succès?

Le général Charon, prévoyant les conséquences d'une entreprise aussi fâcheuse et voulant aussi mettre à couvert

(1) Le colonel Carbuccia, commandant supérieur de Batna, ayant appris l'insurrection de l'oasis de Zaatcha, où commandait un Arabe nommé Bou-Ziane, avait voulu s'en emparer par un coup de main; il s'était heurté à des travaux de fortification dont il ignorait l'existence et avait été forcé de battre en retraite le 19 juillet. Au mois d'octobre, le siège régulier de l'oasis fut entrepris par le général Herbillon. On ne put s'emparer de la place que le 26 novembre, après trois assauts successifs.

sa responsabilité, a adressé aux chefs de corps et aux officiers généraux la circulaire suivante. Elle mérite d'être rap-
portée.

« Mon cher général, une de nos colonnes a dernièrement
éprouvé un échec dans une des oasis de la province de Constantine. La cause principale de cette fâcheuse affaire vient de
l'ignorance de la disposition des lieux attaqués, dans laquelle
se trouvait le chef de la colonne. Cependant plusieurs officiers
du bureau arabe étaient passés dans l'oasis, longtemps avant,
il est vrai; si l'on avait trouvé trace de cette visite, soit
par un plan, soit par une description, le commandant de la
colonne aurait certainement épargné un sang d'autant plus
précieux qu'il a été versé avec une grande bravoure. »

Le Gouverneur fait ensuite les recommandations nécessaires pour prévenir le retour de pareils échecs et ordonne le
levé de tous les terrains inconnus. Ces levés seront déposés
dans tous les bureaux arabes. Reste à savoir actuellement si
chaque commandant de Cercle saura mettre à profit la haute
leçon que nous venons de recevoir.

La Commission des colonies agricoles poursuit avec activité
ses investigations et ses recherches; elle est en ce moment
dans la province d'Oran. Quel que soit son vif désir d'améliorer, elle n'a pu arrêter le découragement et le dégoût. Une
infinité de colons déçus dans leur espoir, ou peu soucieux de
se livrer aux travaux qu'on leur impose, rentrent en France.
Ils ne veulent plus entendre parler d'Afrique et se disputent
la faculté de l'embarquement. Voilà pour le moment, et vous
voyez, mon général, que le premier système de colonisation
est loin d'avoir réussi. Il est bon d'ajouter, cependant, que les
colons dont les efforts avaient précédemment été consacrés à
l'agriculture, tiennent bon et semblent prendre à cœur la
tâche qu'ils ont entreprise. Il est vrai qu'en général ce sont
des familles d'ordre, de conduite, animées du vif désir de se
créer une honnête aisance; ces familles sont l'exception.
    Daignez...

                                        BEAUCHAMPS.

14. — *Lettre du lieutenant-colonel Lenoble, du 16ᵉ de ligne* (1).

Alger, le 3 novembre 1849.

MON GÉNÉRAL,

Le 16ᵉ de ligne, parti d'Orléansville pour remplacer à Alger le 12ᵉ, devait y rester en entier ; il a, au lieu de cela, huit compagnies détachées, trois à Dellys, une à Douera, quatre à Mustapha Birkadem, à dix-sept lieues d'Alger. Le 22, à quatre heures de l'après-midi, sept compagnies dont quatre d'élite reçurent l'ordre de partir pour le Sud, le colonel Jollivet en tête. Il a rejoint, à quarante-deux lieues vers Bou-Saada, le colonel Canrobert commandant la colonne, qui ne comptait guère plus de dix-huit cents hommes. Bou-Saada a été laissé sous la garde des malades.

L'opinion générale est qu'une grosse insurrection va éclater ; on s'y attend pour 1850, les récoltes ayant été bonnes depuis 1847. Lorsque les silos sont pleins sur toute la surface de l'Algérie, les Arabes sont disposés à se livrer avec ardeur à leur amour pour la guerre, sûrs de trouver à manger partout où ils seront poussés. Trois Bou-Maza sont dans la province d'Alger ; cette concurrence pour le commandement doit nous être favorable.

On a assigné diverses causes au soulèvement actuel : suivant les uns, la province de Constantine aurait été mal gouvernée ; d'autres disent que l'administration civile dépouille trop injustement les Arabes. Le fait est qu'on a donné aux colons, qui n'en tireront aucun parti, de bonnes terres échangées de force avec les Arabes contre de mauvaises, puis les Arabes tiennent à celles venant de leurs pères ; tout cela les a profondément irrités sans profit pour nous, car les colons ne les cultivent pas.....   LENOBLE.

(1) *Lenoble* (Henri-Pierre-Adolphe), né à Paris le 8 décembre 1800, élève de l'École spéciale militaire le 7 novembre 1818, sous-lieutenant le 1ᵉʳ octobre 1821, lieutenant le 7 mai 1826, capitaine le 6 juin 1832, chef de bataillon au 16ᵉ de ligne le 15 octobre 1840, lieutenant-colonel le 13 juin 1848, colonel du 55ᵉ de ligne le 13 septembre 1852, général de brigade le 31 décembre 1857, décédé à Versailles le 15 octobre 1865. Il avait fait les campagnes d'Afrique de 1845 à 1850, et celle d'Italie en 1859.

PRISE DE ZAATCHA.

---

15. — *Lettre du lieutenant-colonel Borel de Bretizel* (1).

Bivouac sous Zaatcha, le 24 octobre 1849.

MON GÉNÉRAL,

Nous sommes en présence d'un obstacle très difficile à enlever (2), plus de cent cinquante Français tués ou blessés sur les brèches prouvent que nous avons affaire à des défenseurs énergiques. Notre artillerie légère manque de puissance, nous sommes rentrés dans nos lignes, nous travaillons sur la contrescarpe pour nous faire de nouveau des logements dans la place; nous coupons des dattiers pour prendre les gens par la bourse. Jusqu'à présent, rien n'a produit d'effet, l'insurrection augmente plus qu'elle ne diminue; cependant nous savons que les vivres commencent à manquer dans l'oasis. Nous avons blessé beaucoup de monde, il nous arrive des munitions et des vivres, avec de la patience et de la ténacité nous devons réussir.

Une fois Zaatcha tombée, le reste des opérations dans le

(1) *Borel de Bretizel* (René-Léon), né le 15 mai 1805 à Beauvais (Oise), élève de l'École spéciale militaire le 30 novembre 1822, sous-lieutenant le 1er octobre 1825, lieutenant le 1er octobre 1829; capitaine le 29 août 1832, aide de camp du général Perregaux; chef d'escadron le 31 mars 1842; lieutenant-colonel le 28 août 1846; colonel le 12 septembre 1849; chef d'état-major de la 6e division d'infanterie de l'armée d'Orient le 31 octobre 1854, général de brigade le 8 septembre 1855, décédé à Paris le 13 juin 1868.

(2) Deux assauts donnés à l'oasis de Zaatcha le 7 et le 20 octobre ayant été repoussés par les Arabes, le général Herbillon dut demander des renforts à Constantine et à Sétif, et, le 8 novembre, les colonels Canrobert et de Lourmel arrivèrent devant Zaatcha avec quatre mille hommes de renfort. L'assaut définitif eut lieu le 26 novembre.

Sahara marchera rapidement, les marabouts qui sont l'âme
de l'insurrection ont réuni tous les fanatiques du Sud dans
cette bourgade fortifiée, et ils parviennent à renouveler sans
cesse les défenseurs. On ne peut se faire une idée de la difficulté des cheminements dans l'oasis.....

DE BRETIZEL.

16. — Lettre du colonel Dumontet, du 43ᵉ de ligne.

Constantine, 14 décembre 1849.

MON GÉNÉRAL,

Appelé avec deux bataillons de mon régiment à prendre part
à la campagne des Ziban, j'ai attendu qu'elle fût terminée pour
vous écrire, afin de vous donner des détails sur notre expédition.

Après cinquante jours de tranchée ouverte, nous nous
sommes rendus maîtres de Zaatcha le 26 novembre. On trouvera sans doute en France la durée de ce siège un peu longue,
et peut-être eût-il été possible de l'abréger, mais il n'en est
pas moins certain que l'entreprise a offert des difficultés maté-
rielles de toute nature très grandes, et auxquelles on était loin
de s'attendre. Quant à la résistance des Arabes, jamais on ne
les a vus déployer une pareille ténacité et une semblable
énergie. Quatre ou cinq fois ils ont tenté, soit de jour, soit de
nuit, d'escalader et d'envahir la tranchée. Une fois, ils y sont
parvenus, et il a fallu les en chasser à la baïonnette.

La place a été enlevée de force; l'assaut a eu lieu sur trois
points différents. L'élan de nos soldats a été admirable, et leur
triomphe a emprunté un nouvel éclat à la résistance désespérée
des Arabes. De tous ces aventuriers accourus de tous les points
de l'Afrique sur ce champ de bataille offert à leur fanatisme,
pas un n'a cherché à fuir ou demandé à se rendre; tous se sont
fait tuer, les armes à la main; il a fallu enlever l'une après
l'autre les maisons, dont chacune était une redoute, et en faire
sauter quelques-unes par la mine.

En somme, Zaatcha n'est plus aujourd'hui qu'un amas de ruines et de cadavres. J'estime à huit cents environ le nombre des Arabes qui ont péri dans cette dernière affaire.

Le général Herbillon est rentré à Constantine, précédé de mon régiment qui retourne à Bône, où sa présence est nécessaire pour apaiser quelques troubles survenus dans la subdivision. Le reste de la colonne est resté sous les ordres du colonel Canrobert, pour opérer la soumission de diverses tribus que l'exemple de Zaatcha avait entraînées à la révolte.

Le sévère châtiment infligé à cette oasis a produit un salutaire effet, et l'on annonce que les soumissions arrivent de toute part.

Mon brave 43ᵉ s'est admirablement conduit, mais il a cruellement souffert dans cette funeste campagne. J'ai eu cent vingt-deux hommes hors de combat, dont plus de la moitié tués ou morts de leurs blessures. De ce nombre sont un chef de bataillon, trois capitaines et un lieutenant, les meilleurs officiers de mon régiment.

Veuillez, à l'approche de la nouvelle année, avec l'expression de mes vœux aussi vifs que sincères pour votre santé et votre bonheur, recevoir la nouvelle assurance des sentiments de respect et de dévouement avec lesquels je suis, mon général,

Votre très humble et très obéissant serviteur.

Colonel Dumontet.

17. — *Lettre du général de brigade Camou.*

Milianah, 23 décembre 1849.

Mon général,

Depuis bien longtemps je n'ai pas eu l'honneur de correspondre avec vous, par ma faute sans doute, mais je n'en conserve pas moins le sentiment de reconnaissance qui est gravé dans mon cœur, et je viens vous prier d'accepter mes souhaits de bonheur au renouvellement de l'année.

Lorsque vous avez été relevé de la retraite, j'étais dans les montagnes des Pyrénées, auprès de mes parents que je n'avais pas visités depuis seize ans ; je ne voyais aucun journal, et ce n'est qu'à la fin de septembre que j'appris, en lisant le décret, que vous aviez réussi à obtenir justice d'une décision brutale du Gouvernement provisoire. Ce n'est pas pour vous seulement que je vous félicite de la persévérance que vous avez montrée dans cette circonstance pour le bon droit du principe, mais pour tous les officiers supérieurs qui étaient victimes de l'ambition de certains personnages. Vous avez dû, je pense, recevoir des remerciements de tous les intéressés ; cela vous est bien dû.

Vous avez connu par les journaux les affaires de la province de Constantine ; cette défense de Zaatcha est très extraordinaire. Le colonel Canrobert vous aura peut-être donné quelques détails ; par ce moyen, vous en saurez plus que moi, qui ne connais que les rapports officiels.

Ce bon officier est bien ce que vous l'aviez jugé ; aussi le Gouverneur vient-il de lui donner le commandement difficile de la subdivision de Bathna. Je suis persuadé qu'il conduira parfaitement bien les affaires.

La subdivision que je commande est toujours calme, je tâcherai de la maintenir ainsi.

Est-ce que vous n'espérez pas avoir bientôt un commandement? Il est malheureux pour l'intérêt de l'armée que vous restiez inactif.

Veuillez agréer, mon bon général, l'assurance de mon affectueux dévouement.

F. CAMOU.

18. — *Lettre du colonel Canrobert, du régiment des zouaves.*

Bivouac de Chir (Aurès), 29 décembre 1849.

MON GÉNÉRAL,

La lettre que vous m'avez fait l'honneur de m'écrire pour me féliciter sur ma nouvelle promotion dans l'ordre de la Légion d'honneur vient de me parvenir ici. Je suis profondément touché et reconnaissant de cette preuve d'estime que vous daignez me donner; elle rehausse pour moi le prix de la récompense dont le Chef de l'État a bien voulu faire suivre mes faibles services !

Après l'assaut de Zaatcha, où j'ai joué mon petit rôle, je croyais pouvoir rentrer dans ma subdivision d'Aumale, mais M. le Gouverneur général a cru devoir me laisser avec huit bataillons dans la subdivision de Bathna pour y rétablir l'ordre (1).

Je ne cesse donc de tenir la campagne, mais il serait à désirer pour mes soldats, dont presque tous subirent naguère dans les Zibans 40° de chaleur, que le froid fût moins intense dans les montagnes de l'Aurès, au milieu desquelles j'opère depuis quelques jours.

Je n'ai pas besoin de vous dire, mon général, combien je serais heureux de vous voir appelé à l'une des trois hautes positions qui seules soient aujourd'hui à votre taille dans l'armée !

Daignez agréer, mon général, avec l'hommage de mes vœux au renouvellement de l'année, l'expression de ma respectueuse reconnaissance et de mon absolu dévouement.

Colonel CANROBERT.

---

(1) Le colonel Canrobert, après la prise de Zaatcha, pacifia l'Aurès et s'empara, le 6 janvier, du village fortifié de Nara.

19. — *Lettre du général de brigade Canrobert.*

Bathna, 28 janvier 1850.

MON GÉNÉRAL,

A la joie que me cause mon élévation au grade de général de brigade viennent se joindre l'honneur et le plaisir de recevoir vos chaleureuses félicitations.

Je vous en remercie avec effusion, mon général; trop heureux si vous daignez trouver, dans les quelques services que j'ai pu rendre à mon pays en Algérie, la preuve des efforts que j'ai tentés pour justifier votre estime et vos bontés!

Quoique je sache depuis longtemps, mon général, combien votre grande âme est au-dessus des petites agitations des partis, je n'en déplore pas moins amèrement qu'on laisse momentanément au repos une expérience et une épée glorieuses qui pourraient être si utiles à notre patrie!

Je viens de rentrer à Bathna à la suite des longues expéditions que j'ai dirigées après Zaatcha; je crois avoir été assez heureux pour écraser, le 5 de ce mois, dans les montagnes de l'Aurès, la queue de l'insurrection, en enlevant de vive force la petite ville de Nara, dernier réduit des rebelles.

Daignez agréer, mon général, l'expression du respectueux attachement et de l'inaltérable reconnaissance

De votre très obéissant serviteur.

Général CANROBERT.

20. — *Lettre du général de brigade Camou, commandant la subdivision de Milianah.*

Milianah, 24 mars 1850.

MON GÉNÉRAL,

Je suis en retard pour vous témoigner tout le bonheur que j'éprouve en vous voyant placé à un commandement digne de votre capacité, et j'en suis doublement heureux pour les services que vous rendrez à notre belle France dans la position que vous occupez. J'étais en tournée dans une partie de la subdivision que je commande, lorsque je vis votre nom dans les journaux ; c'est pourquoi j'ai tardé aussi longtemps à vous écrire (1).

J'ai reçu dans son temps votre intéressante lettre du 12 janvier dernier, qui me fit un sensible plaisir.

Il n'y a encore rien de décidé pour le renouvellement du gouverneur de l'Algérie ; le général Charon est en congé à Paris, on ne sait pas s'il reviendra. Le général Pélissier fait l'intérim.

Vous savez que le général Canrobert a une brigade de l'armée de Paris, c'est un de vos élèves qui vous fait bien honneur ; je l'ai vu souvent en Afrique, et il a toujours été à hauteur de sa position, c'est un officier bien distingué sous tous les rapports.

Veuillez agréer, mon général, l'assurance de mon respectueux dévouement.

J. CAMOU.

21. — *Lettre du général de division Changarnier* (2).

Paris, le 6 mars 1850.

MON CHER GÉNÉRAL,

Je fais connaître au colonel du 41ᵉ de ligne les tentatives de désordre que vous avez bien voulu me signaler dans le dépôt de ce régiment, afin qu'il prenne, de son côté, tous les rensei-

(1) Par arrêté du Président de la République du 13 février 1850, le général de division de Castellane avait été nommé au commandement de la 12ᵉ division militaire (Bordeaux) et, en outre, au commandement supérieur des 14ᵉ et 15ᵉ divisions militaires (Nantes et Rennes). Voir le *Journal du maréchal de Castellane*, tome IV, chapitre VII.

(2) *Changarnier* (Nicolas-Anne-Théodule), né à Autun le 26 avril 1793, sorti de Saint-Cyr en 1815, lieutenant en janvier 1815 au 60ᵉ de ligne, capitaine le 9 octobre 1825, chef de bataillon le 31 décembre 1835, lieutenant-colonel en 1837, maréchal de camp en 1840, lieutenant général comman-

gnements qui pourraient être utiles. Mais je ne veux pas tarder à vous remercier de cette communication et à vous dire que mon opinion sur M. le général T*** est, de tous points, conforme à la vôtre.

Vous savez, mon cher général, avec quel bonheur je vois entre vos mains l'important commandement que personne plus que vous n'était à même d'exercer, dans l'intérêt du pays et des troupes confiées à vos soins. J'avais le pressentiment des services que vous pourriez rendre, parce que je connais depuis longtemps vos éminentes qualités militaires; aussi ai-je pris une part bien vive à l'accueil de ces populations qui saluaient en vous un intrépide et invincible soutien de l'ordre. Vos troupes sont fières de leur chef et pleines de confiance en lui. Je suis sûr qu'elles ne tarderont pas à marcher unanimement dans la voie où vous avez toujours su conduire le soldat.

Agréez, mon cher général, l'assurance de ma haute considération et de mes sentiments les plus affectueux et les plus dévoués.

CHANGARNIER.

22. — Lettre du général de division Changarnier.

Paris, le 15 mai 1850.

MON CHER GÉNÉRAL,

A la nouvelle des troubles du Creusot, j'ai proposé au Conseil des ministres de faire converger vers le bassin houiller le 4e régiment de dragons et le bataillon du 56e de ligne, qui, dans sa marche, était le plus rapproché de ce point, afin de vous permettre de faire arriver à Lyon le 13e de ligne et le

dant la division d'Alger en 1847, gouverneur général de l'Algérie en 1848, représentant du peuple le 4 juin 1848, commandant des gardes nationales de la Seine et des troupes de la 1re division. Expulsé de France le 6 décembre 1851, il rentre après l'amnistie de 1852, reprend volontairement du service en 1870, meurt à Paris le 14 février 1877.

2° dragons, dont il serait fâcheux de vous dégarnir en ce moment (1).

Ma proposition ayant été acceptée, elle aura reçu une exécution plus ou moins rapide, selon la manière dont le ministre de la guerre (2) aura su donner ses ordres.

Une insurrection à Paris est probable, sans être encore certaine. Le rapport sur la loi électorale sera déposé vendredi; la discussion commencera lundi; si elle est vive, comme tout l'annonce, les violences de la tribune se traduiront en coups de fusil dans la rue. Nous serons prêts à toutes les heures du jour et de la nuit, sans fatiguer ni ennuyer les troupes, que nous ne consignerons que peu d'heures avant de commencer le combat.

Mille amités sincères. Je vous serre cordialement la main.

CHANGARNIER.

23. — *Lettre du général de division Changarnier.*

Paris, le 21 mai 1850.

MON CHER GÉNÉRAL,

Je suis bien aise des éloges que vous donnez au zèle et au dévouement de M. le préfet de Saône-et-Loire dans la répression des troubles du Creusot. M. Pierre Le Roy est un excellent préfet. Je me félicite d'avoir contribué à le faire placer au poste difficile qu'il occupe et dans lequel son activité, son courage résolu et son initiative vigoureuse contre les mauvais fonctionnaires sous ses ordres ont déjà rendu d'utiles services.

Je savais aussi que les autres autorités civiles du départe-

---

(1) Le général de Castellane n'était resté que deux mois commandant de la 12e division militaire à Bordeaux; le 24 avril 1850, il avait été appelé au commandement des 5e et 6e divisions militaires; le 10 mai 1850, il prit à Lyon possession de ce poste, qu'il conserva jusqu'à sa mort. (*Journal du maréchal de Castellane,* tome IV, chapitre VIII et suiv.)

(2) Le général d'Hautpoul.

ment, le procureur général, le sous-préfet d'Autun, avaient montré de l'énergie et vous avaient courageusement secondé, mais j'apprends avec peine que M *** soit le seul qui n'ait peut-être pas fait, en cette circonstance, tout son devoir. Il ne suffit pas d'avoir été bon officier, il faut l'être toujours et dans toutes les positions.

Du reste, la négligence que vous avez eu à signaler est la conséquence du relâchement regrettable que votre prédécesseur avait laissé s'introduire dans le service, en ne voyant pas suffisamment les troupes et en ne maintenant pas la discipline avec assez de fermeté. Sous votre direction vigoureuse et si militaire, cette situation se modifiera rapidement. La méthode que je suis à Paris dans la conduite de l'armée a maintenu l'esprit des troupes excellent, malgré les tentatives des anarchistes. Appliquée à vos troupes, cette méthode que j'ai apprise sous vos ordres obtiendra le même heureux résultat.

J'ai vu, avec bien du plaisir, le bon accueil qui vous a été fait à Lyon. Nous sommes dans un temps où les hommes commandent les sympathies. Ces témoignages de déférence et de respect sont l'expression de la confiance de la population honnête dans votre caractère d'une loyauté et d'une vigueur depuis longtemps éprouvées.

L'insurrection à Paris est moins probable aujourd'hui qu'il y a quelques jours. En ce moment, le parti anarchique paraît abattu. Les meneurs ont peur, et ils semblent parvenus à maîtriser la queue qui pousse à l'action.

Mais si la discussion, qui commence aujourd'hui, sur la nouvelle loi électorale, est longue et animée, si elle se passionne beaucoup, il est fort possible que les conseils de la prudence et de la couardise ne soient plus écoutés et que l'agitation de la tribune se traduise en coups de fusil dans la rue. Quoi qu'il arrive, nous sommes prêts et pleins de confiance dans le résultat de la lutte, qui ne saurait être douteux. Je crois avoir prévu toutes les éventualités, et pour obvier à l'influence fâcheuse que ma mort pourrait avoir au début du combat, j'ai annoncé aux troupes que les anarchistes se proposent d'en faire courir le bruit, de sorte que si cet événement se réalise, les soldats seront longtemps à croire qu'il n'est pas vrai.

Agréez, je vous prie, mon cher général, la nouvelle assurance de mes vieux sentiments d'affection la plus sincère.

CHANGARNIER.

24. — Lettre du général de division Changarnier.

Paris, le 3 juin 1850.

MON GÉNÉRAL,

Je connais la plupart des officiers généraux placés sous vos ordres, et l'appréciation que vous faites de chacun d'eux dans votre lettre du 26 mai, que j'ai lue avec un vif intérêt, est parfaitement conforme à l'opinion que j'en ai moi-même. .

. . . .

Le général Deshorties, qui vient de vous arriver, est une bonne acquisition pour l'armée de Lyon. Homme d'honneur et de devoir, M. Deshorties était un excellent colonel. Son activité, son zèle, la sévérité bien entendue de ses principes militaires ont su maintenir dans le 4e léger une discipline et un esprit d'ordre que les mauvais jours de 1848 n'ont pu altérer. M. le général Deshorties emporte l'estime et l'affection de son régiment.

M. le général Charles Levaillant est un bon officier de guerre. Il l'a bien et longtemps faite en Algérie, et, s'il a quelques inconvénients de caractère, il les rachète par son énergie, son coup d'œil et son entrain au feu.

Une dépêche télégraphique arrivée avant-hier nous a annoncé la mort du pauvre général de Barral, tué dans la Kabylie (1). J'ai été vivement peiné de ce triste événement. Le général de Barral était un de ces officiers auxquels leurs brillantes et solides qualités sur le champ de bataille réservent un avenir assuré dans l'armée. Sa perte y sera douloureuse-

_____

(1) Le général de Barral, commandant la subdivision de Sétif, avait été tué le 21 mai 1850, dans un combat contre les Beni-Djellil; il n'avait que quarante-trois ans.

ment sentie. De tous les officiers généraux placés sous vos ordres, M. de Barral est celui qui m'eût inspiré la plus entière confiance.

Vous allez recevoir bientôt le 5e léger. Sa dernière colonne a quitté Courbevoie avant-hier. Le 5e léger est un bon régiment, mais il ne reçoit pas d'en haut une impulsion assez intelligente et assez énergique. De là un laisser-aller dans le service tel que, au moment de quitter Paris, la plupart des officiers supérieurs et des capitaines, grâce à des congés sollicités directement du ministre, ne sont point partis avec leurs troupes.

Le lieutenant-colonel du 5e léger, M. de Molènes, est un homme doux, d'un cœur élevé et des principes les plus honorables. Il est très aimé de ses inférieurs, et, bien qu'il n'ait pas l'apparence d'une grande énergie communicative, il est plein d'honneur et de courage, et on pourrait compter sur son dévouement et sa fermeté dans le danger.

Si j'ai dû faire quelques observations sur le 5e léger, je n'ai que des éloges à donner au 25e de ligne qui se rend à Besançon. C'est un bon et beau régiment parfaitement commandé par M. le colonel d'Exéa, officier de cœur, de conscience et de résolution, vieilli à la guerre d'Afrique et dont le caractère ferme et intrépide est très apprécié par moi. M. le colonel d'Exéa a, depuis longtemps, l'ouïe un peu dure, et cela est fâcheux ; mais cet inconvénient n'est pas tel que, si je devais faire la guerre, je ne désirasse vivement l'avoir sous mes ordres, car, avec de pareils officiers, on a toujours d'excellents régiments. Je suis persuadé que votre haute expérience et votre grande facilité à juger les hommes auront bientôt reconnu la valeur de M. le colonel d'Exéa.

Comme vous le dites fort bien, mon cher général, l'insurrection a reculé à Paris. L'aplatissement des rouges paraît complet, et le vote de la loi électorale, à cent quatre-vingt-douze voix de majorité, ne semble aucunement de nature à leur donner du cœur au ventre. Ils n'en auront sans doute pas davantage dans la province, surtout en présence de vos excellentes dispositions et de votre attitude décidée. Ils savent trop que leurs tentatives, ici comme à Lyon, seraient immédiatement et vigoureusement réprimées.

Les renseignements qui vous sont venus de Chambéry me semblent dignes d'attention, et, s'il arrivait ultérieurement à votre connaissance quelque chose d'un peu précis à cet égard, je vous serais bien obligé de m'en informer sans délai.

Agréez, je vous prie, mon cher général, la nouvelle assurance de mes sentiments de vieux et bien affectueux attachement.

CHANGARNIER.

25. — Lettre du général de brigade Camou, commandant la subdivision de Milianah.

Milianah, le 6 juin 1850.

MON GÉNÉRAL,

Je suis heureux de voir le 33ᵉ régiment, duquel je conserverai toujours un bien agréable souvenir, sous vos ordres, et je me permets de vous donner quelques renseignements sur des officiers que j'affectionne particulièrement. Le colonel Bouat est un très bon officier, consciencieux, zélé, dévoué, énergique et très brave. Vous vous rappellerez, je pense, de lui, c'est un de vos élèves de la division active des Pyrénées; il était adjudant-major au 26ᵉ régiment de ligne, lorsque ce corps s'embarqua pour l'Afrique. Les trois chefs de bataillon sont de braves gens, qui servent bien, qui ont de la conduite et de la dignité.

Il y a aussi un jeune sous-lieutenant qui me touche de près; c'est mon neveu Monassot, que vous eûtes la bonté de m'envoyer à Médéah; il était alors sergent au 5ᵉ de ligne. J'ai été assez content de lui; il est fier de son épaulette qu'il a gagnée à Rome. Il a de la conduite; il est un peu jeune de caractère, mais il aime beaucoup son état. J'ose espérer qu'il répondra à la bienveillance que vous voudrez bien lui accorder si

l'occasion se présente. Aujourd'hui il n'a droit à aucune récompense, parce qu'il est jeune officier.

Je suis convaincu, mon cher général, que vous n'aurez que
des éloges à donner à mon bon 33e. Je pense qu'il possède
toujours son bon esprit de corps, sa conduite devant Rome
l'a prouvé.

La division d'Alger est calme, et je crois que cet état
durera si l'on est sage en Europe, mais dans le cas contraire,
je n'en répondrais pas.

Veuillez agréer, mon général, l'assurance de mon respectueux dévouement.

J. CAMOU.

26. — Lettre du général de division Changarnier.

Paris, le 10 juin 1850.

MON CHER GÉNÉRAL,

Je venais d'apprendre par les journaux la gracieuse distinction que le roi de Sardaigne vous a conférée en vous
envoyant le grand cordon de l'ordre de Saint-Maurice et Saint-
Lazare, lorsque votre aimable lettre du 7 juin m'a confirmé
cette heureuse nouvelle. Veuillez en recevoir mes sincères
félicitations, surtout en raison du motif qui vous a valu cette
faveur.

Je vous félicite du calme parfait qui règne à Lyon. Il est
dû à la vigueur de votre attitude et à vos excellentes disposi-
sitions.

Nous sommes à Paris dans les mêmes conditions de tranquillité ; l'aplatissement de nos rouges est si complet qu'il
n'est guère probable qu'ils nous donnent prochainement
l'occasion de les corriger.

Le bruit de votre remplacement est une fable inventée à
plaisir par vos socialistes lyonnais et dont il n'est aucunement
question à Paris. Selon leur habitude, ces messieurs auront

voulu jeter ainsi quelques craintes dans la population honnête de Lyon. J'espère que cette coupable manœuvre est déjà déjouée.

Nous venons d'avoir dans l'armée de Paris un vote pour une élection dans le Bas-Rhin. Le résultat m'est déjà connu presque pour tous les régiments, et j'ai le plaisir de vous annoncer qu'il est excellent. Plus des trois quarts des voix sont acquises au candidat modéré; dans beaucoup de corps le vote a été unanime dans ce sens. Je n'appelle votre attention sur ce résultat que parce qu'on avait cru pouvoir déduire des votes précédents des conjectures qui se trouvent ainsi bien démenties.

Vous aurez lu dans le *Moniteur* d'avant-hier un arrêté du ministre de la guerre dont j'ai eu, comme vous, la première connaissance par ce journal. Dans les circonstances actuelles, lorsque l'armée est la seule ancre de salut de la société si audacieusement attaquée, affaiblir ainsi cette armée, en renvoyant soixante-six mille de ses meilleurs soldats (1)! Je n'essayerai pas de vous dire combien j'ai été affligé d'une semblable pensée! Aussi me suis-je empressé de faire tous mes efforts pour conjurer la réalisation d'une si fatale mesure. Bien que ces efforts n'aient pas obtenu tout ce que j'aurais désiré, ce m'est une vive satisfaction de songer qu'ils auront réussi à conserver à notre brave et belle armée quelques mille de ses plus vieux et meilleurs soldats. En agissant ainsi en présence des difficultés de notre situation, j'ai la confiance d'avoir rendu un service réel à la cause de l'ordre, à la considération du pays et même aux intérêts bien entendus du Trésor.

Agréez, je vous prie, mon cher général, la nouvelle assurance de mes sentiments de vieux et bien affectueux attachement.

                                        CHANGARNIER.

_____

(1) Le général d'Hautpoul, ministre de la guerre, avait décidé de renvoyer la classe de 1843 et de faire délivrer cent soixante-dix congés dans les régiments d'infanterie et de cavalerie. Grâce au général Changarnier, ce nombre fut réduit de moitié.

27. — *Lettre du général de brigade Canrobert.*

Paris, le 27 juin 1850.

MON GÉNÉRAL,

La bienveillance dont vous daignez m'honorer me fait espérer que vous voudrez bien me permettre d'accomplir un religieux devoir, en sollicitant votre puissant appui en faveur du 8ᵉ bataillon de chasseurs à pied, que j'ai eu sous mes ordres en Afrique, où je lui ai vu accomplir, notamment aux assauts de Zaatcha et de Nara, les actions les plus énergiques. Ce corps éprouvé semble avoir été oublié dans les dernières répartitions de l'avancement et des décorations décernés à l'armée, et cependant nul n'en était plus digne !

Je dois signaler entre autres à votre noble et puissante équité le sergent Vinguertener, que j'ai vu monter le premier à l'assaut de Nara, et que je proposai à cause de ce haut fait pour la croix de chevalier de la Légion d'honneur, dont sa poitrine est encore vierge, à mon amer regret de chef !

Daignerez-vous, mon général, agréer les sentiments de respectueux attachement et de vive reconnaissance de votre tout dévoué serviteur ?

Général CANROBERT.

28. — *Lettre du général de division Changarnier.*

Paris, le 20 juillet 1850.

MON CHER GÉNÉRAL,

Il ne vous sera peut-être pas indifférent de connaître les détails de mon dernier dissentiment avec M. le ministre de la guerre qui, interpellé à ce sujet dans la discussion du budget, s'est refusé, dans un langage dont je reconnais la dignité et la convenance, à donner des explications demandées par des gens qui ne cherchaient que le scandale.

Un officier du 24e de ligne m'ayant été signalé comme un agent de propagande socialiste, je demandai des renseignements sur son compte au colonel d'Anthouard, qui me répondit par une lettre confirmant en grande partie mes premiers renseignements. J'adressai donc un rapport en conséquence à M. le ministre de la guerre, en lui faisant connaître l'opinion du chef de corps et en demandant la mise immédiate en retrait d'emploi de cet officier, qui était sur le point de passer lieutenant à l'ancienneté.

Un mois s'était passé sans obtenir de réponse du ministre, lorsque je reçus la nomination de M. M*** au grade de lieutenant. Je ne tardai pas à apprendre qu'après avoir lu mon rapport, le ministre avait écrit au colonel d'Anthouard, en lui prescrivant de lui adresser directement des renseignements particuliers que celui-ci avait eu le tort de lui donner par écrit et sans en rendre compte à son général de brigade. Je dois ajouter que la lettre du colonel d'Anthouard, adressée au ministre, différait complètement du rapport qu'il m'avait envoyé sur le même sujet. Il avait satisfait au désir, qu'il avait cru entrevoir dans la demande du ministre, d'atténuer les torts de M. le sous-lieutenant M***.

Je ne pouvais pas laisser impunie une pareille conduite. J'infligeai donc quatre jours d'arrêts à M. le colonel d'Anthouard, et je portai cette punition à la connaissance des officiers de l'armée de Paris par un ordre du jour dont M. Charras a donné lecture à l'Assemblée. Cette mesure était indispensable pour rappeler aux officiers qu'ils ne doivent, dans aucun cas, se dispenser d'observer les règles de la hiérarchie, et pour prouver que je suis parfaitement décidé à ne pas laisser amoindrir dans mes mains le commandement qui m'est confié.

Cette affaire a été portée devant le Conseil par M. le ministre de la guerre. Il n'a pu obtenir gain de cause, et, pour mon compte, je me suis refusé à toute explication, et à atténuer en aucune manière une mesure que mon droit et mon devoir me prescrivaient impérieusement. Le ministre, après avoir fait semblant de donner sa démission, l'a reprise bien vite, mais sans rien obtenir de moi, et les choses sont restées dans leur état.

Adieu, mon cher général, recevez l'assurance de mes sentiments de haute et bien affectueuse considération et de mon vieil attachement le plus dévoué.

CHANGARNIER.

29. — *Lettre du général de division Changarnier.*

Paris, le 8 août 1850.

MON CHER GÉNÉRAL,

Votre lettre en date du 5, accompagnée de la copie de votre correspondance avec M. le général de G..., m'est parvenue hier, mais je n'ai pas eu une minute pour y répondre. Aujourd'hui, je m'empresse de vous en remercier et de vous féliciter de votre attitude dans toute cette affaire.

M. le général de G''', qui croit n'avoir avec son chef que des relations politiques, s'est grossièrement trompé, mais il faut convenir que le ministre de la guerre avait tout fait pour l'induire en erreur et compromettre votre autorité. C'est bien mal comprendre les intérêts du gouvernement. Après être parvenus, non sans peine, à soustraire l'armée à l'invasion du socialisme, nous parviendrons, je l'espère, à empêcher l'anarchie de descendre de la tête dans les derniers rangs de l'armée. Dans ma sphère d'activité, je suffirai à cette tâche ou je périrai dans la lutte. Je pense avec bonheur que, dans votre important commandement, vous saurez conserver intacts la discipline et l'honneur de l'armée, dernier instrument du salut du pays.

Le général de G''' commence-t-il à comprendre que le jour où les généraux de division, avant d'obéir à leur général en chef, pourront consulter impunément le ministre, nous serons

bien faibles au dedans et impuissants à garantir nos frontières d'une attaque du roi de Bavière, s'il a su conserver
l'ordre dans son armée?

J'ai parlé hier au Président de la réduction projetée et bien
fâcheuse de votre effectif. Je vous engage fortement à vous
défendre pendant le voyage (1). Un centre de population aussi
considérable doit avoir non seulement des troupes suffisantes
pour maintenir dans l'ordre des ouvriers turbulents, mais
encore une réserve disponible pour les points où une insurrection viendrait à éclater. Il est douloureux de voir démolir
l'armée, en présence de la Chambre la mieux disposée que
nous ayons jamais eue à voter les fonds nécessaires pour nous
maintenir très forts contre les anarchistes.

Ne doutez jamais, mon cher général, de mon vieux et
inaltérable attachement.

CHANGARNIER.

30. — Lettre du général de brigade Mellinet (2).

Sidi-bel-Abbès, le 30 décembre 1850.

MON GÉNÉRAL,

Quoique n'ayant pas l'honneur d'être personnellement
connu de vous et à mon très grand regret, vous avez daigné
me témoigner une bienveillance qu'il m'est impossible de
jamais oublier. Les félicitations qu'il vous plaît de m'adresser

(1) Le voyage que le prince Louis-Napoléon, président de la République, fit en Bourgogne, en Franche-Comté et à Lyon, en août 1850.
(2) *Mellinet* (Émile), né le 1er juin 1798 à Nantes, lieutenant de la garde
nationale active de la Loire-Inférieure le 20 octobre 1813; sous-lieutenant
au 88e de ligne le 25 février 1814; lieutenant au 5e léger le 22 janvier 1823;
capitaine le 11 avril 1830; chef de bataillon le 27 avril 1839; chef de bataillon de chasseurs à pied le 30 septembre 1840; lieutenant-colonel le 16 octobre 1842; colonel du 1er régiment de la légion étrangère le 15 mars 1846;
général de brigade le 2 décembre 1850; général de division le 22 juin 1855;
décédé à Nantes le 21 janvier 1894. Le général Mellinet avait fait les campagnes de 1814 et 1815, celles de 1823-1825 en Espagne, celles de 1841 à
1851 en Afrique, celles de Crimée et d'Italie et celle de 1870.

sur ma promotion au grade de général de brigade en sont une nouvelle preuve dont je suis plus fier et plus heureux encore. Veuillez donc croire à ma profonde reconnaissance et au vif désir que j'éprouve depuis si longtemps de servir sous vos ordres.

Avec les habitudes que je me suis faites de la vie d'Afrique, j'ai sollicité, je vous l'avoue, d'y rester encore quelque temps, plutôt que d'être employé au commandement d'un département de France, mais j'écrivais à Paris, avant d'avoir reçu votre lettre, que si on jugeait ma présence plus utile en France, je ne demandais que d'avoir l'honneur de commander une brigade active, sous les ordres de nos dignes chefs les généraux de Castellane ou Changarnier, ceux-là qui savent si bien conserver nos vieilles et nobles traditions militaires.

Je vous prie, mon général, de vouloir bien agréer l'assurance du respectueux et entier dévouement de votre très obéissant serviteur.

MELLINET.

31. — Lettre du chef de bataillon Félix de Wimpffen (1), des tirailleurs algériens.

Blidah, le 7 janvier 1851.

MON GÉNÉRAL,

Vous avez été trop bienveillant envers moi pour que je ne désire pas me rappeler à votre souvenir. Veuillez me pardonner de n'avoir point répondu, il y a déjà longtemps, à votre demande de renseignements sur les colonies agricoles. Mon silence venait de la crainte de traiter une question qui m'était à peine connue. Après avoir rassemblé quelques notes, il

---

(1) *Wimpffen* (Emmanuel-Félix *de*), né en 1811, élève de l'école de Saint-Cyr, capitaine en 1840; chef de bataillon aux tirailleurs algériens en 1847; colonel de ce régiment en 1853; général de brigade en 1855; général de division en 1859.

m'arrivait de les voir transcrites dans les journaux et bro-
chures d'une manière beaucoup plus détaillée. J'en éprouvais
un découragement qui me faisait remettre à une meilleure
occasion de vous énoncer des faits qui en valussent la peine.
J'ai enfin examiné tout particulièrement ces colonies dont on
a tant parlé. Désigné comme inspecteur de plusieurs localités,
j'ai pu voir et juger.

L'état de malaise constaté chez les populations soumises au
régime des colonies agricoles peut être attribué à la fois au
mauvais choix des habitants, à l'inexpérience des agents et
surtout à la lenteur dans l'application des moyens.

La population venue de France triomphalement jusqu'à la
localité qui lui était destinée, n'y trouva, au lieu d'un Eldo-
rado, que de mauvaises constructions en planches, qu'un terrain d'un aspect généralement triste et offrant à peine quelques
hectares cultivables. Plus d'une année se passa sans que ces
habitants, si peu faits aux privations de tout genre, vissent
des améliorations et rien de bien assuré pour l'avenir. Il en
résulta de violentes plaintes et un vif désir de rentrer dans la
patrie. De là aussi cette paresse, cette résistance, ce mauvais
vouloir envers l'autorité et, de la part de cette dernière, de
nombreuses évictions.

Les directeurs ayant presque tous peu d'expérience, trop
abandonnés à eux-mêmes, ne surent point d'abord tirer un
parti convenable des hommes et des moyens mis à leur disposition. Des travaux inutiles furent entrepris, chacun d'eux ne
voulut suivre que son système. L'un chercha à opérer suivant
le mode phalanstérien, l'autre divisa son monde en sections
et escouades, sans s'inquiéter des antipathies.

Enfin l'administration, toujours si lente, ne put délivrer que
très tard les terres promises. Les habitants savent à peine
aujourd'hui celles qui doivent être leur propriété. Le partage
n'est point encore fait dans quelques colonies. Les outils principaux, tels que charrues, herses, jougs, ne se donnèrent aussi
que peu à peu. Depuis un ou deux mois seulement, toutes les
familles en sont pourvues.

Un pareil état de choses ne pouvait amener que des résultats médiocres ; cependant on constate aujourd'hui de réels progrès, ces villages produisent, ils ont une existence assurée.

Au lieu de la marche que je viens de tracer, on aurait obtenu plus vite et mieux, si tout avait été prévu avant l'arrivée des émigrants. Les maisons auraient dû être faites, les lots limités, les terres à mettre en culture défrichées, les animaux et outils disponibles. Les directeurs devraient être contrôlés par un chef spécialement chargé de ce service. Cette personne, éclairée par les opérations de tous les centres d'une province, aurait exigé de celui-ci un changement de système, de celui-là une modification dans ses travaux. Si cette surveillance eût existé, un territoire au bord de la mer, près d'une ville et hors de tout danger, n'aurait pas eu ses villages formés par des enceintes bastionnées construites en pierre ; dépense évaluée au moins à soixante ou quatre-vingt mille francs.

Si le gouvernement s'impose encore ce genre de colonisation, il ne doit le faire qu'en faveur de familles qui pourront suffire à leur subsistance, en attendant les premières récoltes. Les vivres assurés pour plusieurs années ne sont qu'un élément de plus donné à la paresse.

Une marche plus simple, infiniment moins dispendieuse, amènerait peut-être rapidement de nombreux émigrants en Algérie. On devrait reconnaître les territoires où l'on pourrait promptement implanter une population européenne. On en lèverait des plans exacts, divisés par lots de dix, quinze, vingt, vingt-cinq et cinquante hectares. Ces plans indiqueraient la qualité du sol, ses ressources en bois et en eau. Les limitations seraient, en outre, exécutées sur le terrain, à l'aide de fossés ou de jalons. L'on emploierait l'armée à ce travail, comme elle l'est aux routes et aux défrichements. Les géomètres n'étant pas assez nombreux pour suffire à cette grande opération, on la confierait à des officiers d'état-major et d'autres armes.

La province d'Alger disposerait ainsi de la plaine de la Mitidja, de terres données par milliers d'hectares à des spéculateurs qui les laissent incultes, et de celles qui ne sont point indispensables aux Arabes. On procéderait de même pour la jolie plaine de Bordj Menaïel, presque entièrement inexploitée, pour celle d'Hamza et du Cheliff, et pour les terres cultivables qui sont situées sur les lignes de communication de nos établissements.

Une fois les plans de milliers d'hectares levés dans chaque province, on les classerait suivant les localités qu'on reconnaîtrait susceptibles d'être occupées sans danger, puis on apprendrait à toute la France les richesses dont elle peut disposer. A cet effet, des plans indiquant les centres à peupler, les lots particuliers à délivrer seraient déposés dans les chefs-lieux de département, ainsi que l'exposé des charges à supporter par les concessionnaires. Ceux-ci enverraient une demande au ministère. Leurs droits et la possibilité de donner les terres sollicitées une fois constatés, on remettrait les titres pour telle ou telle propriété. Le nouveau colon n'aurait donc, en quittant sa patrie, après son débarquement à Alger, Oran ou Bône, qu'à se présenter aux autorités locales et à s'occuper de son installation.

Je serais étonné si un appel ainsi fait n'était pas entendu; je crois, au contraire, qu'en présence de la facilité d'entrée en possession, on y répondrait en masse.

Si l'émigration n'a pas été plus considérable jusqu'à ce jour, c'est qu'on a promptement su les obstacles créés à toute entrée en jouissance. Malgré des ordres et des titres réels, combien n'a-t-on pas vu de familles attendre six mois, une année et plus encore, pour avoir une concession !

Ce retard force d'absorber dans l'oisiveté les petits capitaux. On n'entre souvent en possession qu'au moment où l'on n'a plus la moindre ressource.

Je limite la quantité des terres à délivrer, parce qu'il est évident aujourd'hui qu'aucun capitaliste ne consacre des sommes considérables à la culture. Ceux qui ont obtenu cent, trois cents, mille et même deux mille hectares ne sont pour la plupart que des spéculateurs qui attendent l'occasion de vendre en détail les terres qu'on leur a concédées. Il vaut mieux que la France conserve ses richesses pour en disposer d'une façon plus libérale.

Voilà, mon général, les observations que j'ai faites à la suite de plusieurs pérégrinations et séjours pour les défrichements dans les colonies agricoles. Je me considérerai comme très heureux si les détails dans lesquels je viens d'entrer vous offrent quelque intérêt.

Je termine, mon général, en vous exprimant de nouveau ma sincère reconnaissance pour la bienveillance que vous m'avez témoignée. Croyez à mon regret de n'avoir pu vous entretenir plus tôt d'un sujet qui paraissait vous intéresser, et veuillez agréer, mon général, l'assurance de mon profond respect.

F. DE WIMPFFEN.

32. — *Lettre du chef de bataillon de Wimpffen,
des tirailleurs algériens.*

Blidah, 24 juillet 1851.

MON GÉNÉRAL,

Vous avez été si bienveillant pour moi, lorsque j'ai dû passer chef de bataillon, que je croirais manquer à mon devoir en ne vous rendant pas compte d'une proposition qui vient d'être faite en ma faveur.

Je suis aujourd'hui à ma cinquième année de grade, n'ayant jamais reçu que des éloges au sujet des soldats placés sous mes ordres. M. le général de Lamoricière prétendait me donner une fort mauvaise troupe; elle a reçu, pendant cette campagne de quatre mois, de constants éloges (1). On l'a toujours employée

(1) Le 8 mai 1851, une division de 8,000 hommes sous les ordres du général de Saint-Arnaud entreprit une série d'opérations militaires dans la Petite Kabylie, contre un agitateur nommé Bou-Bagla. Une autre colonne sous les ordres du général Camou couvrait le flanc gauche de la première en guerroyant entre Sétif et Bougie. Ces opérations furent terminées le 15 juillet.

comme troupe d'élite ; elle a mérité cette distinction. Ces soldats, autrefois si irréguliers, manœuvrent, marchent, vivent, combattent ainsi que peut le faire le corps le plus discipliné. Le bataillon de tirailleurs indigènes d'Alger, caserné, mangeant à l'ordinaire, n'ayant plus d'hommes mariés, est aussi facile à manier qu'un bataillon français. Je crois devoir vous transcrire un passage de la lettre que m'a adressée le général Camou, au sujet d'un combat où il avait eu le rôle le plus remarquable :

« J'ai rendu compte à M. le Gouverneur général de la belle
« conduite tenue par votre bataillon, le 1er juin, à l'affaire
« d'Aïn-Amon; mon rapport n'a point été inséré en entier
« dans les comptes rendus; mais pour vous marquer toute
« l'estime que j'ai conçue pour la manière d'agir et de com-
« battre de vos soldats, je vous adresse ci-joint les extraits,
« en ce qui les concerne, de mon rapport précité. »

Depuis, d'autres affaires nous ont mérité de nouveaux éloges, et MM. Camou et Bosquet m'ont dit qu'ils comptaient me voir lieutenant-colonel, par suite de cette campagne.

Je devais vous en instruire, mon général, ne serait-ce que pour vous prouver que j'ai tout fait pour rester digne de la distinction particulière que vous avez bien voulu m'accorder.

Nous venons de parcourir un pays intéressant comme difficulté pour les opérations militaires et comme contrée riche et peuplée. Les villages construits en pierre, recouverts en tuiles, et dénotant au moins autant d'aisance que ceux de France, sont très nombreux. Il n'y a point de montagnes complètement stériles, la majorité est d'une richesse remarquable en oliviers et figuiers. On rencontre, du reste, toutes les productions d'Europe, poires, pommes, abricots, pêches, raisins, noix, prunes, les légumes les plus divers, du blé, de l'orge. Les céréales ne viennent cependant pas en assez grande quantité pour suffire aux habitants. Ils sont obligés d'avoir des relations avec nos marchés et, par conséquent, d'exporter leurs autres produits.

Je vous ai parlé en 1847 de Bougie, n'ayant alors qu'une population de quatre à cinq cents âmes; aujourd'hui, elle en possède dix-huit cents. Ce progrès s'est fait sans le concours du gouvernement, qui n'a rien exécuté pour cette magnifique rade qui détrônera peut-être un jour le port d'Alger. Le commerce, ce puissant levier, a suffi pour tripler le nombre des Européens et pour y faire élever plus de deux cents maisons. J'ai trouvé la ville complètement changée d'aspect; les négociants m'ont prétendu qu'ils font plusieurs millions d'achats, malgré leurs rapports encore peu étendus avec les Kabyles. Les Kabyles sont guerriers, mais trop riches pour ne point céder à notre pression. Je pensais depuis longtemps que les communications de Bougie avec les provinces d'Alger et de Constantine étaient nécessaires; mon voyage n'a fait que confirmer ma manière de voir. Il est indispensable que la Kabylie soit à nous, tant à cause de sa richesse que pour les voies que nous devons y assurer pour l'avenir.

Les tribus que nous avons ramenées à l'ordre et qui occupent la majeure partie des montagnes comprises entre la rive droite de l'Oued-Sahel et Sétif, ont payé près de cinq cent mille francs de contributions; je ne pouvais pas croire qu'on obtiendrait autant d'argent de ces marchands. Malgré notre longue et productive opération, la guerre et la révolte ne sont que momentanément arrêtées. Nous n'avons pu nous rendre maîtres du chérif Bou-Bagla et châtier la tribu qui lui donne l'hospitalité.

On a eu l'idée extraordinaire de nous défendre d'attaquer et d'amener à composition la tribu qui commande, par sa position, à toute la vallée. On a tellement grandi les Beni-Mellikeuch, on les a fait, à tort, tellement partie intégrante de la Grande Kabylie, que nous avons dû nous résigner à ne pas les toucher. Cette injonction, venue de Paris, a permis à Bou-Bagla de descendre de ses montagnes pour razzier nos nouveaux amis presque sous nos yeux. Malgré les grandes chaleurs, nous serions volontiers restés quelques jours de plus pour nous venger de cette bravade, qui, heureusement répétée, peut tout remettre en révolution. Les chaleurs, **cette** année, sont excessives, aussi étions-nous forcés de **voyager** la nuit, ce qui fatigue beaucoup.

On arrive avec un vif plaisir dans ses cantonnements.

J'ai retrouvé à Blidah Mme de Wimpffen en bonne santé, mais de nouveau désireuse de rentrer en France.

J'espère, mon général, que ma lettre vous trouvera en bonne santé et n'ayant rien à désirer dans votre beau commandement.

Veuillez agréer, je vous prie, mon général, l'assurance de mon profond respect et sincère dévouement.

F. DE WIMPFFEN.

33. — Lettre du général de brigade Camou.

Milianah, 30 août 1851.

MON GÉNÉRAL,

Je vous remercie bien sincèrement de votre bon souvenir à l'occasion de ma nomination de grand officier de la Légion d'honneur.

J'ai été peu sensible à cette récompense, parce que l'on a oublié un grand nombre de braves gens qui étaient sous mes ordres et très méritants; je m'en suis plaint à M. le Gouverneur par intérim (1), qui a écrit au ministre. Cela me donne l'espoir que l'on reviendra sur des injustices, faites en sacrifiant les miens pour ceux du général de Saint-Arnaud qui a obtenu tout ce qu'il a demandé.

Vous présidez toujours, mon bon général, à tout ce qui m'arrive de bien, c'est vous qui m'avez sorti de l'ornière.

Veuillez agréer, mon général, l'assurance de mon respectueux dévouement.

Général CAMOU.

(1) Le général d'Hautpoul avait succédé comme gouverneur général de l'Algérie au général Charon, mais, en sa qualité de membre de l'Assemblée législative, il fut obligé de se rendre à Paris à la fin d'avril 1851, et le général Pélissier prit l'intérim du gouvernement.

34. — *Lettre du chef de bataillon Cler.*

Versailles, le 8 décembre 1851.

· Mon général,

Les journaux annoncent tous les jours que Lyon est parfaitement tranquille, ce qui ne m'étonne point, connaissant depuis longtemps la sécurité que peuvent avoir vos amis et la juste terreur que vous savez inspirer à vos ennemis. Lyon a toujours ressenti le contre-coup des événements de Paris. Aujourd'hui, grâce à votre énergie bien connue, cette ville si remuante est dans la sécurité la plus parfaite. Vous aviez bien raison, mon général, de penser que vous pouviez rendre plus de services à la France, en restant à Lyon, qu'en venant à Paris.

Le 2 décembre, au point du jour, je fus appelé chez le général commandant la subdivision, pour recevoir le commandement de la place et celui des faibles troupes laissées pour garder la ville de Versailles. Notre belle division de grosse cavalerie et tout le 3e léger venaient d'être appelés à Paris.

Quelques cavaliers à pied, la compagnie hors rang du 3e léger et mon dépôt, en tout, environ six cents hommes, formaient les forces mises à ma disposition. Habitué à accepter des positions difficiles, mes mesures furent vite prises, et, depuis ce jour, le calme n'a pas cessé de régner dans notre bonne ville de Versailles.

La mesure énergique qui vient d'être prise par le Président me fait espérer que l'époque où la France jouira de la paix intérieure est bien avancée; cependant, mon général, nous aurons encore des jours difficiles à passer, et je serais doublement heureux de me trouver en ce moment près de vous.....

Je suis avec respect et reconnaissance, mon général,
Votre très humble et très obéissant serviteur.

J. Cler.

35. — *Lettre du général de brigade Camou, commandant la subdivision de Milianah.*

Milianah, 27 décembre 1851.

MON GÉNÉRAL,

Je viens vous prier, au renouvellement de cette année, d'accepter mes souhaits de bonheur et les vœux bien sincères que vous soyez récompensé de vos honorables services par votre nomination prochaine à la haute dignité de maréchal de France. Votre nomination de commandant en chef de l'armée de Lyon me fait espérer que l'on a l'intention de vous élever à cette position. Grâce à l'armée, la France a été sauvée de l'anarchie, et vous avez obtenu une belle page en contenant dans un calme parfait le pays le plus remuant et le plus dangereux dans les émeutes; je ne suis pas le seul qui fasse cette observation, car je l'entends répéter chaque jour autour de moi.

J'ai fait dans les mois d'octobre et novembre une expédition dans la Kabylie, sous les ordres du général Pélissier, gouverneur par intérim; cette opération a été exécutée très heureusement avant les événements du 2 décembre, de sorte que le pays est resté dans le calme le plus parfait, après la rude correction reçue par les tribus kabyles qui avaient écouté le chérif Bou-Bagla (1). Celui-ci a été obligé d'abandonner le pays; d'après les derniers renseignements, il aurait l'intention de se diriger vers le Sud, avec les sommes qu'il a imposées dans le pays qu'il avait insurgé. Nous attendons M. le général Randon, notre nouveau gouverneur, et le général Pélissier va reprendre son commandement de la division d'Oran.

(1) Le chérif Bou-Bagla ayant réussi à soulever les Flissas, deux colonnes, confiées par le général Pélissier aux généraux Cuny et Camou, ravagèrent le pays kabyle et forcèrent à la soumission les tribus révoltées.

Veuillez bien croire, mon général, à tous mes sentiments
de reconnaissance, d'attachement et de dévouement éternel.

Général J. CAMOU.

36. — *Lettre du lieutenant-colonel de Wimpffen,*
du 68ᵉ de ligne.

Mostaganem, le 1ᵉʳ janvier 1852.

MON GÉNÉRAL,

Les événements survenus en France ont occupé et non
agité la population en Afrique. Il n'en a pas été partout de
même, de l'autre côté de la mer. La ville de Lyon a été bien
heureuse, cette fois, de vous avoir pour chef suprême. Votre
présence a maintenu cette localité dans une paix profonde, ce
qui ne lui était pas encore arrivé. C'est avec une bien vive
satisfaction que j'entends vous attribuer cet heureux résultat,
et reconnaître que là, comme à Rouen, vous avez empêché
bien des malheurs et fait jouer un noble rôle à l'armée.

L'Afrique offre aujourd'hui peu d'intérêt, en présence de ce
qui se passe en France. Du reste, tout y est tranquille, si ce
n'est Bou-Bagla qui, chassé de la Kabylie, s'est jeté dans le
Sud qu'il cherche à remuer. Mais les Arabes eux-mêmes
semblent disposés à accepter le repos que promet notre nouveau gouvernement.

J'habite une jolie ville, près de la mer, entourée d'un territoire assez fertile que les Européens commencent à bien
exploiter. Je suis effrayé de la quantité d'étrangers qui
viennent s'abattre ici. C'est avec contentement que je vois
prendre la détermination d'y envoyer nos futurs exilés. On ne
peut posséder trop de Français garantissant à la mère patrie
la longue possession de notre belle et grande conquête. Il
existe des terres pour toutes les catégories, depuis celles situées sur les lignes qui doivent relier les provinces entre
elles, jusqu'aux points placés en Kabylie, jusqu'aux oasis telles

que Bou-Saada, qui a maintenant une garnison française.

Je suis très satisfait de me trouver au 68°, beau régiment commandé par M. de Leyritz, homme du monde, de relations on ne peut plus agréables.

Je termine, mon général, en vous priant de nouveau de croire à ma sincère reconnaissance et à mon plus profond respect.

F. DE WIMPFFEN.

37. — *Lettre du lieutenant-colonel Cler (1), du 2° régiment de zouaves.*

Oran, le 5 avril 1852.

MON GÉNÉRAL,

Je suis encore tout triste de vous avoir quitté. Deux fois en deux ans, mon bon génie m'a placé auprès de vous, et deux fois la fatalité ne m'a laissé que quelques jours sous vos ordres. J'étais si heureux, mon général, de faire partie de votre armée, que je n'ai pu considérer comme un bonheur l'honneur que m'a fait le ministre, en me choisissant pour aider à organiser un régiment qui doit être considéré comme un corps d'élite (1).

Je ne suis à Oran que depuis quelques jours seulement. En attendant le jour de mon embarquement à Port-Vendres, j'ai séjourné à Perpignan, où j'ai retrouvé une partie de cette société si aimable qui m'a accueilli avec tant de bienveillance il y a seize ans, lorsque, jeune officier, je débutais dans le monde et la vie militaire. Malheureusement, cette bonne ville de Perpignan n'a plus l'animation et la gaieté qui contribuaient à rendre son séjour si agréable, à l'époque où vous y aviez établi votre quartier général. Tout le monde vous

---

(1) Cler avait été nommé lieutenant-colonel du 21° régiment d'infanterie de ligne, à Dijon, puis lieutenant-colonel au 2° régiment de zouaves, que l'on organisait à Oran. (*Note du Maréchal.*)

regrette, car, mieux que le maréchal de Mailly, vous aviez contribué au bonheur de ce beau pays, en lui donnant la vie et la richesse. . . . .

Notre organisation marche lentement; nous attendons encore notre habillement et les fusils à tige qui doivent servir à armer nos soldats. Les hommes que nous avons reçus des régiments de France sont généralement bien conformés et de bonne volonté; les sous-officiers laissent à désirer sous le rapport de l'instruction et de la conduite; quant aux officiers, ils possèdent l'aptitude exigée pour pouvoir faire un bon service dans les zouaves.

M. Vinoy, mon colonel, est un officier capable et très énergique, il m'accorde une grande confiance. Envisageant le service de la même manière, nous serons, je l'espère, toujours d'accord.

A peine arrivé à Oran, on m'a nommé président du 1er conseil de guerre, sûr d'avance qu'après avoir occupé cet emploi à l'armée de Lyon, je ne pouvais que bien le remplir en Algérie.

Je suis, avec respect et reconnaissance, mon général,

Votre très humble et très obéissant serviteur.

CLER.

38. — Lettre du colonel de Pontevès (1).

Angoulême, le 7 décembre 1852,

MONSIEUR LE MARÉCHAL,

Je ne puis être le premier à vous complimenter sur votre élévation à la première dignité, mais je suis assurément de ceux qui en ont été les plus heureux.

(1) *Pontevès* (Jean-Baptiste-Edmond, comte *de*), né à Marseille en 1805, élève de l'École de la Flèche, puis de Saint-Cyr, sous-lieutenant en 1824, dans la garde royale, colonel en 1849, général de brigade en 1852, tué à Sébastopol, le 8 septembre 1855, en attaquant le redan du Carénage.

Veuillez, à cette occasion, agréer, avec votre bienveillance ordinaire pour moi, le témoignage de mes sentiments respectueux et de mon dévouement.

Nos familles de Provence aimaient à lire, au premier rang des défenseurs de la société, un nom qui leur appartient, elles se réjouissent de compter un maréchal de France de plus, et l'épée que vous veniez de recevoir de la ville de Lyon excitait déjà leur orgueil. Votre nom était souvent prononcé dans le 75ᵉ de ligne; vous aviez témoigné un véritable intérêt à ce régiment pendant le peu de temps qu'il a été sous vos ordres; il en a été reconnaissant dans cette circonstance, et, d'ailleurs, on ne peut oublier dans l'armée ce que vous avez fait pour lui conserver ses traditions militaires et sa discipline.

Je vous renouvelle, Monsieur le Maréchal, l'hommage de mon respect et de mon dévouement.

DE PONTEVÈS.

39. — *Lettre du général de brigade Camou.*

Blidah, 9 décembre 1852.

MONSIEUR LE MARÉCHAL,

Depuis hier que j'ai appris votre élévation à la dignité de maréchal de l'Empire, mon cœur bat de joie et de bonheur; je vous prie d'accepter, mon bon bienfaiteur, mes félicitations bien sincères et dévouées.

Grand nombre d'officiers qui sont autour de moi et qui vous connaissent, voient avec plaisir les bons, vieux et honorables services récompensés.

Je suis avec respect, Monsieur le Maréchal,

Votre très subordonné.

CAMOU.

40. — *Lettre du général de division Pélissier* (1).

Laghouat, le 15 décembre 1852.

MONSIEUR LE MARÉCHAL,

C'est dans une ville prise d'assaut que j'apprends votre élévation à la dignité de maréchal de France, et mon cœur s'en
est senti tout heureux. Je vous offre mes félicitations sur un
billet tout imprégné encore de ces enivrants parfums de la
poudre. Mon compliment est ainsi digne de vous ; il ne pourrait en tout cas, Monsieur le Maréchal, être plus sincère, plus
respectueux et plus cordial.

Général PÉLISSIER.

41. — *Lettre du lieutenant-colonel Cler, du 2ᵉ zouaves.*

Bivouac d'Aïn Mahdi, au sud de Djebel-Amour, le 17 décembre 1852.

MONSIEUR LE MARÉCHAL,

Le général Pélissier vient de m'annoncer une promotion qui
m'a fait le plus grand plaisir, car elle m'apprend que vous
venez d'être élevé à la dignité de maréchal de France. Depuis
longtemps je m'attendais à voir récompenser vos nobles et

---

(1) *Pelissier* (Aimable-Jean-Jacques), né à Maromme (Seine-Inférieure),
le 6 novembre 1794, élève de l'école d'artillerie de la Flèche le 12 janvier 1814, puis élève de Saint-Cyr le 25 août 1814. Sous-lieutenant dans
l'artillerie de la Maison du Roi le 18 mars 1815 ; lieutenant aux hussards
de la Meurthe le 16 août 1820 ; capitaine le 8 juin 1828, aide de camp des
généraux Jamin, Durrieu, Ledru des Essarts, Clément de la Roncière ;
chef de bataillon le 2 octobre 1830 ; lieutenant-colonel le 2 novembre 1839 ;
colonel le 8 juillet 1842 ; maréchal de camp le 22 avril 1846, général de
division le 15 avril 1850 ; maréchal de France le 12 septembre 1855, gouverneur général de l'Algérie le 24 novembre 1860 ; décédé à Alger le
22 mai 1864. Le maréchal Pélissier avait fait la campagne de 1815, celles
de 1823 en Espagne, de 1828-1829 en Morée, de 1830, de 1840 à 1854 en
Afrique, de 1855-1856 en Crimée et de 1860 à 1864 en Afrique.

réels services par le grade le plus élevé de la hiérarchie militaire, aussi je viens, tout joyeux, vous prier d'agréer mes sincères félicitations.

Nous venons d'obtenir un succès éclatant en enlevant d'assaut, après trente-six heures seulement d'attaque, la place de Laghouat (1), où quinze cents insurgés fanatisés par le scherif d'Ouargla, étaient venus se réfugier.

Dans cette brillante affaire, j'ai eu le quadruple honneur de commander toute l'infanterie chargée des opérations du siège; de remplacer dans le commandement de toutes les troupes le général Bouscaren, grièvement blessé à l'ouverture du feu de la batterie de brèche; de placer l'aigle, qui m'a été remise le 10 mai dernier par l'Empereur, sur le minaret le plus élevé de la citadelle de Ben-Salem, et enfin de prendre le commandement supérieur de la place, immédiatement après l'assaut.

Cette belle conquête ne nous a coûté qu'une trentaine de tués et cent blessés. Le lendemain et le surlendemain de la prise de la ville, j'ai fait brûler ou enterrer 1,174 cadavres ennemis. Dans ce moment, la soumission des oasis étant complète, nous rentrons dans nos garnisons pour y prendre nos quartiers d'hiver.

Proposé à l'inspection générale pour le grade de colonel, je viens encore d'être proposé, après l'assaut, pour la croix d'officier de la Légion d'honneur.

Cette lettre devant vous arriver, Monsieur le Maréchal, dans les premiers jours de l'année prochaine, je lui confie les souhaits que je fais, à l'approche du renouvellement de l'année, pour votre bonheur et surtout pour votre santé. Ces souhaits dictés par un cœur reconnaissant seront les plus sincères de tous ceux qui doivent vous être adressés.

Je suis avec un profond respect, Monsieur le Maréchal,
    Votre très humble et très obéissant serviteur.

CLER.

(1) Voir sur la prise de Laghouat les *Souvenirs d'un officier du 2ᵉ zouaves,* par le général Cler.

42. — *Lettre du général de division Canrobert*,

Saint-Omer, le 25 mai 1853.

Monsieur le Maréchal,

Je suis heureux et fier des félicitations que vous me faites
l'honneur de m'adresser sur mon commandement du camp
d'Helfaut. Je ferai tous mes efforts pour y donner aux officiers
et soldats sous mes ordres les utiles leçons que je n'oublierai
jamais avoir eu l'avantage de recevoir de vous !

Veuillez agréer, Monsieur le Maréchal, avec l'expression de
ma reconnaissance, l'assurance du respectueux attachement
de votre très obéissant et très dévoué serviteur,

Général Canrobert.

43. — *Lettre du lieutenant-colonel Cler, du 2ᵉ zouaves*.

Bivouac de Feld-el-Arba, 24 juin 1853.

Mon général,

Revenu de l'expédition de Laghouat dans les premiers
jours de janvier, le régiment est rentré en campagne au mois
de mars dernier. Partis des frontières du Maroc, nous sommes
arrivés par terre à Alger et à Sétif, pour occuper notre place
à la 1ʳᵉ brigade de la 2ᵉ division de l'armée du Gouverneur
général. Pendant cette marche de plus de deux cents lieues,
j'ai compris combien une discipline forte pouvait être utile à
l'organisation des troupes, et j'ai été bien autrement fier de
l'immense résultat obtenu par un régiment que j'ai presque
constamment commandé, que des avantages de guerre inscrits
déjà sur notre jeune histoire militaire. Dans toutes les places
que nous avons traversées, nous avons été félicités sur notre

tenue et notre discipline, et l'excellent général Camou nous a avoué qu'il n'avait pas vu de régiment plus discipliné et mieux tenu que le nôtre.

Après cinquante jours de route, deux hommes seulement manquaient à l'effectif. Combien je me suis applaudi, Monsieur le Maréchal, d'avoir toujours suivi vos bonnes leçons et d'avoir appliqué à la lettre vos austères principes sur la conduite et l'organisation des troupes! Depuis longtemps, je sais que le soldat français, conduit par des officiers braves, affronte tous les périls, mais je sais aussi que la bravoure ne suffit pas pour faire un soldat obéissant et discipliné.

Tous nos généraux désirent nous commander, et le Gouverneur général(1) a pour nous tant de bienveillance que nous sommes obligés de nous considérer comme son régiment de prédilection.

Entrés en expédition le 18 mai dernier, nous avons conquis le pâté de hautes montagnes situé entre Bougie et Djijelli; nous venons de terminer la soumission de toute la Petite Kabylie, en pacifiant et en organisant les tribus placées entre Djijelli et Milah. Aujourd'hui, pour que l'Algérie entière soit complètement soumise, nous n'avons plus qu'à amener à nous la confédération des Zouaouas, dite Grande Kabylie, que nous pourrons, si nous le désirons, réduire par la diplomatie.

Pour arriver à soumettre cette partie de la Petite Kabylie, dite des Babors, nous avons affronté plus de fatigues que de véritables périls. Manœuvrant avec deux fortes et lourdes colonnes dans un pays de rochers et de montagnes aux vallées déchirées et irrégulières, profondes, bouleversées et boisées vers les thalwegs, rocheuses et fortement escarpées près des crêtes, suivies par de rares piétons, il nous a fallu construire des routes pour avancer dans le pays et bien souvent employer six et huit heures pour parcourir une lieue d'étendue. Le temps pluvieux, toujours brumeux, ne nous a point favorisés; nous avons dû quelquefois allumer des feux pour

(1) Le général Randon.

guider nos arrière-gardes, qui n'arrrivaient au bivouac qu'à dix et onze heures du soir.

Constamment en guerre avec les Arabes des plaines et des grandes vallées, qui les regardent, à juste titre, comme gens vivant du produit du fusil, les Kabyles qui habitent les hautes régions que nous venons de soumettre, avaient intérêt à venir à nous pour gagner par leur soumission l'absolution de tous leurs méfaits. Devant traverser des tribus soumises pour se rendre sur nos marchés, seuls points où ils pouvaient écouler leurs produits, étant traités par nos alliés comme de véritables bandits et ne pouvant même se fier les uns aux autres, ils avaient soif de domination, et la nôtre, qu'ils connaissaient forte, généreuse et juste, était vivement désirée et devait être acceptée, dès que la poudre aurait parlé et lavé, pour ainsi dire, aux yeux des femmes et des anciens de la tribu, le péché originel de la soumission.

J'ai rarement rencontré, depuis que je fais la guerre en Afrique, de soumission plus franche que celle que nous venons d'obtenir, plus encore par notre ascendant moral que par la force de nos armes. Le jour même où l'armistice était conclu, de nombreux otages nous étaient remis, les Kabyles se présentaient dans nos bivouacs avec une confiance qui pouvait faire croire à de longues relations, et nos cantiniers traversaient leur territoire, dévasté la veille par nos soldats, sans être insultés, aidés même par les débris des populations échappées aux violences de la razzia.

Le Kabyle, quand on respecte ses vieux usages et quand on facilite son commerce, est très facile à gouverner. Faisant remonter son origine aux anciens Berbères et aux débris des populations tour à tour conquérantes et conquises, il a dans son organisation physique et morale le sang et les habitudes des Carthaginois, des Numides, des Romains, des Vandales et des Arabes; les Turcs seuls n'y ont point laissé de racines. La transmission orale, si vivace chez les peuples réunis en tribus, rapprochée de l'histoire, nous a appris que les dernières bandes vandales, chassées dans le sixième siècle de la province romaine par Bélisaire, ont trouvé un refuge sur les cimes et dans les crevasses des Babors, et que le dernier chef de ces sauvages destructeurs de l'ancien monde, Gélimer, y est mort indépendant et hors de l'atteinte des Romains, ses ennemis. Cette vieille tradition faisait, sans doute, que les Kabyles regardaient leur pays comme inabordable et, dans leur langage figuré, ils ne craignaient, disaient-ils, que les oiseaux de proie. Dès que nous avons été maîtres de leurs cols et de l'origine de leurs vallées, ils se sont empressés de venir à nous et de se soumettre sans conditions.....

C'est dans ce pays, si semblable pour le climat et les cultures à nos montagnes de la France, que nous devrions songer à jeter nos colons, qui entreraient plus vite dans de bons rapports avec les Kabyles qu'avec les Arabes.....

CLER.

44. — Lettre du général de division duc de Mortemart, commandant à Bourges.

Bourges, le 26 juin 1853.

MON CHER MARÉCHAL,

Grâce à vous, j'ai fait avec le « Salut public » une très intéressante promenade au camp de Sathonay, et je vous y voyais avec d'autant plus de plaisir, que j'avais la preuve que mon vieux compagnon y pensait à moi : aussi j'y liais conversation avec vous en esprit et je vous disais : « Cette belle armée si jeune et si vieille me ferait frémir, s'il fallait entrer en campagne sérieusement. Quel grand parti tirer de soldats dont le plus vieux a vingt-six ans et le plus ancien cinq ans de service, avec de vieux officiers dont un tiers ne peut plus ni marcher ni monter à cheval ! » Cela mérite réflexion, et il est temps de songer aux mesures urgentes qu'il faudrait prendre en cas de guerre.

Je ne sais pas quelle est la force de vos bataillons; quant aux miens (1), d'environ quatre cents hommes, je ne présente-

---

(1) En février 1852, le général duc de Mortemart avait repris du service

rais pas trois cent cinquante combattants à la sortie de
Bourges et je ne vous en amènerais pas trois cents à Lyon.
Survenant trois mois de campagne, qu'est-ce qui resterait ?

Nous sommes bien inquiets pour la récolte, les fourrages
sont en partie gâtés ou totalement perdus et le temps ne semble
pas s'amender, pluie continuelle très forte, avec bourrasques
qui couchent tous les produits sur la terre.

Allah Kerim ! Mme de Mortemart et mes enfants par ce
mauvais temps me sont restés, ils animent un peu Bourges en
faisant danser comme en hiver.

Vos bulletins me parviennent très exactement et je ne saurais trop vous en remercier, car je devine ce qu'ils ne disent
pas, que mon vieux compagnon va bien et pense à la tendre
affection que je lui porte.

MORTEMART(1).

45. — *Lettre du cardinal de Bonald, archevêque de Lyon*

Vernaison, le 25 juillet 1853.

MONSIEUR LE MARÉCHAL,

J'ai l'honneur de vous prévenir que dimanche prochain,
31 de ce mois, j'irai dire la messe au camp de Sathonay, si
Votre Excellence n'y voit aucun obstacle.

J'appellerai avec empressement la bénédiction de Dieu sur

actif et avait été nommé par le Prince Président de la République au
commandement de la division de Bourges. Voir le *Journal du maréchal
de Castellane*, tome IV, pages 358 et 359.

(1) *Mortemart* (Casimir-Louis-Victurnien de Rochechouart, duc *de*), né
le 20 mars 1787 à Paris, sous-lieutenant le 10 février 1806 au 1er régiment
de dragons, lieutenant au 25e dragons le 2 mars 1809, capitaine le
28 juillet 1809, officier d'ordonnance de l'Empereur, capitaine-colonel de
la compagnie des Cent-Suisses le 7 juin 1814, maréchal de camp le 14 décembre 1815, lieutenant général le 24 décembre 1828, mis à la retraite le
8 juin 1848, relevé de la retraite le 31 août 1849, commandant la 19e division militaire à Bourges le 17 février 1852; sénateur le 27 mars 1852,
relevé de son commandement sur sa demande en 1855, décédé à Neauphle-
le-Vieux (Seine-et-Oise) le 1er janvier 1865.

des troupes, l'honneur de la France par leur discipline, et sur le chef illustre qui les commande avec tant d'habileté et veille sur elles avec une infatigable sollicitude.

Je prie Votre Excellence d'agréer l'assurance de ma haute considération.

Cardinal DE BONALD.

46. — *Lettre du colonel Cler, du 2ᵉ régiment de zouaves.*

Oran, le 30 août 1853.

MONSIEUR LE MARÉCHAL,

Je viens de recevoir la lettre que Votre Excellence m'a fait l'honneur de m'écrire le 19 août courant, pour me féliciter de ma nomination au grade de colonel du 2ᵉ régiment de zouaves. Connaissant l'intérêt réel que vous portez à mon avancement, j'étais d'avance bien certain que ma nouvelle promotion vous ferait plaisir et que vous saisiriez, des premiers, en m'en félicitant, cette occasion de me donner une haute preuve de votre attachement. Je vous prie, Monsieur le Maréchal, de vouloir bien en recevoir mes sincères remerciements.

Comme colonel, je me souviendrai toujours que je dois faire honneur aux leçons que Votre Excellence a bien voulu me donner, en m'inculquant de bonne heure le feu sacré et l'amour de mon état.

Je suis avec un profond respect, Monsieur le Maréchal, de Votre Excellence le très humble et très obéissant serviteur.

CLER.

47. — *Lettre du colonel Cler, du 2ᵉ régiment de zouaves.*

Oran, le 24 décembre 1853.

MONSIEUR LE MARÉCHAL,

L'état de paix et de tranquillité où se trouve en ce moment l'Algérie condamne mon régiment au travail des routes et lui laisse peu de temps pour s'occuper du service et de son instruction. Je suis donc obligé de redoubler de zèle et de surveillance pour maintenir dans le corps que je commande cette excellente discipline qui fait sa force. . . . · . . .

Nourri de vos sages principes, Monsieur le Maréchal, je chercherai toujours, tant que j'aurai l'honneur de commander un régiment, à y entretenir la discipline, l'instruction, l'esprit de corps et une bonne tenue, bien sûr qu'avec ces vertus militaires je le trouverai toujours dévoué et plein d'abné- gation au jour du danger.

Je suis avec un profond respect, de Votre Excellence, Monsieur le Maréchal, le très humble et très obéissant ser- viteur.

CLER.

SIÈGE DE ROME

SIÈGE DE ROME (1).

***

48. — *Lettre du général de brigade Niel* (2).

Rome, 30 juillet 1849.

MON GÉNÉRAL,

Je suis extrêmement flatté du souvenir que vous voulez bien me conserver et des témoignages d'intérêt que je reçois de vous chaque fois qu'un grade m'est accordé; puisse votre exemple trouver beaucoup d'imitateurs! L'armée formerait une famille militaire, si chacun savait trouver un appui dans celui qui l'a commandé.

Vos félicitations ont un grand prix pour moi, mon général;

***

(1) Le 25 avril 1849, le gouvernement de l'Assemblée nationale avait envoyé à Rome le général Oudinot et une armée de 7,000 hommes pour rétablir le pouvoir temporel du pape, qui avait été chassé de la ville par Mazzini et Garibaldi. Après plusieurs assauts et un bombardement d'un mois, les Français, dont le nombre avait été porté à 30,000, entrèrent dans Rome, le 2 juillet 1849.

(2) *Niel* (Adolphe), né le 4 octobre 1802, à Muret (Haute-Garonne), élève à l'École polytechnique le 15 novembre 1821, sous-lieutenant du génie le 1er octobre 1823, lieutenant le 23 décembre 1825, capitaine le 25 janvier 1829, attaché à l'état-major du génie du corps expéditionnaire de Constantine le 31 décembre 1836; chef de bataillon le 24 décembre 1837; lieutenant-colonel le 5 juin 1842; colonel le 12 mai 1846; général de brigade le 13 juillet 1849; général de division le 30 avril 1853; aide de camp de l'Empereur, envoyé en mission à l'armée d'Orient, le 9 janvier 1855; commandant le 4e corps de l'armée d'Italie, le 22 avril 1859; maréchal de France le 25 juin 1859; ministre de la guerre le 20 janvier 1867; mort le 13 avril 1869. Le maréchal Niel avait fait les campagnes d'Afrique de 1837 à 1839, celle de Rome de 1849 à 1851, celle de la Baltique en 1854, les campagnes de Crimée et d'Italie.

vous avez pensé à moi et vous avez voulu me le faire savoir.
j'en éprouve une vive reconnaissance.

Agréez, mon général, l'hommage de mes sentiments les
plus respectueux et les plus dévoués.

NIEL.

49. — *Lettre du colonel Ripert* (1), *du 25° léger.*

Rome, 30 juillet 1849.

MON GÉNÉRAL,

J'ai reçu avec bonheur et reconnaissance les félicitations
que vous avez bien voulu m'adresser au sujet de ma nomination de commandeur de la Légion d'honneur; cette haute
approbation ajoute un nouveau prix à cette récompense. Elle
m'est chère, parce que je pense que le général en chef et le
gouvernement ont voulu témoigner de leur satisfaction de la
conduite et des services de ce 25° léger où je retrouve chaque
jour les bons principes et les habitudes militaires puisées à
votre école. Aussi je redouble de soins et de surveillance
pour le conserver digne de son origine.

En dehors des travaux du siège, nous avons eu une affaire
assez chaude le 3 juin, pour reprendre les positions qui dominent la porte Saint-Pancrace, et qui avaient été enlevées un
moment à nos troupes qui les occupaient depuis le point du
jour. M. le lieutenant Andoux a été tué avec dix-sept sous-
officiers ou soldats; cinq officiers et cent deux hommes ont
été blessés; un grand nombre de ces derniers sont morts
depuis cette époque, et parmi eux M. le capitaine adjudant-

---

(1) *Ripert* (Honoré-Sarrazin), né le 9 octobre 1794 à Barcelonnette
(Basses-Alpes), garde au 4° régiment de gardes d'honneur le 5 juillet 1813,
sous-lieutenant au 6° de chevau-légers le 26 mars 1814, lieutenant le
1er novembre 1815, capitaine le 13 novembre 1823, chef de bataillon le
26 juillet 1837, lieutenant-colonel le 12 février 1834, colonel du 25° léger le
28 août 1846, général de brigade le 3 août 1851, général de division le
17 mars 1855, admis à la retraite le 26 mars 1860.

major Joubertye qui n'a jamais voulu consentir à l'amputation du bras droit. Dans cette attaque des maisons Valentini
et Corsini, j'ai trouvé de l'élan et de la confiance parmi les
hommes que j'avais sous ma main, et je pense que si la
guerre avait été continuée ici, ou si elle recommençait sur nos
frontières, mon régiment tiendrait honorablement sa place
dans l'armée.

Veuillez lui conserver toujours un souvenir et agréer
l'hommage respectueux avec lequel j'ai l'honneur d'être, mon
général,

Votre très humble et tout dévoué serviteur.

RIPERT.

50. — *Lettre du lieutenant-colonel d'état-major de Fezensac* (1).

Rome, le 3 août 1849.

MON GÉNÉRAL,

Nous sommes assez bien ici; il y a environ les deux tiers
de l'armée dans Rome, le reste occupe les villes des environs, à
deux ou trois journées de marche. La discipline de nos troupes
est au-dessus de tout éloge, elle les rend fort populaires, surtout près de ceux qui peuvent faire la comparaison avec les
Autrichiens, les Espagnols et les Napolitains. Nous sommes
dans la saison des fièvres, ce qui nous donne beaucoup de
malades, surtout dans Rome, mais la mortalité est faible.

Jusqu'à présent, le Pape et ceux auxquels il a délégué ses
pouvoirs n'ont pas fait grand'chose; je crois qu'ils savent
mieux ce qu'ils ne veulent pas que ce qu'ils veulent. La
besogne est si difficile que bien des gens à qui on offre des
places les refusent, chose ordinairement rare dans ce pays...

FEZENSAC.

(1) *Montesquiou-Fezensac* (Roger-Aimery *de*), né à Paris le 13 avril 1809,
élève de l'École spéciale militaire le 19 novembre 1825, sous-lieutenant le
1er octobre 1827, lieutenant le 1er octobre 1831, capitaine le 20 décembre 1833, chef d'escadron le 30 avril 1844, lieutenant-colonel le 6 juillet 1849,
démissionnaire par refus de serment le 1er juin 1852.

51. — *Lettre du colonel Sol (1), du 22ᵉ léger.*

Rome, le 3 août 1849.

MON GÉNÉRAL,

Votre compliment est un honneur auquel j'attache le plus grand prix; si je rentrais en France, je déplorerais de ne plus pouvoir former mon régiment à vos excellents principes. Nos braves soldats ont été admirables pendant le siège; maintenant que les bandits de Rome ont disparu, l'armée française est un modèle de discipline, au milieu de ce peuple craintif.

Une partie de la 1ʳᵉ division, les 17ᵉ, 20ᵉ et 33ᵉ de ligne, occupent Tivoli, Frascati et Albano. La plus grande partie du corps expéditionnaire est à Rome, ainsi que l'armée romaine. Notre installation laisse beaucoup à désirer, mais le bivouac est devenu une vieille habitude. Le 17ᵉ est venu à temps pour les dernières opérations du siège, il a pris part au deuxième assaut; ce bon régiment a su garder les bonnes traditions de Perpignan.

Le Saint-Père est toujours à Gaëte, il se propose d'envoyer des décorations de ses ordres, celles-ci auront été acquises chèrement. Nous avons terminé glorieusement notre mission militaire, mais la question diplomatique, comment se résoudra-t-elle?...

SOL.

(1) *Sol* (Édouard-Hippolyte-Pierre), né le 13 février 1804 à Strasbourg, élève de l'École spéciale militaire le 15 novembre 1821, sous-lieutenant le 1ᵉʳ octobre 1823, capitaine le 14 août 1835, chef de bataillon le 14 août 1842, lieutenant-colonel du 1ᵉʳ de ligne le 17 février 1847, colonel du 22ᵉ léger le 13 juillet 1849, général de brigade le 29 août 1854, général de division le 26 mai 1859, décédé à Clermont-Ferrand le 28 avril 1876.

52. — *Lettre du colonel Bouat* (1), *du 33ᵉ de ligne.*

Tivoli, le 22 août 1849.

Mon général,

Je vous remercie de tout mon cœur de votre bon et excellent souvenir. Votre lettre m'a fait un bien grand plaisir, elle a ajouté au bonheur que j'ai éprouvé en recevant cette grande faveur du gouvernement. L'approbation d'un homme comme vous, mon général, ne peut que rendre fiers et heureux ceux qui en sont l'objet, et je m'efforcerai de me la conserver.

Notre campagne a été bien fatigante, car pendant tout le siège, toutes les deux nuits, le régiment occupait les postes de gauche de l'attaque, postes que l'ennemi n'a cessé de chercher à nous enlever.

Après le siège, la première division est partie sans entrer à Rome pour marcher à la poursuite de Garibaldi. Enfin, l'ordre de prendre des cantonnements est arrivé et j'ai été désigné pour Tivoli, qui est loin d'être aussi agréable qu'on se l'imagine en France. Mais je suis enchanté, pour mon régiment, de n'être point dans Rome, car j'ai peu de malades et il paraît que ceux qui sont en ville en ont considérablement.

Veuillez agréer, mon général, mon respect le plus profond.

Bouat.

(1) *Bouat* (Marie-Joseph-Guillaume), né à Fribourg en Brisgau (grand-duché de Bade), le 14 août 1802, élève de l'École spéciale militaire le 15 septembre 1820, sous-lieutenant le 1ᵉʳ octobre 1822, lieutenant le 27 octobre 1830, capitaine le 31 mai 1836, chef de bataillon le 27 mars 1842, lieutenant-colonel du régiment de zouaves le 5 octobre 1844, colonel du 33ᵉ de ligne le 25 avril 1848, général de brigade le 22 décembre 1851, général de division le 14 octobre 1854 ; décédé à Suze (Piémont) le 30 avril 1859. Le général Bouat avait fait les campagnes de 1823 en Espagne, de 1830, de 1837 à 1848 en Algérie, de Rome en 1849, et de Crimée en 1854-1856.

GUERRE DE CRIMÉE

GUERRE DE CRIMÉE

Au mois de juillet 1853, la Russie envahit les principautés danubiennes. L'Angleterre et la France firent à Saint-Pétersbourg d'énergiques protestations dont il ne fut pas tenu compte. Le 30 novembre, la flotte russe détruisit complètement la flotte turque en rade de Sinope; l'Angleterre et la France envoyèrent immédiatement leurs escadres dans la mer Noire.

L'empereur Napoléon III, avant de rompre définitivement tout rapport diplomatique avec la Russie, écrivit le 29 janvier 1854 à l'empereur Nicolas pour lui proposer de signer un armistice avec la Turquie. Le 8 février seulement, le Tsar fit une réponse négative. Dès le 4 février, la suspension des rapports diplomatiques avait été notifiée à Londres et à Paris par les ambassadeurs russes.

53. — *Lettre de l'intendant militaire Cetty* (1).

Paris, le 20 février 1854.

MONSIEUR LE MARÉCHAL,

Vous savez déjà que le Tsar a fait une réponse négative; par suite, il ne reste plus qu'à se préparer à la guerre.

La pensée bien arrêtée de l'Empereur était de ne point en-

(1) *Cetty* (Antoine-Joseph-Edmond), né le 27 mars 1807, à Strasbourg; élève de l'École spéciale militaire le 24 novembre 1824, sous-lieutenant le 1ᵉʳ octobre 1826, lieutenant le 5 novembre 1830, capitaine le 2 janvier 1833, adjoint de 2ᵉ classe à l'intendance militaire le 3 février 1836, sous-intendant militaire le 8 juillet 1841, intendant militaire le 30 décembre 1851, intendant général le 29 décembre 1860, mort le 5 juillet 1868.

voyer de corps expéditionnaire en Orient, mais l'Angleterre
nous entraîne dans son mouvement. Il était impossible de
laisser flotter le drapeau anglais sans le nôtre sous les murs
de Constantinople. Là où l'Angleterre seule prend pied, elle
se rend bien vite maîtresse et ne lâche pas volontiers sa proie.

On forme donc un corps expéditionnaire de dix à quinze
mille hommes, dont les éléments seront exclusivement puisés
en Afrique. Il paraît certain que le commandement de ce corps
sera confié au général Baraguay d'Hilliers, ayant sous ses
ordres les généraux de division Bosquet et Canrobert. Le
corps comprendra une brigade de cavalerie dont le commandement est destiné au général d'Allonville. Les colonels Cham-
peron et Rame commanderont les régiments de marche, formés
d'escadrons de chasseurs d'Afrique et de spahis.

On attachera au corps expéditionnaire sept batteries d'artillerie commandées par le colonel Lebœuf.

Le général Pélissier ne paraît pas devoir marcher cette fois.
J'ai lieu de penser qu'on a craint de mettre en contact deux
caractères aussi difficiles que le sien et celui de M. le général
Baraguay d'Hilliers.

L'intendant du corps expéditionnaire sera M. Blanchot, de
la province d'Oran.

Les embarquements ne devront et ne pourront probablement être effectués que dans le délai d'un mois.

On se demande si une force totale de vingt-cinq à trente
mille Français et Anglais sera suffisante. On n'a guère vu,
écrivait à ce sujet un officier de marine dont j'ai lu la lettre,
une chiquenaude renverser un géant. Tout le monde pense
que, dans un avenir prochain, l'effectif du corps expéditionnaire français devra être porté à au moins cinquante mille
hommes.

Le seul espoir qui reste aujourd'hui, non pas de prévenir,
mais de restreindre et d'abréger la guerre, serait d'amener
l'Autriche à se ranger franchement du côté des puissances
occidentales. Je ne serais pas étonné que, pour la décider à
prendre parti, on exerçât sur elle une pression sérieuse du
côté de l'Italie.

La situation apparaît à tout le monde grave et solennelle; les esprits sont profondément préoccupés des chances terribles d'une conflagration générale.

On dit que la lettre du Tsar est écrite avec peu de ménagements; elle renfermerait, entre autres rudesses, une phrase exprimant « que les armes de la Russie peuvent, sans doute, éprouver des revers, mais qu'elles ont toujours fini par vaincre et qu'après Austerlitz est venue la campagne de 1812 ».

Le maréchal de Saint-Arnaud est toujours très gravement souffrant; on lui met en ce moment des ventouses au côté.....

Cetty.

54. — *Lettre de l'intendant militaire Cetty.*

Paris, le 27 février 1854.

Monsieur le Maréchal,

Le ministre (1) a définitivement le commandement de l'expédition d'Orient; il exercera le commandement en chef sur les troupes françaises, anglaises et turques réunies. Cela a été formellement dit par l'Empereur hier, à la sortie de la messe.

Hier encore, dans la soirée, aux Tuileries, a eu lieu un fait plein d'intérêt. Le commandant des troupes anglaises de l'expédition, lord Raglan, est venu avec tous les officiers de son état-major présenter ses hommages à l'Empereur. Sa Majesté a immédiatement engagé les rapports entre lui et M. le maréchal de Saint-Arnaud, qui était venu dans le même but au Château (2). Tous les officiers français et anglais présents ont fraternisé avec beaucoup de cordialité.

L'Empereur a dit publiquement qu'il avait reçu de bonnes nouvelles de Vienne et que les puissances occidentales pouvaient compter sur l'accession complète de l'Autriche à leur

(1) Le maréchal de Saint-Arnaud.
(2) Le palais des Tuileries.

politique. Ceci tendrait à simplifier beaucoup la question d'Orient; aussi, après un premier moment d'émoi, les esprits reprennent-ils à Paris du calme et de la sécurité.

Par une de ces alternatives qui se sont déjà produites, le maréchal de Saint-Arnaud est beaucoup mieux; il se promène à cheval au bois de Boulogne; mais des étouffements, des défaillances le prennent par moments; il résiste au mal physique avec le plus grand courage.....

CETTY.

55. — *Lettre de l'intendant militaire Cetty.*

Paris, le 2 mars 1854.

MONSIEUR LE MARÉCHAL,

Il reste bien décidé que M. le maréchal de Saint-Arnaud commandera en chef l'expédition d'Orient. Il emmène comme premier aide de camp le colonel Trochu; tout son état-major l'accompagne, à l'exception de Franconnière.

On voulait que Franconnière remplaçât Trochu au personnel, mais il se montre peu empressé d'accepter cette mission, et je pense qu'il finira par rester au Cabinet.

M. le maréchal Vaillant prendra le ministère de la guerre, non point à titre d'intérim, mais comme titulaire.

On n'envoie en Orient que deux brigades de cavalerie, l'une composée de deux régiments de chasseurs d'Afrique, l'autre des 6e dragons et 6e cuirassiers.

Il paraît que ces deux brigades seront commandées, sous l'autorité immédiate du maréchal commandant en chef, la première par le général d'Allonville, la seconde par le général Cassaignolles.....

CETTY.

56. — *Lettre du colonel Cler, du 2ᵉ régiment de zouaves.*

Camp de Yeni-Reni, à trois lieues en avant de Varna,
le 30 juin 1854.

Monsieur le Maréchal,

J'aurais déjà écrit à Votre Excellence si j'avais eu quelques
nouvelles intéressantes à lui annoncer. Nous sommes malheureusement au repos, et ce que j'ai fait depuis mon départ de
l'Afrique ne mériterait pas réellement d'être écrit, si, depuis
de longues années, Votre Excellence ne m'avait encouragé à
lui faire part des moindres épisodes de ma vie militaire. Je
vais donc, Monsieur le maréchal, vous écrire quelques-unes
de mes impressions que vous lirez, si vous avez quelque temps
à donner à ces rêveries.

A mon arrivée à Gallipoli, le général Canrobert m'a demandé mon opinion sur les moyens à employer pour faire
promptement passer une troupe de l'ordre sur deux rangs à
l'ordre sur quatre rangs. Quelques jours après avoir vu le
général, je lui ai remis un petit travail qui donnait les principes à suivre pour faire passer promptement, *et dans toutes les
positions,* une troupe placée sur deux rangs à l'ordre sur quatre
rangs et *réciproquement,* en admettant et en suivant la méthode
du *doublement des pelotons,* bien préférable, *devant l'ennemi surtout,* à celle du *doublement des files.* Depuis, j'ai exercé fréquemment mon régiment à ces nouvelles manœuvres, que j'ai
appliquées à l'école de bataillon et aux évolutions de ligne,
et aujourd'hui mes officiers et mes soldats les exécutent avec
promptitude et précision.

Le 9 avril, le *Montezuma,* à bord duquel j'ai fait la traversée
d'Alger à Gallipoli, touchait à Malte. La ville, quoique peuplée
de près de quarante-cinq mille âmes, est triste et silencieuse.

En parcourant la ville, j'ai admiré le somptueux palais des
grands maîtres, les vastes auberges. (On appelait, du temps des
chevaliers, auberges, les magnifiques hôtels où descendaient

les chevaliers des différentes langues, quand ils venaient faire à Malte leurs quartiers de service.) Les plus remarquables sont celles de Castille, de Provence, d'Autriche, d'Italie et de Portugal. J'ai admiré le luxe des églises et des chapelles, qui sont nombreuses et d'architecture italienne, dédiées aux chevaliers des différentes langues qui y sont enterrés sous les riches mosaïques qui forment leurs parois et dans les cryptes creusées sous ces temples; enfin les fortifications formidables étagées et souvent couronnées par des jardins aux proportions babyloniennes.

Toutes ces grandeurs d'une société qui n'existe plus rappellent que cette ville a été fondée et habitée par un ordre de religieux mondains, opulents, nobles et guerriers. A chaque pas, on y rencontre les souvenirs de notre patrie : tableaux, meubles, tapis, nom donné à la partie principale de la ville, tombeaux des premiers et des plus illustres grands maîtres : l'Isle-Adam, La Valette, Vignancourt; tout enfin sur cette terre, aujourd'hui anglaise, prouve que, dans d'autres temps, ce pays recevait l'impulsion des chevaliers de la langue franque. Les Anglais, du reste, ont eu le bon esprit de laisser aux habitants leurs mœurs, leurs coutumes et leur administration.

Bien que l'aspect des îles qui forment l'archipel de la vieille mer Égée soit moins triste que celui des côtes de la Morée, il faut voir ce pays à travers le prisme du passé pour reconnaître dans cette nature désolée cette belle et si riche Grèce qui nous a laissé de si poétiques souvenirs... Si, à la suite de la guerre que nous allons faire dans l'empire turc, ce pays peut, sinon être régénéré, du moins prendre la place que son admirable situation lui assigne dans l'Europe civilisée, peut-être la Grèce sera-t-elle moins malheureuse, mais elle aura toujours besoin des souvenirs de son passé pour revendiquer une bien petite place dans l'histoire des temps modernes.

En sortant de Bujuk-Tchinedje (dernière ville avant d'arriver à Constantinople, en suivant la route qui longe la mer de Marmara), notre colonne a gravi, sur une belle chaussée turque (la première que nous ayons rencontrée), une montagne élevée. Je marchais avec mon extrême avant-garde; il était sept heures du matin, le ciel, sur ma tête, était bas, sombre et orageux; devant moi, il était élevé, bleu et éclairé par les rayons obliques du soleil levant. Je savais que nous étions encore à six lieues de Constantinople, et j'étais loin de m'attendre à voir le magnifique spectacle qui allait se dérouler devant moi.

A mes pieds descendaient les pentes à peine ondulées d'un immense bassin sans arbres et très peu habité; sous son horizon, sortant des vapeurs qui recouvrent toujours les grandes villes, apparaissaient les mille dômes et les minarets en aiguille d'une immense ville. J'étais trop éloigné pour voir les maisons; la partie aérienne seule de la cité orientale, voilée par un rideau de vapeurs et éclairée par le soleil de juin, était visible pour mes regards étonnés. Sur la gauche, disparaissaient dans un lointain horizon les chaînons mamelonnés de l'antique Hémus; derrière Constantinople, les montagnes dentelées de l'Asie se détachaient sur un ciel splendidement éclairé; sur la droite, la mer de Marmara, calme, unie et brillante comme une glace, contournait les rochers de l'île d'Antigona et de l'archipel des Princes; plus sur la droite encore, s'élevait la côte d'Asie, dominée par l'Olympe blanchi par ses neiges éternelles.

J'entrevoyais la réalisation de mes plus beaux rêves sur l'Orient, et, plus heureux que les touristes, j'allais entrer dans Constantinople à la tête de l'un de ces grands couvents nomades appelés jadis légion, croisés, chevaliers du Temple, et que l'on nomme aujourd'hui régiment, en parcourant le chemin suivi il y a plusieurs siècles par Constantin, les barons chrétiens et Mahomet II.

Ce que je viens de vous écrire pourrait passer pour le rêve d'une imagination en délire ou pour une mille et deuxième nuit, si, d'avance, je ne prévenais que je suis arrivé à Constantinople en plein Ramadan, et que le Ramadan, chez les Mahométans, ressemble beaucoup à la Semaine Sainte et au Carnaval des chrétiens.

Arrivé à la caserne d'Aoud-Pacha à une heure de l'après-midi, à quatre je montai mon meilleur cheval et, suivi de trois de mes officiers, je me dirigeai vers l'immense cité, dont les remparts n'étaient séparés de ma caserne que par une distance d'une lieue à peine. J'étais impatient de voir et de me mêler à ce peuple de l'Orient, formé d'éléments si divers et si peu connus dans notre Occident.

L'aspect de Constantinople, vu du dehors, est très pittoresque. Cette immense ville, bâtie sur les versants de deux bras de mer, est entourée de cimetières plantés de hauts cyprès, dont les cimes se confondent avec les murailles de la ville, qui renferme elle-même d'autres cimetières, plantés de grands arbres dont la sombre verdure contraste avec la blancheur des dômes, des tours et des minarets.

J'entrai dans la ville par un des faubourgs du vieux Stamboul. Ce faubourg, formé d'une suite de huttes et de masures séparées par des ruines, des monceaux d'ordures et des terrains dévastés par l'incendie, est mal pavé et rempli de rues tortueuses et accidentées. Je dépassai plusieurs mosquées, dont quelques-unes forment à elles seules tout un quartier. Je laissai aussi sur ma droite les immenses palais des ministres de la marine et de la guerre. Après avoir dépassé la mosquée du sultan Bajazet, je tombai sur la Corne d'or, que je traversai sur un pont de bateaux pour arriver à Galata et à Péra. Après avoir laissé mes chevaux à l'hôtel de l'Europe, je redescendis Galata, errant de rue en rue jusqu'à l'Arsenal, qui est bâti à la jonction du Bosphore et de la Corne d'or. Je visitais en détail cet immense établissement, lorsque quelques mots échappés à un ouvrier arménien m'apprirent que le Sultan allait débarquer, pour se reposer dans un magnifique pavillon qui précède la mosquée, où il fait habituellement ses dévotions.....

Abdul-Médjid, quoique à peine âgé de trente-deux ans, marche avec peine, courbé, pâli, ayant les chairs molles, l'œil mort. Sa figure, cependant, a une certaine distinction, ses favoris sont noirs et fins, sa taille est petite. Il portait un fez rouge et peu élevé, un large et long cafetan noir, un pantalon de casimir couleur vert tendre, des éperons en argent, et pour arme il n'avait qu'un sabre léger et recourbé. D'une grande simplicité, rien dans sa personne, dans son costume et même dans sa suite, ne dénotait la force physique et morale que les peuples d'Occident accordent si généreusement au Chef des croyants. Au moment où il sortait de la mosquée, je le vis encore, marchant avec difficulté, fort insouciant de ce qui se passait autour de lui, et ayant toujours ce regard mort et sans direction.

En quittant l'Arsenal, je me rendis sur le premier pont de bateaux de la Corne d'or, certain d'avoir encore à observer, car ni le port de Marseille, ni les quais de Paris et de Lyon ne peuvent donner une idée du genre d'animation et du pittoresque de cette partie du port de Constantinople..... Mon bonheur devait me suivre pendant cette nouvelle promenade.

A peine arrivé sur le pont, un Arménien (presque tous les Arméniens de Galata et de Péra parlent un peu la langue française) vint me prévenir que les sultanes, qui étaient en tournée de dévotion et qui achevaient de visiter les mosquées, allaient passer, pour regagner le palais du Bosphore... Quelques minutes après, des eunuques noirs à cheval annoncèrent l'arrivée des sultanes en refoulant les curieux, tout en respectant notre uniforme.

Les sultanes, au nombre de trente environ, étaient dans plusieurs voitures dorées, semblables par la forme aux carrosses du dix-septième siècle. Le fils du Sultan, joli enfant de huit ans, au visage gracieux et souriant, était dans une de ces voitures, près d'une vénérable matrone.

Les sultanes portaient sur le bas du visage un voile de gaze fort claire; il me fut donc très facile de distinguer leurs traits, et elles y mirent réellement de la bonne volonté, car, bien éloignées de vouloir se cacher, elles baissèrent la tête en dehors des ouvertures de leurs voitures, de manière à bien voir et surtout à bien être vues. Elles me parurent fort belles, très jeunes; leur teint était d'une blancheur et d'un uni parfait; leurs cheveux, leurs sourcils et leurs cils étaient noir d'ébène; quant à leurs yeux, j'en ai rarement vu de plus beaux, de plus agaçants et de plus séduisants. Je dis agaçants et séduisants, car il serait difficile de rencontrer, même en France, un regard plus provocant. Toutes les femmes de la haute classe nous ont regardés de la même manière, ce qui prouverait que nous les intéressons vivement et que notre réputation de galanterie et d'amabilité a dû franchir les portes du harem. Pour leurs formes et leur tournure, qui laissent, à ce que l'on prétend, beaucoup à désirer, je n'ai pu que les deviner, tant leurs vêtements étaient amples et floconneux.

J'ai trouvé un immense rapport entre les figures des sultanes et celles des plus jolies grisettes de Perpignan. . . . .

Vers neuf heures du soir, je me rendis dans le haut Péra, sur la promenade des Francs, appelée Petit Champ et Champ des morts, à cause du voisinage d'un immense cimetière turc. J'entendis dans ce lieu, en prenant des glaces, une excellente musique italienne, et je pus y voir, comme sur nos promenades de France, plusieurs Européennes très élégantes.

A onze heures, je descendis Péra et Galata, souvent égaré, guidé quelquefois par des cawas (agents de police), qui finirent par me conduire à la Corne d'or, où j'eus de la peine à trouver un guide.... Malgré l'inconvénient de voyager à cheval pendant trois heures sur un pavé affreux, dans un labyrinthe inextricable de rues, de ruines et de tombeaux, toute ma vie je me souviendrai avec enthousiasme de cette nuit d'été, passée à errer au milieu des quartiers d'une ville qui m'était inconnue, de rues encombrées quelquefois, devant les cafés, de fumeurs silencieux, de cimetières garnis de cyprès séculaires, apercevant dans le ciel les flèches et les dômes illuminés des mosquées (c'était une nuit du Ramadan), et ne sachant si je coucherais dans ma caserne. . . . .

Le souvenir de tout ce que je venais de voir en quelques heures, celui de ces belles sultanes qui m'avaient regardé avec tant d'abandon, me faisait tressaillir comme souvent j'avais tressailli dans mon enfance et dans ma première jeunesse..... Il était deux heures du matin quand je rentrai à la caserne d'Aoud-Pacha.....

Pendant mon court séjour à Constantinople, j'ai pu visiter Sainte-Sophie, en laissant mes bottes à la porte du temple.

Cette immense basilique, bâtie par les chrétiens, précédée de cours, de bazars, de pavillons et de fontaines, forme à elle seule tout un quartier. Le vaste dôme qui occupe la partie principale de l'édifice a un diamètre trois fois plus grand que celui du Panthéon. Son ensemble peut être comparé à une moitié d'œuf d'autruche flanquée de demi-œufs de poule et de pigeon.

Le château des Sept-Tours, enclavé dans le vieux Stamboul, est appuyé à l'extrémité méridionale de l'enceinte de la ville, près de la mer de Marmara. En quittant le château des Sept-Tours et en remontant vers le nord-ouest, j'ai longé la brèche qui a livré passage aux troupes de Mahomet II en 1453. Cette brèche est ouverte sur un point saillant de l'enceinte, dominé en avant par une légère ondulation de terrain qui n'a jamais été défendue par un ouvrage extérieur. L'apathie des Turcs est tellement grande, ou leur orgueil tellement aveugle, que cette brèche, comme toute l'enceinte de la ville, n'a pas été réparée, et qu'elle est encombrée encore par les blocs de maçonnerie détachés des deux tours qui ont été renversées par la mine.

Le 17, le Sultan a passé la revue de notre division sur le terrain qui se trouve entre la pointe de la Corne d'or et la caserne septentrionale de la banlieue. Ce terrain, qui s'élève en éventail, à partir de la Corne d'or et des Eaux douces d'Europe, est disposé de manière à former un vaste amphithéâtre ouvert vers l'orient. Placés dans sa partie supérieure sur quatre lignes (la quatrième ligne était occupée par les Turcs), nous avions devant nous, au premier plan, toute la population chrétienne et une partie de la population musulmane de la ville; plus loin, Constantinople avec ses dômes et ses minarets. Sur la gauche s'ouvrait la Corne d'or, bordée par les maisons de Galata et de Péra, et traversée par le Bosphore, au fond duquel s'élevait en amphithéâtre Scutari, dominé lui-même par les montagnes d'Asie et par les neiges du mont Olympe. Ce magnifique panorama, qui avait pour dôme le ciel azuré de l'Orient, était éclairé par un splendide soleil de juin.

Quand le Sultan est arrivé à la droite de mon régiment,

l'étonnement le plus profond s'est peint sur sa figure, habituellement très peu animée; sans doute, il croyait avoir
devant lui les soldats des sultans ses prédécesseurs, et il a dû
penser que nous avions complètement mystifié Mahmoud,
son père, en lui faisant adopter, pour lui et pour son peuple
le costume mesquin, bourgeois et étriqué de nos jean-jean,
pour donner à nos soldats le costume ample, gracieux et imposant de ses vieux Turcs (1)... Les honneurs de cette revue,
qui a été du reste très froide, ont été en partie pour mon
régiment, qui a fait un effet prodigieux sur la population
musulmane.

A Varna, nous avons trouvé une partie de l'armée anglaise,
le contingent égyptien et quelques régiments turcs. Cette
réunion de soldats appartenant à des peuples si opposés de
figure, de mœurs et de costumes, réunis sur un même point
du globe, et venus de l'Inde, de l'Asie, de l'Égypte, de l'Algérie,
de la France et de l'Angleterre, pour défendre une même
cause, est la plus grande preuve, qui pourra être donnée par
l'histoire, de l'entente des peuples modernes.

A côté de sa face sérieuse, elle avait bien aussi son côté
curieux. Près de l'Anglais et de l'Écossais à la figure blanche
et rose, aux yeux d'azur, aux costumes riches et éclatants;
du Français au visage ouvert et narquois, vêtu, lui, de ce qu'il
a trouvé de bon et d'élégant dans le costume de tous les
peuples; du Turc à la figure calme et placide, dont tous les
mouvements sont comptés avec parcimonie, on voyait l'Arabe
au visage anguleux, à l'œil vif et noir, au costume bariolé et
ample; l'Égyptien au teint cuivré, à la figure sans expression,
vieillie plus par son climat et les privations que par l'âge; le
Nubien aux grosses lèvres, au teint noir et aux cheveux cré-
pus. Les soldats de ces deux derniers peuples étaient les plus
ridiculement vêtus, grâce à l'imitation inintelligente qu'ils
ont voulu faire de nos costumes.

Dans cette réunion, les troupes tenues avec le plus de soin,
les mieux campées, administrées, nourries et disciplinées,

---

(1) Le colonel Cler commandait le 2⁰ régiment de zouaves.

sont, sans contestation, les troupes anglaises. Les troupes françaises sont, comme celles employées en Algérie, logées au bivouac sous la petite tente portative, nourries avec les rations de campagne améliorées par quelques vivres d'ordinaire achetés avec la solde qui est très régulièrement payée. Les Turcs, habitant leur pays et d'une nature sobre, vivent tant bien que mal. Quant aux Égyptiens, abandonnés par leur gouvernement, très peu aidés par le Sultan, ils mourraient de faim si nous ne leur donnions les miettes de nos magasins, qui, avec un morceau de galette, quelques oignons et l'usage du tabac, suffisent pour les faire vivre. Ces dernières troupes sont du reste très disciplinées, assez instruites, très sobres, très soumises, et surtout pleines d'abnégation.

Pendant notre séjour à Varna, les Anglais ont vécu en fort bonne intelligence avec mes zouaves, dont ils recherchaient très fort la société. Toujours prêts à payer l'addition dans les cantines, leurs ivrognes (et ils sont nombreux) venaient dans nos bivouacs, où ils trouvaient gaieté, bon visage, et surtout, ce qui n'existe pas chez eux et ce qui existe trop chez nous, absence complète d'étiquette.

Les divisions de notre armée sont échelonnées en avant de Varna; l'armée anglaise est contre la ville même, près du lac, sur un fort bon terrain; les Égyptiens, les Turcs et quelques-unes de nos compagnies sont dans la ville et dans le camp retranché. Nous pensons que cette armée, dont l'effectif pourra s'élever, si les Turcs fournissent le contingent promis, à cen vingt mille hommes, pourra être mise en mouvement vers le milieu de juillet, mais il serait difficile de prévoir quelle direction elle prendra. La levée du siège de Silistrie, l'évacuation de quelques parties du territoire des Principautés peuvent nous appeler à Bucharest, et la présence de notre flotte, à deux lieues de nos camps, dans la baie de Baldjik, nous fait aussi penser que notre destination pourrait bien être la Crimée ou le Caucase. Mais la diplomatie nous laissera-t-elle le temps de décharger nos fusils ?

Je termine, Monsieur le Maréchal, cette bien longue lettre, en vous demandant de nouveau votre indulgence; si Votre

Excellence ne m'avait pas bien souvent gâté, je ne me serais pas permis de lui écrire mes pensées les plus intimes.

Je suis avec le plus profond respect, Monsieur le Maréchal, de Votre Excellence, le très reconnaissant et obéissant serviteur.

Cler.

57. — *Lettre du général de division Canrobert.*

Camp de Franga (Bulgarie), le 4 juillet 1854.

. . . .

Après nous être donné bien du mal pour organiser et concentrer notre armée d'Orient, nous allions enfin descendre vers le Danube et nous mesurer avec les Russes dont l'orgueilleuse ambition nous a fait venir ici de si loin.

Chacun de nous était joyeux, mais, hélas! l'ennemi commun n'a pas cru devoir nous attendre! Il se retire, nous laissant dans une fâcheuse incertitude sur nos opérations futures. Espérons cependant que Dieu nous permettra d'en avoir, un jour, pied ou aile!

Les trois armées alliées présentent, chacune, un aspect tout particulier, empreint du cachet de chaque peuple.

Le soldat turc, déguenillé, silencieux, un chapelet à la main, se courbe avec résignation sous la règle du fatalisme, sans se préoccuper autrement de la vie.

Le soldat anglais, bien vêtu, confortablement nourri, bel homme, très guindé dans son uniforme, marchant compassé et calme, offre un parfait modèle de la résistance froide et inébranlable.

Le soldat français, gai, vif, apportant dans sa tenue ainsi que dans sa démarche un certain laisser aller, n'est embarrassé de rien, il ne doute de rien; offensif par sa nature, il apportera dans l'action l'impétueux élan de ses devanciers!

Tous vivent, du reste, dans le meilleur accord, et je ne doute pas que de leurs combinaisons sagement ménagées ne résultent de grands et nobles succès !

. . . .

CANROBERT.

58. — *Lettre du chef d'escadron d'état major Vico* (1), *détaché auprès de lord Raglan.*

Varna, le 9 août 1854.

MONSIEUR LE MARÉCHAL,

Je suis depuis près de trois mois au milieu de l'armée anglaise, et plus j'examine de près cette armée, plus je suis frappé du degré auquel elle réunit les qualités qui font la supériorité des armées. Elle est remarquable surtout par l'espèce des hommes qui la composent, par son esprit de subordination, par sa discipline et par la régularité et la précision dont elle fait preuve dans tous ses mouvements. Une pareille armée ne peut manquer de faire de grandes choses, et l'on doit s'attendre à des prodiges de la part de nos deux armées combattant à côté l'une de l'autre. Mais le champ de bataille, sur lequel ces armées pourraient s'illustrer, leur sera-t-il bientôt donné ? C'est une question que l'on peut se faire encore peut-être, au milieu des préparatifs de l'expédition en Crimée, à laquelle on paraît résolu, mais qui pourrait être empêchée jusqu'au dernier moment (2).

(1) *Vico* (Jean-Pierre), né à Ajaccio le 24 octobre 1813, élève de l'École spéciale militaire le 18 novembre 1831, puis de l'École d'application d'état-major, aide de camp des généraux Fabvier, Sébastiani, de Sparre ; capitaine le 27 janvier 1841, chef d'escadron le 10 mai 1852, lieutenant-colonel le 26 mars 1855, en mission auprès de lord Raglan, le 14 avril 1854, mort du choléra en Crimée le 10 juillet 1855.

(2) Du 29 mai au 12 juin 1854, les troupes françaises avaient été transportées de Gallipoli à Varna. Le choléra s'était déclaré depuis le 2 juillet, quand, le 19 juillet, le maréchal de Saint-Arnaud décida subitement une expédition dans la Dobroudscha. Cette expédition dans la Dobroudscha fut désastreuse ; en dix jours, sans avoir vu l'ennemi, plus de 3,000 hommes moururent du choléra.

L'expédition de Sébastopol a été, il y a trois semaines, l'objet d'une conférence, qui a duré cinq heures, entre les généraux en chef et les amiraux. A la suite de cette conférence, une commission composée d'Anglais et de Français, et dont faisaient partie, de notre côté, le général Canrobert, le colonel Trochu, le colonel d'artillerie Lebœuf, le commandant du génie Sabatier, etc., a été chargée de faire en Crimée une reconnaissance dont le résultat paraît avoir été de nature à décider l'expédition. On a voulu la tenir secrète pendant quelque temps, mais on ne s'en cache plus depuis plusieurs jours. La flotte ottomane, qui doit concourir au transport des troupes, vient d'arriver à Varna. Les flottes anglaises et françaises prennent leurs dispositions, on réunit les gabions, saucissons, fascines, etc., confectionnés de tous côtés.

Des chalands arrivent de Constantinople, où des officiers français et anglais ont été expédiés pour hâter l'envoi de tous les moyens d'embarquement et de débarquement que l'on y a fait construire. Les Anglais seront prêts vers le 12, dans quelques jours, et les Français vers le 20. La traversée durera quatre à cinq jours; c'est donc le 25 que l'on aborderait le rivage ennemi. Le débarquement se ferait à environ deux lieues au nord de Sébastopol, sur un point où l'opération s'exécuterait facilement, au dire des partisans de l'expédition, sous la protection des vaisseaux qui couvriraient de leurs feux assez d'espace pour ne pas permettre à l'ennemi d'approcher, tout en laissant libre l'espace nécessaire pour la formation des troupes de débarquement. Des lignes retranchées, pareilles à celles que les Anglais élevaient en Espagne, seraient établies immédiatement; après quoi, on attaquerait le fort Constantin, qui domine le port de Sébastopol et contre lequel la marine est impuissante. On emploierait le matériel que les Anglais ont déjà (quarante pièces approvisionnées à cinq cents coups), et celui qui va leur arriver d'un moment à l'autre (quarante autres pièces, avec un approvisionnement complet pour la totalité des pièces).

La plupart des officiers généraux et autres de notre armée, les officiers d'artillerie et du génie surtout, sont contraires à l'expédition. Ils disent que le débarquement, en présence d'une armée beaucoup plus considérable peut-être que ne le pensent ceux qui en fixent le chiffre au-dessous de cinquante mille hommes, offre des difficultés qui peuvent être insurmontables; que la commission envoyée en Crimée n'a pas pu apprécier exactement la force défensive du point de débarquement, puisqu'elle n'a pu examiner le terrain que de loin. Ils disent que la saison sera déjà avancée, et qu'un coup de vent qui surviendrait au milieu de l'opération du débarquement pourrait amener les conséquences les plus désastreuses; ils ajoutent que, dans la situation où se trouve l'armée, dans laquelle le choléra sévit encore rudement, il y aurait plus que de l'imprudence à tenter une semblable entreprise, et qu'enfin un échec serait beaucoup plus funeste pour la France et son gouvernement que le succès le plus complet ne lui serait utile.

Ces considérations produisent un grand effet sur le bon esprit de notre armée et même sur quelques-uns de l'armée anglaise. On peut dire que, dans l'armée française, on est généralement opposé à cette expédition faite dans les circonstances présentes, ce qui n'empêche pas que chacun ne soit disposé à faire vaillamment son devoir, quand le sort en sera jeté.....

VICO.

59. — *Lettre du chef d'escadron d'état-major Vico, détaché auprès de lord Raglan.*

Varna, le 14 août 1854.

MONSIEUR LE MARÉCHAL,

Le lendemain du jour où j'ai eu l'honneur d'écrire à Votre Excellence, un incendie qui a dévoré tout un quartier de la ville, le quartier le plus commerçant, a éclaté à Varna.

La nouvelle en arrivera en France par le courrier; les esprits malveillants ou intéressés la répandront peut-être avec des

exagérations en sens inverse, j'ai pensé que vous seriez bien
aise d'être fixé à ce sujet.

Le feu s'est manifesté dans la soirée du 10 ; les troupes
de terre et de mer se sont mises immédiatement à l'œuvre pour
arrêter l'incendie, et, pendant toute la nuit, elles ont fait des prodiges, mais, malgré leurs efforts, la flamme marchait avec une
rapidité effrayante dont on ne peut pas se faire une idée, quand
on n'a pas vu comment sont bâties dans ce pays les maisons,
qui presque toutes sont en bois. D'ailleurs, les énormes quantités de spiritueux, eaux-de-vie, rhum, etc., que renfermaient
les maisons incendiées donnaient au feu une ardeur dévorante.
Pendant plusieurs heures, nous avons pu craindre une effroyable catastrophe. Les magasins à poudre français, anglais
et turcs, n'étaient qu'à quelques mètres de l'incendie. Il a fallu
tout le dévouement de nos braves troupes rivalisant avec les
troupes anglaises pour nous préserver d'une explosion. Le
matin, on était parvenu à faire la part du feu. La flamme apparaît encore, mais sans danger, dans la portion de la ville qu'on
est parvenu à isoler.

Les troupes ottomanes se sont bien conduites aussi dans
cette circonstance, mais il n'a pas été possible d'obtenir le concours des Turcs et des Grecs, qui auraient mieux aimé périr
sous le bâton plutôt que de se mettre à l'œuvre.

Les pertes sont considérables pour les négociants qui ont
été atteints par le feu ; celles de l'administration de la guerre
peuvent s'élever à cinq ou six cent mille francs ; il en est à peu
près de même pour les Anglais.

On n'est point fixé sur les causes de l'incendie ; quelques
uns prétendent que le feu a été mis aux magasins par des
Grecs ; d'autres disent que l'incendie a commencé chez un
marchand de spiritueux, occupé à transvaser de l'esprit qu'il
aurait enflammé en approchant de trop près une bougie. Des
arrestations ont été faites, et on instruit.

Beaucoup d'officiers ont perdu les effets qu'ils avaient laissés dans les magasins de dépôt.

Le général Morris a fait chercher en vain dans les colis sauvés ses bagages qu'il avait, à peu près en entier, dans ces ma-

gasins. On n'a trouvé jusqu'ici que le chapeau du capitaine Follope, bon maintenant à mettre sur un figuier pour faire peur aux moineaux.

Les négociations du gouvernement autrichien avec le gouvernement russe doivent, à ce qu'il paraît, être définitivement terminées du 1er au 10 septembre. Les Autrichiens, qui n'en attendent aucune solution favorable, se disposent à attaquer les Russes en position sur le Sereth, afin de leur faire évacuer complètement les Provinces. Deux colonels autrichiens sont arrivés à Varna pour s'entendre sans doute pour une communauté d'action. Mais on a dû leur dire que notre concours ne pouvait leur être donné, par suite de l'expédition qui doit être entreprise sur la Crimée et dont les préparatifs continuent à être faits activement. Ces deux colonels sont repartis immédiatement. Il faut espérer que le défaut de notre concours ne fera pas reculer les Autrichiens, qui, au nombre de deux cent cinquante mille et aidés par les Turcs, sont bien assez forts pour venir à bout des Russes affaiblis et démoralisés.

Le choléra a disparu de l'armée de terre, mais il sévit maintenant sur les flottes; l'expédition en sera naturellement retardée. Quelques personnes assurent, entre autres un consul anglais qui, pendant plusieurs années, a été à Kaffa en Crimée, que les mois de septembre et d'octobre sont les deux mois les plus beaux dans la mer Noire et sur les côtes de la Crimée; s'il en est ainsi, ce retard n'aurait point d'inconvénients.

Un grand nombre de malades se rétablissent, mais beaucoup doivent être renvoyés en France en convalescence.

Nous savons depuis deux jours, de bonne source, que les Russes, qui avaient quitté la Valachie pour aller prendre position sur le Sereth, à ce que tout le monde pensait, y compris les Autrichiens, abandonnent la Moldavie pour se retirer derrière le Pruth que leurs gros bagages ont déjà passé.

Les Provinces danubiennes seraient ainsi complètement évacuées. Les Russes font sans doute des concessions pour détacher l'Autriche. Que fera cettte puissance en présence de notre attaque sur la Crimée, dont le moment est prochain? C'est ce que l'avenir nous apprendra.

Les Russes ont cru que les Français et les Anglais étaient à Djourdjevo, le 7 juillet, le jour de l'affaire qu'ils ont eue, sur ce point, avec les Turcs, et à la suite de laquelle ils ont battu en retraite.

Une semblable erreur de la part des Russes nous a d'autant plus surpris, que nous les croyions journellement et exactement informés de notre situation par les gens du pays, où ils ont, on ne peut se le dissimuler, des sympathies.

On assure que les Russes ont perdu, pendant leur retraite, énormément de monde, par suite des fatigues et des maladies.

L'état sanitaire de la troupe devient de jour en jour plus satisfaisant dans l'armée de terre, et une amélioration notable se manifeste dans la situation des deux flottes.

Les pertes que quelques vaisseaux surtout ont faites sont bien regrettables. Le *Montebello*, par exemple, a perdu deux cents matelots, c'est-à-dire le sixième de son effectif. Il faut espérer que la force de nos marines n'aura pas été trop réduite et que nos avantages n'en seront pas trop diminués, car les flottes auront un grand rôle à jouer dans l'expédition.

On a commencé à embarquer le matériel; le jour du départ n'est sans doute pas éloigné!...

Vico.

60. — *Lettre du sous-intendant militaire Le Creuzer* (1).

Varna, le 28 août 1854.

MONSIEUR LE MARÉCHAL,

Le général Canrobert est bien malheureux; le quart de sa division a été détruit par le fléau, par suite des fautes d'un

---

(1) *Le Creuzer* (Jean-Henri), né le 23 février 1808 à Saint-Brieuc (Côtes-du-Nord), soldat au 51ᵉ de ligne le 26 mai 1825, sous-lieutenant le 28 février 1832, lieutenant le 21 décembre 1838, capitaine le 2 janvier 1842, adjoint à l'intendance militaire le 10 août 1844, sous-intendant le 10 juillet 1850, intendant militaire le 29 juin 1867, mort le 10 février 1881.

général devenu impossible ici et qui a été renvoyé en France. Que de larmes ont été versées par le commandant de la 1re division, en arrivant de sa reconnaissance sur les côtes de Crimée! Que de malheurs pour les familles auraient été épargnés, si un général (1) sans la moindre expérience, n'avait voulu faire la guerre pour son compte! Il faut jeter le voile de l'oubli là-dessus et ne plus songer qu'à nos succès futurs.....

LE CREUZER.

61. — Lettre du général de division Mayran (2).

Camp du Pirée, le 13 septembre 1854.

MONSIEUR LE MARÉCHAL,

J'ai l'honneur de vous faire connaître une nouvelle bien triste. Le bon colonel Faure, du 23e léger, est mort le 10 de ce mois. Vous avez dû savoir, Monsieur le Maréchal, combien nous avons été maltraités ici par le choléra. Pendant sept semaines, j'ai vu tomber bien du monde autour de moi; nos soldats sont tombés malgré tous les soins qui leur ont été prodigués, malgré l'éparpillement auquel je les ai soumis, malgré tout. C'est une grande douleur pour un chef d'assister à une telle catastrophe, sans avoir même la consolation que procurent les champs de bataille.

---

(1) Le général Jusuf.

(2) *Mayran* (Joseph-Decius-Nicolas), né à Saint-Domingue le 19 janvier 1802, élève de l'École spéciale militaire le 2 novembre 1819, sous-lieutenant le 1er octobre 1821, lieutenant le 25 août 1830, capitaine le 27 avril 1836, chef de bataillon le 21 juin 1840, lieutenant-colonel le 14 juin 1844, colonel le 22 avril 1847, général de brigade le 22 décembre 1851, général de division le 10 janvier 1855, tué à l'ennemi devant Sébastopol le 22 juin 1855. Le général Mayran avait fait la campagne d'Espagne en 1823, le siège d'Anvers en 1831-1832, les campagnes d'Afrique de 1837 à 1840 et de 1847 à 1853, et enfin la campagne d'Orient.

Le colonel Faure a été au nombre des trois ou quatre derniers malades atteints du choléra proprement dit, mais, ainsi que presque tous les autres depuis un mois, il a passé de suite à l'état typhoïde, lequel s'est compliqué de congestion cérébrale et d'accès de fièvre pernicieuse. Nous l'avons beaucoup regretté, c'était un fort brave homme. Je ne vous parle de lui aussi longuement que parce que je sais que vous l'estimiez particulièrement.

Les affaires politiques avancent peu en Grèce, elles resteront stationnaires tant que le roi Othon ne sortira pas de l'attitude passive et sans sincérité qu'il a adoptée ; or, il ne s'y croira forcé, très probablement, que lorsque les événements de la guerre d'Orient lui paraîtront décisifs.

Jusque-là, les actes de la diplomatie en Europe semblent tendre à le ménager, non par rapport à lui, mais par égard pour quelques États de l'Allemagne.

Je suis, avec le plus profond respect, Monsieur le Maréchal, votre très humble et obéissant serviteur.

MAYRAN.

62. — *Lettre du colonel Cler, du 2ᵉ régiment de zouaves.*

Au bivouac, près d'Eupatoria (Crimée), le 15 septembre 1854.

MONSIEUR LE MARÉCHAL,

Je m'empresse d'avoir l'honneur d'annoncer à Votre Excellence l'heureux débarquement de l'armée en Crimée.

Embarqués à Baltchik le 1ᵉʳ septembre, le 5 au matin nous levions l'ancre et, le 12, nous étions en vue des côtes de la Crimée.

Hier, 14, à onze heures du matin, l'armée a opéré son débarquement à peu de distance au sud d'Eupatoria (45° de latitude nord), au fond d'un golfe et sur une plage basse très abordable. L'opération a été des plus heureuses, car les Russes, qui nous attendaient près de Sebastopol, étaient à une assez grande distance du point choisi pour le débarquement. Trois de mes compagnies jetées des premières sur la plage n'ont point rencontré de résistance, et toute l'armée a opéré son débarquement sans avoir un seul soldat russe à combattre. Les habitants n'ont point cherché à fuir à notre approche, plusieurs sont venus à notre rencontre. Aujourd'hui, le débarquement continue et demain matin, très probablement, vingt-huit mille Français, autant d'Anglais, et huit mille Turcs pourront partir pour aller à la recherche de l'armée russe.

Nous pensons que nous nous dirigerons sur le cœur même de la Crimée, afin d'empêcher les Russes de se réunir, et que nous ne porterons le siège devant Sébastopol qu'après avoir occupé Simphéropol.

Ma traversée, à bord du *Bayard*, n'a pas été heureuse; le choléra était à bord, et nous avons dû faire jeter à la mer cinquante cadavres. Aujourd'hui l'état sanitaire est très satisfaisant. Quant à moi, je me suis toujours très bien porté.

Avant la fin du mois, nous espérons recevoir huit mille hommes d'infanterie, qui ont été laissés en Bulgarie avec toute notre cavalerie qui doit aussi nous rejoindre.

Ce matin j'ai reconnu, avec le prince Napoléon, un grand et beau village russe placé à une lieue environ de notre bivouac. Nous avons été reçus dans le château du propriétaire, lieutenant-colonel russe parti seulement la veille, par les domestiques mêmes du châtelain. J'ai vu avec plaisir, sur un magnifique piano à queue, de la musique française, les œuvres de Lamartine et les gravures les plus récentes éditées à Paris.

J'espère, Monsieur le Maréchal, vous écrire très prochainement du champ de bataille où nous avons hâte de rencontrer l'ennemi.

Je suis, avec le plus profond respect, Monsieur le Maréchal, votre très humble et très reconnaissant serviteur.

CLER.

63. — *Lettre du chef d'escadron d'état-major Vico, détaché auprès de lord Raglan.*

Bivouac près de la plage d'Old-fort, le 16 septembre 1854.

MONSIEUR LE MARÉCHAL,

J'ai l'honneur d'annoncer à Votre Excellence l'heureux débarquement des armées française et anglaise sur la plage d'Old-Fort, à une douzaine de lieues au nord de Sébastopol; cette opération a commencé le 15 au matin, et le soir, la plus grande partie des troupes était heureusement à terre, ainsi qu'une partie de l'artillerie (une trentaine de pièces dans chacune des deux armées). Je dis : heureusement, car le soir du premier jour, une assez forte houle, qui dure encore, aurait rendu le débarquement bien long et difficile.

A notre grand étonnement, nous n'avons éprouvé aucune résistance de la part des Russes; nous les rencontrerons sur l'Alma, rivière que nous avons à traverser pour arriver à Sébastopol. Nous nous attendons à une bataille sur cette rivière ou sur la Katcha, autre rivière située cinq lieues plus loin. Dans la reconnaissance que nous avons faite le 10, depuis Sébastopol jusqu'à Eupatoria, nous avons pu apercevoir les camps russes établis sur ces deux cours d'eau et dans les environs de la place.

D'après les conjectures que l'on peut faire en raison des renseignements obtenus, les Russes ont peut-être une cinquantaine de mille hommes, en ce moment, dans un rayon de cinq à six lieues autour de Sébastopol. On ne sait pas si d'autres troupes sont en route pour ce point.

Nous espérons pouvoir nous mettre en mouvement dans la journée de demain ou après-demain. On continue à débarquer le matériel et des approvisionnements. Cette opération se fait péniblement, et, bien que la mer ne soit pas très mauvaise, on peut voir combien la position eût été dangereuse, si l'ennemi s'était présenté lorsqu'une partie seulement de nos moyens d'action avaient été débarqués et si, comme cela a eu lieu, la mer avait tout à coup cessé d'être favorable comme le premier jour. Les troupes anglaises et françaises se montrent admirablement disposées; il en est de même dans la division turque qui marche avec l'armée française.

M. le maréchal de Saint-Arnaud a été gravement malade pendant la traversée, il est maintenant complètement rétabli....

VICO.

64. — *Lettre du colonel Cler, du 2ᵉ régiment de zouaves.*

Champ de bataille de l'Alma, le 20 septembre au soir.

MONSIEUR LE MARÉCHAL,

Un courrier partant demain de très bonne heure, je n'ai que juste le temps de vous écrire ces quelques lignes.

Mon régiment vient d'ajouter une page des plus glorieuses à son histoire : il a enfoncé, entre midi et trois heures de l'après-midi, avec une partie de la 1ʳᵉ brigade de la 1ʳᵉ division, le centre de l'armée russe, placée sur les hauteurs qui dominent le cours de l'Alma, rivière encaissée, profonde et fangeuse. J'ai eu l'honneur encore d'aborder le premier une tour en construction placée sur la clef même du front de bataille de retraite des Russes et de planter le premier les couleurs de la France, au cri de : « Vive l'Empereur! » sur l'échafaudage de cette tour.

Le Maréchal m'a promis que le nom de l'Alma serait brodé sur mon drapeau, et le Prince (1) m'a serré plusieurs fois les mains avec la plus grande effusion. Notre victoire aurait été complète, si nous avions eu de la cavalerie pour poursuivre les Russes, qui étaient réunis au chiffre de quarante-cinq à cinquante mille hommes sur des positions formidables et dont la défense avait été étudiée à l'avance.

(1) Le prince Jérôme-Napoléon.

Sur douze cents des mes zouaves qui ont pris part à l'affaire, cent soixante ont été touchés; beaucoup de blessures ont été faites par le boulet et la mitraille. Quant à moi, bien que j'aie passé deux heures sous une pluie de plomb et de fer, j'ai eu le bonheur de n'être pas blessé; aussi mes zouaves m'ont-ils dit plusieurs fois que j'étais protégé de Dieu. Par le prochain courrier, Monsieur le Maréchal, je vous adresserai de plus amples détails.

Comme vous avez toujours été pour moi d'une bonté toute paternelle, je m'empresse de vous annoncer que le général de Monet m'a dit que l'on devait demander pour moi à l'Empereur le grade de général de brigade.

Pendant que j'étais près du général Canrobert, il a reçu deux blessures, qui sont heureusement très légères.

Je suis, avec un profond respect, Monsieur le Maréchal, de Votre Excellence le très humble et très reconnaissant serviteur.

CLER.

65. — *Lettre du chef d'escadron d'état-major Vico, détaché auprès de lord Raglan.*

Du champ de bataille de l'Alma, le 21 septembre 1854.

MONSIEUR LE MARÉCHAL,

Je suis heureux de pouvoir annoncer à Votre Excellence que les armées alliées ont remporté hier une magnifique victoire qui produira sur l'armée ennemie un effet moral immense, bien que les résultats matériels ne soient pas ce qu'ils auraient pu être, si nous avions eu de la cavalerie, là où la déroute a eu lieu. Faute de moyens de transport, on a dû laisser à Varna notre cavalerie, et les Anglais n'avaient que douze cents chevaux qu'il avait fallu placer sur le flanc gauche, que menaçait une nombreuse cavalerie ennemie.

Les Russes, au nombre de quarante mille cinq cents hommes

environ, dont cinq à six mille cavaliers, avec une centaine de
bouches à feu, dont beaucoup de gros calibre, occupaient sur
la rive gauche de l'Alma une position que rendaient formidable la configuration du terrain, la rivière encaissée qui lui
servait de fossé et les batteries de position placées derrière
des retranchements.

Les Russes considéraient cette position comme imprenable,
et les plus réservés comptaient, à ce qu'il paraît, nous y arrêter au moins trois semaines. En trois heures, c'était fait! Je
crois que jamais les troupes n'ont montré plus d'élan, d'ardeur et d'intrépidité. Chacune des deux armées a bien montré
là les qualités particulières qui les distinguent. Je crois que
tout est possible pour ces deux armées combattant à côté
l'une de l'autre.

Deux officiers généraux russes, quelques officiers et un certain nombre de soldats, trois canons et deux drapeaux sont
restés en notre pouvoir. Le hasard a voulu que ces trophées
restassent sur le terrain des Anglais.

Les pertes des Russes doivent être bien considérables, à en
juger par les morts et les blessés qu'ils ont laissés sur le
champ de bataille. Nos pertes s'élèvent à environ quinze
cents hommes pour chacune des deux armées, y compris les
blessés.

Je ne puis, Monsieur le Maréchal, vous donner une relation
détaillée de la bataille de l'Alma, parce que je veux profiter
du premier courrier partant, et que je n'ai pas le temps nécessaire, maintenant que je me trouve seul surtout, par le fait
de la prise par les Russes du colonel de Lagondie, envoyé par
lord Raglan auprès du maréchal de Saint-Arnaud, pendant
l'affaire qui a eu lieu le 19. Il n'avait point reparu, et nous
avons su, le lendemain, par l'un des deux généraux russes prisonniers, qu'en retournant auprès de lord Raglan, le colonel
Lagondie avait donné dans un régiment de cavalerie ennemie qui l'avait pris.

Des papiers trouvés dans la voiture du prince Menchikof,
qui commandait en personne, ont fait connaître que le colonel
de Lagondie a été conduit dans une voiture à Sébastopol et

qu'il sera bien traité. J'espère qu'il pourra être échangé contre l'un des deux généraux russes.

Le général Canrobert a reçu une contusion à la poitrine, et le général Thomas une balle dans la cuisse qui lui a frisé le ventre, sans l'entamer. Vous pouvez donner l'assurance au général du Terrail que la blessure de son beau-frère ne présente aucune gravité.

Nous pensons que les Russes, après la défaite qu'ils viennent d'éprouver, ne nous présenteront pas de résistance sérieuse jusqu'à Sébastopol. Peut-être, cependant, les rencontrerons-nous sur la Belbek, qui leur offre une bonne position défensive dans le voisinage de la place, mais je suis convaincu maintenant qu'ils ne se présenteront pas sur la Katcha. J'aurai l'honneur de faire connaître à Votre Excellence la suite des événements. Je la prie d'être indulgente pour la brièveté de mon récit et la difficulté qu'elle éprouvera à lire mon écriture un peu trop expédiée.

Veuillez, Monsieur le Maréchal, agréer avec votre bonté ordinaire l'assurance de mon profond et respectueux dévouement.

Vico.

L'affaire du 19 n'a guère été qu'une démonstration faite par une nombreuse cavalerie russe qu'appuyaient l'artillerie à cheval et, au loin, des masses d'infanterie. Les Russes ont fait mine de vouloir nous disputer le passage du cours d'eau qui précède l'Alma, mais la résolution qu'a montrée la cavalerie anglaise qu'accompagnait de l'artillerie à cheval, et les dispositions de l'armée française, dont l'artillerie a pu tirer aussi quelques coups, ont décidé la retraite des Russes. Les Anglais ont eu, ce jour-là, trois ou quatre blessés et quelques chevaux tués par l'artillerie russe. C'est pendant cette affaire que le lieutenant-colonel de Lagondie a été pris.

66. — *Lettre du colonel Cler, du 2ᵉ régiment de zouaves.*

Bivouac de Khersonèse, sous Sebastopol,
3 octobre 1854.

MONSIEUR LE MARÉCHAL,

Parti entre onze heures et midi du bivouac de Kerinani-Kararania, placé à deux petites lieues de l'Alma, le régiment, placé en première ligne à droite de la 3ᵉ division, était précédé à deux cents pas par deux de ses compagnies déployées en tirailleurs, le 1ᵉʳ régiment de zouaves était à sa droite, l'artillerie de la 3ᵉ division à sa gauche, le régiment de marine plus à gauche. En seconde ligne se trouvait la 2ᵉ brigade, toute la 1ʳᵉ division était à droite, les Anglais à gauche, la 4ᵉ division en réserve.

A midi et demi, les tirailleurs du régiment entraient dans le village et dans les jardins qui bordent la rive droite de l'Alma. Dans ce moment, l'ennemi qui avait déjà fait commencer le feu par ses troupes légères armées de carabines de précision ouvre son feu d'artillerie; quelques boulets tombent sur la première ligne, sans toutefois atteindre les hommes. Le colonel (1) ordonne à une de ses compagnies d'aller renforcer les tirailleurs vivement engagés aux abords de la rivière; les deux bataillons mettent sac à terre et s'embusquent, le 2ᵉ derrière le mur en pierres sèches qui borde les jardins du côté de la plaine, et le 1ᵉʳ derrière la berge de gauche, dans la rivière qui est encaissée, boisée et profonde dans cette partie de son cours. Le seul gué praticable aux voitures coupait ce bataillon par le milieu. Les hommes avaient de l'eau jusqu'à la ceinture.

Avant de donner d'autres détails sur la bataille, il convient d'expliquer, en quelques lignes, les dispositions du terrain où allait se livrer ce combat.

(1) Le colonel Cler, dans le commencement de cette lettre, parle de lui à la troisième personne.

La partie droite du bassin de l'Alma où se trouvait l'armée alliée, rangée sur trois lignes, était très légèrement inclinée, complètement découverte et fortement dominée par la partie gauche du bassin, abrupte sur la gauche près de la mer, entre-coupée de ravins d'un accès difficile au centre, terminée à droite par des mamelons à pentes moins raides et formant un bassin en éventail dont l'extrémité des rayons touchait à la rivière. Les Russes occupaient en force cette formidable position; leurs batteries avaient d'avance été disposées de manière à pouvoir couvrir de projectiles les parties guéables de la rivière et battre tout le thalweg. La gauche de ces positions devait être tournée par la 2ᵉ division et une partie des Turcs; le centre devait être directement attaqué par les 1ʳᵉ et 3ᵉ divisions, et, enfin, la droite des Russes devait avoir à combattre les Anglais.

Les positions occupées par les deux bataillons du 2ᵉ régiment de zouaves ne pouvaient être regardées que comme lieu de ralliement; les trois compagnies en tirailleurs, vivement engagées dans le fourré de la rivière, étaient très compromises; le feu des batteries redoublait; il fallait prendre immédiatement et promptement une détermination.

Le colonel du 2ᵉ zouaves reconnaît de suite le point vulnérable des positions gardées par l'ennemi. Sur un mamelon détaché en avant de tout le système, s'avançant obliquement et en éperon sur la vallée, trois bataillons russes ont été placés. La partie gauche de cette position ne peut être défendue par l'artillerie ennemie; la partie de droite peut être labourée par les feux de la ligne française. La 1ʳᵉ division se dispose à attaquer le prolongement des pentes sur la gauche, l'artillerie de cette division prend position. Le colonel Cler demande instamment à son général de brigade l'ordre de se porter rapidement, avec son 1ᵉʳ bataillon, sur la tête de la position ennemie; il le prie de vouloir bien faire appuyer son mouvement par le 2ᵉ bataillon de son régiment et lui affirme qu'à l'arrivée de ce bataillon, il sera de sa personne sur la position... il obtient *carte blanche*...

Le colonel se porte alors sur la ligne occupée par son 1ᵉʳ bataillon, près du gué. Il fait sonner la charge, appuie un peu à droite et, sous une grêle de plomb et de fer, soit à cheval, soit en ayant de l'eau jusqu'à la ceinture, il traverse trois fois la rivière, fort tortueuse dans cette partie de son cours; il remonte à cheval, gravit sous le feu des bataillons russes l'arête du mamelon et arrive sur la position avec les premiers tirailleurs (1). Pendant ce temps, le 1ᵉʳ bataillon du 1ᵉʳ de zouaves et le 1ᵉʳ bataillon de chasseurs à pied attaquent la gauche de la position; les trois bataillons russes, fort étonnés de cette attaque audacieuse, lâchent pied et abandonnent leurs sacs et une partie de leurs fusils.

Maître des premières pentes du plateau, le 1ᵉʳ bataillon est bientôt rejoint par le 2ᵉ, qui a à parcourir une ligne plus longue. Le colonel rallie son régiment à la gauche du 1ᵉʳ bataillon du 1ᵉʳ de zouaves et forme un marteau pour résister à une charge de cavalerie qui peut être faite par un régiment de lanciers placé à peu de distance. La position occupée en ce moment par le 2ᵉ de zouaves ne pouvait être gardée, battue qu'elle était par les feux de deux batteries et de deux régiments; en quelques minutes, trente hommes tombent frappés par le boulet ou par la mitraille.

Dans ce moment suprême, le colonel reconnaît que son régiment ne peut être sauvé qu'en renouvelant de sa personne le sacrifice de Décius. Profitant de l'étonnement et de la terreur que la première attaque a jetés dans le camp des Russes, il hésite un instant entre une attaque à la baïonnette sur la grande face du carré des Russes ou l'attaque d'une tour octogonale en construction sur un tumulus placé au centre même de la ligne russe qu'il domine. Il s'arrête à ce dernier projet, et, se portant à l'angle formé par les deux régiments, il s'élance au galop de son cheval en s'écriant : « A moi, mes zouaves! A la tour.....! » Arrivé à la tour, en entraînant

(1) Le maréchal de Saint-Arnaud écrivait le 22 septembre au maréchal Vaillant : « Le général Canrobert a été superbe et sa division au-dessus de tout éloge. Bourbaki est un Bayard, il était magnifique à la tête de ses zouaves. Le colonel Cler ne lui cède en rien, Quels officiers! Quels soldats! Et que je me sens fier de les commander! »

avec lui le 2ᵉ et le 1ᵉʳ régiment de zouaves, il y plante son drapeau au cri de : « Vive l'Empereur ! »

Le drapeau du 2ᵉ zouaves a été tenu sur l'échafaudage de la tour par un sergent-major du 2ᵉ régiment, nommé Fleury, qui y a été tué; le drapeau du 1ᵉʳ de zouaves, qui a suivi de près celui du 2ᵉ, a été mutilé par la mitraille; enfin, celui du 39ᵉ apporté longtemps après par son porte-drapeau seul a été atteint aussi par les projectiles, le porte-drapeau du 39ᵉ a été tué. Les deux bataillons russes qui gardaient la position ne songent pas à la défendre, ils fuient en laissant leurs sacs sur l'emplacement qu'ils abandonnent. (Plus tard, le général russe disait, en parlant de l'attaque des Français, que les Africains étaient ivres ou fous.) Le général Canrobert, qui avait vivement et promptement appuyé mon mouvement, a reçu un éclat d'obus qui lui a fait une forte contusion à l'épaule gauche. Au moment de l'action, j'ai cru qu'il avait deux blessures; plus tard, j'ai su qu'il n'en avait qu'une.

Cette attaque ayant amené la retraite du centre de l'armée russe, le régiment a été employé, pendant le reste de la journée, à appuyer des mouvements qui ont été faits pour dégager les Anglais.....

Colonel CLER.

67. — *Lettre du maréchal Baraguey d'Hilliers* (1).

Paris, le 3 octobre 1854.

MON CHER MARÉCHAL,

Après m'avoir cherché dans toute la Baltique (3), la bonne

---

(1) *Baraguey d'Hilliers* (comte Achille), né le 6 septembre 1795 à Paris; dragon le 1ᵉʳ juillet 1806 au 9ᵉ dragons, élève au Prytanée militaire le 9 décembre 1807; sous-lieutenant le 3 septembre 1812 au 2ᵉ chasseurs à cheval; lieutenant le 1ᵉʳ août 1813; capitaine le 26 février 1814; chef d'escadron le 26 février 1818; chef de bataillon le 11 octobre 1820; chef de bataillon avec rang de lieutenant-colonel au 2ᵉ d'infanterie de la garde royale le 23 décembre 1826; colonel le 31 août 1830; maréchal de camp le 22 novembre 1835: lieutenant général le 6 août 1843; maréchal de France le 28 août 1854, décédé à Amélie-les-Bains le 6 juin 1878.

(2) Un corps expéditionnaire de 10,000 hommes de troupes françaises,

lettre que vous m'avez fait l'amitié de m'écrire pour me féliciter du succès de l'opération d'abord et de ma nomination de maréchal de France, vient seulement de me parvenir, et je m'empresse de vous en remercier.

Déjà Mme de Hatzfeld avait eu la bonté de m'écrire à cet égard et j'en avais été fort reconnaissant. Dans ce témoignage même de sa bienveillance, j'avais cru trouver un gage de votre amitié, mon cher Maréchal, et j'avais hâte de saisir l'occasion de vous en remercier.

Notre petite expédition de la Baltique a été suivie d'un triomphe bien autrement considérable, si, comme je veux l'espérer, les nouvelles de Vienne ne nous trompent pas (1). On ne peut expliquer cet immense succès que par la défection des troupes polonaises placées dans les forts, tandis que les Russes se battaient courageusement sur l'Alma et la Belbeck.

Peu importe la cause, le résultat n'est plus douteux, d'après le *Moniteur* d'aujourd'hui, et je m'en réjouis au double titre de Français et de soldat.

Espérons que l'étoile heureuse qui préside au règne de l'Empereur, continuera à briller pour le bonheur et la gloire de notre pays.

Agréez, mon cher Maréchal, la nouvelle assurance de mes sentiments bien dévoués et dont je suis heureux de vous réitérer ici l'expression.

Baraguey d'Hilliers.

sous les ordres du général Baraguey d'Hilliers avait été transporté par une flotte anglaise dans la mer Baltique. Le 8 août 1854, les troupes débarquaient devant la forteresse de Bomarsund, dans l'île d'Aland; après un bombardement de deux jours, la place capitula le 16 août.

(1) Une dépêche datée de Vienne du 30 septembre avait annoncé faussement la prise de Sébastopol.

68. — *Lettre du général de division Niel.*

Ville d'Avray, 4 octobre 1854.

MONSIEUR LE MARÉCHAL,

Je viens de recevoir la lettre que vous m'avez fait l'honneur de m'écrire au sujet de la prise de Bomarsund. Je ne saurais vous exprimer combien je suis touché et flatté de l'intérêt avec lequel vous suivez ma carrière, depuis l'époque où je me suis trouvé sous vos ordres dans la province de Constantine. Croyez, Monsieur le Maréchal, que je sens tout le prix d'un suffrage si élevé.

Agréez, Monsieur le Maréchal, les sentiments respectueux et dévoués, avec lesquels j'ai l'honneur d'être, de Votre Excellence, le très humble et dévoué serviteur.

NIEL.

69. — *Lettre du général Sol.*

Bivouac du Cap Chersonèse, le 6 octobre 1854.

MONSIEUR LE MARÉCHAL,

L'armée d'Orient vient d'avoir sa journée de poudre, c'est sur les bords de l'Alma qu'un combat ou plutôt une bataille a été livrée; le rapport officiel vous a fait connaître les détails de cette affaire. La 2ᵉ division a fait un mouvement tournant par la droite le long de la mer, les 1ʳᵉ et 3ᵉ divisions ont abordé la position de front, ainsi que l'armée anglaise placée à notre gauche. L'ennemi était retranché sur des mamelons escarpés, il comptait sur un succès certain qui devait retenir l'armée française au moins pendant une quinzaine, mais, en trois heures, les positions ont été enlevées, et, si nous avions eu notre cavalerie, la victoire eût été complétée par des canons, par des bataillons qu'on aurait fait prisonniers.

L'armée russe doit avoir perdu plus de six mille hommes et, depuis l'Alma, notre marche sur Sébastopol n'a plus été inquiétée. Le maréchal de Saint-Arnaud a quitté l'armée à Balaklava, sa santé affaiblie ne lui a point permis de terminer cette glorieuse campagne.

La place de Sébastopol sera attaquée du côté du sud, l'armée anglaise occupant la droite, l'armée française à gauche se reliant à la mer. Les 3ᵉ et 4ᵉ divisions seront employées au siège, les autres divisions surveilleront l'armée russe, qui s'est retirée du côté de Simféropol. Le temps nous favorise, le choléra, après nous avoir fait éprouver ses rigueurs dans la Dobroutcha et à Varna, a presque disparu, l'état sanitaire est satisfaisant et tout fait espérer que ce siège ne sera point de longue durée. Peut-être que les Russes critiqueront de nouveau, comme à l'Alma, cette méthode un peu sauvage de se ruer sur l'ennemi, tandis qu'ils admiraient le calme et la marche régulière de l'armée anglaise abordant les positions ennemies; de cette différence de caractère s'en est peut-être suivie une différence dans le nombre des hommes hors de combat.

La Crimée n'est pas un pays à envier aux Russes. Que Sébastopol soit détruit, que son port soit comblé, et l'armée reprendra volontiers la question d'Orient sur un autre point!....

Sol.

70. — *Lettre du chef d'escadron d'état-major Vico, détaché auprès de lord Raglan.*

8 octobre 1854.

Monsieur le Maréchal,

Nous avons appris, il y a trois jours, que le maréchal de Saint-Arnaud avait cessé de vivre quelques heures après son départ de Balaklava; l'état de faiblesse extrême dans lequel il se trouvait devait faire craindre une fin prochaine. Le corps du Maréchal, sera probablement transporté en France où il arrivera en même temps que cette lettre. Mme de Saint-Arnaud rentre avec les restes mortels de son mari. Quel triste voyage pour elle !

Au moment où j'ai eu l'honneur d'écrire ma dernière lettre à Votre Excellence, on pensait que l'on pourrait brusquer l'attaque de la place. Les travaux que les Russes ont exécutés et le grand nombre de pièces de gros calibre qu'ils ont mises en batterie ont décidé de procéder avec réserve, afin de n'avoir pas à éprouver des pertes trop considérables, et pour ne pas laisser à l'ennemi des chances de succès qui pourraient relever son moral, toujours bien abattu. On a donc débarqué et transporté sur le terrain tous les moyens dont on peut disposer, et l'on est maintenant en mesure de commencer et de pousser activement les travaux que l'on a jugé à propos de faire.

Hier au soir, les troupes d'investissement anglaises et françaises ont été portées à un millier de mètres de la place, des feux de laquelle elles ont pu se mettre à couvert à la faveur des accidents de terrain. Cette opération a été faite très heureusement. Ce soir les travaux commencent. La nature du sol pierreux, et qui sur beaucoup de points ne peut être creusé qu'à une petite profondeur, offre des difficultés, mais on triomphera de tous les obstacles. Quant à moi, et c'est l'avis de beaucoup d'autres, je suis convaincu que les épaulements élevés par les Russes n'ont point de consistance, qu'en peu de temps les pièces et les canonniers seront à découvert et que nos chasseurs à pied, que l'on poussera en avant sans avoir de grands remuements de terre à faire, rendront bientôt impossible le service des pièces que notre artillerie n'aurait point détruites. Les Anglais ont des pièces d'un calibre énorme, entre autres six pièces, dites de Lancaster, de 84, 86 et même de 100, qui portent à cinq mille mètres. Jugez de la puissance de ces machines, même à de grandes distances.

Le prince Menchikoff, avec son armée vaincue à l'Alma, occupe les hauteurs de la Tchernaïa, entre Inkermann et la route de Balaklava à Baktchi-Sarai. Il fait de grands efforts pour relever le moral de ses troupes. Quelques bataillons de cette armée ont été introduits dans la place, du côté du nord que nous ne pouvons pas intercepter. On estime que la garnison de Sébastopol a été portée ainsi à dix-huit mille hommes, à quoi il faut ajouter les matelots et environ dix-huit mille ouvriers, tant de la flotte que de l'armée de terre. Parmi les troupes de la garnison se trouve un grand nombre de Polonais qui ne demanderaient pas mieux que de venir à nous, mais ils sont surveillés de près par les Russes, auxquels ils sont mêlés. Leurs dispositions pourront nous être de quelque utilité.

Une reconnaissance a été poussée par les Russes sur la gauche de notre armée d'observation. Deux mille chevaux, avec de l'artillerie, se sont présentés hier de ce côté à la pointe du jour, mais ils ont été bientôt mis en fuite. La cavalerie anglaise était à cheval, et quelques coups de canon de son artillerie légère ont fait prendre aux Russes le triple galop. On ne comprend pas pourquoi l'on avait mis en mouvement cette nombreuse cavalerie. Quelques cosaques auraient parfaitement pu voir des hauteurs les ouvrages de fortification passagère qu'on exécute sur la gauche, qui est mise à l'abri de toute attaque possible de la part de l'ennemi.

Notre armée d'observation occupe une excellente position rendue en outre formidable au moyen de quelques travaux. Nous pouvons défier l'armée russse sans être obligés de suspendre les travaux contre la place.

Des dispositions ont été prises pour mettre Balaklava (1), dont le port nous est si précieux, à l'abri d'un coup de main. Le général Canrobert a mis à la disposition de lord Raglan deux mille Turcs qui exécutent des travaux (redoutes) pour couvrir Balaklava.

Nous n'avons pas eu d'autres nouvelles du colonel de Lagondie; il y a quelques jours, nous avons encore eu le regret de voir tomber un autre officier, M. le capitaine Dampierre, entre les mains des Russes; il s'était, lui aussi, égaré du côté de l'ennemi dans les environs de la place. Les Anglais conti-

---

(1) Les Anglais s'étaient emparés du petit port de Balaklava, le 26 septembre 1854.

nuent à éprouver des pertes assez sensibles par le fait du choléra, dont notre armée est heureusement affranchie. Eux et
nous avons vu arriver avec plaisir treize mille hommes de
renfort qui nous sont arrivés il y a trois jours; il nous est
venu également un régiment de chasseurs d'Afrique.

Les amiraux anglais ont mis à la disposition des Français
les bateaux à vapeur nécessaires au transport de la division
Levaillant, qui est à Varna, et de la brigade de la légion étrangère, qui est à Gallipoli. Les bateaux sont partis il y a dix
jours et seront bientôt de retour.

Jusqu'ici l'ennemi ne paraît pas avoir reçu de renforts
considérables. Trois ou quatre bataillons lui sont venus
d'Anapa, quelques autres pourront encore lui arriver de ce
côté. Des troupes venant d'Odessa ont été vues de la mer, mais
ces forces, que l'on évalue à une douzaine de mille hommes,
étaient encore à une distance qui ne leur permettrait d'arriver
ici que vers la fin du mois, au plus tard.

Vico.

71. — Lettre du chef d'escadron d'état-major Vico, détaché auprès de lord Raglan.

13 octobre 1854.

MONSIEUR LE MARÉCHAL,

Nous n'avons pas encore ouvert notre feu contre la place;
c'est lundi prochain, 16, qu'aura lieu le branle-bas général.
Quelques canons sont en batterie depuis plusieurs jours déjà;
mais on a voulu que tous (cent trente environ) parlassent à la
fois, afin d'obtenir, dès le début, un grand effet matériel et
moral; les flottes prendront part à l'action en attaquant en
même temps les forts du côté de la mer. Dix vaisseaux de
ligne et dix-sept frégates, dit-on, seraient de la partie. D'après
ce que nous avons vu avant-hier, ces bâtiments ne seraient

pas bien exposés, quelque vif que puisse être le feu des forts.

Un bâtiment autrichien, chargé de foin pour les Anglais, a été entraîné par le courant, dans un moment de calme complet, sous le feu des forts de Sébastopol. Ces forts ont fait feu de toutes leurs pièces, et ce navire a essuyé plus de trois cents coups peut-être; il n'a eu qu'un seul boulet dans la coque, et deux ont traversé les voiles. Le capitaine et l'équipage se sont sauvés, dès les premiers coups, à bord du *Britania;* le bâtiment a eu tout seul le bon esprit de se laisser échouer sur la plage, à l'abri des feux de la place, et la nuit on a pu aller le prendre et le conduire dans le port de Balaklava, où il a été le bienvenu, car le foin est une chose dont nous commencions à avoir besoin pour nos chevaux; il avait à bord six cents tonneaux de foin.

Je suis heureux de pouvoir vous dire, à cette occasion, qu'il vient d'arriver pour cinquante jours de fourrages à l'armée française qui commençait aussi à en avoir grand besoin.

Les deux régiments de chasseurs d'Afrique sont maintenant ici au complet; l'on attend les dragons, qui porteront l'effectif de la cavalerie française à quinze cents chevaux, et l'effectif des deux cavaleries réunies à trois mille cinq cents.

La 5e division est attendue de Varna d'un moment à l'autre, ainsi que la brigade de la légion étrangère.

Quatorze cents Turcs, venant de Constantinople pour être mis à la disposition de lord Raglan, sont arrivés et débarqués ce matin. Le complément des trois mille Turcs sera employé à couvrir Balaklava, avec deux bataillons turcs donnés par le général Canrobert et des troupes d'infanterie de marine anglaise.

Nos travaux de tranchée se font très heureusement depuis une quinzaine de jours; le canon de la place fait feu, il tire à outrance nuit et jour; depuis cinq jours, cependant, nous n'avons eu qu'une dizaine d'hommes touchés, dans chacune des deux armées. Les troupes sont à couvert derrière des mouvements de terrain, et les projectiles, dont le tir est trop tendu, passent par-dessus.

Le capitaine du génie Smith, frère de l'aide de camp du

général Forey, a eu une jambe emportée par un boulet et n'a pas, malheureusement, survécu.

La garnison de Sébastopol, qui avait été d'abord considérablement augmentée, ainsi que je crois avoir eu l'honneur de vous le dire dans ma dernière lettre, a été réduite. D'après le dire des déserteurs, elle ne serait maintenant que de sept mille hommes de troupes de terre. Cette réduction aurait été motivée par la difficulté de la retraite, au moment où nous nous rendrions maîtres de la place; cette retraite ne pourrait alors s'effectuer qu'en traversant le port.

Les Russes ont voulu faire deux ou trois sorties avec plusieurs bataillons; mais ils se sont toujours retirés, dès qu'ils ont vu que l'on était prêt à les recevoir.

L'état sanitaire de l'armée française est très satisfaisant; celui de l'armée anglaise s'est beaucoup amélioré depuis quelques jours; le froid que nous avaient apporté deux jours de vent du Nord paraît avoir chassé complètement le choléra. Nous jouissons d'un temps magnifique. Tout semble nous dire que la Providence est avec nous.....

VICO.

72. — *Lettre du général de division Bosquet* (1).

19 octobre 1854.

. . . Au moment où je vous écris, vous savez absolument où nous en sommes; la vigoureuse bataille de l'Alma, qui nous aurait mis quinze mille prisonniers et quarante pièces de canon dans les mains, si la cavalerie anglaise avait paru en arrière à droite de l'ennemi, comme le Maréchal me l'avait promis solennellement, en me confiant l'honneur de l'attaque des positions de la gauche des Russes, et celui de m'y faire écraser pendant une heure, afin d'attirer leur attention pendant l'attaque du centre.

Vous savez que l'armée ennemie a fait sa retraite sur Baktchi-Serai et Sébastopol, en désordre moral complet pour

---

(1) Cette lettre était adressée à Mme la marquise de Contades.

ne plus reparaître, nous laissant marcher et tourner à l'est jusqu'à Balaklava et le cap Chersonèse. Vous savez que M. le Maréchal, épuisé, a quitté le commandement le 28, pour le remettre dans les vaillantes mains de Canrobert (qui est guéri), et que ce pauvre Maréchal, si heureux en toutes choses, n'a pu vivre que quelques heures, et s'est éteint le 29 en mer, avec la conviction que nous allions entrer à Sébastopol presque sans frapper à la porte.

Mais ce que vous ignorez, c'est que nous sommes devant Sébastopol et non dedans.

N'est-ce donc rien qu'une pareille place de guerre, le cœur de la puissance russe dans le Sud, son point de départ pour la conquête de la Turquie et de la Méditerranée, et qui donc pouvait se flatter sérieusement que Sébastopol ne se défendrait pas? Nous sommes ici consternés de la précipitation et des erreurs des nouvelles télégraphiques.

Le vieil Empereur allait au pas de charge pour vaincre, et on s'en étonnera longtemps; pourquoi nous faire l'honneur de croire que nous irons, nous, enfants d'hier, vite comme le fluide électrique? Non, nous ne sommes pas encore à Sébastopol, et notre feu anglais et français n'est ouvert que depuis trois jours, très vif, très vigoureux, avec des alternatives qui s'expliquent par les gros calibres mis en batterie par l'ennemi, qui tire parfaitement bien et qui peut remplacer bien facilement son matériel, car il use du matériel de sa marine mis à terre. Nous lui avons déjà démoli des tours et fait sauter des magasins à poudre, mais il nous en a brûlé aussi trois ou quatre et se défend vigoureusement.

On avait espéré, chez les Anglais comme chez nous, avoir raison, par un tir à huit ou neuf cents mètres, des défenses de la ville, au sud et à l'est, mais il faudra s'établir plus près et serrer le jeu, car l'ennemi est fort habile et tire très bien et beaucoup. Écoutez plutôt ses gros paixhans qui tonnent pendant que je vous fais ces lignes, ils ragent et tonnent contre les deux nouvelles batteries françaises qui ont ouvert le feu, il y a quelques heures.

Voulez-vous? Montons à cheval; un petit quart d'heure de

galop de charge et nous serons près des Anglais et vous verrez, de leurs batteries, toute la ville devant vous. A gauche, le
quartier de la Quarantaine; en face, le gros de la ville appuyé
à la baie militaire et, à droite, le quartier des magasins et du
Carénage. Au delà, de droite à gauche, la rade et, dans le fond,
la langue de terre qui se termine par la tour Constantin. Et
vous verrez à droite une tour ronde, démolie par le feu anglais,
et des lignes de chaos de terre et maçonnerie que ces Russes
réparent à mesure et toutes les nuits. Et ces mêmes hommes,
quand l'idée leur est venue de sortir l'épée à la main pour
culbuter les gardes de tranchée et enclouer nos batteries, ces
mêmes hommes, timides, mettent à peine le nez hors barrières
et s'en retournent à leurs défenses.

C'est que leur canon est servi, je crois, exclusivement par
des matelots finlandais.

A gauche, jusqu'à la mer, ce sont les lignes et les batteries
françaises qui ont déjà démoli en partie le fort de la Quarantaine, et cette grosse batterie du Mât d'où l'ennemi faisait une
si furieuse canonnade. Vous voyez que le feu se ralentit un
peu en ville; c'est qu'ils travaillent, dit-on, à des retranchements en arrière.

Croyez-moi, Sébastopol se défendra bien, et nous n'en méri-
terons que mieux les compliments que vous nous préparez.

Si vous voulez vous retourner et venir un peu sur le plateau
où est dressée ma tente, nous serons chez moi, près des lignes
de circonvallation, et vous verrez le champ de bataille que j'ai
préparé avec le corps d'observation que Canrobert m'a confié. Ce sont des redoutes et des couverts pour l'artillerie de
division et de réserve, et aussi pour ma bonne infanterie, tout
le long des escarpements du plateau qui règne entre Sébastopol et les plaines de Balaklava, que vous apercevez dans le
fond au sud, avec ses ruines de tours génoises perchées sur les
hautes montagnes qui font à cette chère petite baie à la fois
ombre et défense. C'est là le point de débarquement des
Anglais, et vous les voyez en avant, dans cette plaine, sur les
lignes élevées du terrain, qui ont aussi préparé des défenses
se reliant aux miennes et prêts à livrer bataille à l'armée

de secours qui se constitue et viendra, dit-on, bientôt.

Tout autour de nous, il y a bien près de soixante-dix mille Anglais, Français et Turcs (les Russes sont répartis un peu partout), et voyez comme tout cela est peu de chose de loin : de vraies taupinières; et cette flotte que vous apercevez à peine vers le cap Chersonèse et qui a pourtant trois mille canons et qui s'appelle la flotte anglo-française, la plus sérieuse que les mers aient encore portée! Elle s'est essayée, il y a deux jours, vers l'entrée, mais sans un succès marqué, contre les deux grosses défenses du goulet. Ces braves marins essayent d'employer leurs forces à terre, et Français et Anglais ont leurs batteries dans les lignes servies par des matelots et armées avec du matériel de marine.

Imaginez un peu les efforts et les fatigues de toute nature qui se font de jour et de nuit autour de cette grande ville de Sébastopol, et, croyez-moi, ne dites pas, avant l'heure, que Sébastopol est prise. Ne diminuez en rien l'honneur extrême qu'il y aura à avoir terrassé ce géant barbare et furieux et à lui avoir mis la miséricorde à la gorge.

Canrobert a été accepté cordialement, et il l'était d'avance. Sa blessure était entre l'épaule gauche et le téton : un éclat d'obus qui avait frappé à plat, sans déchirer, mais en machurant profondément les chairs. Il a beaucoup souffert à cheval.

Il va très bien aujourd'hui ; il mérite bien toutes vos affections, et il a été très sensible à vos bons souvenirs que je lui ai dits hier, près de mes lignes qu'il visitait enfin sans avoir le bras en écharpe.

Rassurez-vous sur vos amis du siège ; nous n'avons que peu de coups mortels, cependant on m'a dit que le petit La Bourdonnais a eu la tête rompue par un éclat d'obus, pauvre cher enfant! Mais je ne veux pas vous quitter sur de pareilles tristesses, et sans vous donner des espérances pour demain.

Je me hasarde à penser que, dans peu de jours, il y aura des chances de donner un assaut. Si l'armée de secours nous venait avant, nous la battrions, et cela nous aiderait pour entrer en ville, je le crois.

Après la ville, il faudra réduire la citadelle ou fort du Nord.

Nous en avons pour finir notre automne et les beaux jours qui ne nous ont pas encore quittés.

Après quoi, il faudra nous faire savoir si nous danserons, cet hiver, en Crimée, en Turquie ou à Paris. A part toute politique de soldat, notre choix serait bientôt fait...

Général Bosquet.

73. — *Lettre du colonel Cler, du 2ᵉ régiment de zouaves.*

Au bivouac de Sébastopol, le 22 octobre 1854.

Monsieur le Maréchal,

L'armée d'Orient a été peu satisfaite en apprenant avec quelle crédulité la prise prématurée de Sébastopol, ce Gibraltar de la Russie, avait été accueillie en France.

Il faut vraiment que le peuple de nos villes soit bien simple, pour avoir cru aux dix-huit mille Russes tués, aux vingt-deux mille hommes qui aiment mieux se rendre que de rentrer chez eux, à la férocité du barbare Menchikoff et aux autres sornettes débitées par la presse.

Voici, Monsieur le Maréchal, à côté de la fable, toute l'histoire. Depuis vingt jours, nous sommes arrêtés devant les murs de Sébastopol. Nous avons, je crois, employé trop de temps pour reconnaître, investir et préparer les premières attaques de la place. L'emplacement de nos premières batteries aurait pu aussi être mieux choisi. Une d'elles a été placée près de la butte choisie par les Russes pour leurs tirs d'exercice. La partie du corps de la place attaquée par l'armée française est défendue par une triple batterie étagée, élevée depuis l'ouverture du siège.

Depuis six jours, nous avons ouvert notre feu. Deux cents pièces d'un énorme calibre, sans compter les deux mille employées quelquefois par et contre la flotte, font échange de bons procédés, au moyen d'une conversation atrocement cruelle au point de vue des philanthropes, et qui dégénère bien souvent en un bacchanal bien autrement assourdissant que celui que les bons Parisiens étaient appelés à entendre, pendant les séances les plus orageuses de la mémorable Chambre de 1849.

Mon régiment est du reste privilégié, car il occupe une première avant-scène, et, tous les jours, de spectateur il devient acteur.

Heureusement que nos pertes ne s'élèvent pas à un chiffre fort élevé : depuis l'ouverture du feu, je n'ai eu que cinq tués et quarante blessés ; l'artillerie a beaucoup plus souffert, car elle compte déjà dix officiers hors de combat.

Hier, seulement, nous avons pris le dessus ; les assiégés ont perdu presque tous leurs artilleurs, les soldats et les bons bourgeois essayent de se révolter, et il est à espérer que le knout n'aura pas bon marché de leur terreur. Les condamnés sont employés à servir les pièces ; hier, trois de ces artilleurs enchaînés ont essayé de venir dans nos tranchées, un seul a pu y arriver, les deux autres ont été mitraillés par leurs camarades restés dans la batterie basse.

Le feu a été mis plusieurs fois à la ville ; avant-hier, son gouverneur (1) est mort à la suite d'une double amputation. Avant-hier aussi, dans la nuit, cent vingt Russes enivrés avec de l'eau-de-vie, avec quelques officiers intrépides à leur tête, ont été poussés vers une de nos batteries pour y enclouer des canons et des mortiers ; les officiers portaient eux-mêmes les marteaux et les clous....

Un officier a été tué, un autre a été blessé mortellement ; quinze hommes, qui étaient entrés dans la batterie, ont été tués ou faits prisonniers. L'officier blessé, qui parlait bien la langue française et qui paraissait appartenir à une famille élevée, conduit à l'ambulance, n'a pas voulu répondre aux questions qui lui étaient adressées ; il nous a demandé de lui accorder la grâce de pouvoir mourir tranquille.

S'il ne nous arrive rien d'imprévu, nous espérons pouvoir entrer dans la place, au plus tard dans les premiers jours du

(1) Le vice-amiral Korniloff.

mois prochain ; mais il faut, pour arriver à ce résultat, laisser de côté notre esprit impatient et nous souvenir des tentatives infructueuses faites à Constantine, Rome et Zaatcha.

La marine des équipages, les armes spéciales et les officiers qui désirent revoir les bords de la Seine demandent l'assaut. Appelé à l'honneur de commander la colonne d'assaut, composée de quatre cents zouaves et de trois cents hommes d'infanterie de marine, je désire que cette grande et sérieuse opération du siège soit faite en temps opportun et dans de bonnes conditions.

L'armée russe d'observation, qui attend de grands renforts le 28 de ce mois, ne pourra forcer les lignes formidables que nous avons élevées à l'entrée de la presqu'île de Chersonèse. Si donc l'hiver n'arrive pas de bonne heure, nous pourrons, puisque nous avons commencé à faire un siège en règle, le continuer et le mener à bonne fin.

Si, le lendemain de la bataille de l'Alma, nous avions pu marcher sur Sébastopol (à cette époque, nous manquions de vivres, de moyens de transport et de cavalerie, nous avions aussi à faire enterrer les morts et à transporter à bord de la flotte les malades et les blessés des deux armées), nous aurions eu une chance sur deux pour entrer dans la place par escalade. Cette chance se réduisait à une sur trois, si le coup avait été tenté le 29 septembre, jour de notre arrivée à Balaklava.

A cette époque, la garnison de la place, très faible, était encore sous l'influence de la bataille de l'Alma ; les murailles du sud-est, que nous attaquons, n'étaient pas précédées, comme dans ce moment, de batteries basses en terre, et défendues en arrière par des batteries étagées et formant cavaliers.

Le temps est du reste très beau, nous avons des approvisionnements pour un mois ; l'état sanitaire est satisfaisant, et le moral de l'armée généralement très bon.

Je suis avec un profond respect et une vive reconnaissance, Monsieur le Maréchal, de Votre Excellence le très humble et très obéissant serviteur.

CLER.

74. — *Lettre du général de division Canrobert.*

Au quartier général devant Sébastopol, le 31 octobre 1854.

MONSIEUR LE MARÉCHAL,

Les deux lettres dont vous avez bien voulu m'honorer à l'occasion de ma blessure de l'Alma et de mon commandement en chef m'ont profondément touché ; j'y ai reconnu cette noble bienveillance dont vous avez entouré ma carrière et qui l'a si puissamment aidée ! Je vous en remercie de tout mon cœur.

Ma blessure, fermée depuis six jours, ne me cause plus de souffrances.

Sébastopol nous oppose une vigoureuse résistance qu'expliquent, du reste, la nombreuse flotte immobilisée dans son port et la présence de l'armée de secours ; nous n'en marchons pas moins avec sûreté contre cette place, dont nos têtes de sape ne sont plus qu'à cent quarante mètres, et j'ai le ferme espoir de sa chute prochaine. Cette opération terminée, il sera urgent de se porter contre l'armée de secours, dont trois quarts de lieue à peine séparent nos avant-postes, et de lui livrer bataille.

Veuillez agréer, Monsieur le Maréchal, l'expression de mon respectueux attachement.

Général CANROBERT.

75. — *Lettre du maréchal de Castellane au général Canrobert, commandant en chef de l'armée d'Orient.*

Quartier général de Lyon, le 18 novembre 1854.

MON CHER GÉNÉRAL,

Je viens vous remercier de votre bonne et aimable lettre du 31 octobre. Vous avez la mémoire du cœur, chose bien rare, je le savais depuis longtemps. Croyez bien que personne ne prend un plus vif intérêt que moi à vos succès. Aussi ai-je été bien contrarié du canard du Tartare, qui a amoindri dans l'opinion la bataille de l'Alma et les succès à venir. Cela a été pour moi une nouvelle preuve qu'on peut tout faire croire aux hommes, pourvu qu'on flatte leurs passions. On était presque soupçonné de manque de patriotisme, si on n'avait pas foi au Tartare. Mon gros bon sens me faisait douter. Je me contentais de dire : « Toutes ces dépêches télégraphiques ont la même source, le Tartare »; puis je me disais intérieurement : « Les Russes de 1854 ne ressemblent donc plus aux Russes de 1812, qui étaient sans élan, mais qui se faisaient tuer sur place comme je n'ai jamais vu d'autres troupes le faire. »

Je me réjouis de ce que vous ne souffrez plus de votre blessure bien cicatrisée. Vous faites le possible ou plutôt l'impossible pour le siège de Sébastopol; cela n'est pas un morceau facile, une base d'opérations à Toulon n'est pas chose commode. Votre gloire sera d'autant plus grande.

Comptez, mon cher Canrobert, sur mon ancien et véritable attachement.

Maréchal DE CASTELLANE.

BALAKLAVA ET INKERMANN

76. — *Lettre du colonel Cler, du 2ᵉ régiment de zouaves.*

Bivouac des Anglais, sur le champ de bataille d'Inkermann,
le 6 novembre 1854.

MONSIEUR LE MARÉCHAL,

Je doute encore, peut-être, au moment d'atteindre au but, de la suite heureuse donnée à la proposition que je crois avoir méritée sur le champ de bataille de l'Alma, mais je me sens le courage, si je suis mis de côté, de gagner de nouveau la récompense que l'on hésite peut-être, à cause de mon peu d'ancienneté de grade, à m'accorder.

Nous venons de livrer notre deuxième grande bataille. Hier matin, à la pointe du jour, les Russes, profitant de l'intensité du brouillard et surtout de l'arrivée d'un renfort de quarante mille hommes, se sont portés, en remontant les ravins de la rive gauche de l'Akermak, sur le point le plus faible, le plus avancé et le moins fortifié de la ligne anglaise. Les avant-postes de cette ligne furent tournés, et bientôt, masqués par les broussailles qui couvrent les batteries et les retranchements avancés, ils envahirent les abords du camp des gardes anglaises. Ces gardes et les régiments placés à leur droite et à leur gauche reprirent bien vite l'offensive, mais cette surprise leur fit éprouver de grandes pertes. Plusieurs bataillons de la division Bosquet, l'artillerie de réserve et quelques escadrons de notre cavalerie arrivèrent promptement pour renforcer la ligne anglaise....

Pendant cette même matinée, j'étais parti de mon camp pour aller prendre à la tranchée le commandement de la droite des attaques. Je m'attendais, pendant la nuit, à enlever par escalade, à la tête d'une forte colonne, le point de la place placé au bas du ravin qui sépare nos attaques de celle des Anglais. Avant d'arriver aux tranchées, le général de Monet, qui devait relever le général de tranchée, reçut l'ordre de rétrograder et de se porter à marche forcée au secours de l'armée attaquée. Vers neuf heures, nous arrivions avec quatre bataillons sur le champ de bataille d'Inkermann. Placés en deuxième ligne, derrière les gardes anglaises et les batteries françaises, nous avons servi de réserve à l'armée, et nous avons été couverts pendant toute la bataille par les projectiles ennemis, qui, grâce aux accidents de terrain, ne nous ont mis hors de combat que soixante hommes.

Vers onze heures, les Russes ont commencé à perdre du terrain, et, à deux heures, ils étaient en pleine retraite sur le haut de Sébastopol et sur Balaclava.

Pendant que nous nous battions à Inkermann, toute la garnison de la place (neuf mille hommes environ) profitait aussi du brouillard pour faire une sortie et tourner la gauche de nos attaques. Surpris pendant le premier moment, nos gardes de tranchées éprouvèrent de grandes pertes, les bataillons de la légion, du 26ᵉ et du 39ᵉ perdirent beaucoup d'officiers, mais, bientôt, des renforts venus des camps reprirent l'offensive et forcèrent les Russes à abandonner les tranchées, où ils laissèrent une grande quantité de tués, de blessés et de prisonniers.

Repoussés à la baïonnette, ils regagnèrent en désordre les murs de la place. Nous aurions peut-être enlevé Sébastopol, si nous avions eu sur ce point assez de monde. Pendant cette poursuite, le général de Lourmel a été grièvement blessé par une balle, qui lui a traversé le corps au-dessous de l'épaule gauche.

A Inkermann, les pertes des Anglais se sont élevées à deux mille deux cents hommes mis hors de combat, les nôtres à douze cents, celles des Russes à neuf mille. Le champ de bataille d'une lieue carrée que j'ai visité aujourd'hui, accidenté, et couvert de broussailles, était littéralement, dans les ravins surtout, couvert de cadavres russes. Nous avons ramassé quinze cents blessés, mais beaucoup ont dû mourir faute des premiers soins, et d'autres encore n'ont pu être relevés.

Les Anglais ont eu quatre-vingt-dix-huit officiers hors de combat; le général Cathcart, d'une bravoure téméraire, s'est fait tuer en essayant, avec trois cents hommes, de percer une partie de la ligne des Russes.

Le colonel Fillol de Camas, du 6ᵉ de ligne, a été tué; le général Canrobert a été légèrement blessé au bras droit, le lieutenant-colonel commandant l'artillerie de réserve a eu une jambe fracassée.

Bien que nos pertes soient des deux tiers moins fortes que celles éprouvées par l'armée russe et que le champ de bataille soit complètement resté en notre pouvoir, nous devons peu désirer remporter souvent de pareilles victoires, car, comme celle d'Eylau, elles n'avancent pas la solution de la question et elles diminuent considérablement nos forces. Pendant cette journée, les zouaves ont eu en partie l'honneur du succès : le 3ᵉ régiment a culbuté à la baïonnette un énorme carré russe.

Si nous entrons, dans quelques jours, dans Sébastopol, nous aurons ensuite bon marché des quatre-vingt mille Russes qui occupent la Crimée. L'infanterie et la cavalerie ont peu de valeur; elles paraissent terriblement redouter l'attaque des Français; l'artillerie russe, seule, nous est bien supérieure en nombre et en force de calibre, mais, quand son arsenal sera entre nos mains, comme elle tire beaucoup, elle n'aura plus de munitions après la première bataille... Mais, je le répète, il nous faut Sébastopol.

Le soir de la bataille, nos quatre bataillons ont bivouaqué sur le centre même de la ligne anglaise. Demain, je prendrai le commandement supérieur de ces quatre bataillons (deux de mon régiment et deux de l'infanterie de marine), et je serai placé de manière à servir de réserve aux bataillons anglais, qui se trouvent sur le point le plus vulnérable et le plus avancé de notre longue contrevallation. Devant moi seront les gardes anglaises, fort réduites depuis leur entrée en Crimée. Le duc de Cambridge et les officiers supérieurs anglais me comblent de prévenances; leurs soldats accueillent les miens par de nombreux hourras.... Fasse le Ciel que l'occasion me soit donnée de leur prouver que je mérite leur estime!

Le prince Napoléon, fort malade, est parti aujourd'hui pour Constantinople. Notre état sanitaire est, du reste, très satisfaisant.

Je termine, Monsieur le Maréchal, en remerciant Votre Excellence de tout l'attachement qu'elle veut bien me conserver, attachement dont je suis fier et qui m'oblige.

Je suis avec respect et reconnaissance, de Votre Excellence, Monsieur le Maréchal, le très humble et très obéissant serviteur.

CLER.

77. — Lettre du général de division Canrobert, commandant en chef l'armée d'Orient.

Camp devant Sébastopol, le 17 novembre 1854.

MONSIEUR LE MARÉCHAL,

J'ai reçu l'admirable lettre de félicitations que vous avez bien voulu m'adresser à l'occasion de mon grade de grand officier de la Légion d'honneur. Je vous prie d'en agréer mes remerciements les plus vifs et ma profonde reconnaissance.

Sébastopol tient toujours; les ressources de cette vaste place d'armes sont immenses. L'armée russe de secours, augmentée d'une partie de celle du Danube, a attaqué nos lignes extérieures le 5 de ce mois, elle a été repoussée avec des pertes *considérables;* plus de cinq mille morts ou blessés sont restés en notre pouvoir; elle se tient depuis lors sur la défensive sans avoir osé troubler nos travaux de siège.

L'hiver se prépare rigoureux! Nos soldats sont animés du meilleur esprit, je suis fier d'être leur chef.

Veuillez agréer, Monsieur le Maréchal, l'expression de mon respectueux attachement.

Général CANROBERT.

78. — *Lettre du colonel de Lavarande, du 1er régiment de zouaves* (1).

Au camp devant Sébastopol, le 24 novembre 1854.

MONSIEUR LE MARÉCHAL,

Les félicitations de Votre Excellence sont pour moi la récompense la plus flatteuse et la plus honorable. Je suis très sensible à cette délicate attention, je vous en remercie, et certainement je ne l'oublierai jamais.

Permettez-moi aussi, Monsieur le Maréchal, de vous exprimer ici mes remerciements pour ces excellents conseils militaires que vous m'avez souvent donnés, et que votre haute expérience sait si bien nous suggérer. J'ai été·à même d'en apprécier ici toute la portée, et à la bataille d'Alma, si le 7ᵉ s'est fait remarquer, c'est par sa formation régulière sous le feu de l'ennemi, formation qui le laissait à chaque instant prêt à changer son mode d'action et son ordre de bataille.

Ce jeune régiment a bien justifié, à la guerre, Monsieur le Maréchal, de la bonne discipline et de l'excellent esprit qu'il a puisés sous vos ordres à l'armée de Lyon, et je puis dire avec orgueil qu'il a répondu aux souhaits et aux conseils dont vous avez bien voulu l'honorer à son départ.

(1) *Lavarande* (Louis-Léopold Pecqueult *de*), né le 25 mai 1813 à Paris, élève de l'École spéciale militaire le 18 novembre 1831, sous-lieutenant le 27 décembre 1833, lieutenant le 31 avril 1840, capitaine le 22 janvier 1843, officier d'ordonnance du duc d'Aumale le 15 novembre 1847, chef de bataillon au 10ᵉ léger le 12 septembre 1848, puis aux zouaves le 14 septembre 1848, lieutenant-colonel le 24 décembre 1851, colonel du 7ᵉ de ligne le 25 juin 1853, puis des zouaves de la garde le 2 janvier 1855, général de brigade le 21 mars 1855 ; tué par un boulet devant Sébastopol dans l'ouvrage dit du 27 février, le 7 juin 1855. Il avait servi en **Afrique de 1840 à 1854.**

Les journaux officiels et votre nombreuse correspondance doivent vous mettre bien au courant, Monsieur le Maréchal, de nos travaux devant Sébastopol. Voici du moins les dernières nouvelles : pas d'événements militaires, la position est toujours difficile et bien tendue. Nous tirons peu sur la place et cheminons lentement sous le feu de sa formidable artillerie, dont l'activité ne se ralentit pas. La troisième et dernière parallèle est à peu près à cent cinquante mètres des ouvrages en terre qui forment la chemise de la place. Derrière ces ouvrages sont encore établies, dans les jardins et sur les décombres des maisons, des batteries accumulées et étagées, judicieusement dirigées, rendant l'assaut bien difficile.

Cette place irrégulière, défendue par des fortifications improvisées en raison des circonstances, avec grande dépense de matériel et de bouches à feu, déroute les hommes spéciaux, les embarrasse, et malheureusement leur peu d'expérience et leurs théories peut-être trop méthodiques sont venues les tromper sur de grandes difficultés qu'ils n'ont ni prévues ni appréciées. L'infanterie seule a été bien à hauteur de son rôle; elle s'est montrée partout, soit avec le fusil, soit avec la pioche, dévouée, intrépide et infatigable.

La position militaire que nous occupons ici, Monsieur le Maréchal, est assez belle; les pentes sont presque partout inaccessibles, et des lignes de contrevallation appuyées de redoutes complètent notre système défensif. Malheureusement, notre front d'observation est très étendu, son développement a trois lieues, et c'est beaucoup pour le peu de monde que nous sommes.

Les Russes l'ont senti, et c'est ce qui les a engagés à attaquer notre extrême gauche, près des ruines d'Inkermann, le 5 novembre. Le combat, comme vous le savez, Monsieur le Maréchal, a pris de bien grandes proportions et a duré toute la journée. Les Anglais nous ont dû leur salut dans cette occasion, car ils étaient écrasés par le nombre au moment où nous sommes arrivés à leur secours; du reste, nos alliés sont de très braves soldats, et notre estime pour eux augmente tous les jours.

Le mauvais temps, Monsieur le Maréchal, est venu depuis quelques jours ajouter aux difficultés de la guerre; un ouragan très violent a causé récemment dans nos flottes des malheurs bien regrettables, et, à dater de ce moment, le ciel a toujours été orageux. La pluie et le vent règnent avec une persistance désolante. Malgré tout, le moral de l'armée continue à être fort bon, et la santé des hommes a peu souffert jusqu'ici. C'est tout ce que nous pouvons demander dans de pareilles circonstances.

J'ai l'honneur d'être avec le plus profond respect, Monsieur le Maréchal, de Votre Excellence, le très humble et très obéissant serviteur,

De Lavarande.

79. — Lettre du colonel de Wimpffen, des tirailleurs algériens.

Au camp devant Sébastopol, le 2 décembre 1854.

Monsieur le Maréchal,

J'ai reçu votre lettre avec un bien vif plaisir; je l'espérais, car je sais que vous ne perdez jamais de vue les officiers qui ont eu l'honneur de servir sous vos ordres, quand ils se conduisent de manière à mériter votre bienveillante attention. J'ai à me reprocher de ne vous avoir point envoyé la description de nos divers faits de guerre, mais mon excuse est cette vie absorbante des camps, qui fait qu'on peut à peine satisfaire à toutes les exigences du service.

J'ai eu à m'occuper plus que tout autre colonel, ayant à faire réussir un corps nouvellement organisé, et ne trouvant autour de moi que doute et mauvaise volonté. Suivant les uns, les tirailleurs ne devaient pas tenir sous l'effet du canon; suivant d'autres, c'étaient des soldats médiocres, peu susceptibles d'offrir une grande résistance contre des masses. Enfin ces Arabes ne devaient point tarder à succomber, par suite des fatigues, ou à se dégoûter, au point de réclamer en

masse leur rentrée en Algérie. Les officiers français sous mes
ordres partageaient beaucoup trop ces idées et, de plus,
regrettaient plus qu'il n'aurait fallu leur vie paisible et leurs
ménages africains. J'ai donc eu à redouter un insuccès, mais,
cette fois encore, les Arabes ont été à hauteur de tout ce que
j'ai exigé d'eux.

Le voyage de Gallipoli à Varna, celui de la Dobroutcha, ont
prouvé qu'ils sont gens faits aux fatigues, à l'abri des maladies
qui en peu de jours ont décimé une partie de notre armée.
Dans ce dernier cas, les tirailleurs se sont montrés infirmiers
remarquables, et on a cru devoir le constater en donnant la
médaille militaire à l'un d'eux. Aucun n'a manqué à l'embarquement pour la Crimée, et, à la bataille de l'Alma, placés en
ligne derrière nos batteries, ils se sont laissé labourer par le
canon sans sourciller et ne se préoccupant que de resserrer
leurs rangs : la première supposition était réduite à néant.
Ils se chargeaient, au combat d'Inkermann, de prouver qu'ils
n'hésitaient point à se précipiter à la baïonnette sur des
masses russes.

Monsieur le Maréchal, vous savez aujourd'hui, dans ses
moindres détails, notre débarquement miraculeux par une
mer d'un calme parfait et pas un ennemi ne nous attendant
sur la plage; de six heures du matin à cinq heures du soir,
toute l'armée était à terre; les accessoires, par une mer moins
facile, nécessitaient deux autres journées. L'armée russe, surprise par notre débarquement fait loin de tout cours d'eau,
était restée sur l'Alma, rivière dont la rive gauche domine
de beaucoup les terres de la rive droite. Les pentes près de la
mer sont surtout très escarpées et paraissaient alors infran-
chissables à nos ennemis. Mais la guerre d'Afrique nous avait
appris à jouer avec ce genre de difficultés, et, le 20 septembre, un régiment de zouaves et les tirailleurs algériens
surmontaient promptement cet obstacle qu'on n'avait pas cru
devoir défendre. Cette faute, à mon avis, décidait en grande
partie de la journée, car l'armée russe se vit presque de suite
débordée et menacée sur sa ligne de retraite. La maladie du
Maréchal ne permit peut-être pas de mettre à profit cette vic-

toire. En marchant plus rapidement sur Sébastopol, je crois qu'on aurait pu, même quatre jours après la bataille, se loger dans les parties de la ville non encore fortifiées. Les forts auraient rendu ces positions détestables, mais leur possession circonscrivait considérablement les points d'attaque. L'ennemi, pendant notre voyage à Balaclava, nos reconnaissances, la venue de notre matériel, ce qui a duré près d'un mois, travaillait avec une ardeur incroyable à créer partout des ouvrages, à établir des batteries. On voyait, du matin au soir et la nuit, des milliers de bras creusant des fossés, apportant des terres, créant de larges remparts. Le 17, quand nous ouvrîmes notre feu, des batteries plus formidables nous forçaient au silence, ou à tirer plusieurs jours avec désavantage. Depuis, nous avons marché, mais nos braves adversaires ont su conserver encore des feux partout, réparant la nuit ce que nous avions abîmé le jour.

Les deux épisodes les plus importants, depuis le commencement du siège, sont la surprise de redoutes couvrant Balaclava, le 25 octobre, et le combat d'Inkermann.

Les Russes ayant remarqué la faiblesse de la ligne anglaise du côté du premier de ces points et ayant su qu'il n'était gardé que par des Turcs, l'attaquèrent au jour, s'emparèrent rapidement d'une série de redoutes si mal faites qu'elles ne pouvaient que compromettre leurs défenseurs; ils se dirigeaient sur Balaclava, lorsque des régiments anglais arrivèrent juste à temps pour les repousser.

Nos ennemis, à leur début, n'espéraient, je pense, qu'attirer notre attention de ce côté pour opérer d'autres mouvements vers la ville, et non un succès les mettant presque en possession des magasins des alliés.

Refoulés par un feu très vif et par une brillante charge de cavalerie anglaise, ils auraient, j'en suis convaincu, abandonné toutes les positions prises, si l'infanterie s'était portée en avant. Il y a eu là, je crois, manque d'à-propos et de vigueur, en laissant les Russes, sur un demi-succès, s'installer dans une des redoutes extrêmes.

Le 5 novembre, nos adversaires ayant reçu de nombreux

contingents, animés par la présence des princes Constantin et
Michel, pensent à nous donner un second épisode de Balaclava. Le matin, par un brouillard épais, quarante mille
hommes avec une nombreuse artillerie quittent leur bivouac
placé sur les plateaux de la droite de la Tchernaïa, du côté du
fort du Nord, pour attaquer la ligne anglaise touchant au port
et commandant la rive gauche du cours d'eau que je viens
d'indiquer. Les Russes passent la rivière, gagnent une arête
élevée dominant tous les postes de nos alliés, y placent leur
artillerie et abordent ensuite par bataillons en masse plusieurs
éperons s'avançant dans la plaine, au sommet desquels se
trouvaient de petits ouvrages mal faits, gardés par trop peu
de monde. Les points les plus près de la ville et couvrant les
batteries anglaises sont vigoureusement défendus par nos
alliés et non enlevés; mais ceux-ci obligés d'y consacrer
presque toutes leurs forces laissent les points plus éloignés
sans renforts et les défenseurs sont massacrés ou forcés
de se retirer.

Après une lutte héroïque, les Russes dépassaient ces ouvrages, lorsque trois bataillons français conduits par le général
Bourbaki arrivent au pas de course, pour les en chasser.
Mais l'ennemi s'étendant davantage à gauche parvient à dé-
border les nouveaux combattants et les tiraille sur leur flanc
droit. Là fut tué le colonel Fillol de Camas, ainsi qu'un assez
grand nombre d'officiers et de soldats, presque tous atteints à
la partie droite.

Nos troupes sont forcées de se replier, et les Russes
s'avancent sur le camp anglais, quelques-uns même atteignent
les premières tentes, lorsqu'un bataillon de zouaves et un de
tirailleurs se précipitent sur eux. Deux fois les troupes françaises chassent nos ennemis des positions dans la plaine; à la
deuxième seulement, ces derniers abandonnent leur projet de
s'emparer des lignes anglaises, de s'y retrancher et de nous
forcer ainsi à quitter une grande partie de nos points d'attaque. Une faible fraction de l'armée française a réellement
combattu contre des forces bien supérieures et s'est admirablement comportée. Parmi ces braves soldats, je puis dire

avec satisfaction que mes indigènes ont été très remarqués; j'en ai reçu les éloges les plus flatteurs des généraux Canrobert et Bosquet.

Au combat du 5 doit s'ajouter l'épisode de l'attaque des lignes françaises par quatre à cinq mille Russes qui, suivant le bord de la mer, arrivaient sur nos batteries, dont ils enclouaient quelques pièces. Les troupes du siège les chassaient rapidement et M. de Lourmel avec sa brigade arrivait presque en même temps qu'eux sur la ville, lorsqu'une balle le frappant mortellement l'arrêtait, ainsi que la troupe qu'il entraînait. Ce vaillant et bel officier, mort, je crois, en quelques heures, est très regretté, car il réunissait en lui toutes les qualités qui font aimer : il était beau militaire, avait une grande énergie, une bravoure sans égale, savait faire servir sans rigueur, était bienveillant pour tout le monde.

Depuis le 5, voilà un mois, les Russes nous laissent parfaitement tranquilles; on a eu, à peine, à repousser quelques faibles sorties de la place; du reste, depuis cette époque, une pluie constante a rendu des opérations sérieuses presque impossibles.

Nos batteries tirent fort peu, on en construit d'autres dont on espère un bon effet, mais nos adversaires ne laissent point ce temps de demi-repos sans travailler, et ils continuent à élever ouvrage contre ouvrage. Ce siège menace d'être interminable, si nous ne prenons pas sur nous de mettre moins en ligne de compte ces obstacles en terre, et si nos baïonnettes intelligentes ne s'en emparent pas, en découvrant un passage nous permettant de prendre pied en ville. L'ennemi n'aura plus alors qu'à abandonner les ruines qui forment Sébastopol ou à se rendre.....

Colonel de Wimpffen.

80. — *Lettre du capitaine de Pontgibaud* (1),
du 57ᵉ de ligne.

Toulon, 6 décembre 1854.

MONSIEUR LE MARÉCHAL,

J'ai voulu attendre l'ordre d'embarquement pour faire mes adieux à Votre Excellence. C'est demain 7 décembre que la majeure partie du 1ᵉʳ bataillon du 57ᵉ, dont je fais partie, montera à bord du vaisseau de ligne à deux ponts *le Saint-Louis*. L'état major et huit cents hommes du 10ᵉ léger s'y trouveront avec nous. Cinq compagnies de ce régiment ayant été éprouvées par le choléra restent provisoirement à terre. L'état-major et deux bataillons du 57ᵉ sont destinés au vapeur *la Gorgone* et au vaisseau de ligne *le Trident*. Notre général de brigade a fait voile le 3 décembre pour Constantinople sur le vapeur *le Sané*, avec le 17ᵉ bataillon de chasseurs à pied, lequel doit se rendre directement à Sébastopol. Le général Dulac, embarqué déjà à Marseille avec la 2ᵉ brigade, doit rallier sa division à Constantinople, où nous ne supposons pas devoir arriver avant un mois.

L'eau tombe à torrents et le vent d'est, le plus contraire possible, souffle avec violence. Si donc nous quittons la rade, ce ne sera que pour écrire à M. le Ministre qu'il y a tant de troupes de plus au large. Pour nos effets de campement, nous nous sommes tous organisés par compagnie; il nous manque les mulets, que nous comptons remplacer par des chevaux à Constantinople. Dieu veuille que nous en trouvions!

Nous sommes tous munis de grands sacs en peau de mouton. Nous avons dû tout payer à prix d'or. Tous les officiers

(1) *Moré de Pontgibaud* (Comte Charles-Armand-Gabriel-Joseph *de*), né le 20 décembre 1828 à Trieste, élève de l'École spéciale militaire le 17 novembre 1842, sous-lieutenant le 1ᵉʳ octobre 1844, lieutenant le 28 juillet 1848, capitaine le 30 décembre 1852, capitaine adjudant-major le 27 août 1855, chef de bataillon le 2 août 1858, tué à la bataille de Solférino.

revenant d'Orient nous ont engagés à arriver chargés d'effets en caoutchouc. Le savon, le papier, etc., y sont hors de prix. Notre colonel a acheté pour douze cents francs de comestibles, il reste à savoir s'il aura le loisir de les faire parvenir à son bivouac.

Je pense que les officiers seront très mal à bord, nous recevrons des hamacs et nous ne serons séparés dans l'entrepont que par une toile.

Nous ne savons rien de Sébastopol et comptons un peu sur l'alliance autrichienne pour nous dégager de cette impasse. Il paraît constant qu'on ne peut donner l'assaut avant d'avoir investi la partie nord, dont les forts battent le sud de la ville.

Veuillez, Monsieur le Maréchal...

Comte DE MORÉ DE PONTGIBAUD.

81. — *Lettre du colonel Cler, du 2ᵉ régiment de zouaves.*

Au bivouac du Moulin, le 10 décembre 1854.

MONSIEUR LE MARÉCHAL,

Je remercie de nouveau Votre Excellence de l'intérêt réel et paternel qu'elle veut bien me porter, et je me souviens avec tant de reconnaissance de tous ses bienfaits, que mon plus grand désir est de me trouver directement et pour longtemps sous son commandement. Je vous remercie aussi, Monsieur le Maréchal, de tous les détails que vous voulez bien me donner sur ce qui se passe dans notre bon pays de France, dont je suis éloigné depuis bientôt trois ans. Nous venons d'avoir un temps épouvantable; les vingt derniers jours de novembre ont été fort pluvieux, nous nagions dans la boue; nos premières journées de décembre ont été moins mauvaises; nous avons un froid vif, sans gelées, ce qui nous fait espérer la fin de la saison des pluies.

L'armée est, du reste, très bien ravitaillée, et jamais réunion de troupes, même sur la frontière, n'a été entourée d'autant de sollicitude. Les Anglais, qui passent pour les inventeurs du confort, sont en adoration devant notre manière de vivre et devant la paternité de notre gouvernement; ils font ce qu'ils peuvent pour nous imiter, et ils avouent avec une franchise qui leur fait honneur que nous sommes leurs maîtres. Le colonel Harding, chef d'état-major du duc de Cambridge, m'a dit souvent qu'il avait écrit à son père, général en chef de l'armée en Angleterre, pour lui proposer de nous imiter et de faire adopter pour son armée une partie de nos usages.

Mes zouaves rendent bien des petits services à nos alliés, qui admirent, du reste, le moral et la gaieté de ces soldats réellement choisis pour faire la guerre...

Vivant dans une parfaite intimité avec plusieurs officiers supérieurs des gardes et ayant de nombreuses relations avec les officiers des états-majors des divisions, j'ai pu bien apprécier tout ce que le caractère de l'officier anglais a de dignité et de noblesse. Si nous avons une plus grande habitude de vivre en campagne, en un mot, si nous sommes plus troupiers, ils ont, de plus que nous, de l'éducation, de l'abnégation et le courage froid qui fait accepter comme un devoir les privations et la mort.

Le contact des deux armées, dans les bivouacs et sur les champs de bataille, amènera, je l'espère, une intimité sincère et durable entre les deux peuples. Dans ma petite sphère, je fais ce que je peux pour opérer cette fusion, et je crois en cela faire œuvre de patriotisme.

Les batailles de l'Alma et d'Inkermann et le siège de Sébastopol m'ont permis d'étudier l'armée russe employée en Crimée. Bien que cette armée soit en partie tirée des corps du Danube et du Caucase, elle est lourde, peu maniable et très peu manœuvrière en présence d'un ennemi entreprenant; ses généraux la disposent toujours, au bivouac comme sur le champ de bataille, en masses profondes, et ils ne savent pas les déployer après une attaque.

L'infanterie russe, très mal armée (quelques compagnies seulement ont des carabines fabriquées à Liège; les fusils de

l'infanterie, mal transformés depuis peu de temps, mal entre-
tenus et ayant des crosses en bois blanc, font un mauvais
service en campagne) n'arrivera jamais à la hauteur de l'infanterie française, qui est réellement la première infanterie du
monde, pour faire la guerre dans les pays couverts et accidentés où le général en chef laisse beaucoup à l'initiative du
soldat et à celle des chefs de corps et de bataillon.

Dans la défensive, je donnerais la préférence à l'infanterie
anglaise, qui, sous le feu de l'ennemi, reste immobile comme
un rempart.

En plaine et dans un pays découvert, notre infanterie aura
à modifier sa manière de combattre et à reprendre les vieilles
habitudes (1), mais la supériorité de son armement et l'intelligence de ses soldats lui donneront encore l'avantage sur l'infanterie russe, qui perdra toujours moitié de sa valeur, toutes
les fois qu'elle sera dans l'obligation de changer promptement
de place. A l'Alma, des bataillons russes entiers ont pris la
fuite, surpris par la manière de combattre des zouaves, qui
s'avançaient sur eux en grandes bandes déployées, profitant
de tous les accidents de terrain pour s'abriter et se rallier, et
faisant sur les masses un usage terrible des armes de précision confiées à leur adresse. A Inkermann, le matin de la
bataille et dans le haut du champ de bataille, sur la ligne
même des Anglais, l'infanterie russe a bravement abordé
l'ennemi, mais elle n'a pas su déployer ses masses pour avoir
plus de feux, et, quand les Français ont attaqué leur flanc
gauche, des bataillons entiers n'ont pas su changer de position, les premiers rangs ont bravement résisté, mais les rangs
suivants ont tiré en présentant les armes.

Surprises ensuite par l'attaque prompte des soldats d'Afrique,
ces masses de chair humaine, au lieu d'opérer leur retraite
par les crêtes, se sont jetées lentement dans les parties basses
du terrain et dans des ravins aux berges droites où elles se
sont laissé écraser, presque sans se défendre, par mille à

_____

(1) Cette double manière de combattre, en ordre épais ou mince, ne peut
être employée qu'avec des troupes intelligentes et aguerries. (Note du
colonel Cler.)

douze cents Français. (Sur ce point du champ de bataille, nous avons renouvelé, en petit, ce qui avait été fait à Austerlitz sur notre droite.)

Les Anglais ont tellement compris les avantages qu'une troupe pouvait avoir à attaquer soit de l'artillerie, soit des masses d'infanterie dans les pays couverts ou accidentés, en conservant l'ordre déployé pour la première ligne, qu'à Inkermann ils n'ont pas employé l'ordre en colonne, qui leur avait fait perdre une si grande quantité de soldats à l'Alma. J'ai souvent traité cette question avec le général Pennefather, qui a longtemps fait la guerre dans l'Inde et dans les colonies anglaises, qui a commandé à Inkerman la 2ᵉ division anglaise, et nous avons constamment été du même avis.

A l'Alma, la cavalerie russe a été plus que timide ; pas une charge n'a été tentée. A Inkermann, la forme du terrain l'empêchait de prendre part à l'affaire. A Balaclava, elle n'a pas osé attendre la charge de deux de nos escadrons de chasseurs d'Afrique. Les fameux Cosaques n'ont jamais essayé, en plaine même, d'enlever nos avant-postes et les maraudeurs qui dépassent nos lignes, mais on assure que cette cavalerie est peu estimée même en Russie.

J'arrive, Monsieur le Maréchal, à vous entretenir d'une arme qui a réellement sur les Français et sur les Anglais une grande supériorité, mais sur les Français surtout... je veux parler de l'artillerie russe. L'empereur Nicolas, sans doute dans la prévision d'une guerre contre toutes les nations du midi de l'Europe, s'est beaucoup occupé de cette arme, qui a fait de grands progrès depuis les guerres du commencement du siècle. Les canons sont d'un fort calibre, les affûts et les caissons sont bien confectionnés et très mobiles ; les artilleurs sont braves et habitués à leur service ; les officiers savent parfaitement choisir les positions offensives et défensives, ils les occupent avec hardiesse, les gardent longtemps et savent les quitter sans y laisser leurs canons.

Vous comprendrez maintenant, Monsieur le Maréchal, pourquoi nous sommes encore devant les murs de Sébastopol et aussi pourquoi cette place nous coûtera tant de sang, si nous livrons l'assaut devant les batteries non éteintes. Mais j'espère que la ville se rendra par suite de la difficulté qu'elle a à s'approvisionner en vivres, ou que nous obtiendrons ses clefs en livrant une grande bataille à l'armée qui tient la campagne.

Les approvisionnements de munitions de Sébastopol sont inépuisables, et, comme l'investissement n'est pas complet, la garnison peut être relevée et augmentée chaque jour.

Nous avons eu du reste, je le crois, le tort d'attaquer la ville, que nous ne pouvons complètement investir, sur une immense ligne droite offrant peu de saillants et où il a été facile à l'assiégé d'établir, en avant de ses murailles, des lignes de contre-approche et, en arrière, des batteries étagées ; dans les premières il a placé son artillerie de campagne et dans les dernières les canons de ses vaisseaux.

La reconnaissance de la place n'a pas été complète du côté des Anglais, à ce que disent nos ingénieurs, dans la partie haute du port où débouche la vallée d'Inkermann.

Je crois que de ce côté la flotte et la ville étaient fort attaquables, mais comme le terrain (formant en partie le champ de bataille du 5 novembre) était fort accidenté, quelques ingénieurs routiniers ont sans doute reculé devant une manière d'attaquer qui devait être toute nouvelle et très hardie.

Aujourd'hui, je fais, avec les Anglais, construire des redoutes et des batteries sur ce terrain, mais comme nous ne pourrons leur donner qu'un armement incomplet et que les Russes occupent en force les plateaux qui dominent à droite la vallée d'Inkermann et le port, je ne puis espérer qu'un faible succès de ce côté.

Je ne suis point initié aux secrets des généraux en chef, mais tout me fait croire qu'ils attendent l'arrivée des renforts qui sont en mer, pour reprendre les attaques qui sont suspendues, pour ainsi dire, depuis le jour où la bataille d'Inkermann a été livrée. Nous avons, dans les tranchées françaises et anglaises, au moins trois cents pièces qui ouvriront en même temps leur feu, et il est plus que probable que, pendant ce temps, l'armée d'observation livrera bataille à l'armée russe qui tient la campagne.

Je profite de cette lettre, Monsieur le Maréchal, pour vous exprimer les vœux que je fais pour votre santé et pour tout ce qui peut contribuer à votre bonheur. Ces vœux qui vous arriveront vers les premiers jours de l'année 1855, étant dictés par un cœur reconnaissant, seront exaucés et compris.

Je suis, avec un profond respect, Monsieur le Maréchal, de Votre Excellence le très humble et très obéissant serviteur.

CLER.

82. — *Lettre du capitaine du génie de Courville* (1).

Constantinople, le 10 décembre 1854.

MONSIEUR LE MARÉCHAL,

Vous m'avez permis de vous écrire pour vous donner sur notre armée d'Orient les détails que ma position auprès de M. le général Larcher, commandant militaire à Constantinople, pouvait me mettre à même de savoir.

J'ai trop de reconnaissance, Monsieur le Maréchal, pour les bontés que vous avez eues pour moi pendant mon séjour à Lyon, pour ne pas faire, en cette occasion, tout ce que je pourrai pour vous être agréable.

Nous voyons ici à chaque instant des officiers revenant de Crimée, les uns blessés, les autres retournant en France. Le général Larcher a une correspondance très suivie avec le général Canrobert. Tout le monde s'accorde à dire que le moral de l'armée française est excellent, qu'il n'a nullement souffert du mauvais temps, des fatigues et des privations de toute espèce inévitables en cette saison.

_____

(1) *Bernard de Courville* (Alfred-Joseph-Marie), né le 1er juillet 1816, à Vitré (Ille-et-Vilaine), élève de l'École polytechnique en 1835, sous-lieutenant le 1er octobre 1837, lieutenant du génie le 1er octobre 1839, capitaine le 12 janvier 1843, chef de bataillon le 8 octobre 1855, lieutenant-colonel le 13 août 1856, colonel le 15 octobre 1859, général de brigade le 24 juin 1871. Il avait fait les campagnes d'Afrique de 1851-1852, celles d'Orient, d'Italie, et la campagne de 1870.

Les Français sont à cent quarante mètres de la place; ils ne cherchent pas à avancer plus loin, ce qui serait d'ailleurs fort difficile contre des parapets en terre couverts d'artillerie de fort gros calibre et permettant de faire des sorties à chaque instant. Les Anglais sont restés beaucoup plus loin; ils ne veulent pas avancer davantage.

Depuis le 5 décembre, on fait peu de choses de part et d'autre; il n'y a pas de sortie, et l'on tire seulement de temps en temps quelques coups de canon. Les alliés arment de nouvelles batteries et se préparent, à ce qu'il paraît, à faire sur la ville, pendant quelques jours, un feu très vif, afin de pouvoir donner l'assaut et s'emparer de la partie sud de la ville, où se trouvent les principaux établissements militaires des Russes. On attend pour cela l'arrivée des divisions Dulac et de Salles, qui ont commencé hier à arriver à Constantinople. Une fois la ville prise, ce dont on paraît ne pas douter, restera la partie nord, où se trouve le fort Constantin, et si les Russes se battent avec autant d'intrépidité de ce côté-là qu'ils l'ont fait au sud, nous aurons fort à faire, car il sera très difficile de tenir dans la ville commandée par le fort du Nord.

Je pense cependant que l'assaut ne tardera pas à avoir lieu, tout le monde désire en finir; l'arrivée des deux divisions et du général Montebello, qui apporte de très grands pouvoirs au général Canrobert, fera hâter les choses. Quant à une campagne en Crimée contre les troupes du prince Menchikoff et du général Liprandi, elle présente de grandes difficultés et beaucoup d'opposition. Les routes sont dans un état déplorable, il n'y a aucune espèce de ressources, tout a été détruit par les Russes; il est impossible de mener avec soi des voitures d'artillerie et même difficile de passer avec des chevaux.

Pour Constantinople, Monsieur le Maréchal, c'est le chaos; les Turcs sont d'une apathie et d'une négligence dont rien n'approche. Le Sultan est plein de bonne volonté, mais il est constamment arrêté par son administration, qui nous voit ici avec très peu de plaisir.

Si mes lettres vous intéressent, Monsieur le Maréchal, je

vous prie de me le faire savoir, et je ferai mon possible pour vous donner les nouvelles que je croirai pouvoir vous inté- resser.

J'ai l'honneur d'être, Monsieur le Maréchal, votre très humble et très respectueux serviteur.

De Courville.

83. — *Lettre du chef de bataillon de Camas (1), du 7ᵉ de ligne.*

Devant Sébastopol, le 15 décembre 1854.

Monsieur le Maréchal,

En arrivant en Orient, je me trouvais dans un régiment neuf au feu et qui cependant a montré, quand il y a été exposé pour la première fois, une solidité digne d'une vieille troupe. Cela est certainement dû aux principes reçus à l'école suivie par le 7ᵉ pendant son passage à l'armée de Lyon, où il a été rompu aux manœuvres de guerre, où il a acquis l'aplomb qu'il a montré ici. J'étais sûr d'avance qu'il en serait ainsi, et parmi toutes les causes qui m'ont fait accueillir avec joie ma nomination dans le 7ᵉ, était celle d'avoir confiance dans l'in- struction solide de ce régiment stylé par vous.

Le colonel de Lavarande, qui vient de nous quitter après nous avoir si dignement conduits dans nos premiers pas, ne cessait de nous recommander, dans ses conversations, l'exé- cution des principes qu'il avait reçus de vous, et il invoquait votre expérience.

Nous voici actuellement lancés dans une entreprise hardie, dans l'issue de laquelle nous avons généralement confiance

---

(1) *Fillol de Camas* (Armand), né le 25 octobre 1814 à Rennes, élève de l'École spéciale militaire le 20 novembre 1832, sous-lieutenant le 20 avril 1835, lieutenant le 25 avril 1840, capitaine le 22 novembre 1842, chef de bataillon au 7ᵉ de ligne le 13 mai 1854, lieutenant-colonel le 22 septembre 1855, colonel du 95ᵉ de ligne le 20 août 1863, admis à la retraite le 11 janvier 1865.

ici. Le moral du soldat est excellent : les deux victoires remportées sur les Russes, dans des circonstances qui étaient évidemment favorables à l'ennemi, lui ont donné toute confiance dans sa vigueur, et, je l'espère, elles doivent avoir fait perdre aux Russes ce que les nôtres ont gagné.

Nous avons jusqu'à présent supporté le mauvais temps sans trop de souffrances; tous les jours, nos installations s'améliorent pour nous mettre en mesure d'y résister. Je crois qu'aucune armée n'a encore été, comme nous, l'objet de l'attention bienveillante du Souverain. A chaque moment, nous recevons des marques de la sollicitude de l'Empereur.

La septième division a commencé à débarquer il y a trois jours; elle forme la réserve que le général en chef garde à son quartier général, entre le corps d'observation et celui de siège. La huitième doit faire partie de ce dernier, dont les travaux et le service sont bien autrement pénibles que ceux qui nous sont échus. Cependant nous ne restons pas sans rien faire : la grande étendue de terrain que nous avons à garder nous oblige à un service de surveillance des plus actifs de jour et de nuit.

Tous les hommes disponibles travaillent aux routes qui assurent les communications et les transports entre la mer et les différentes fractions de l'armée. Ces routes, seulement battues jusqu'alors, devenaient par la pluie des bourbiers effroyables.

Vous avez su, Monsieur le Maréchal, la mort de mon frère aîné, colonel du 6ᵉ. Mort glorieuse, mais qui m'a laissé des regrets bien vifs!.....

Veuillez agréer l'expression des sentiments dévoués avec lesquels j'ai l'honneur d'être, Monsieur le Maréchal, de Votre Excellence le très humble et respectueux serviteur,

CAMAS.

84. — *Lettre du général de brigade Trochu* (1).

Devant Sébastopol, le 18 décembre 1854.

MONSIEUR LE MARÉCHAL,

Je suis profondément reconnaissant et très honoré du sentiment bienveillant qui vous conduit à suivre ma carrière avec un intérêt dont vous me donnez de nombreux témoignages. En m'élevant au rang de général de brigade, l'Empereur m'a comblé. Il aurait certainement trouvé à récompenser dans mon arme, en Orient, des colonels qui avaient mieux et plus longtemps mérité que moi. Son choix est venu me chercher, sans que j'aie pu ni dû l'espérer.

J'apprends avec bonheur, Monsieur le Maréchal, que le camp de Sathonay reste formé cet hiver. Ce sera une pépinière d'officiers et de soldats préparés à bonne école pour toutes les éventualités de l'avenir et une cause de grande sécurité, notamment pour le recrutement de l'armée d'Orient.

Nous jouons ici, Monsieur le Maréchal, une grande partie. Les vieux officiers, en petit nombre, qui se trouvent encore dans nos rangs, nous disent que les proportions en dépassent tout ce qu'ils ont vu autrefois. En effet, en dehors des chocs violents de l'Alma et d'Inkermann, nous avons reçu de la place, depuis le commencement du siège, quatre cent mille coups de canon, et elle a brûlé quinze cent mille kilogrammes de poudre.

Le personnel, comme le matériel de Sébastopol, qu'il est impossible d'investir, sont et seront incessamment renouvelés. Ces grands résultats ont une cause unique : le parti violent et désespéré qu'a pris, après l'Alma, l'ennemi de couler la

(1) *Trochu* (Louis-Jules), né au Palais (Belle-Ile, Morbihan), élève de l'École spéciale militaire le 15 novembre 1835, sous-lieutenant le 1er octobre 1837, lieutenant le 15 janvier 1840, aide de camp du général de La Moricière, capitaine le 5 juillet 1843, chef d'escadron le 28 août 1846, aide de camp du maréchal Bugeaud, lieutenant-colonel le 3 janvier 1851, colonel le 14 janvier 1853, aide de camp du maréchal de Saint-Arnaud, général de brigade le 24 novembre 1854, général de division le 4 mai 1859, gouverneur de Paris le 17 août 1870.

moitié de sa flotte pour barrer son port. Si les flottes alliées avaient pu y pénétrer, pendant que nous attaquions les batteries extérieures, la place aurait été enlevée et occupée, quarante-huit heures après l'ouverture du feu.

Quoi qu'il en soit de cet accident que, pour mon compte, je tiens pour un trait de génie, il nous a mis dans une situation difficile, mais nous la dominerons à force d'énergie et de moral. Celui de nos soldats noyés dans les pluies et la boue, sous la petite tente-abri d'Afrique, est réellement admirable. Nous userons les Russes dans cette lutte d'opiniâtreté, et j'ai la confiance la plus absolue dans le résultat final de cette glorieuse entreprise.

Pendant les six semaines qui viennent de s'écouler, nous n'avons pas eu six jours de temps tolérable, et cependant nous avons élevé douze nouvelles batteries et armé cent soixante-deux bouches à feu. C'est à proprement parler un second siège que nous avons préparé dans l'eau.

Nous sommes tous pleins de confiance dans l'issue d'une lutte qui ne se terminera pas de sitôt, même Sébastopol en ruine occupée, puisque son horizon s'étend chaque jour et que nous avons devant nous toutes les forces disponibles de la Russie méridionale, armée du Danube comprise. Mais je doute que cette armée sorte de nos griffes. Elle est d'une solidité remarquable et nous causera toujours des pertes sérieuses, mais elle est hors d'état de résister à l'élan de nos mouvements tournants, devant lesquels elle n'a jamais pu, dans sa pesanteur, se former en bataille et prendre des dispositions régulières de quelque valeur.

Vous me pardonnerez, Monsieur le Maréchal, de m'être laissé aller à vous parler aussi longuement de notre guerre, mais elle a un caractère extraordinaire, particulièrement intéressant, et j'ai pensé que votre haute expérience ne se refuserait pas à accueillir ces récits et appréciations d'un conscrit qui cherche à devenir vieux soldat.

Veuillez agréer, Monsieur le Maréchal, l'hommage de mon profond respect.

Général Trochu.

85. — *Lettre du colonel de Wimpffen, des tirailleurs algériens.*

Au camp, devant Sébastopol, le 21 décembre 1854.

MONSIEUR LE MARÉCHAL,

Si j'attendais, pour me rappeler à votre souvenir avant la fin de l'année, un événement de quelque importance, je crois que j'arriverais jusqu'en 1855. Comme je ne veux point atteindre cette dernière époque sans vous présenter mes respectueux hommages et vous souhaiter tout ce que vous pouvez désirer pour le nouvel an, je me détermine à vous écrire aujourd'hui.

Depuis ma dernière lettre, le mauvais temps nous a laissé à peine quelques jours de répit. Si l'on n'avait pas été aussi prévoyant à l'égard de l'armée, en lui donnant des vivres de toute nature en grande abondance et des vêtements chauds, nous aurions, sans doute, des pertes considérables à regretter. Les sages mesures prises par ceux qui nous commandent, et, on doit le dire, par Sa Majesté l'Empereur particulièrement, nous font supporter presque gaiement les inconvénients d'une campagne d'hiver. Le moral de l'armée est toujours parfait, officiers et soldats ne demandent que l'occasion de se distinguer. On se plaint généralement de la lenteur du siège, mais la pluie continue qui, même pour de courtes distances, rend les communications presque impraticables, est pour beaucoup dans nos retards au sujet de l'attaque.

Le 1er ou le 2 décembre, les batteries anciennes et nouvelles devaient recommencer le feu sur Sébastopol; il a été impossible à nos travailleurs de terminer leurs remuements de terres, et ce n'est que l'une après l'autre que nos pièces arrivent dans nos ouvrages, et encore faut-il mettre, pour les y traîner, vingt ou trente chevaux.

Peu de personnes savent ici quand les travaux de circonvallation seront terminés, de manière à reprendre nos attaques. J'ai cherché à m'en rendre compte, et j'avoue que je ne sais même pas si nous reprendrons l'offensive pour le 1er janvier. Nous ne conservons cependant pas un silence absolu; nos ennemis tirent beaucoup sur nos travaux, et, de nos premières batteries, nous leur ripostons quelquefois.

Afin de soulager un peu les troupes chargées du siège, on vient de prendre des hommes de bonne volonté dans le corps d'observation pour l'organisation de nouvelles compagnies franches. Ces soldats sont aujourd'hui placés, principalement de nuit, en avant de nos premières lignes, qui ne sont plus qu'à cent ou cent vingt-cinq mètres de la place, afin d'éviter les surprises trop fréquentes exécutées précédemment sur nos lignes. Les terrains près de la place étant très tourmentés, les Russes en profitaient pour courir sur nos tranchées, à l'abri desquelles le soldat français un peu trop insouciant se laissait aller au sommeil. Les hommes d'élite, placés sans abri à soixante ou quatre-vingts mètres des remparts, rendront ces événements beaucoup plus difficiles. Dans les vingt-six hommes que j'ai eu à fournir pour ce service, j'en ai déjà eu trois mis hors de combat, deux seront amputés. Le rôle de ces braves gens est un des plus terribles qu'on puisse remplir à la guerre, car ils voient passer autour d'eux non seulement les projectiles ennemis, mais encore les nôtres. Si j'en dois croire leurs rapports, quelques-unes de nos bombes, au lieu d'aller en ville, auraient eu l'inconvenance de tomber auprès d'eux.

Je pense, comme je vous l'ai déjà fait pressentir dans ma dernière lettre, que nous ne nous rendrons maîtres de Sébastopol que par un assaut. Il faut que notre artillerie foudroie cette ville sans relâche pendant cinq ou six jours, éteigne une partie de ses feux, dégrade une partie de ses ouvrages en terre, et qu'ensuite on lance notre brave infanterie sur des gens qui, jusqu'à ce jour, n'ont guère reculé que devant nos baïonnettes.

La mauvaise saison est une bien rude épreuve pour mes pauvres Arabes, et cependant ils ont moins de malades qu'aucun autre corps. Si nous avons l'intelligence de donner aux Algériens une impulsion qui permette un jour de les incorporer dans nos régiments français, je suis convaincu qu'ils nous fourniront un grand nombre d'excellents soldats et de brillants officiers. Il faut, avant d'arriver à ce résultat, accorder au corps qui existe une meilleure organisation et commencer à exiger des tribus un recrutement régulier préparant le peuple arabe à notre loi de conscription.

Je vous renouvelle, Monsieur le Maréchal, l'assurance de mon sincère attachement et mes vœux de bonheur pour vous et les vôtres.

Daignez agréer, Monsieur le Maréchal, l'expression de mon respect le plus profond.

Le colonel DE WIMPFFEN.

86. — Lettre du capitaine comte Moré de Pontgibaud, du 57ᵉ de ligne.

A Constantinople, à bord du *Saint-Louis*, le 25 décembre 1854.

MONSIEUR LE MARÉCHAL,

J'aurais voulu pouvoir dater cette lettre de Sébastopo, mais bien qu'ayant fait une traversée très heureuse et très rapide, puisque partis le 7 décembre nous avons jeté l'ancre le 19, nous sommes en rade depuis ce jour-là, faute de transports. Nous en avons profité pour visiter Constantinople dans ses plus grands détails. Cette ville offre, à l'arrivée, un coup d'œil enchanteur, et l'on est plus que désillusionné en mettant pied à terre.

M. de Waldner, officier d'ordonnance du prince Jérôme, a été voir le prince Napoléon, qu'il a trouvé très défait. Cependant il parlait de repartir le 24. Je sais cependant qu'il est encore à l'ambassade.

D'après la conversation que nous avons eue avec ses officiers d'ordonnance le 23, on ne s'attendait à rien de prochain, on poussait mollement le siège, et le résumé des opinions n'est pas pour l'assaut, tant qu'il n'y aura pas assez de troupes pour ceindre la ville et la priver de tout secours. Il y a un autre parti plus hardi qui demande à entrer en ville, après avoir fait jouer trois cent cinquante pièces de canon qui sont en batterie, masquées jusqu'à ce jour. Le soldat demande l'assaut parce qu'il souffre de l'humidité et des fatigues des tranchées.

Quarante mille Turcs de l'armée d'Omer-Pacha ont été envoyés en Crimée. Notre 2ᵉ brigade et nos trois généraux, ainsi que le 17ᵉ bataillon de chasseurs à pied, sont déjà en ligne et font partie des troupes du siège. Nous partirons, sauf contre-ordre, jeudi prochain.

Le départ inconnu du vaguemestre m'a empêché de faire partir cette lettre. Je suis heureux que le retour de l'amiral Hamelin nous permette d'expédier notre correspondance.

Rien de nouveau ne nous est parvenu du siège, seulement nos renseignements se complètent. On a creusé des puits qui donnent assez d'eau pour le lavage, mais elle n'est pas potable. On enfonce dans les tranchées jusqu'au-dessus du genou ; les cabans ne résistent pas aux pluies et ne protègent pas du froid ; les chaussures se détruisent rapidement à l'humidité. Malgré les capotes venues de France, des compagnies de cent vingt hommes ne peuvent espérer compter plus de quarante-cinq hommes en ligne au bout d'un mois. On cite des régiments qui, étant arrivés sans être munis de piquets de tentes-abris en assez grand nombre pour s'installer en arivant, ont perdu de quinze à vingt hommes dans la première nuit. Ce qui reste des premières troupes n'est plus considérable, mais elles passent pour très remarquables comme vigueur et résistance aux fatigues.

Les provisions de toute espèce commencent à devenir moins rares ; le Gouvernement fait faire deux fois par semaine des distributions de vin aux officiers, par les soins de l'administration, à raison de soixante-dix centimes le litre. Presque tous les corps profitent de la présence de leurs petits dépôts, tous situés à deux lieues de Constantinople, pour se faire expédier des vivres pour des sommes considérables.

J'apprends à l'instant que le prince Napoléon retarde indéfiniment sa rentrée à Sébastopol, et que le duc de Cambridge n'a guère plus envie d'y retourner.

J'ai visité les hôpitaux français, très beaux et très vastes. On évalue à trois mille le chiffre des malades, ce que je ne garantis point. On ne rencontre en ville que matelots et soldats français et anglais; ils ont le tort souvent d'en user comme en pays conquis, aussi les assassinats deviennent-ils fréquents quand arrive la nuit.

Les prisonniers russes sont payés par les Anglais sur le même pied que leurs troupes, aussi sont-ils très contents.

J'ai vu avec grand plaisir dans les journaux que vous aviez enfin à Lyon un corps d'armée au complet, qui sera sans doute appelé en partie à nous venir en aide.

Veuillez, Monsieur le Maréchal....,

Comte DE MORÉ DE PONTGIBAUD.

87. — *Lettre du général de brigade Mellinet.*

Paris, 6 janvier 1855.

MONSIEUR LE MARÉCHAL,

Vous savez qu'un détachement de la garde, destiné à aller se grossir en Crimée pour compléter les bataillons à douze cents hommes, doit prochainement partir, sous le commandement de mon camarade le général Uhrich, que l'Empereur a choisi de préférence à moi, sans que je puisse trop en comprendre le motif, mais à mon grand chagrin, car, sans aucune idée d'ambition, rien ne m'eût plus flatté que d'être chargé de cette mission qui, je crois, n'était pas au-dessus de mes forces, et que j'aurais remplie avec ce que je me crois d'énergie pour le service de l'Empereur.

L'Empereur, certainement, est très bon pour moi, mais il a peut-être le tort de se laisser aller un peu trop facilement à son premier mouvement, sans penser aux suites et aux habitudes reçues dans notre métier. Entre nous soit dit, Monsieur le Maréchal (le général Uhrich en dehors), Sa Majesté a fait un singulier choix pour un certain nombre d'officiers destinés à faire partie de ce détachement, dont la composition a blessé de justes susceptibilités, toujours sans parler de moi, qui désirais tant, dans ma carrière, assister à un siège un peu vigoureux, et qui m'en arrangerais mieux, je vous en donne ma parole, que de la stupide vie militaire qu'on mène à Paris.

Je ne suis guère de jour sans regretter cette armée de Lyon où j'étais traité avec tant de bienveillance par son respecté et si digne chef. Enfin, Monsieur le Maréchal, il faut se résigner en faisant contre fortune bon cœur, et attendre le printemps, où il faut espérer qu'il y en aura pour tout le monde.....

J'abuse de vos moments, Monsieur le Maréchal, et vous me permettrez cependant de ne pas terminer ma lettre sans vous envoyer les souhaits les plus affectueux et les plus sincères de ma femme, et en vous priant de me rappeler au souvenir de mes anciens chefs et camarades, les généraux Herbillon, Partouneaux, Houdaille, Du Terrail, et de mes si bons et si chers amis Cetty et Dumontet, de vouloir bien agréer pour vous, Monsieur le Maréchal, l'assurance de l'entier et inaltérable attachement du plus respectueux et du plus reconnaissant de vos serviteurs.

Le général Mellinet.

88. — Lettre du capitaine du génie de Courville.

Constantinople, le 25 janvier 1855.

Monsieur le Maréchal,

J'ai l'honneur de vous remercier de la lettre que vous avez bien voulu m'écrire, en me donnant sur le camp de Sathonay et sur la société de Lyon des détails qui m'intéressent toujours bien vivement.

J'ai pensé bien souvent, depuis que je suis ici, aux char-

mantes soirées que vous nous donniez le lundi et où je me
suis tant amusé....

Les affaires de Crimée semblent entrer dans une nouvelle
phase, le général Niel est passé ici avant-hier, il reviendra
dans quelques jours, il a une mission et non un commandement, comme on l'avait cru d'abord. Je crois qu'il va en
Crimée pour s'assurer bien au juste de ce qui s'y fait, ce que
les officiers, qui reviennent ici blessés, ne savent pas, et apaiser
des susceptibilités que la nouvelle organisation de l'armée va
faire surgir, car il est certain que le général Bosquet va commander un corps d'armée et que le général Pélissier va, dit-on,
prendre le commandement du corps de siège. Que deviendra
alors le général Forey, que cela n'arrangera guère? Il n'est
pas aimé des troupes qu'il commande, et on verra généralement avec plaisir le général Pélissier à la tête d'un commandement de jour en jour plus important.

Je crois qu'il se passera encore du temps avant que nous
donnions l'assaut. Les Anglais sont restés tout à fait en arrière,
ils n'ont plus ni chevaux ni travailleurs, c'est une armée qui
n'existe plus que de nom. Il est décidé que deux divisions
françaises vont faire leurs travaux, ce qui demandera environ
un mois ; ils ont malheureusement devant eux le véritable
point d'attaque qui est la tour Malakoff, qui doit être indiquée
sur vos plans. Si nous entrions par le bastion du Mât, sans
que les Anglais s'emparent de la partie qu'ils ont devant eux,
nous ne pourrions pas y tenir ; il faut donc que l'on s'empare à
tout prix de cette position qui domine toutes celles que nous
attaquons. S'il n'y avait eu devant Sébastopol qu'une armée
française, il y a longtemps que l'assaut serait donné et la ville
prise ; ces Anglais, même quand ils sont nos amis, trouvent
moyen de nous faire du mal.

Le temps est toujours pluvieux, neigeux, enfin très mauvais. Les chemins sont impraticables et le nombre des malades augmente beaucoup, surtout parmi les divisions qui
arrivent de France. Nous avons conservé ici la 9e division,
commandée par le général Brunet, en attendant que le temps
soit meilleur, car il y a en Crimée une telle boue qu'on ne sait

où mettre les divisions qui arrivent. On demande d'ailleurs plutôt du bois, du charbon et des couvertures que des soldats et des munitions. La garde n'est pas encore passée, on l'attend tous les jours.

Nous avons ici cinq mille trois cents malades, blessés, fiévreux, etc.; nous en attendons trois mille de Crimée ces jours-ci; c'est beaucoup moins, proportionnellement, que les Anglais, qui ont six mille malades dans les hôpitaux de Scutari, sur une douzaine de mille hommes qu'ils ont encore en Crimée. Ces malheureux Anglais avouent franchement que sans nous il y a longtemps qu'il n'en existerait plus un seul.

On croit fort peu ici aux espérances de paix, et d'ailleurs on ne s'en occupe guère, on veut entrer dans cette ville qui a déjà coûté tant de sang et de travail, et on y arrivera, il faut bien l'espérer.....

COURVILLE.

89. — *Lettre du capitaine comte Moré de Pontgibaud, du 57ᵉ de ligne.*

Camp devant Sébastopol, le 1ᵉʳ février 1855.

MONSIEUR LE MARÉCHAL,

Je vous remercie infiniment de votre bonne lettre; vous ne sauriez croire combien les nouvelles de France font plaisir. Tant que je suis resté près de la plage de Kamiesch, je ne pouvais dire grand'chose, sinon que nous luttions de notre mieux contre le froid, assez vif alors. Puis trois officiers dans une petite tente sont si mal installés, que notre plus grande préoccupation consistait à avoir un repas passable, à l'aide de poules de Carthage et d'alouettes que mon fusil ramenait au garde-manger. Aujourd'hui, élevé à la dignité de commissaire impérial, j'ai pris domicile près du général Dulac, à cinq cents mètres du grand quartier général.

Je cause souvent avec Cabrières, mieux portant que jamais. Grâce à ses chevaux, je compte étudier parfaitement le terrain. J'en ai profité pour aller visiter les travaux du siège, et je me promettais de vous envoyer un croquis tant bien que mal, lorsque, ayant eu connaissance d'un plan à vol d'oiseau de la Crimée dans l'*Illustration*, j'ai dû reconnaître que l'exacte vérité y était tracée. Ma position ici ne m'empêchera pas de prendre le commandement de ma compagnie, toutes les fois qu'elle marchera.

On paraît avoir l'intention bien arrêtée de démasquer dans trois semaines les trois cents pièces qui sont en batterie, de faire des brèches dans les terrassements et de donner l'assaut. Les points les plus rapprochés de la tranchée sont à cent trente mètres de la place. Jusqu'à présent, on n'a fait aucun mal à la ville ni au mur d'enceinte.

Les quatre divisions d'observation ont leur camp séparé de la place par un fort ravin au pied duquel sont les tranchées. Les Russes tirent sans cesse, nuit et jour, ils font peu de mal. Les soldats s'ennuient, mais leur moral est admirable. L'armée se soutient bien, cependant il y a quelques cholériques dans les ambulances de la 7ᵉ division. Il y a eu pas mal de pieds gelés avec nos affreux souliers de France; les cinq sixièmes des maladies proviennent de l'impossibilité de mettre les chaussures, au bout de quarante-huit heures de séjour dans un pays où les hommes ne devraient arriver que munis de bas de laine. Les sabots ont sauvé l'armée.

Au port de Kamiesch, d'où l'armée tire toutes ses ressources, on a commis l'erreur de ne pas créer d'assez grandes installations. On commence seulement à empierrer les routes, car on y entrait dans la fange jusqu'aux genoux. Il aurait fallu là un général entendu et un intendant militaire, au lieu de quelques commis et d'un sous-intendant.

Bien des mulets ont résisté, mais que de chevaux on a perdu! Pendant six jours, le fourrage a dû être supprimé. Pour toute nourriture, on recevait de six à huit kilogrammes d'orge.

Un mouvement en avant est impossible. Si notre ligne d'observation est bien retranchée, celle des Russes ne l'est pas moins. Ceux-ci sont braves au feu, mais ils ne tiendront jamais contre nos baïonnettes.

On vient d'organiser des compagnies de bûcherons dans les régiments; ils déracinent les souches d'arbres, grâce à eux, nous faisons du feu dans les tentes. M. le colonel d'Airolles en revendique l'initiative. En creusant la terre de deux pieds, on trouve généralement le tuf, on place deux grosses pierres sous les montants des tentes, trois pierres de taille forment la cheminée, qui, quand elle ne fume pas, égaye singulièrement le séjour. Les caisses à biscuit jouent un grand rôle pour la construction des tables et des armoires. On est encore mieux sous la toile qu'on ne pourrait le supposer.

On peut évaluer que les Anglais n'ont pas plus de douze mille hommes en ligne actuellement, leurs travaux n'avancent pas. Nous avons dû leur envoyer le 17e bataillon de chasseurs à pied pour les protéger contre les carabiniers russes.

Depuis la bataille d'Inkermann, les zouaves sont en profonde estime près de l'armée anglaise.

Nous savons que ce n'est qu'à grand'peine que les Russes font vivre leur armée, en rançonnant le pays à vingt lieues à la ronde. Point de routes faciles à l'artillerie, pour eux pas plus que pour nous, de sorte que nous avons l'air de deux armées embourbées en face l'une de l'autre.

Je vous remercie toujours de votre intérêt, Monsieur le Maréchal, et vous offre l'assurance du très respectueux dévouement de votre très humble serviteur.

Comte DE MORÉ DE PONTGIBAUD.

90. — *Lettre du capitaine comte Moré de Pontgibaud, du 57e de ligne.*

Camp devant Sébastopol, le 3 février 1855.

MONSIEUR LE MARÉCHAL,

Nous venons de recevoir l'ordre de nous tenir prêts a quitter notre position d'un moment à l'autre.

Conjointement à la 3e division, nous allons assiéger la tour

Malakoff, située à l'extrémité sud de la rade, près du plateau d'Inkermann (1).

Le général Bosquet ayant réuni les officiers de ces divisions, leur a dit : « Messieurs, les 3ᵉ et 7ᵉ divisions vont prendre place à la droite des Anglais, pour s'emparer de cette tour qui fait du mal à nos alliés et les prend à revers, votre tâche sera rude et honorable; dans quinze jours au plus tard, le drapeau français flottera sur cette forteresse; ce sera le signal d'un feu général, quatre cents pièces en batterie accableront, pendant trente-six heures, la ville et les remparts de leurs feux écrasants, et l'assaut général couronnera votre œuvre. »

Le moral est toujours bon, le soldat est enchanté d'en finir. La neige a encore une fois disparu. L'état sanitaire de la 7ᵉ division, qui était parfait, est troublé par l'installation du 85ᵉ de ligne; des symptômes cholériques ont affecté les régiments voisins d'une façon fâcheuse, mais pas encore inquiétante.

Nous allons avoir une ambulance baraquée. Le 57ᵉ de ligne ralliera la division pour le siège. La garde impériale est à Kamiesch, dans des baraques d'ambulance.

Tous les officiers d'état-major venant de Lyon se portent à merveille. Le général Pélissier n'est point encore débarqué.

Deux compagnies du 49ᵉ de ligne viennent d'être mises à l'ordre du jour pour leur belle conduite aux tranchées dans la nuit du 1ᵉʳ au 2 février.

Je vous remercie, Monsieur le Maréchal, de votre bonté pour Mme de Pontgibaud, que je crois maintenant au château d'Ornas, mais qui ignore ce qui se passe. A l'heure où vous recevrez cette lettre, bien des Français ne verront plus jamais le soleil; j'espère que Dieu m'évitera d'être du nombre.

Pardonnez mon laconisme et mon griffonnage.

Veuillez agréer, Monsieur le Maréchal, l'assurance du profond respect de votre très dévoué serviteur.

DE PONTGIBAUD.

(1) Le général Pélissier débarqua en Crimée le 9 février 1855, et prit le commandement du 1ᵉʳ corps. Le 2ᵉ corps, renforcé de deux divisions, occupa la place laissée vacante par l'armée anglaise affaiblie, devant Malakoff.

91. — *Lettre du baron Bondurand, sous-intendant militaire* (1).

Varna, le 3 février 1855.

MONSIEUR LE MARÉCHAL,

Je n'ai reçu qu'il y a fort peu de jours la lettre que vous m'avez fait l'honneur de m'écrire le 17 décembre, parce qu'elle a été me chercher en Crimée, où je ne suis pas encore, mais où je vais bientôt rejoindre les troupes d'expédition, puisqu'il paraît certain que, d'après la nouvelle organisation de l'armée, je suis appelé à faire fonction d'intendant du 1er corps d'armée commandé par M. le général Pélissier.

L'armée a beaucoup souffert pendant ces derniers temps de la rigueur du froid. Il y a eu beaucoup de congélations. Les troupes manquent de bois pour faire des feux de bivouac. Nous en embarquons ici de grandes quantités pour la Crimée, mais pas assez malheureusement pour de si grands besoins. Nos soldats supportent admirablement toutes ces souffrances. Plus nous irons et plus elles seront diminuées par la sollicitude du Gouvernement et la prévoyance de l'administration. Il faut dire que toutes les manifestations sympathiques qui leur sont envoyées de France sont bien faites pour encourager nos troupes.

Les Anglais ont beaucoup souffert. Leur effectif est bien réduit, il ne leur reste pas dix mille hommes à mettre en ligne; tous leurs chevaux sont morts. Leur armée n'est pas organisée pour faire la guerre dans des pays où il faut tout créer. Ils ont l'habitude de tout obtenir par le commerce, à force d'argent. Là où il n'y a ni commerce ni industrie, tout leur manque. Ce sont des hommes héroïques quand il faut se

(1) *Bligny-Bondurand* (Alexis-Adolphe), né le 12 janvier 1811, à Paris, élève de l'École spéciale militaire le 2 décembre 1830, capitaine le 27 février 1839, sous-intendant militaire le 22 mars 1845, intendant militaire le 30 mai 1855, mort le 9 janvier 1863.

battre, mais ils ne savent pas se résigner aux travaux d'un siège; ils se gardent fort mal et on a été obligé, pour éviter les surprises, de mettre cinq cents zouaves à leur droite et cinq cents à leur gauche. Il y a peu de jours, ils étaient encore à une grande distance de la place, ce qui arrête tout, car leurs ouvrages se dirigeaient sur un point capital, la tour Malakoff, qu'il faut absolument posséder pour attaquer la ville avec succès et pouvoir y résister.

Nous avons enfin pris la partie des travaux qui se dirigent sur cette tour et nous leur en avons laissé de moins importants. Il paraît que les travaux de siège ont repris de ce côté une grande activité. Nos travaux à nous sont terminés; nos batteries sont prêtes à faire feu de leurs trois cent cinquante pièces. On en attend de grands effets.

L'embarquement des Turcs pour Eupatoria continue; vingt-cinq ou trente mille hommes s'y trouvent déjà. Nous en avons encore quinze mille à expédier. Omer-Pacha s'embarquera au commencement de la semaine prochaine. Les Turcs sont des soldats très vigoureux de corps, très soumis et très obéissants, passablement instruits, très sobres. Mais ils manquent tout à fait d'officiers capables et honorables. Il n'y a qu'un seul officier de valeur dans l'armée turque, c'est Omer-Pacha, qui est un homme très fin, très intelligent et très propre à la guerre défensive. Les troupes turques ont une très grande confiance en lui. Il maintient parmi elles une discipline rigoureuse. On attend sans doute le moment où il sera en Crimée pour faire une tentative suprême sur la place.

Un plan de campagne a été arrêté entre lui et les généraux Canrobert et Raglan, mais rien n'a transpiré de ce qu'ils ont arrêté.

Malgré ce que nous apprenons des négociations de Vienne, on croit peu, ici, fort peu à la paix. Il me paraît du reste fort peu désirable de traiter sans avoir pris Sébastopol.

Je suis avec respect, Monsieur le Maréchal, votre très humble et obéissant serviteur.

BONDURAND.

92. — Lettre du sous-intendant militaire Le Creuzer.

Devant Sébastopol, le 5 février 1855.

MONSIEUR LE MARÉCHAL,

Je ne saurai jamais vous exprimer combien mon cœur a été touché de reconnaissance en lisant votre gracieuse lettre, par laquelle Votre Excellence m'adresse des félicitations au sujet de ma nomination au grade d'officier de la Légion d'honneur, récompense qui m'a été accordée après trente-deux ans et demi de service, vingt campagnes et pour ma conduite à Inkermann.

C'est un souvenir de haute bienveillance que je conserverai très précieusement dans les archives que je léguerai un jour à ma famille, et j'espère que mon fils y puisera l'enseignement de bien servir la France, sans intrigues ni bassesses, et de mériter un jour par sa conduite, son zèle et son dévouement, la sollicitude des chefs, qui comme vous, Monsieur le Maréchal, savent si bien apprécier l'abnégation, les vicissitudes, les misères et les privations du soldat.

Ceux de l'armée d'Orient, Monsieur le Maréchal, font l'admiration générale; onze bataillons sont de garde de tranchée par la pluie, la neige et dix degrés de froid, et leur moral, leur ardeur et leur courage sortent victorieux de souffrances aussi longues et aussi prolongées. C'est que dans ces natures, le sentiment de la reconnaissance est inné, personne ne sait mieux apprécier les bienfaits et la sollicitude de l'Empereur; aussi désirent-ils tous se mesurer promptement avec les Russes, pour lui en donner des preuves enthousiastes.....

Toute l'armée est pleine de confiance dans le succès de nos armes.

Après dix-sept jours de neige, les rayons du soleil sont venus égayer les soldats une huitaine de jours; pendant ce temps le dégel s'est opéré. A la suite, nous avons pataugé dans la boue jusqu'à mi-jambe, mais la neige et le froid sont revenus nous forcer de nous enfoncer dans nos taupières.

Les armées anglaise et turque sont abominablement administrées; le vol est organisé au détriment de la santé des troupes, aussi les Anglais fournissent-ils énormément d'hommes aux hôpitaux. Cette mortalité cesserait en peu de temps, si on apportait des modifications modelées sur les nôtres.

Quant aux Turcs, ce sont des modèles de conduite et de discipline; avec de bons officiers, ce peuple conquérant ferait des merveilles. Le soldat est sobre, brave et intrépide même, lorsqu'il a à sa tête un homme vigoureusement trempé; il est méfiant et même lâche, lorsqu'il se trouve avec des officiers qui donnent l'exemple de la lâcheté. C'est pour cela que trente mille Russes ont battu l'armée d'Asie, qui avait un effectif double.

L'organisation de l'armée en deux corps se fait sur le papier. On avait eu l'intention de me faire passer dans la garde impériale, mais on a trouvé que j'étais nécessaire à la direction des services de la solde, revues et fonds, et il serait difficile peut-être de trouver aujourd'hui un fonctionnaire ayant la triture de toutes les affaires d'une armée de cent dix mille hommes, qui doivent être conduites militairement et carrément.

Je prie Votre Excellence d'être bien persuadée que sur cette terre étrangère aucune personne ne lui est plus dévouée que moi.

Je suis avec le plus profond respect, Monsieur le Maréchal, de Votre Excellence le très humble et très obéissant serviteur.

Le Creuzer.

93. — *Lettre du général de division Canrobert, commandant en chef l'armée d'Orient.*

Au quartier général devant Sébastopol, 6 février 1855.

MONSIEUR LE MARÉCHAL,

Je suis aussi touché que reconnaissant des félicitations que vous voulez bien m'adresser au sujet de la médaille militaire qu'il a plu à l'Empereur de me conférer. Je tenais d'autant plus à porter cette distinction du soldat que cela me permet de l'ôter parfois de ma poitrine, pour l'attacher dans l'action même sur celle d'un brave.

Je vous remercie, Monsieur le Maréchal, d'apprécier les difficultés inhérentes à une armée de près de cent mille hommes opérant, à huit cents lieues de sa base, contre une immense place de guerre et camp retranché non investis, et supportant toutes les souffrances d'un hiver rigoureux, presque sans bois et sans le nombre suffisant de tentes !

Je suis presque aussi fier d'avoir pu, dans ces circonstances, maintenir l'esprit de mon armée dans une voie parfaite que je le serai sous peu si, avec l'aide de Dieu et du courage confiant de mes soldats, je parviens, comme je l'espère, à planter le drapeau de la France sur les ruines de Sébastopol !

Veuillez agréer, Monsieur le Maréchal, l'expression de mon respectueux et bien sincère attachement.

Général CANROBERT.

94. — *Lettre du lieutenant-colonel Reille* (1).

Au quartier général sous Sébastopol, ce 9 février 1855.

MONSIEUR LE MARÉCHAL,

...La fin de la mauvaise saison va permettre de pousser avec une grande activité les opérations du siège qui sont aujourd'hui à un tel degré d'avancement, que peu de jours de beau temps suffiront pour les compléter et pour être à même d'ouvrir un feu dont l'effet ne peut être douteux. Nous venons de traverser un hiver des plus rigoureux pendant lequel nos soldats ont eu de grandes privations à supporter, ce qu'ils ont fait avec une énergie des plus rares, car malgré la pluie, le froid et la neige, le moral ne leur a pas fait un seul instant défaut, et il faut même ajouter que le nombre des malades est loin d'être aussi considérable qu'on aurait pu le craindre dans une armée hivernant sous la tente, et même sous la tente-abri, dans un pays dénué de tout.

Nous recevons chaque jour de nouveaux renforts qui, encadrés dans nos vieilles troupes, élèveront l'armée à un chiffre tel, qu'elle sera en état de faire face à toutes les éventualités qui pourront se présenter. Ce n'est pas, Monsieur le Maréchal, parce que j'ai l'honneur d'en faire partie, mais je crois qu'il y a longtemps que la France n'aura eu des troupes aussi solides au feu et aussi habituées aux fatigues que le sont celles qui sont en Crimée; aussi, officiers et soldats ont-ils une confiance immense dans le succès des opérations à venir.

Daignez agréer, Monsieur le Maréchal, l'assurance du profond respect de votre dévoué serviteur.

Lieutenant-colonel REILLE.

(1) *Reille* (comte André-Charles-Victor), né le 23 juillet 1815 à Paris, élève de l'École spéciale militaire le 24 novembre 1833, sous-lieutenant le 1er janvier 1836; lieutenant le 1er janvier 1838; aide de camp des généraux Latour-Maubourg et de Rumigny; capitaine le 26 avril 1841, chef d'escadron le 3 janvier 1851, officier d'ordonnance du maréchal Saint-Arnaud et du général Canrobert; lieutenant-colonel le 6 janvier 1855, aide de camp du général Pélissier; colonel le 27 mai 1859, aide de camp de l'Empereur; général de brigade le 13 août 1865; général de division le 3 mai 1875; mort à Antibes le 19 janvier 1887.

ATTAQUE DES RUSSES CONTRE EUPATORIA

95. — *Lettre du chef d'escadron d'état-major Vico, détaché auprès de lord Raglan.*

Devant Sébastopol, le 20 février 1855.

Monsieur le Maréchal,

Je prie Votre Excellence d'excuser le silence que j'ai gardé depuis quelque temps. J'espère que, ne mettant pas en doute mon respectueux dévouement, Elle l'a uniquement attribué aux exigences de ma position, qui absorbent tous mes moments.

Les courses incessantes pour les communications entre les généraux en chef, les projets d'organisation d'un corps du train du personnel administratif qui m'ont été demandés, la correspondance en français de lord Raglan, les traductions, etc., m'obligent à négliger mes affections les plus chères.

Le télégraphe vous a déjà fait connaître la nouvelle de l'attaque dirigée sans succès par les Russes contre Eupatoria le 17. Les Turcs ont fait une très belle résistance, et cet échec de l'ennemi produira le meilleur effet. Nous n'avons pas encore reçu de rapport bien circonstancié et bien complet; ainsi la force des Russes n'est pas encore bien connue, pas plus que le chiffre des pertes que ceux-ci ont éprouvées. Le colonel anglais qui est auprès d'Omer-Pacha dit dans son rapport à lord Raglan que l'attaque a commencé à la pointe du jour, que, sans pouvoir l'affirmer, il pense que les Russes avaient quarante mille hommes de toutes armes et une artillerie très nombreuse, qu'après avoir ouvert le feu de soixante pièces, à quatorze cents mètres de la place, ils s'en sont rapprochés à quatre cents, que les colonnes d'attaque ont été alors lancées, et qu'après un combat qui a duré jusqu'à dix heures, les Russes ont battu en retraite, laissant sur un seul point deux cents cadavres et en emportant beaucoup d'autres tombés sur d'autres points.

Leurs pertes doivent être considérables; des déserteurs qui ont quitté Sébastopol depuis que la nouvelle de l'échec d'Eupatoria y était arrivée, nous ont dit que le nombre des hommes hors de combat était, selon la rumeur qui courait en ville, de treize mille hommes du côté des Russes; ce nombre est sans doute fort exagéré, mais il prouve toujours combien est grand l'effet produit.

Les Turcs ont eu une centaine d'hommes tués et environ trois cents blessés. Parmi les premiers se trouve le pacha qui commandait la brigade égyptienne, et parmi les seconds, un autre pacha. Nous avons eu, nous Français, qui avons là très peu de monde, quatre hommes tués et neuf blessés.

Une batterie turque a été fort maltraitée par le feu de l'artillerie russe, qui est toujours formidable. Cette batterie a perdu quatre-vingts chevaux et toutes les pièces ont été démontées.

Il avait été décidé que l'on exécuterait un coup de main, ce matin, sur les régiments russes qui sont établis sur la rive droite de la Tchernaïa, dans le but de les tourner, de les envelopper et de les enlever. Toutes les dispositions étaient prises, mais dans la nuit un ouragan de neige accompagné d'un vent du nord glacial est venu rendre impossible cette expédition que devait diriger le général Bosquet et dont on pouvait assurer les meilleurs résultats.

Il y a eu contre-ordre, mais on n'a pu informer à temps une brigade anglaise campée du côté de Balaclava, les officiers envoyés à cet effet ayant perdu leur direction au milieu de cette nuit sombre et de cette neige. Cette brigade anglaise s'était mise en mouvement à deux heures et demie du matin. La brigade Vinoy, détachée du côté de Balaclava, qui n'avait pas reçu non plus de contre-ordre, l'avait suivie. Les deux brigades sont arrivées en face de l'ennemi, qui s'est mis sous les armes ; les tirailleurs ont échangé quelques coups de fusil et, sur ces entrefaites, le contre-ordre étant parvenu, les deux brigades sont rentrées dans leurs camps. Il ne sera point facile après ce coup avorté de surprendre l'ennemi de ce côté.

D'après le dire des gens qui connaissent ce pays, nous espérions en avoir fini avec le mauvais temps. Depuis une quinzaine de jours, nous étions assez favorisés sous ce rapport, mais nous voilà tout à coup revenus, sans transition, à cinq degrés au-dessous de zéro, avec un vent du nord qui rend plus sensible cette température et des rafales de neige peu agréables. Nous devons espérer cependant que ce ne sera pas pour longtemps.

Dans cette situation nos troupes souffriront sans doute, celles qui seront à la tranchée surtout, mais les vêtements chauds qui leur ont été donnés et l'admirable force morale dont nos hommes sont doués leur feront supporter ces mauvais temps.

L'armée anglaise, dont la situation s'est améliorée, s'en tirera aussi. On a bien crié en Angleterre contre les chefs de cette armée ; on était bien injuste en cela ; c'est contre l'organisation, qui manque des éléments les plus essentiels, que l'on aurait dû crier uniquement. On en sait cependant les vices et l'on espère que, sans perdre plus de temps, on se mettra à l'œuvre pour y remédier autant que faire se peut. Il n'y a pas au monde de soldats plus beaux que les soldats anglais, mais l'organisation de l'armée anglaise laisse bien à désirer.....

Vico.

96. — *Lettre du capitaine du génie de Courville.*

Constantinople, le 22 février 1855.

Monsieur le Maréchal,

Le général Niel est venu passer ici trois jours, il venait de Crimée, il est reparti ce matin pour l'armée, il ne sait pas combien de temps il y restera, cela dépendra des événements. Nous avons toujours un temps affreux, la neige a recommencé hier; il y a aujourd'hui cinq degrés au-dessous de zéro; c'est bien triste pour l'armée.

Les soldats, malgré leur énergie et leur moral qui est excellent, tombent malades; nous ne savons plus où les mettre, nous en avons huit mille ici et nous n'avons plus de places; nous en faisons quatre mille nouvelles, ce qui nous donnera des hôpitaux pour douze mille lits, et malheureusement ce ne sera pas trop.

Depuis quelques jours, nous envoyons une grande quantité de sacs à terre, de gabions et de projectiles; tout fait présumer que le feu ne tardera pas à être rouvert, mais il faut bien dire que la position des Russes est formidable; nous aurons trois cent soixante-cinq bouches à feu, ils en auront peut-être le double, et ils se défendent admirablement.

De l'avis de tout le monde et quoi qu'en disent les journaux, l'assaut sera une affaire très chanceuse; peut-être sera-t-on obligé de faire venir de nouvelles troupes pour faire un investissement complet, et je ne serais pas du tout étonné de voir arriver ici de France une cinquantaine de mille hommes.

Je crois que l'on voudrait bien être sorti de ce guêpier, et le maréchal de Saint-Arnaud a laissé là au général Canrobert un triste héritage. Heureusement que le moral de l'armée est toujours excellent, nous le voyons bien par les malades qui sont ici et qui, à moitié morts, demandent à retourner en Crimée. On compte beaucoup sur l'influence que pourront exercer sur les troupes le général Pélissier et le général Niel.

Quant au général Forey, il doit rentrer dès qu'il sera remplacé. Nous avons vu passer avant-hier le général Camou; il nous a beaucoup parlé de vous et se loue d'avoir servi sous vos ordres.

Je vous remercie beaucoup, Monsieur le Maréchal, des détails que vous voulez bien me donner.

Notre carnaval a été fort triste ici, nous sommes tellement près des événements et surtout des malades et des blessés, qu'il est assez difficile de s'amuser; tout le monde est d'ailleurs très inquiet, et l'on attend impatiemment le dénouement du drame qui se joue devant Sébastopol.

Toute la population grecque, qui est très nombreuse, nous souhaite un malheur; si cela arrivait, ce qui heureusement n'est pas probable, notre position à Constantinople deviendrait bien difficile. Les Turcs sont tout à fait incapables de se défendre eux-mêmes, par conséquent d'en soutenir d'autres, leur empire ne tient plus qu'à quelques fils à moitié pourris. Il faut les voir de près pour se faire une idée de l'inertie et de l'abrutissement de ces braves gens-là!.....

De Courville.

ATTAQUE CONTRE LES OUVRAGES BLANCS

97. — *Lettre du colonel Cler, du 2ᵉ régiment de zouaves.*

Au bivouac du Moulin, le 7 mars 1855.

MONSIEUR LE MARÉCHAL,

J'ai voulu laisser arriver en France les rapports du général en chef, avant de vous envoyer quelques détails sur le sanglant combat que j'ai livré aux Russes, avec mille hommes de mon régiment, dans la nuit du 23 au 24 février dernier. J'ai couru plus de dangers dans ce combat que pendant tous ceux auxquels j'ai eu l'honneur d'assister depuis l'ouverture de la campagne. Dieu, qui ne m'a jamais abandonné, m'a encore protégé : mon capuchon et mon pantalon ont reçu les balles et les coups de baïonnette qui m'étaient destinés.

Depuis le lendemain du combat, j'ai reçu chaque jour les félicitations des officiers de l'armée; mes amis les Anglais, qui ont pour moi la plus grande reconnaissance, m'apportent des armes de luxe et de précision, en me recommandant de m'en servir contre nos ennemis les Russes; déjà ils m'avaient apporté, de la part de la reine Victoria, des vêtements de laine, pour me préserver des rigueurs de l'hiver.

Connaissant l'intérêt que Votre Excellence porte au général de Monet, je m'empresse de vous annoncer que ce brave général est en voie de guérison; le 10, il doit partir pour Constantinople, d'où il sera ensuite évacué sur la France.

Je suis avec respect et reconnaissance, Monsieur le Maréchal, de Votre Excellence, le très humble et très obéissant serviteur.

CLER.

98. — *Récit historique du combat livré aux Russes par mille hommes du 2ᵉ zouaves, dans la nuit du 23 au 24 février 1855 (1).*

Le 23 février, le colonel du 2ᵉ zouaves reçut l'ordre de se tenir prêt à marcher à onze heures du soir, avec la partie disponible de son régiment qui occupait le camp du Moulin. La place d'armes anglo-française lui avait été indiquée comme lieu de réunion d'une colonne destinée à faire une attaque sur les travaux élevés par les Russes en avant du port du Carénage. Mille zouaves environ, divisés en douze pelotons, furent réunis pour prendre part à cette opération qui devait être appuyée par cinq cents hommes du régiment de l'infanterie de marine. Le but que les généraux français voulaient atteindre, en faisant cette sortie de leurs tranchées d'Inkermann, était entièrement moral; l'ordre donné était de n'occuper que pendant peu de temps les travaux des Russes et de les abandonner au signal de la retraite. L'initiative de ce signal était laissée au commandant des troupes engagées.

Vers minuit, la colonne fut dirigée de la place d'armes sur la deuxième parallèle; les deux bataillons du régiment furent placés en arrière de deux larges coupures pratiquées à droite et à gauche de cet ouvrage; l'infanterie de marine était au centre, avec le général de Monet qui devait commander l'expédition.

Entre une heure et deux heures du matin, les bataillons sortirent de la parallèle et, disposés en colonne par sections, ils se mirent en mouvement peu de temps après, sur l'ordre qui leur fut envoyé par le général de Monet. Le colonel Cler et le chef de bataillon Lacretelle étaient à la colonne de droite, le commandant d'Arbois avait le commandement de la colonne de gauche.

(1) Ce récit était joint à la lettre envoyée par le colonel Cler au maréchal de Castellane.

Les compagnies de chaque bataillon de zouaves avaient été disposées de la manière suivante : une compagnie d'avant-garde, placée à cent pas en avant de la colonne, était soutenue par une autre compagnie établie à cinquante pas plus en arrière; les quatre autres compagnies de chaque bataillon formaient la réserve des colonnes.

Au signal convenu, les deux colonnes se mirent en marche. La nuit était fort obscure; la colonne de gauche, conduite par un officier du génie, se jeta d'abord trop à gauche, dans un profond ravin, puis elle regagna la direction de la capitale de l'ouvrage.

L'ennemi avait disposé son système de défense de la manière suivante : en avant de la batterie établie sur la presqu'île, une longue ligne de petits postes avaient été placés derrière le mur qui borde une partie de la route de Sébastopol, à l'endroit où cette route traverse une dépression du sol; des embuscades précédaient et flanquaient cette ligne, protégée en arrière, près de l'ouvrage, par de petits carrés de troupe disposés de manière à préserver ses abords. Douze cents hommes au moins occupaient ces postes, qui avaient dû être considérablement renforcés.

La colonne d'attaque de droite arriva sur la ligne extrême des embuscades, sans recevoir un seul coup de fusil, mais dès qu'elle y fut engagée, elle fut assaillie sur ses deux flancs et sur son front par une fusillade tirée à très courte distance. Les Russes, pour pouvoir mieux diriger leurs coups, se servaient de réflecteurs et de pots à feu placés en avant des embuscades. Les feux les plus nourris partant de la gauche, les quatre compagnies de soutien de la première colonne changèrent de direction à gauche, attaquèrent vivement les embuscades à la baïonnette, et, en quelques minutes, tout le centre du terrain de défense fut balayé. Quelques prisonniers furent faits dans ce premier combat.

Pendant cette attaque, la tête de la colonne de gauche, qui avait eu à parcourir un terrain raviné, déboucha et entra en ligne avec un grand sang-froid.

Les compagnies d'avant-garde des deux colonnes, que les

Russes avaient laissées passer au milieu des embuscades, continuèrent à marcher sur l'ouvrage; elles arrivèrent sur les petits carrés disposés en avant et sur les flancs, et là, à coups de baïonnette et de crosse, elles engagèrent en silence un combat furieux. Deux officiers, MM. Baratchard et Bartel, et plusieurs soldats y reçurent des premières blessures qui n'arrêtèrent pas leur marche.

Vers la fin de ce premier combat, le général de Monet, qui avait appuyé trop à gauche avec le bataillon d'infanterie de marine, arriva sur la tête des embuscades. Blessé par cinq coups de feu, il fit demander le colonel Cler pour lui remettre le commandement. Cette remise faite, le brave général dit aux troupes qui marchaient derrière lui : « Votre salut est dans l'ouvrage; en avant! suivez-moi! »

Électrisés par tant de courage et d'abnégation, quelques officiers et soldats de l'infanterie de marine suivirent le général, qui se dirigea sur la capitale du retranchement.

Débarrassé des postes extérieurs, le colonel Cler donne la direction de l'attaque de droite au commandant Lacretelle, et celle de l'attaque de gauche au commandant d'Arbois, puis il se précipite avec quelques compagnies sur le fossé du retranchement.

Après avoir escaladé le fossé et le parapet, la colonne du centre saute dans l'intérieur de l'ouvrage, pendant que celles de droite et de gauche y pénètrent par les flancs. Les têtes d'attaque, reçues par le feu des bataillons russes établis en colonnes serrées sur la gorge du retranchement, voient tomber sept de leurs officiers, deux adjudants et un grand nombre de sous-officiers et de soldats. La position des zouaves devenant très critique, le colonel ordonne à ses hommes de se placer sur la berme laissée entre le fossé et le talus extérieur du parapet.

Si, au moment de la prise du retranchement, l'attaque furieuse et désespérée des zouaves avait pu être appuyée par des troupes fraîches, les réserves des Russes n'auraient pu tenir et tout le terrain en arrière de la gorge, jusqu'à l'origine des pentes, aurait été complètement balayé. Malheureuse-

ment, il n'y avait plus de réserve, et le 2ᵉ zouaves venait de
perdre plusieurs de ses officiers et ses plus braves soldats.
Les bataillons russes, voyant la faiblesse de l'attaque, sortent
de l'ouvrage par la droite et par la gauche, et, en un instant,
la poignée de zouaves qui occupait la face du retranchement
est cernée.

Le colonel donne l'ordre à ses hommes de se placer dans
le fossé, qui n'avait qu'un mètre de profondeur et qui était
protégé du côté de la campagne par un masque de gabions.
Les batteries de la place, celles de la droite du port et celles
de la Tchernaïa, les canons des gros vaisseaux et ceux des
bateaux à vapeur lançaient sur le terrain du combat une grêle
de projectiles creux et de mitraille qui devait faire éprouver
de grandes pertes aux troupes russes, sans pour ainsi dire
atteindre les zouaves. Les bataillons russes, qui faisaient converger leurs feux sur le fossé de l'ouvrage, se firent beaucoup
de mal, car la nuit, très sombre, n'était éclairée que par la
lueur des feux. Quelques-uns de leurs soldats, plus hardis,
venaient se faire tuer à coups de baïonnette sur le haut du
fossé; d'autres lançaient de l'intérieur du retranchement des
pierres et des gabions sur les zouaves.

L'aspect de ce combat désespéré et furieux était horriblement fantastique : Sébastopol et le port, qui entourent le terrain couvert en partie par la neige, où se passait l'action,
étaient éclairés par des feux de signaux. Le tocsin mêlait
son glas au bruit du canon et de la fusillade. Autour de l'ouvrage, le combat éclairé par la lueur blafarde des feux courbes
lancés par les batteries et les vaisseaux ennemis, et par ceux
de la mousqueterie, présentait, au centre d'une ligne com-
pacte de grenadiers russes, des cosaques volontaires du Don,
avec leurs longues capotes et leurs bonnets de fourrure sur-
montés de flammes rouges, luttant corps à corps avec les
zouaves.

Le pinceau de Martin, ce peintre des grands drames de
l'histoire, pourrait seul reproduire ce combat de nuit, qualifié
de glorieux et de très énergique dans la lettre adressée aux
généraux alliés par Osten-Sacken, gouverneur de Sébastopol.

Après avoir soutenu cette lutte inégale pendant vingt minutes, le colonel, entendant pour la deuxième fois le signal de la retraite, se décide à abandonner le terrain, où il vient de perdre l'élite de son régiment. Il réunit près de lui le peu d'hommes qui occupent encore le fossé, et, avant de se jeter tête baissée sur les baïonnettes russes, il leur adresse ces paroles : « *Je ne veux pas donner à ces J... F... la satisfaction de promener dans toute la Russie un colonel de zouaves, mieux vaut mourir !* »

Cette dernière poignée de zouaves se précipite aussitôt sur les Russes. Le capitaine Sage et le sous-lieutenant Sevestre tombent avec d'autres braves, près de leur colonel, qui a le bonheur de pouvoir percer la ligne des bataillons russes et d'opérer sa retraite malgré une pluie de projectiles. Les zouaves qui restaient encore à droite et à gauche du retranchement suivent le mouvement et rentrent avec la petite colonne du centre dans les tranchées d'Inkermann.

Pertes éprouvées par le régiment :

MM. Dequirot, Doux, capitaines ; MM. Bartel, lieutenant, et Sevestre, sous-lieutenant, tués ; Sage, capitaine, mort des suites de ses blessures ; Pierre, capitaine adjudant-major, tombé vivant au pouvoir des Russes. Treize officiers blessés rapportés au bivouac, soixante-deux sous-officiers et soldats tués et treize blessés laissés sur le champ de bataille, cent vingt-quatre hommes blessés rentrés ou rapportés au bivouac.

D'après les rapports recueillis ultérieurement, les pertes des Russes se sont élevées à plus de huit cents hommes.

CLER.

99. — *Lettre du capitaine comte Moré de Pontgibaud,*
du 57ᵉ de ligne,

Camp d'Inkermann, le 8 mars 1855.

MONSIEUR LE MARÉCHAL,

Je vous remercie infiniment de toutes les bonnes choses que vous me dites dans votre lettre du 17 février.

La grande nouvelle du jour est la mort du tsar Nicolas, elle demande confirmation. Tout ce qui se passe annonce l'intention très prochaine de donner l'assaut.

Nous sommes très gênés dans nos tranchées par le feu d'un petit vapeur russe.

Voici notre 5ᵉ batterie qui se monte; on va l'armer de suite, puis je suppose que le grand branle-bas va commencer, c'est-à-dire que nos six cents pièces armées à quatre cents coups et celles de la place vont s'expliquer. Nous supposons que le 1ᵉʳ corps, dit de siège, donnera l'assaut, que notre côté fera diversion en inquiétant et la place et la flotte de la rade, où nous n'avons pu compter que douze bâtiments de guerre, et qu'enfin les flottes alliées combinées, cernant l'entrée de la rade de très près, vont aussi faire entendre une musique telle que ceux qui n'y perdront pas leurs oreilles pourront assurer que nulle part pareille scène ne se sera présentée.

Les ambulances, les fourgons du train, l'artillerie de campagne débarquent chaque jour.

Nous pensons aussi que l'aile gauche de notre 2ᵉ corps fera un mouvement en avant de la Tchernaïa, pour couper toutes les communications de la place avec l'armée de Menchikoff. On parle même de ne pas passer huit jours sans en finir. Nous sommes vivement préoccupés de la crainte de voir au printemps se déclarer des maladies contagieuses. Nous n'avons plus de scorbut.

Nous venons de recevoir encore des renforts qui portent les effectifs de nos compagnies à cent cinquante hommes. J'ai vu avant-hier le commandant Vico avec sa rosette ; la campagne lui a profité, il en est de même pour tous les anciens Lyonnais.

Je me suis acquitté de vos commissions près du colonel Dupuis, du colonel d'Airolles et de Cabrières.

Je vous prie de ne pas m'oublier auprès de tous ces messieurs et vous demande pardon, Monsieur le Maréchal, d'être obligé de clore cette lettre, en vous priant d'agréer l'assurance du profond respect de votre très humble serviteur.

PONTGIBAUD.

100. — Lettre du général de brigade Cler.

Au bivouac du moulin d'Inkermann, le 15 mars 1885.

MONSIEUR LE MARÉCHAL,

Je reçois à l'instant vos lettres du 1er et du 3 mars qui m'annoncent ma nomination au grade de général de brigade..... Je vous suis bien reconnaissant des félicitations que vous m'adressez à l'occasion de cet avancement sur lequel je n'osais pas compter, après avoir vu échouer trois propositions de guerre très chaudement appuyées par mon général en chef.....

Jamais je n'oublierai, Monsieur le Maréchal, qu'en étant le premier à m'annoncer et à me faire obtenir mes grades, vos félicitations ont toujours été les plus sincères et les plus affectueuses de toutes celles qui m'ont été adressées.

Il est probable que la mort de l'empereur Nicolas apportera de grands changements dans la politique européenne.....

Notre armée de Crimée a surmonté les fatigues et les privations de l'hiver ; chaque jour, elle resserre sa ligne de circonvallation au sud-est de Sébastopol, mais je pense que tant que la place ne sera pas complètement investie, nous aurons bien de la peine à y entrer de vive force.

Je suis avec une respectueuse reconnaissance, Monsieur le

Maréchal, de Votre Excellence le très humble et très obéissant serviteur.

                                                    CLER.

101. — *Lettre du capitaine comte Moré de Pontgibaud, du 57ᵉ de ligne.*

Camp devant Inkermann, le 20 mars 1855.

MONSIEUR LE MARÉCHAL,

L'assaut de Sébastopol a été retardé : c'est que les généraux eux-mêmes n'avaient pu se rendre compte des difficultés
incessantes créées par le terrain et le feu des Russes.

Cependant aujourd'hui nous pouvons affirmer que nos
affaires prennent une bonne tournure. La mort de Nicolas et
celle de Menchikoff nous valent plus que des combats heureux,
et ce qui couronnerait l'œuvre serait une entrée sérieuse en
campagne de la part de l'Autriche et de l'Allemagne.

Nous espérons tous que l'expédition de Cronstadt n'a pour
but que d'amener nos ennemis à concentrer des troupes et
des pièces d'artillerie sur ce point.

Voici près de quatre jours que les batteries de la place
restent silencieuses, ce qui étonne fort nos généraux, car
auparavant pour un coup de canon ils nous en rendaient
une douzaine.

Cependant nos travaux avancent ; cette nuit, avec quelques
pièces de campagne, en avant de la redoute Victoria, nous
leur avons tué du monde et nous avons cerné leurs embuscades, en jetant à la hâte des travailleurs pour ouvrir une
nouvelle parallèle ; ils ont eu, dit-on, deux cents prisonniers
de faits, chiffre que je ne garantis point. Mais cette nouvelle
parallèle prolongée sur la droite nous permettra de nous déve-
lopper et de joindre la rade, sans avoir à traverser le ravin
en face des batteries du Carénage, ce qui nous eût coûté fort
cher. En résumé, ils ne communiquent plus avec la partie
nord que par leurs bâtiments.

Des déserteurs rapportent que le typhus est dans la ville, qu'il y a des germes de discorde, qu'on voudrait faire filer déjà des pièces et des munitions jugées inutiles, dans la crainte qu'elles ne tombent un jour en notre pouvoir. Si ces versions sont vraies, tout marchera à ravir. Le bombardement de notre flotte les effraie beaucoup, car la première fois déjà, en tirant à toute volée, il avait rendu le quartier sud de la ville inhabitable.

On s'accorde à dire que leur moral décroît autant que le nôtre augmente.

Le soldat est harrassé de fatigue, on ne lui laisse pas de repos; aussi, chaque jour, il entre en moyenne un homme par compagnie à l'ambulance, sur des effectifs de cent quarante-cinq hommes réduits déjà à cent dix et à cent vingt. Ils sont de suite évacués sur Constantinople, l'air leur y est funeste, ils y restent presque tous. Le feu des Russes est le moindre de nos maux. L'officier résiste mieux, grâce à une meilleure nourriture.

Veuillez être mon interprète, Monsieur le Maréchal, auprès de ces messieurs et croire au très respectueux dévouement de votre très humble serviteur.

Pontgibaud.

102. — *Lettre du baron Bondurand, sous-intendant militaire faisant fonction d'intendant du 1er corps d'armée d'Orient.*

Devant Sébastopol, le 23 mars 1855.

Monsieur le Maréchal,

Il paraît certain que le voyage de l'Empereur est bien arrêté, et on prépare, en ce moment, à Constantinople les palais qui sont mis à sa disposition. Le général en chef n'est point avisé de l'arrivée de Sa Majesté, et je crois savoir qu'il a écrit en France à quelqu'un de l'entourage de l'Empereur, pour l'engager à ne pas venir. Il dit que, si l'Empereur vient ici, la Russie accumulera en Crimée tout ce qu'elle a de forces vives, ce qui nous exposera a une lutte formidable (1).

Il paraît certain que le voyage de l'Empereur n'a été qu'ajourné par la mort de l'empereur Nicolas. Je pense comme vous, Monsieur le Maréchal, que ce dernier événement peut rendre la paix moins difficile à conclure, mais qu'il ne l'assure pas. Une nation puissante comme la Russie ne se résignera pas facilement à reculer et à signer son amoindrissement.

Le siège marche assez lentement. Nous nous trouvons en présence d'une place armée d'une manière formidable et très bien commandée ; il y a là des officiers d'artillerie et du génie très forts ; les Russes s'entendent parfaitement à rendre cette résistance longue et énergique.

Malgré la bonne composition et la solidité de l'armée, nous ne sommes pas dans les conditions les plus favorables pour réussir promptement dans une aussi immense entreprise. Nous assiégeons une place qui n'est pas investie, qui reçoit des vivres et des munitions tant qu'elle en veut, change ses troupes fatiguées et se débarrasse de ses malades.

L'action du commandement n'est pas assez unique. Il y a chez nous deux généraux en chef et deux amiraux qui ont à s'entendre : grande difficulté pour accomplir quelque chose....

Les Anglais ont peu de goût pour les travaux et les fatigues de cette guerre de siège. Ils ne se sont jamais trouvés aux prises avec de telles nécessités ; ils croyaient que, pour être de bons militaires, il suffisait d'avoir une belle tenue et de se battre bravement ; ils n'aiment pas la pioche et ils se gardent souvent fort mal.

Les Russes ont fait cette nuit une sortie fort audacieuse sur les attaques dirigées sur la tour Malakoff, ils nous ont tué ou blessé, dit-on, près de trois cents hommes. Le commandant du génie Dumas est tué. Le colonel Jannin, du 1er zouaves, est blessé. Les Anglais ont essuyé également des pertes assez sensibles. On nous a fait quelques officiers prisonniers.

_____

(1) Voir dans le *Journal du maréchal de Castellane,* tome V, chapitre III, ses conversations avec l'empereur Napoléon III au sujet de ce voyage en Crimée.

Depuis quelques jours, tout l'effort des Russes se porte du côté des attaques de Malakoff, sur laquelle cheminent d'une part les Anglais, de l'autre le 2ᵉ corps. Il y a presque toutes les nuits de vifs combats de ce côté. On attache une grande importance de part et d'autre à la possession de Malakoff; nous n'y arriverons pas sans de grands efforts, les journaux ont dit bien à tort que nous en étions maîtres.

L'Empereur pense sans doute que son arrivée donnerait un grand élan aux troupes, ceci n'est pas douteux, et qu'elle les porterait à tout oser et à tout braver. Personne ne pourrait discuter sa volonté, ni se refuser à l'impulsion qu'il donnerait.

Si Sébastopol tombe sous son commandement, il n'est pas douteux que sa popularité et la gloire de son nom y gagneront beaucoup. La France et l'Europe voient ce voyage avec appréhension; s'il succombait, on pense aux difficultés qu'il laisserait après lui, mais on ne fait rien de grand sans risquer quelque chose.....

BONDURAND.

103. — *Lettre du général de brigade de Saint-Pol.*

Sous Sébastopol, le 12 avril 1855.

MONSIEUR LE MARÉCHAL,

Nous sommes arrivés au moment critique, le feu est ouvert contre la place. Quel en sera le résultat et, s'il réussit, quelles seront les suites de l'assaut? C'est ce que personne ne peut prévoir, tant les difficultés sont immenses.

(1) *Saint-Pol* (Jules *de*), né le 14 décembre 1810 à Reims; élève de l'École spéciale militaire le 14 novembre 1827; sous-lieutenant au 7ᵉ de ligne le 1ᵉʳ octobre 1829; lieutenant le 14 août 1834; capitaine le 6 décembre 1840, commandant le 7ᵉ bataillon de chasseurs à pied le 14 septembre 1848; lieutenant-colonel du 52ᵉ de ligne le 15 novembre 1851; colonel du 25ᵉ de ligne le 30 décembre 1852; général de brigade le 17 mars 1855; tué à l'assaut de Sébastopol le 8 septembre 1855. Il avait fait la campagne de Belgique en 1831-1832, celles d'Afrique de 1842 à 1848, le siège de Rome en 1848 et la campagne d'Orient.

L'investissement, en effet, n'ayant pu avoir lieu, la garnison en se renouvelant a conservé son effectif. En désarmant successivement ses vaisseaux, l'artillerie de l'ennemi, déjà formidable par le nombre et le calibre, est restée intacte; enfin les ouvrages extérieurs et intérieurs exécutés depuis nos travaux ont fait de Sébastopol un grand camp retranché, un vaste champ de bataille à l'avantage des Russes, mais il faut espérer que la bravoure française triomphera de tous ces obstacles qui ne peuvent que la surexciter....

De Saint-Pol.

LE CAMP DE MASLAK

---

104. — Lettre du général de division Herbillon (1)

Constantinople, camp de Maslak, 1ᵉʳ avril 1855.

MONSIEUR LE MARÉCHAL,

Nous sommes arrivés à Constantinople le 29 mars, à onze heures du matin, après une traversée de dix jours. Partis de Marseille le 20, à trois heures du matin, dans la nuit du 21 au 22, la mer fut grosse et mauvaise; le 23, à quatre heures du soir, le capitaine du navire fut forcé de relâcher à Messine, et dans la nuit du 25 au 26, nous avons eu un coup de vent affreux. Le navire est resté un instant sans pouvoir être gouverné, plusieurs de nos chevaux ont été roulés sur le pont, deux ont été tués, l'un appartenant à mon chef d'état-major et le second à M. le capitaine de Sachy, tous les autres ont été plus ou moins blessés. Du 26 au 29, nous avons eu beau temps et bonne mer.

Arrivés en rade à onze heures du matin, nos chevaux et mulets et nos bagages ont été immédiatement débarqués, et nous nous sommes mis en route pour le camp de Maslak, que l'on forme.

Ce camp est situé à environ trois lieues de Constantinople et à une lieue du Bosphore, sur un terrain très vaste, très

---

(1) *Herbillon* (Émile), né le 23 mars 1794 à Châlons-sur-Marne; conscrit de 1814, fusilier de la garde impériale, sous-lieutenant le 5 février 1814; lieutenant le 10 février 1819; capitaine le 16 septembre 1825; chef de bataillon le 7 mars 1838; lieutenant-colonel du 18ᵉ léger le 20 novembre 1840; colonel le 12 octobre 1842; maréchal de camp le 3 novembre 1846; général de division le 22 décembre 1851, mort à Paris le 24 avril 1866. Le général Herbillon avait fait les campagnes de 1814, 1815, de 1823 en Espagne, de 1825 à 1829 à la Guadeloupe, de 1837 à 1850 en Afrique, de 1855 en Crimée et de 1859 en Italie.
Le premier régiment de la division Herbillon avait quitté Lyon le 28 février, le dernier, le 12 mars, *Journal du maréchal de Castellane*, tome V, page 77.

accidenté, et entièrement dénudé; la position paraît être très saine. Il doit être composé d'une force de trente-cinq à quarante mille hommes, une division de la garde, deux divisions d'infanterie et quinze mille Piémontais, du génie, de l'artillerie et du train.

En ce moment, il n'y a que sept cents hommes, qui sont un faible détachement de la garde, une compagnie du génie et deux détachements des 7° et 14° chasseurs à pied. J'attends les 47° et 62°, qui sont arrêtés par les vents contraires.

M. le colonel de Béville, aide de camp de l'Empereur, et M. le capitaine Courville sont chargés de la formation de ce camp, dont j'ai pris le commandement à dater d'aujourd'hui.

Je suis logé avec mon état-major dans une ferme appartenant au Sultan, logement réservé à l'état-major de la garde. Les baraques des Guides sont déjà très avancées, on commence celles de la garde et nos écuries.

Il fait depuis deux jours un vent du nord qui nous glace, et comme nous n'avons ni cheminées ni poêles, il en résulte que nous désirons que le temps change le plus tôt possible.....

HERBILLON.

105. — *Lettre du général de brigade Cler.*

Constantinople, 18 avril 1855.

MONSIEUR LE MARÉCHAL,

A mon arrivée à Constantinople, j'ai trouvé les deux lettres que Votre Excellence a bien voulu m'écrire dans les derniers jours du mois de mars.

Je vous remercie de tous les détails que vous voulez bien me donner sur l'organisation des armées que l'on forme en France et sur la hausse et la baisse de la paix et de la guerre. Je désire vivement, si nous devons continuer à faire la guerre en Orient, que l'armée de réserve que l'on forme en ce moment près de Constantinople soit jetée sur le Danube ou en Bessarabie. Là, au moins, nous aurons encore la chance de rencontrer les Russes en rase campagne, et l'intelligence pourra venir en aide à notre courage.

En quittant, il y a trois jours, le siège de Sébastopol, j'ai laissé le feu ouvert depuis sept jours. Notre tir, qui a, du reste, beaucoup d'intermittences, avait pris immédiatement et avait conservé l'avantage sur celui des Russes; mais nous ne savions pas encore si cet avantage était dû à notre supériorité ou à la tactique de notre ennemi. Nos lignes d'attaque, à gauche, ont été très rapprochées des lignes de défense de l'ennemi; il nous sera facile maintenant d'occuper le bastion du Mât. Quant à l'occupation de toute la place, elle ne pourra avoir lieu, si les Russes persistent dans leur vigoureuse défense, qu'après avoir livré un sanglant duel sur toute l'étendue des attaques de la gauche à la droite. Je ne sais si le général Canrobert et les généraux alliés, qui disposent en ce moment dans la presqu'île d'une force de plus de cent dix mille hommes, se décideront à adopter ce moyen extrême dont le résultat ne peut être mathématique et doit, par conséquent, être livré au hasard. Dans quelques jours, je pense, cette question doit avoir sa solution.

Je suis fort heureux, Monsieur le Maréchal, d'avoir sous mes ordres des régiments qui sortent de votre grande école. Si je n'avais pas eu l'honneur de servir souvent sous votre haute direction, le passé me dirait que ces régiments doivent faire comme leurs devanciers et prendre immédiatement une bonne place en campagne. Si je ne trouve pas au 62e et au 73e la brillante valeur de mes anciens zouaves, j'espère cependant obtenir de bons résultats avec ces jeunes troupes, en mariant à leur discipline et à leur instruction l'expérience que j'ai de la guerre que nous aurons à faire dans ce pays.

Je me suis empressé, Monsieur le Maréchal, de transmettre au général Herbillon les compliments que vous avez bien voulu lui adresser par mon intermédiaire.

La santé du général de Monet s'améliore tous les jours; il rentrera probablement en France dans le courant du mois de mai.

Je suis, avec un profond respect et une grande reconnaissance, Monsieur le Maréchal, de Votre Excellence le très humble et très obéissant serviteur.

CLER.

106. — *Lettre du général de division Herbillon.*

Camp de Maslak, le 18 avril 1855.

MONSIEUR LE MARÉCHAL,

Le camp de Maslak a déjà un très bel aspect, dix-huit mille hommes se trouvent réunis et logés sous la tente, moins un fort détachement de la garde qui est baraqué. Ma division est au complet, l'artillerie seule n'est point encore arrivée. Les 47e et 62e n'ont point oublié les bons principes qu'ils ont reçus au camp de Sathonay; leur campement s'est établi avec un ordre parfait. Les 52e et 73e, arrivés par' une pluie battante, ont aussi montré qu'ils n'étaient point étrangers aux difficultés d'une installation faite par un mauvais temps.

J'ai adopté vos rapports qui simplifient le service, mes conseils de guerre sont formés à l'instar des vôtres, en exigeant que MM. les colonels et MM. les généraux mettent leurs notes sur l'état qui m'est présenté; les sentinelles ne quittent pas le sac; en un mot, Monsieur le Maréchal, j'ai cru ne pouvoir faire mieux que d'adopter ce qui se fait sous votre commandement.

M. le général Cler est arrivé hier; je l'ai vu avec un grand plaisir, c'est un bon et brillant officier sur lequel je puis compter dans des moments difficiles; il a quitté la Crimée le 14, le bombardement continuait, il ne sait pas quel en sera le résultat.

M. le colonel Montenard, du 62e, a trouvé son brevet de général à son débarquement, il a pris immédiatement le commandement de sa brigade. M. le général de division d'Aurelle vient aussi de débarquer, et nous attendons MM. les généraux Mellinet et Regnaud de Saint-Jean d'Angely, ce dernier devant commander l'armée de réserve.

Depuis dix jours, nous avons un temps affreux, des pluies torrentielles nous inondent et arrêtent tous les travaux de routes et autres. Cette grande humidité influe nécessairement sur la santé des hommes et occasionne une foule de rhumes et de catarrhes, cependant, jusqu'à ce moment, l'état sanitaire est satisfaisant.

Je suis allé voir le brave et bon général de Monet, que j'ai trouvé blessé aux deux mains et au bras droit; ces blessures, quoique graves, n'offrent aucun danger; il va aussi bien que possible; il doit rentrer en France. J'ai trouvé aussi à l'hôpital le général Boisat qui est en convalescence; il a été vigoureusement secoué par une fièvre typhoïde.

Le nombre des malades en ce moment à Constantinople est d'environ sept mille, la mortalité peut être évaluée à cinquante par jour; ces nombres augmenteront évidemment avec les chaleurs, aussi est-il à désirer que le siège de Sébastopol finisse au mois de juillet au plus tard.

Je vous remercie, Monsieur le Maréchal, des deux lettres que vous avez eu la bonté de m'adresser, c'est avec un grand intérêt que je les ai lues.

Je suis sensible aux marques d'amitié que vous voulez bien me donner; je n'oublierai pas que les trois ans que j'ai passés auprès de vous ont été pour moi un temps heureux et de tranquillité, et que si j'ai été bien accueilli dans la société, c'est en grande partie à vous que je le dois.

Je ne crains pas, Monsieur le Maréchal, de vous prier d'avoir la bonté de me rappeler au souvenir de M. Vaïsse, sénateur, et du bon général Dumontet, sans oublier M. le général Du Terrail.

Je suis, Monsieur le Maréchal, avec profond respect, de Votre Excellence le très humble et obéissant serviteur.

Le général HERBILLON.

19 avril 1855.

J'allais fermer ma lettre, lorsque j'ai reçu celle que Votre Excellence a eu la bonté de m'écrire, je vous en remercie mille fois.

Aujourd'hui, le temps s'étant remis un peu au beau, j'en ai

profité pour parcourir tous les camps et m'assurer par moi-
même de leur établissement et des travaux que, malheureusement, le mauvais temps avait suspendus. C'est avec
peine que je me suis assuré de plusieurs cas de choléra, qui
cependant ne peuvent m'inquiéter, persuadé que quelques
jours de soleil feront cesser le fléau qui s'est déclaré tout d'un
coup. Les régiments occupent des plateaux, il y a de l'eau
excellente, on ne peut donc attribuer cette cruelle maladie
qu'au très mauvais temps que nous avons depuis dix jours.

La 2ᵉ division, qui n'était pas complète, vient de recevoir
tous ses régiments; le 7ᵉ chasseurs, les 9ᵉ, 32ᵉ, 15ᵉ et 96ᵉ de
ligne sont arrivés.

Deux mille hommes de la garde sont présents, la gendarmerie des deux divisions fonctionne, et, sous peu de jours, les
troupes seront à leur poste.

M. le capitaine de Sachy et mon fils sont bien flattés de vos
compliments, mon fils en est fier.

Quant à moi, Monsieur le Maréchal, je suis et serai toujours, de Votre Excellence, le très dévoué serviteur,

Le général HERBILLON.

107. — *Lettre du général de division Herbillon.*

Camp de Maslak, le 28 avril 1855.

MONSIEUR LE MARÉCHAL,

J'ai reçu la lettre que vous m'avez fait l'honneur de m'a-
dresser à la date du 14. Je vous remercie sincèrement de
votre obligeance de me mettre au courant de tout ce qui peut
m'intéresser ; éloignés comme nous le sommes, le moindre
détail, les plus petites nouvelles sont pour nous choses précieuses.

Le général Mellinet est arrivé jeudi. Il m'a fait l'amitié de
venir dîner avec moi; nous avons beaucoup causé, et Votre
Excellence n'a pas été oubliée. Le général a pris immédiate-

ment son service; sa présence était nécessaire, la garde, étant un corps de nouvelle formation, a besoin d'être dirigée avec suite et fermeté.

Le très mauvais temps nous poursuit, et par suite les maladies augmentent. A la date du 27, le nombre des malades de la première division était de onze cent vingt-huit aux hôpitaux et de deux cent cinquante-cinq à la chambre, ce qui fait un total de treize cent quatre-vingt-trois hommes malades, presque l'effectif d'un régiment. Le total des malades de tout le camp est de deux mille cent cinquante-deux. Dans ce nombre, les cholériques ont un chiffre de trois cent soixante-trois.

La mortalité, à dater du 21, a été de cent quatre-vingt-huit morts à l'ambulance du camp ; j'ignore quelle est la quantité de décédés à l'hôpital de Constantinople. Les 52e et 62e ont considérablement souffert; les 47e et 73e ont été moins frappés. Aujourd'hui 28, il y a grande diminution; je pense donc que le plus fort est passé, et que nous serons bientôt débarrassés de ce fléau qui, comme vous le voyez, n'a pas fait de grandes victimes.

Une remarque à faire, Monsieur le Maréchal, c'est que MM. les officiers, les sous-officiers, le génie, le train, la garde, la gendarmerie n'ont jusqu'à ce moment donné aucun cholérique et les chasseurs à pied très peu; l'infanterie seule a fourni aliment à cette cruelle maladie; ce qui ne doit pas étonner quand on pense que cette arme a donné ses soldats les plus valides aux corps ci-dessus désignés. Aussi, lorsque tous ces jeunes gens malingres qui peuplent les régiments éprouvent la moindre fatigue, les plus petites privations, ils disparaissent. Les brigades alors deviennent des bataillons, et les divisions des petits régiments, et comme les officiers ne diminuent pas, il en résulte qu'il y a beaucoup trop d'épaulettes. C'est ce qui arrive probablement en Crimée, et ce que nous éprouvons déjà ici. Je crois donc qu'il faudrait, en général, pour la guerre et surtout pour une guerre éloignée, des régiments beaucoup plus forts en effectif et moins d'états-majors, ces derniers devenant fort embarrassants.

Malgré les pluies qui nous écrasent, les travaux ont continué autant que possible : de grandes baraques pour l'ambulance, pouvant recevoir six cents lits, ont été construites comme par enchantement; les routes qui conduisent au Bosphore sont très avancées; celle qui part du camp pour aller à Balta-Limon, où est le palais que doit occuper l'Empereur, est achevée. Ici comme en Afrique, tout est à faire.

Hier j'ai quitté la ferme que j'habitais et je me suis établi au camp, ce que j'aurais fait depuis longtemps, si cela avait été possible.

J'attends demain M. le général Regnaud de Saint-Jean d'Angely; je lui remettrai le commandement du corps de réserve. Nous ignorons, Monsieur le Maréchal, quelle sera la direction donnée à ce corps, qui, dit-on, doit être augmenté de trente mille hommes. Il y a tant de versions, que l'on ne peut s'arrêter sur aucune. En Crimée, on prétend qu'il est destiné à l'investissement complet; ici, on croit qu'il doit faire diversion; ainsi, doute général.

Le 29 avril. — La compagnie d'artillerie qui était à Lyon vient d'arriver. M. le général Regnaud de Saint-Jean d'Angely n'est pas encore débarqué. Des officiers piémontais sont ici pour l'établissement de leur camp (1).

MM. les généraux Mellinet et Cler me chargent de vous présenter leurs humbles respects.

J'ai l'honneur d'être, Monsieur le Maréchal, de Votre Excellence le très humble et obéissant serviteur.

Le général HERBILLON.

---

(1) Le 26 janvier 1855, trois conventions avaient consacré l'alliance politique et militaire du Piémont avec l'Angleterre et la France. Un corps de 15,000 hommes fut organisé à Turin; il devait, sous le commandement du général Alphonse de La Marmora, prendre part aux opérations contre Sébastopol.

BOMBARDEMENT DE SÉBASTOPOL

**108. — *Lettre du capitaine comte Moré de Pontgibaud,
du 57ᵉ de ligne.***

Camp devant Inkermann, 9 au 23 avril 1855.

MONSIEUR LE MARÉCHAL,

Du 9 au 10 avril. — Le feu s'est ouvert à quatre heures
et demie du matin par un brouillard affreux et une pluie fine
et pénétrante. La place est restée près de deux heures sans
répondre; cette fois, ils avaient été positivement surpris. On
a été généralement content de l'efficacité de notre feu, qui a
tenu bon, malgré le mauvais temps; nous avons perdu très
peu de monde.

Du 10 au 11 avril. — Le temps est devenu meilleur; le
feu a continué dans une bonne voie. Le général Canrobert a
adressé des félicitations au génie et à l'artillerie pour la bonne
direction de leurs travaux et la résistance de leurs batteries.
Malheureusement, le général Bizot a été blessé grièvement
d'une balle derrière l'oreille; on a peu d'espoir de le conserver.

Du 11 au 12 avril. — Le feu continue toujours; la tour
Malakoff commence à être fortement ébréchée, mais les batteries russes ne sont pas éteintes; on commence de nouveau,
de part et d'autre, à tirer des bombes. A l'attaque de gauche
(corps Pélissier), nos batteries continuent sans trop d'avaries,
mais on ne peut encore prévoir un résultat prochain; nos
bâtiments paraissent prêts à faire feu, mais nous sommes
encore privés de leur musique. Les Russes ne tentent aucune

sortie; les bombes font du mal dans la ville, mais les incendies n'ont pas de suites. La Tchernaïa est toujours débordée, ce qui rend le front du corps d'observation inattaquable.

Du 12 au 13. — Toujours des bombes, toujours des coups de canon, rien de la flotte. On renouvelle les projectiles dont l'approvisionnement ne serait pas encore épuisé à moitié. Ce soir, le temps paraissait devoir devenir affreux, mais tout s'est arrangé.

Le 13 au matin. — Le temps est devenu meilleur, le vent a changé de direction; la canonnade chatouille agréablement les oreilles. On parle de cent hommes mis dans la nuit hors de combat.

Du 13 au 14. — Toujours beau temps, toujours la canonnade; tout marche bien, mais rien de nouveau. La flotte n'a pas encore donné. Suivant des récits, en connaissant la passe, les vaisseaux pourraient entrer un à un dans la rade; un pilote se serait offert.

Du 14 au 15. — Au corps Pélissier, pendant la nuit, les Russes ont fait une sortie et ont été vigoureusement repoussés après avoir subi des pertes considérables.

Du 15 au 16. — Au corps Pélissier, on a fait sauter des mines en avant du bastion du Mât; on a établi une quatrième parallèle et comblé la tranchée des Russes en avant de la place, et l'on s'est maintenu sur les positions occupées.

A l'attaque Victoria, une sortie russe s'est présentée aux tranchées anglaises, espérant les surprendre. Ils ont été accueillis par un feu roulant; alors ils ont voulu se précipiter sur les Français, mais, reçus de même, ils en ont eu assez et sont partis après avoir subi d'assez fortes pertes, sans nous tuer un seul homme.

Du 16 au 17. — La journée du 16 a été signalée par l'explosion d'un magasin à poudre russe, le troisième depuis trois jours. La nuit dernière on a peu tiré, mais dans celle du 15 au 16, le feu a été très précipité. On dit que les maladies se mettent dans la ville.

L'opinion du jour est qu'on peut considérer dès aujourd'hui que nous avons pris l'offensive d'une manière marquée, et que nous cheminons vers un résultat. Les Russes, dans les circonstances actuelles, n'ayant rien tenté contre le corps d'observation, nous pouvons supposer qu'ils n'osent plus renouveler Inkermann, et qu'enfin nos forces se balancent en effectif.

Le général Bizot est mort, il a été enterré hier, tous les généraux alliés étaient à son enterrement. Les généraux Canrobert, Pélissier et Lebœuf ont parlé. Omer-Pacha y était aussi.

Du 23 au 24. — On a fait sauter des terres, en avant du bastion du Mât; soixante-sept Français ont sauté malheureusement, par suite de l'explosion de notre mine, et les Russes ont poussé des hourras de satisfaction.

Du 24 au 25. — Sortie des Russes au corps Pélissier; ils ont dû faire des pertes considérables. Ils ont attaqué dans la parallèle le 43e de ligne, qui aurait à regretter cinquante hommes, dont cinq officiers.

Du 25 au 26. — Toujours au corps Pélissier, reprise d'embuscades perdues, après une très vive fusillade et non sans laisser beaucoup de monde sur le terrain. Il est incontestable que, maintenant que nous sommes de ce côté-là à la distance de cinquante mètres de la place, il n'est guère de nuit où l'on ne perde une soixantaine d'hommes au moins.

Du 26 au 27. — Revue du corps d'observation et de la réserve, passée par le général Canrobert sur le plateau près de Balaclava; discours aux officiers de chaque division; annonce d'un renfort de quatre-vingt mille hommes, dont moitié avant douze jours et le reste avant un mois.

Il est effrayant de voir combien les Russes s'accumulent sur les hauteurs en avant du nord de Sébastopol; ils se tiennent, du reste, tout à fait sur la défensive, ils ne tentent exactement rien et se contentent de tâcher avec leurs bonnes carabines de gêner nos chercheurs de bois.

L'armée désire vivement sortir de cette situation et voudrait tenter quelque chose, plutôt que de voir prolonger le *statu quo*. Nous sommes protégés par le climat, qui se tient au beau sec et nous préserve encore des épidémies, dont on signale cependant des germes.....

PONTGIBAUD.

109. — *Lettre du lieutenant Pierre de Castellane* (1),
officier d'ordonnance du général Canrobert.

Devant Sébastopol, 28 avril 1855.

MON CHER PÈRE,

Je suis arrivé avant-hier devant Sébastopol; je n'ai pu ni
me reconnaître, ni bien me rendre compte, en sorte que je ne
pourrai vous donner de renseignements précis que par le prochain bateau, mais tenez pour certain que votre jugement sur
toute cette affaire était juste et fondé. Nous ne sommes qu'au
début de cette colossale entreprise.

Le feu a produit peu de choses, il est ralenti, on entend
de temps à autre un coup de canon et voilà tout. Je n'ai pas
encore visité les tranchées. Hier j'ai vu le général Bosquet,
je l'ai trouvé changé et vieilli. Le général Canrobert, bien portant, est toujours le même.

Il y a eu deux magnifiques revues des 1er et 2e corps de
l'armée. Ces corps étaient de toute beauté : tenue et aspect
martial, vêtements en bon état. Lord Stratford Redcliffe, l'am-
bassadeur anglais à Constantinople, y assistait.....

PIERRE DE CASTELLANE.

(1) *Castellane* (Louis-Charles-Pierre *de*), né le 25 octobre 1824 à Paris,
enrôlé volontaire au 4e régiment de chasseurs d'Afrique le 25 octobre 1842,
brigadier le 20 février 1843, maréchal des logis le 6 juin 1843, sous-lieutenant le 2 mars 1845 au 3e régiment de chasseurs d'Afrique, chevalier de la
Légion d'honneur le 25 janvier 1846, rayé des contrôles de l'armée le
15 mars 1848 pour refus d'adhésion au gouvernement de la République;
réintégré au 1er régiment de carabiniers comme sous-lieutenant le 18 janvier 1853; lieutenant le 4 février 1854, officier d'ordonnance du général
Canrobert commandant en chef l'armée d'Orient, capitaine au 1er régiment
de carabiniers, le 7 novembre 1855, démissionnaire le 30 mai 1857.

110. — *Lettre du lieutenant Pierre de Castellane,*
officier d'ordonnance du général Canrobert.

Devant Sébastopol, le 30 avril 1855.

MON CHER PÈRE,

Je vous écris par un temps froid, humide, mêlé de grains,
qui a succédé à des journées de chaleur et que remplacera
peut-être demain un soleil ardent. Ce sont ces alternatives de
chaud et de froid qui éprouvent beaucoup les nouveaux
arrivants.

J'ai dû accompagner hier le général Canrobert chez lord
Raglan, où il est resté durant trois heures en conférence avec
le contre-amiral Bruat, le contre-amiral Charner, commandant en second l'escadre, et l'amiral Lyons. Il s'agissait d'un
coup de main projeté sur Kertch.

Le siège continue : nous appelons ne plus tirer quand nous
envoyons deux mille cinq cents à quatre mille projectiles par
jour. L'on n'est point mécontent des travaux; nous avons
avancé certaines batteries du côté de la tour Malakoff de près
de deux cents mètres, et une quatrième parallèle est tracée
d'avance.

Je ne pourrai vous parler de tout cela en détail que lorsqu'il
m'aura été loisible de parcourir les dix lieues et demie de
tranchées et d'avoir visité les quarante batteries que nous
avons en ce moment. Ce qu'il y a de certain, c'est que l'aspect
militaire de cette armée est vraiment admirable, les hommes
y sont d'une vigueur rare. Ils ont des vêtements en bon état,
sont habillés de neuf et, malgré leurs fatigues, paraissent gais
et en train. Il n'y a plus guère de sorties russes, ou plutôt il
n'y en a pas eu ces nuits-ci; ils lancent aussi beaucoup moins
de projectiles creux; plusieurs de leurs embrasures ne sont
plus armées; il semblerait qu'ils ont plus de difficultés.....

PIERRE DE CASTELLANE.

111. — *Lettre du général de brigade de Lavarande.*

Devant Sébastopol, le 3 mai 1855.

MONSIEUR LE MARÉCHAL,

Plein de reconnaissance pour tout ce que vous avez fait pour moi, bien fier et bien heureux de vos félicitations, permettez-moi de vous renouveler encore mes remerciements et l'assurance du respectueux attachement que vos bontés m'ont toujours inspiré.

Pierre, que j'ai revu ici avec bien du plaisir, doit vous mettre au courant des rares événements militaires dont nous sommes les acteurs. Il a dû vous dire qu'une division forte de six mille hommes, formée de régiments pris dans toute l'armée et commandée par le général d'Autemarre, ayant sous ses ordres les généraux Saint-Pol et Bazaine, et Desaint, chef d'état-major, s'était embarquée hier pour aller soit à Kaffa, soit à Kertch. Elle a pour mission de détruire ce dernier port militaire, qui est armé de pièces de très gros calibre et qui ferme l'entrée du détroit. Cela permettra à nos chaloupes canonnières de garder ce passage et d'empêcher les ravitaillements que l'armée russe fait en partie de l'autre côté du détroit.

Le second événement qui fait le sujet de nos causeries de bivouac est un vigoureux coup de main exécuté par le général Pélissier. Il avait, devant sa quatrième parallèle qui regarde le bastion central, des embuscades russes qu'ils avaient reliées et qui formaient une parallèle empêchant nos approches. Par une belle nuit, le général les fit vigoureusement enlever, et l'ennemi a laissé en notre pouvoir huit petits mortiers. Pendant le jour et pendant la nuit, les Russes ont vainement et à plusieurs reprises essayé de reprendre leurs ouvrages, que nous occupons fortement. Le colonel Viénot a été tué dans cette dernière affaire.

Je suis avec le plus profond respect, de Votre Excellence, le très obéissant et très dévoué subordonné.

Le général de brigade DE LAVARANDE.

112. — *Lettre du lieutenant Pierre de Castellane,*
officier d'ordonnance du général Canrobert.

Devant Sébastopol, le 5 mai 1855.

MON CHER PÈRE,

Nous avons eu ici dans la nuit du 1ᵉʳ au 2 mai, une fort belle affaire, l'enlèvement d'un ouvrage considérable dont les Russes voulaient faire une sorte de place d'armes. Cette affaire conduite avec une grande vigueur par les généraux de La Motte Rouge, Bazaine et par le général de division de Salles, a parfaitement réussi. J'étais allé dans les tranchées le 1ᵉʳ mai, avec le général Canrobert, nous avions été voir plusieurs batteries en construction, puis examiner par les embrasures les ouvrages que l'on devait attaquer pendant la nuit; il y tombait beaucoup de bombes, des petites surtout qui faisaient assez de mal.

Avant-hier, je suis allé voir les ouvrages nouvellement occupés, ils étaient loin d'être sûrs. La canonnade roulait les gabions et plusieurs passages étaient enfilés par les balles. Ces ouvrages pourront avoir une grande influence sur le siège.

Vous ne pouvez vous imaginer la vigueur, la beauté et l'étonnante énergie des soldats, c'est une admirable armée.

Hier, le général Canrobert est allé visiter les ouvrages nouveaux, il m'a pris avec lui. J'avoue que tous, nous avions grand'peur qu'il n'en revienne éclopé. Un instant auparavant, le général Beuret avait été renversé par un gabion qu'un boulet avait fait sauter en l'air, mais il n'a rien eu. Je sais que ces visites-là mettent le diable au corps chez les hommes, mais il y a aussi une bien grande imprudence.

L'ouvrage que nous avons pris pourrait peut-être amener la prise de la ville, qui est plus bas, à ce que je crois, qu'elle n'en a l'air, mais j'ignore les projets. On parle d'investissement; cela est possible, car la ville ne pourrait alors tenir huit jours. Nous avons eu environ dans toutes ces affaires deux cents hommes tués et cinq cents blessés.

L'expédition pour Kertch est partie le 3 mai : elle se compose de dix mille hommes, deux mille cinq cents Anglais et sept mille cinq cents Français, sous le commandement des généraux Sir Georges Brown pour les Anglais, et d'Autemarre pour les Français. Les deux amiraux sont également partis.

Le général Canrobert est bien changé, le commandement le fatigue beaucoup, et il y a de quoi, car ce siège ressemble un peu au tonneau des Danaïdes qui se vide et se remplit toujours.....

PIERRE DE CASTELLANE.

113. — *Lettre du lieutenant Pierre de Castellane, officier d'ordonnance du général Canrobert.*

Devant Sébastopol, le 12 mai 1855.

MON CHER PÈRE,

L'expédition de Kertch, contremandée en route après l'arrivée d'une dépêche de Paris venue par le télégraphe électrique, est de retour à Kamiesch, et les vaisseaux se préparent à partir pour Constantinople, afin d'y prendre l'armée de réserve mise aussi par dépêche télégraphique aux ordres du général Canrobert. Je crois que le général a l'intention de prendre le plus promptement possible l'offensive. Il faut, en effet, agir à tout prix, et l'indécision ne peut durer plus longtemps, c'est là un des grands malheurs de la situation.

Notre position devant le Bastion central, par suite de l'enlèvement des nouveaux ouvrages russes, était excellente ; nous nous y sommes solidement établis, malgré le feu de la place, et je crois que l'on aurait pu aller plus loin trois jours après. Au lieu de cela, nous attendons, et les Russes, les plus grands fouilleurs de terre qui existent, ont fait maintenant, en arrière, de nouveaux ouvrages qui n'existaient pas. Il paraît que toutes les vues sont maintenant pour une offensive et un investissement qui en serait la conséquence. On attend par le bateau un officier d'ordonnance de l'Empereur, qui doit arriver avec des instructions et des dépêches.

Je suis ici assez occupé; on ne peut guère s'éloigner; je n'ai pu faire encore toutes les reconnaissances que j'aurais voulu.

Depuis trois jours il pleut, et dans ces boues j'ai un échantillon de tout ce que nos malheureux soldats ont dû souffrir cet hiver.

Les Anglais sont attaqués depuis trois nuits très vigoureusement; ces sorties sont vigoureusement repoussées. Ils ont maintenant un général du génie, le général Harry Jones, qui est un homme de grand mérite.....

PIERRE DE CASTELLANE.

114. — Lettre du général de division Herbillon.

Camp de Maslak, le 12 mai 1855.

MONSIEUR LE MARÉCHAL,

Nous quittons le camp de Maslak; la 2ᵉ division s'embarque ce matin, la 1ʳᵉ demain, et la garde mardi 15. Les Piémontais ont continué leur route et ont dû débarquer à Balaclava. Nous ignorons quels sont les projets et à quoi nous sommes destinés; nous savons seulement que le général en chef nous attend avec impatience.

Le choléra nous a quittés, non sans faire de victimes. Depuis le début, qui date du 15 avril, jusqu'au 12 mai, nous avons eu deux mille hommes atteints, sur lesquels six cent quarante-trois décès.

Mon domestique, qui n'était pas militaire et qui était depuis

huit ans avec moi, est mort dans les vingt-quatre heures.
Nous avons perdu trois officiers.

Depuis trois jours, toutes les maladies ont diminué d'une
manière surprenante, et, encore une huitaine de jours, nos
convalescents auraient pu nous suivre. Ils sont nombreux, car
dans ma division je compte près de dix-sept cents hommes
aux hôpitaux.

M. le général Regnaud de Saint-Jean d'Angely est nommé commandant titulaire du corps d'armée de réserve, qui
est sous les ordres du général Canrobert; et si ce que l'on dit
est vrai, on attend notre débarquement pour frapper un
grand coup. Je fais des vœux pour qu'il réussisse et que nous
nous retirions au plus vite du plateau sur lequel nous sommes
campés depuis sept mois.

Ce matin à midi, le Sultan passe la revue de la garde et de
ma division, elle se fera sur la route de Balta-Liman à Constantinople, Sa Majesté ne fera que passer, il n'y aura pas de
défilé.

On peut dire, Monsieur le Maréchal, qu'il n'y a plus de tenue
à l'armée de Crimée, chacun se met à peu près comme il
veut.

Les galons sur les manches prédominent, mais comme il
n'y a pas un ordre général, il en résulte que les épaulettes
existent toujours.

Je tiens et je tiendrai tant que je pourrai, pour que dans
ma subdivision il n'y ait aucun changement dans la tenue
réglementaire.

Vos rapports ont été adoptés dans le corps de réserve,
M. le général Regnaud de Saint-Jean d'Angely n'ayant
rien changé aux ordres que j'avais donnés.

Dans quelques jours, nous serons en Crimée; je tiendrai
Votre Excellence au courant de ce que je verrai et de ce que
je pourrai savoir; c'est une lutte bien grave que nous avons
entreprise, et le moindre détail est intéressant pour tous, surtout pour vous, Monsieur le Maréchal, qui êtes si essentielle-
ment militaire.

Je pars pour la Crimée avec la confiance du soldat et l'espoir d'être un jour assez heureux pour me trouver avec Votre Excellence, dont je n'oublierai pas les bontés.

Veuillez, Monsieur le Maréchal, être assez bon pour me rappeler au souvenir de MM. les généraux qui sont sous vos ordres.

J'ai l'honneur d'être, Monsieur le Maréchal, de Votre Excellence le très humble et très obéissant serviteur.

Le général HERBILLON.

115. — Lettre du lieutenant Pierre de Castellane, officier d'ordonnance du général Canrobert.

Devant Sébastopol, le 15 mai 1855.

MON CHER PÈRE,

Omer-Pacha est venu le 12, d'Eupatoria, et les journées du 13 et du 14 se sont passées en conférences chez lord Raglan. C'est une chose bien difficile que des opérations qui doivent être toutes concertées entre des chefs d'armées différentes, et il est évident qu'il y a là pour le général Canrobert plus d'embarras que ne peuvent lui causer toutes les défenses de Sébastopol. Je crois être certain pourtant qu'hier un mouvement offensif a été décidé. Il a fallu de la part du général Canrobert une très grande énergie pour arriver à une conclusion. Enfin elle a été obtenue. Il fallait se décider ; de toute façon l'indécision n'était plus possible.

Nous allons, je pense, couper la route de Baktchi-Seraï. Nous avons cent vingt mille Français, trente mille Anglais. Les Égyptiens et les Turcs d'Eupatoria forment cinquante mille hommes. Nous aurons, avec les Anglais, deux cents à deux cent vingt pièces de campagne. Maintenant, il faut se maintenir dans les lignes de siège et sur cet immense plateau où se trouvent nos approvisionnements et notre base.

La situation sanitaire de l'armée est vraiment bonne, les

hommes ont beaucoup d'ardeur, nos travaux sont en bon état. Il y a eu deux petites sorties des Russes, l'autre nuit, sorties appuyées par une atroce canonnade. Le 98ᵉ, qui se trouvait du côté du Cimetière, où elles avaient lieu, les a très vigoureusement repoussées, et les Russes ont laissé des morts contre nos tranchées. Nous avons eu aussi beaucoup de bonheur avec nos fourneaux de mine, pendant que ceux des Russes, durant ces derniers jours, ont été constamment éventés.

Lord Raglan m'a chargé de le rappeler à votre souvenir, il m'a dit de très aimables paroles en me chargeant de vous les écrire, son armée est vraiment dans un état très remarquable.

Les Sardes et le général La Marmora sont arrivés ; le général m'a chargé de vous présenter tous ses devoirs....

PIERRE DE CASTELLANE.

RETRAITE DU GÉNÉRAL CANROBERT

116. — *Lettre du général de brigade Cler.*

Au camp de Kamiesch, le 20 mai 1855.

Monsieur le Maréchal,

Mon court séjour au camp de Maslak a été tellement dépourvu d'intérêt que j'ai voulu attendre mon arrivée en Crimée pour écrire à Votre Excellence.

La grande question du jour est la démission du général en chef Canrobert, qui vient de reprendre le commandement de son ancienne division.

L'histoire ancienne et celle du moyen âge nous montrent Sylla et Charles-Quint abdiquant le pouvoir absolu, mais l'histoire moderne n'a point encore enregistré le nom d'un général en chef qui, après huit mois de commandement, consent à servir sous les ordres des généraux qu'il commandait.

Pendant son difficile commandement, le général Canrobert a su gagner l'estime des officiers et la sincère affection des soldats.

Quel emploi fera-t-on des grandes forces réunies en ce moment au sud de Sébastopol? Voici, selon moi, les attaques et les mouvements qui peuvent être entrepris :

1° Occuper de vive force quelques-unes des contre-approches de l'assiégé et livrer l'assaut sur un point, en faisant une fausse démonstration sur un autre. Je ne puis admettre un assaut sur plusieurs points, car nous arriverions à livrer un grand duel sur une ligne de deux lieues d'étendue, en laissant tous les avantages de la position à notre ennemi. Si on admet que les Russes ne sont pas découragés et qu'ils continuent à défendre leur ville comme elle a été défendue jusqu'à ce jour, l'assaut livré dans les conditions où nous sommes devient problématique, et, en nous coûtant bien du sang, il n'avancera pas la solution de la question.

2° Investir complètement la place, en passant par la haute Tchernaïa et en attaquant à revers les hauteurs de la Belbek et la partie nord du terrain militaire de la place.

Cette attaque exécutée par un grand mouvement convergent rencontrera à l'aile marchante d'immenses difficultés de terrain, et au pivot, des retranchements bien disposés et garnis d'artillerie.

3° Les attaques de droite, attaques anglaises, attaques de Malakoff et du Carénage, pouvant très bien être abandonnées sans compromettre trop nos attaques de gauche, une grande partie de l'armée deviendrait alors disponible. Laissant soixante mille hommes aux attaques de gauche et dans le camp retranché de Kamiesch que l'on construit en ce moment, et quinze mille pour garder Balaclava, quatre-vingt à quatre-vingt-dix mille hommes deviendraient disponibles. En les jetant sur un point de la côte entre Yalta et Kaffa, ils marcheraient ensuite, en traversant la chaîne Taurique, vers le centre de la Crimée, de manière à isoler complètement Sébastopol de ses lignes d'approvisionnement.

Ce dernier projet serait le moins mauvais, si nous avions la hardiesse d'abandonner complètement le siège, en ne gardant que le camp retranché de Kamiesch, qui serait lui-même abandonné ainsi que Balaclava, dès que notre nouvelle base d'opérations et notre nouvelle ligne seraient bien établies. Il est bien entendu qu'Eupatoria devrait aussi être complètement abandonné.

Je suis avec une respectueuse reconnaissance, Monsieur le Maréchal, de Votre Excellence le très humble et très obéissant serviteur.

CLER.

117. — *Lettre du lieutenant Pierre de Castellane, officier d'ordonnance du général Bosquet.*

Devant Sébastopol, le 21 mai 1855.

MON CHER PÈRE,

Je vous ai écrit l'autre jour, très à la hâte, au milieu de ce grand bombardement auquel nous étions si loin de nous attendre. Maintenant je vais vous donner quelques détails.

Depuis l'expédition de Kertch et son rappel, il y avait difficulté sourde avec les Anglais. Ceux-ci ne peuvent mettre que vingt-deux mille hommes dans le rang sur leurs trente mille d'effectif. Cette armée est pourtant réellement belle, mais elle est peu marcheuse et elle s'est, sous tous les rapports et sous toutes les formes, immobilisée au sol.

Le général Canrobert jugeait, après l'insuccès relatif du feu, qu'il fallait, les réserves réunies, séparer l'armée russe de secours de la garnison de la place par une vigoureuse offensive et amener ainsi la reddition de la ville, en rendant l'attaque possible. C'était pour lui et dans sa pensée la condition *sine qua non* du succès.

Les Anglais écoutaient toujours, disaient même à peu près oui, puis reprenaient toujours leur thème d'une attaque directe, qui ne les oblige point au déplacement. Impossible de les amener à aucune résolution précise.

Toutes ces difficultés se déguisaient sous la forme la plus polie, mais elles n'en étaient pas moins profondes.

Le général enfin se voyait devenu un obstacle; le temps

pressait, les troupes allaient être réunies, il fallait à tout prix agir. Il résolut alors de simplifier toute la question par une action vraiment sublime, et une dépêche télégraphique fut envoyée par lui en termes tels, que l'on dut consentir à la demande et lui permettre de remettre volontairement le commandement aux mains du général Pélissier.

Cet acte s'accomplit de sa part avec une simplicité, une grandeur, une dignité qui ont pénétré l'armée d'une respectueuse émotion, et l'affection de tous les soldats s'est changée en adoration. Toutes les lettres qui vont partir en sont remplies.

Il faut en effet un bien grand cœur pour prendre une telle résolution et au moment peut-être de recueillir les fruits de si laborieux efforts, quand l'armée devenue nombreuse et aguerrie, pourvue de tout, pouvait tout tenter, renoncer volontairement au commandement, parce que l'on se voyait de sa personne devenu un obstacle.

Le général Canrobert a poussé plus loin l'abnégation : il a voulu reprendre le commandement de sa première division, commandement du reste impossible et que, dans l'intérêt même de l'armée et de l'avenir, il faut se hâter de faire cesser.

Voici en résumé les causes de cette abdication ; elles prouvent que les commandements à plusieurs sont impossibles et que ce fut aussi une faute de nous avoir placés complètement côte à côte des Anglais. A l'Alma, ils avaient même nombre de baïonnettes que nous ; maintenant nous avons quatre-vingt-dix mille hommes de plus ; il ne peut donc, quoi qu'on dise, y avoir égalité dans le conseil, car il n'y a point égalité dans le poids de l'épée, et des considérations puissantes pour les uns sont sans valeur pour les autres.

Je vous ai déjà dit que je passais auprès du général Bosquet. Le général Canrobert a été là encore d'une bonté paternelle, et vous ne sauriez croire la bonne grâce que le général Bosquet y a mise ; je leur dois à tous deux une vive reconnaissance.

Votre nom s'est trouvé mêlé à tout cela, car les deux généraux n'ont pas oublié, l'un votre vieille amitié, l'autre l'accueil que vous lui avez fait. Je serai bien, près du général Bosquet. « Allez près de Bosquet, mon ami, me disait le général Canrobert, je l'ai arrangé ainsi, je veux vous voir à son école, elle est bonne. » — « Venez, m'a répondu le général Bosquet, vous trouverez près de moi une famille. »

Le premier effet du nouveau commandement a été de remettre sur le tapis l'expédition de Kertch. Elle a de nouveau lieu. Trois mille Anglais, cinq mille Français, cinq mille Turcs y prendront part, les Français commandés par le général d'Autemarre, les Anglais par Sir George Brown, qui a le commandement supérieur.

Je ne sais trop ce qui adviendra de tout ceci, et pourtant j'ai bon espoir de voir enfin prendre la ville et terminer cette campagne. En tout cas, je me porte bien ; j'ai eu malheureusement mes chevaux malades, mais ils vont mieux.

Nous avons eu ici de très fortes chaleurs. Je ne sais pas quelles épreuves nous attendent; j'ai encore une fois croyance dans le succès, tant cette armée est belle, tant elle est prête à tout.

Je crains pour la santé du général Canrobert, et je prévois de graves embarras involontaires de sa personne; il devait vouloir rester, mais le Gouvernement devait ordonner sa retraite.

Adieu, mon cher père, etc.

PIERRE DE CASTELLANE.

118. — Lettre du maréchal de Castellane (1).

Quartier général de Lyon, le 3 juin 1855.

. . . .

. . . . Tu trouveras ci-jointe copie d'une très intéressante lettre de Pierre, du 21 mai. Tu verras qu'il pense qu'on

(1) Cette lettre était adressée à Mme la marquise de Contades.

devrait faire revenir le général Canrobert. Je suis de son avis,
sa position est fausse.

Malgré sa grandeur d'âme et son abnégation, après avoir
été commandant en chef, il ne peut pas être utile au service
de l'Empereur en Crimée, en qualité de commandant d'une
division. Dans une armée, il y a toujours des mécontents :
ceux mêmes qui ont le plus attaqué le général Canrobert l'élèveront aux nues dans quelque temps, en opposition au général
Pélissier, si ce dernier se trouve dans l'impossibilité d'obtenir
promptement des succès très brillants.

Cette position de subordonné ne peut au fond être agréable
au général Canrobert : après avoir été chef, il a cru de son
honneur de la prendre, mais chaque jour il sentira davantage combien elle est pénible.

Le général Canrobert a l'estime et l'affection de tous en Crimée. On lui a reproché de l'indécision, mais cet attelage anglo-
français est impossible à mener, du moment qu'avec une armée qui est le quart de la nôtre ils ont voix égale au conseil.
Il faudrait que les Anglais agissent sur un autre point que
nous, à leur guise. Le plus tôt serait le mieux. Il y a longtemps
que, sans les Français qui ont tout fait pour les Anglais, leur
armée en Crimée aurait cessé d'exister.

Sous l'empereur Napoléon Iᵉʳ, les troupes étrangères étaient
sous les ordres de généraux français, au moins les corps
d'armée. Une seule fois, en 1812, un corps d'Autrichiens de
cinquante mille hommes a été sous les ordres du général
Schwartzemberg agissant pour son compte, il ne nous a été
bon à rien ; seulement, après la retraite de Moscou, il a été tout
prêt et nous a fait aussitôt la guerre. . . . .
. . . .

Maréchal CASTELLANE.

119. — *Lettre du colonel de Chargère,*
du 16ᵉ de ligne.

Kamiesch, le 21 mai 1855.

MONSIEUR LE MARÉCHAL,

. . . .

Le corps de réserve est débarqué en Crimée.

La garde va camper près du quartier général du commandant en chef. Les divisions Herbillon et d'Aurelle sont campées devant Kamiesch, que l'on va couvrir par un camp retranché.

Le 62ᵉ, en quittant Maslak, y a laissé six cents hommes malades, plus de cent sont morts du choléra. En Crimée, l'état sanitaire est excellent.

L'armée voit avec satisfaction la nomination du général Pélissier; elle espère que le caractère décidé de son nouveau chef précipitera le dénouement tant désiré!

J'ai souvent le plaisir, Monsieur le Maréchal, de m'entretenir de vous avec mon général de brigade, le général Cler, qui vous est fort attaché.

Agréez...

CHARGÈRE.

120. — *Lettre du vicomte A. de Courville, capitaine*
du génie.

Constantinople, 21 mai 1855.

MONSIEUR LE MARÉCHAL,

Je ne vous avais pas écrit tous ces temps-ci, parce que maintenant que le télégraphe existe de Kamiesch à Paris, nous ne pouvons plus vous donner que de vieilles nouvelles. Le général Mellinet et M. l'intendant Paris ont dû vous écrire, et ils étaient bien plus à même que moi de vous intéresser.

Voilà notre camp abandonné au moment où l'on venait de le finir; il ne reste plus que les petits dépôts du corps et un régiment de gendarmes de la garde qui doit partir d'un moment à l'autre. Nous avions cependant fait partout des baraques, des cuisines, des chauffoirs, des cuviers et des fontaines, avec accompagnement de lavoirs et d'abreuvoirs; il est probable, d'ailleurs, que ce travail ne sera pas perdu et que ce camp servira à des troupes venant de France ou de Crimée.

Les généraux et les officiers de l'armée de réserve étaient fort peu contents d'aller en Crimée, ils espéraient constituer une armée agissant à part; ils voyaient bien en partant qu'ils allaient se fondre en Crimée, ce qui a déjà eu lieu, à ce qu'il paraît, car on dit que le général Regnaud de Saint-Jean d'Angely commandera la garde et que les divisions d'Aurelle et Herbillon seront fondues dans les corps d'armée déjà existants.

On commence ici à crier beaucoup; on s'aperçoit un peu tard qu'on ne peut pas prendre Sébastopol sans l'investir; on parle d'une expédition commandée par le général Canrobert qui chercherait à forcer les lignes de la Tchernaïa. Les soldats veulent à toute force faire quelque chose, ils se fatiguent des travaux qui n'aboutissent pas et où tous les jours, on en tue ou blesse une centaine. D'ailleurs, tout le monde s'accorde à dire que l'armée est pleine de courage et d'énergie et que l'on peut tout en attendre, si on la conduit bien.

On regrette beaucoup que l'Empereur ne vienne pas; tout le monde y comptait et l'attendait avec impatience, espérant qu'il donnerait à la guerre une tournure moins incertaine.

On est aussi fort inquiet de voir le matériel de siège se détériorer par suite du grand nombre de coups tirés par les pièces, sans que l'on puisse le remplacer de sitôt. Les navires aussi ne sont pas habitués à faire un service si prolongé, et les marins disent qu'il faudra bien qu'on leur donne le temps de les réparer. Tout cela prouve qu'il faut de toute nécessité frapper un grand coup et, coûte que coûte, sortir de l'impasse où l'on a si imprudemment mis l'armée.

J'ai entendu bien souvent parler de vous, Monsieur le Maréchal, par beaucoup d'officiers de l'armée de réserve qui se trouvaient il y a peu de temps sous vos ordres, tous regrettaient de n'y être plus; vous devez penser, Monsieur le Maréchal, si je joignais mes regrets aux leurs.

Je vous prie, Monsieur le Maréchal, d'agréer les très respectueux hommages de votre très dévoué serviteur.

Vicomte A. DE COURVILLE.

LE GÉNÉRAL PÉLISSIER

121. — *Lettre du lieutenant Pierre de Castellane, officier d'ordonnance du général Bosquet.*

Devant Sébastopol, le 25 mai 1855.

MON CHER PÈRE,

Depuis ma dernière lettre, l'Empereur a autorisé le général Canrobert à rester, suivant son désir, à la tête de sa première division, ce qui est contraire à tout l'esprit de notre constitution militaire, gênant pour tout le monde et ne pouvant offrir que des inconvénients graves.

On voulait d'abord lui donner le commandement du 1er corps, dit corps de siège. C'était un ordre venu de Paris; il a refusé net et n'a voulu que la 1re division, la seule en effet qu'il pût prendre. Le maréchal Vaillant et d'autres qui ne doivent pas avoir grand désir de le voir arriver à Paris ont dû penser à cela. Le général va du reste fort bien et semble comme ravivé, depuis qu'il n'a plus sur le dos ce fardeau énorme.

Le fait est que le commandement avec ces discussions et conférences perpétuelles, l'impossibilité d'exécuter des projets qui entraînent le moindre déplacement, parce que les Anglais ne veulent bouger à aucun prix, rendent ce métier affreux.

Le général Pélissier veut attaquer le taureau par les cornes ou plutôt par le canon, en s'emparant ouvrage par ouvrage, pièces par pièces, de cet échiquier. Je ne sais pas s'il n'eût pas mieux valu essayer, maintenant que l'on a des renforts, d'investir et s'il en eût plus coûté pour emporter d'assaut les coteaux très escarpés et très difficiles qui sont de l'autre côté de la Tchernaïa, que pour enlever des embuscades à gauche du Cimetière, du côté de la Quarantaine, et une gabionnade que les Russes y avaient placées, afin d'établir en arrière une vaste place d'armes.

Nous avons eu, dans la nuit du 22 au 23 mai, quatorze cents hommes hors de combat et plus de vingt-cinq officiers. Deux chefs de bataillon de la garde sont grièvement blessés, le premier a le bras emporté par un boulet, le second les deux jambes criblées par un feu de peloton ; hier soir, on le disait désespéré.

Il y a eu malheureusement un moment de confusion. Les voltigeurs de la garde engagés étaient en partie des troupes neuves venues de France, elles se sont trompées et, dans la nuit, une partie a, dit-on, tiré sur ses camarades, ce qui, dans un pareil chaos, ne s'explique malheureusement que trop facilement. Nos troupes, au reste, se sont rencontrées avec une forte sortie russe. Il y a eu là une véritable bataille, dans laquelle ces derniers ont, en réalité, beaucoup souffert, au dire des prisonniers et aussi par le chiffre des régiments. Ils ont engagé successivement plus de quinze mille hommes ; la canonnade était aussi, dès le début, des plus terribles qu'il y ait eues depuis longtemps, et le boulet nous a fort maltraités. En fin de compte, l'on n'avait pu garder dans cette nuit qu'une petite partie des ouvrages et des embuscades, mais, la nuit suivante, avec moins de cent hommes de perte, nous avons pu nous y installer complètement.

Nos lignes vont maintenant jusqu'à la mer, et nous n'avons plus le risque d'être entourés ni surtout enfilés par les tirailleurs russes qui nous envoyaient beaucoup de balles. C'est un succès bien chèrement acheté.

Le jeudi 24, il y avait grande revue de la cavalerie anglaise en l'honneur de la naissance de la Reine. Il y avait quinze cents chevaux environ et de l'artillerie ; ces troupes étaient fort belles, mais je ne sais trop vraiment à quoi elles servent, puisqu'elles ne bougent pas.

Hier 25, nous avons étendu nos lignes ; nous occupons maintenant le terrain jusqu'à la Tchernaïa et une partie de la vallée de Baïdar ; les Sardes ont la droite. Cette prise de possession a été précédée d'un coup de main ayant pour but de s'emparer de quelques bataillons russes qui campaient sur la rive droite dans des redoutes. On les a chassés et on a fait quelques prisonniers, mais deux bataillons ont pu se retirer par la vallée de Baïdar, parce que les Sardes ne se trouvaient pas, le soir, au poste convenu.

Maintenant la guerre se suit, nous allons avoir de gros engagements du côté de Malakoff. Dieu veuille que tout cela réussisse ! Je n'ai pu voir encore M. de Pontgibaud, mais j'espère le rencontrer bientôt. Je me porte bien.

Pierre DE CASTELLANE.

122. — *Lettre du capitaine comte Moré de Pontgibaud,*
du 57ᵉ de ligne.

Camp d'Inkermann, le 25 mai 1855.

MONSIEUR LE MARÉCHAL,

C'est avec le plus grand plaisir que j'ai lu votre excellente lettre du 10 mai qui m'annonce l'arrivée de quatorze batteries. C'est un très précieux envoi qui nous rendra les plus grands services, car nous avons affaire à une puissance qui fait usage du canon à un point inimaginable.

C'est enfin ce matin, à une heure, que la première colonne, composée des divisions Canrobert, Brunet, des Anglais, des Piémontais, de la division Morris, en tout de plus de quarante mille hommes, s'est ébranlée vers Balaclava et, profitant des

hauteurs que nous occupons près de cette ville, a, conjointement aux Turcs, longé toutes les montagnes occupées par
les Russes et traversé, à cinq heures du matin, la Tchernaïa,
près d'un petit village qui occupe le fond d'une gorge d'où
descend cette rivière.

Bien que, depuis quatre jours, cette action soit restée en
suspens et que les Russes excellent en espionnage, le retard
même de l'opération les aura abusés sur la résolution prise,
tant il est vrai qu'ils se sont sauvés comme des gens surpris.

Les alliés ont traversé le pont (1), et, malgré la raideur du
revers du ravin, ils l'ont gravi au pas de charge et enlevé en
une heure, sans presque aucune perte. Ils ont pris douze
pièces de canon réparties en plusieurs batteries qu'ils ont
détruites, et sont ainsi arrivés au pied du fameux plateau en
avant du côté nord de Sébastopol et dont les pentes sont
presque à pic. Pendant tout ce temps-là, nos colonnes prê-
taient leur flanc droit à une quantité de ravins très dangereux. Elles avaient été plus loin qu'elles ne l'espéraient.

Les dernières colonnes étaient très loin derrière l'avant-
garde qui a jugé prudent de se replier sur le village (2), en
laissant en avant du pont une division d'observation pour
assurer le passage. D'autres troupes ont bivouaqué sur un
terrain accidenté, la cavalerie s'est installée dans une plaine
fourragère, et, en arrière, les troupes de réserve se sont casées
dans les postes intermédiaires, sur le versant sud desdites
montagnes.

D'autre part, il y a quatre jours, vingt-cinq mille hommes
environ se sont embarqués pour aller faire une descente du
côté de Kaffa, ce qui va occuper Liprandi qui surveillait le
passage de Baïdar, pendant qu'Omer-Pacha devra faire diversion en sortant d'Eupatoria. On dit que cette nuit les troupes
continueront leur mouvement, qui semble avoir pour but
d'investir complètement la place.

Avant-hier, près de la mer, une lutte sanglante s'est enga-

(1) Pont de Tracktir.
(2) Tchorgoune.

gée entre trois bataillons de la garde et des troupes de la place, les résultats matériels sont peu importants. On porte nos blessés au delà de douze cents hommes et les pertes russes à plus du triple, la flotte a fait diversion.

Comme conclusion, il a été reconnu impossible de faire de longues marches en Crimée, à cause des difficultés du terrain et des transports de vivres, et aussi à cause de la retraite des Russes qui brûlent tout. Si l'on veut investir la place, plus on tardera, plus grand sera le danger, car des troupes russes arrivent de tous les côtés.

Veuillez, Monsieur le Maréchal, recevoir l'assurance du profond respect de votre très humble serviteur.

Comte DE MORÉ DE PONTGIBAUD.

123. — *Lettre du général de division Herbillon.*

Kamiesch, devant Sébastopol, le 25 mai 1855.

MONSIEUR LE MARÉCHAL,

Depuis le 16 mai, nous sommes sur le sol de la Crimée. Débarqués à Kamiesch, notre camp fut établi à deux kilomètres de la plage sur un terrain pierreux, et la garde impériale alla immédiatement près du quartier général. A peine installés, nous reçûmes l'ordre d'occuper les troupes à fortifier les plateaux qui dominent la plage et la rade de Kamiesch. Sept bastions reliés par une ligne continue mettront à l'abri ce point important, et l'espace compris entre cette fortification et la mer sera un véritable camp retranché, précaution prudente.

Il y avait deux jours que nous étions débarqués, lorsque le général Canrobert quitta le commandement en chef pour reprendre sa position primitive; M. le général Pélissier le remplaça immédiatement. Le général Canrobert laisse des regrets; c'est un homme franc, d'un cœur noble, d'un caractère conciliant et d'une grande bonté; on l'accuse d'hésitation sans tenir compte des grandes difficultés qu'il avait à surmonter. Il paraît que celles qu'il avait avec les Anglais l'ont en grande partie décidé à abandonner le commandement. Il m'a dit qu'il ne pouvait plus aller, nos alliés ayant des idées et une volonté dont ils ne veulent pas se départir. Aujourd'hui ils ne travaillent plus et paraissent ne pas vouloir se porter en avant. Installés d'une manière fort confortable, remis des peines de l'hiver, ils attendent tout du temps et nous laissent nous livrer à notre ardeur guerrière.

Deux divisions, celle du général d'Autemarre et une anglaise, général Brown, se sont embarquées pour aller, dit-on, détruire les approvisionnements russes qui sont à Kertch, et débloquer, toujours dit-on, une assez grande quantité de navires marchands anglais qui sont dans le port. Cette course sur Kertch qui avait été déjà entreprise, et dont l'ordre de rentrer fut donné par le général Canrobert, avait été conseillée par nos alliés (1) ; aussi le contre-ordre leur déplut souverainement. Le général Pélissier vient de l'entreprendre de nouveau ; on attend des nouvelles ce soir.

Aujourd'hui, à trois heures du matin, une partie du corps d'observation, généraux Canrobert et Brunet s'est rapprochée, de la Tchernaïa ; ce mouvement a pour but non seulement de gagner de l'avance, mais encore de se pourvoir d'eau.

Les sources, ruisseaux et fontaines ne pouvaient suffire aux besoins d'une armée de cent cinquante mille hommes, les chaleurs étant déjà très fortes, et nous ne sommes encore qu'à la fin de mai. La Tchernaïa sera donc un puits d'abondance.

Dans la nuit du 22 au 23, une attaque fut faite sur les embuscades russes, établies depuis le bastion du Mât jusqu'au Cimetière ; celles établies à ce dernier point prenaient à revers nos parallèles dirigées sur le bastion central : on se battit à outrance, les embuscades furent prises et reprises et enfin abandonnées par les deux partis ; nous eûmes environ seize cents hommes hors de combat.

Dans la nuit du 23 au 24, cette attaque fut reprise, les

(1) Voir, dans la *Revue des Deux Mondes* du 15 mars 1898, l'article de M. Émile Olivier intitulé : « *Napoléon III. La guerre de Crimée* ».

Russes fatigués de la lutte de la veille ne tinrent pas et nous abandonnèrent toute cette ligne. Cette nuit nous coûta en blessés et tués environ sept cents hommes; les voltigeurs de la garde, la légion étrangère et le 18e de ligne ont considérablement souffert. Ces pertes partielles sont énormes et les résultats obtenus sont loin d'être décisifs. Je crains bien que nous ne soyons encore loin de nous rendre maîtres de la ville, cependant nous avançons.

J'ai reçu, Monsieur le Maréchal, votre lettre du 9 mai, je remercie Son Excellence de son attention à me donner des nouvelles de France.....

HERBILLON.

124. — *Lettre du baron Bondurand, sous-intendant militaire faisant fonction d'intendant du 1er corps d'armée d'Orient.*

Sous Sébastopol, le 26 mai 1855.

MONSIEUR LE MARÉCHAL,

Vous savez déjà par le télégraphe, et vous lirez bientôt dans les journaux les détails des deux grands combats qui viennent d'avoir lieu en avant de nos attaques de gauche près du Cimetière, et dont les résultats sont notre établissement dans un ouvrage commencé par les Russes, et dont ils voulaient faire une vaste place d'armes pour se réunir à l'abri de notre canon et attaquer nos parallèles par la gauche (1).

Le hasard a fait que, le 22 au soir, au moment où nous attaquions l'ouvrage, l'ennemi était lui-même massé, au nombre de quinze ou vingt mille hommes, pour tenter une attaque sur les dernières batteries que nous venons de construire, à

_____

(1) Pour arrêter les progrès des attaques françaises contre le bastion central et le bastion de la Quarantaine, le général de Todleben avait résolu d'établir une vaste place d'armes sur les hauteurs de la Quarantaine et du côté du Cimetière. Ces ouvrages russes furent enlevés à la suite des combats furieux des 22 et 23 mai; dans ces deux nuits, les Russes eurent 3,000 hommes et les Français 2,200 hommes hors de combat.

trois ou quatre cents mètres de la place. Ils étaient donc en
force pour nous repousser, et l'ouvrage en avant du Cimetière leur a été repris six fois. Seulement la lutte a été si vive
toute la nuit que nos travailleurs n'ont rien pu faire, et au
jour, l'ouvrage n'était pas tenable. On a pu garder celui qui
se trouve à la gauche du Cimetière vers la mer. Les troupes
russes étaient massées dans des ravins tellement bien enfilés
par nos batteries qu'ils ont fait des pertes très considérables.
Les boulets et les obus labouraient leurs rangs. Pour nous,
nos pertes ont été sensibles pendant cette première nuit. On
peut les porter à treize cents hommes environ tués ou blessés. Malgré ces pertes et bien que nous ne puissions faire que
des suppositions sur celles des Russes, le général Pélissier n'a
pas hésité à ordonner que l'attaque serait reprise le soir du
23, afin de s'emparer, coûte que coûte, de l'ouvrage en avant
du Cimetière et de s'y établir fortement.

Au moment où nous allions nous jeter sur l'ouvrage, ce
sont les Russes qui nous ont attaqués, mais ils ont été si
terriblement repoussés à la baïonnette par nos braves petits
soldats, qu'ils sont rentrés dans la place et n'ont plus reparu.
Le reste de la nuit s'est passé en canonnades très vives de part
et d'autre, mais nos travailleurs ont pu mettre l'ouvrage en
état d'abriter ses défenseurs. Le lendemain matin, nous y
tenions parfaitement.

Le 25, il y a eu suspension d'armes pour l'enterrement des
morts. Des officiers dignes de foi, qui assistaient à cette opération, m'ont assuré que les Russes ont enlevé au moins quinze
cents cadavres des leurs; il faut considérer qu'ils avaient
déjà pu enlever ceux qui se trouvaient près de la place. Cela
suppose beaucoup de blessés. Je ne crois pas qu'il y ait d'exa-
gération à évaluer à sept mille hommes leurs pertes dans ces
deux nuits. J'estime les nôtres à seize cents tués ou blessés.

Vous voyez, Monsieur le Maréchal, que c'est une bataille
dont le résultat matériel et moral me paraît considérable. Nos
troupes ont été admirables. On peut tout attendre d'elles. Elles
ont confiance dans le général Pélissier, qui est un homme
intelligent, résolu et persévérant. L'attaque du Mamelon-Vert

et des Ouvrages blancs est imminente. Peut-être aura-t-elle lieu ce soir ou demain. Le général Pélissier ne veut quitter nos positions que lorsqu'il aura pris au moins la partie sud de la ville; je le crois dans le vrai. Il est déterminé à pousser le siège avec la plus grande vigueur.

Hier matin, deux divisions d'infanterie, toute la cavalerie, les Turcs, etc., sont descendus dans la vallée de la Tchernaïa pour s'établir auprès de l'eau et de l'herbe. Les Russes ne se sont point opposés à ce mouvement qui nous met à notre aise, nous assure de l'eau et nous met à cheval sur la route de Yalta à Sébastopol.

Je ne sache pas qu'on ait reçu des nouvelles de notre expédition sur Kertch, je ne doute pas du succès.

Le général Canrobert a repris son ancienne division. Il est descendu du pouvoir d'une manière qui l'honore et qui lui donne toutes les sympathies. Il s'est conduit comme un Romain des beaux temps. Mais mon avis est que le sacrifice auquel il s'est si noblement résigné était nécessaire.

Agréez, Monsieur le Maréchal, l'assurance de mon profond respect et de mes sentiments dévoués.

BONDURAND.

125. — *Lettre du général de division Dalesme.*

Au camp sous Sébastopol, le 26 mai 1855.

MONSIEUR LE MARÉCHAL,

J'ai reçu la lettre que vous m'avez fait l'honneur de m'écrire pour me féliciter de ma nomination au grade de général de division; je suis on ne peut plus sensible à cette marque d'intérêt et de bon souvenir. Je ne change pas de position et je conserve le commandement du génie du 1er corps, M. le général Niel ayant été investi du commandement en chef du génie de l'armée.

Vous connaissez les changements qui ont eu lieu dans le

personnel du commandement de l'armée d'Orient. La démission du général Canrobert, qui est une nouvelle preuve de la loyauté de son caractère, a fait passer le commandement en chef dans les mains du général Pélissier, dont la résolution et la confiance en son étoile pourront changer la marche des opérations. Il serait' très à désirer, selon moi, qu'on pût arriver le plus tôt possible à l'investissement de la place, condition sans laquelle le siège présente bien moins de chances de succès.

A l'attaque de la ville, dont je suis chargé, nos cheminements ne pourront guère s'approcher davantage de la place, tant que le feu de l'artillerie ne sera pas éteint. Or, comment éteindre les feux d'une place qui a un matériel immense, qu'elle peut d'ailleurs renouveler à volonté ainsi que sa garnison ?

Nous avons eu dans la nuit du 22 au 23 une affaire assez chaude. Les Russes avaient commencé, la nuit précédente, des ouvrages très menaçants pour nos tranchées, et nous avons voulu les enlever. On s'est battu toute la nuit, et, après avoir pris et repris plusieurs fois les ouvrages, nous avons été obligés de rentrer dans nos tranchées au point du jour.

La nuit suivante, nous sommes revenus à la charge, et, cette fois, nous avons enlevé les ouvrages très lestement et nous les avons retournés contre la place. La fusillade n'a pas duré dix minutes; les Russes n'ont fait que peu de résistance et n'ont opéré aucun retour offensif. Ils se sont bornés à faire sur nos travailleurs un feu d'artillerie des plus violents qui nous a fait quelque mal.

Dans les deux nuits, nous avons eu, dit-on, quinze cents hommes mis hors de combat, dont quatre à cinq cents tués; mais les Russes ont fait des pertes bien plus considérables. Pendant l'armistice du 24, ils ont enlevé, à ce que l'on dit, douze cents cadavres, ce qui suppose bien environ quatre mille hommes hors de combat. De plus, le feu de notre artillerie a dû leur faire perdre du monde en ville. Je ne m'explique pas trop pourquoi ils n'ont pas fait plus de résistance la deuxième nuit.

La division Canrobert a fait le 24 un mouvement pour s'emparer de la plaine de la Tchernaïa, mouvement qui n'a, je crois, d'autre but que de donner de l'eau à boire à nos chevaux.

On n'a pas encore aujourd'hui de nouvelles de l'expédition de Kertch, qui est partie depuis quatre ou cinq jours.

Je suis avec respect, Monsieur le Maréchal, votre très obéissant serviteur.

DALESME.

126. — *Lettre du général de division Canrobert* (1).

Sur la Tchernaïa, le 31 mars 1855.

. . . .

. . . . Jamais armée ne fut plus belle, plus aguerrie que celle que je quitte, et jamais chef ne reçut de ses soldats plus de preuves de confiance, de dévouement et d'affection. J'étais heureux et fier de les commander, mais je devais à l'Empereur, à mon pays, de maintenir la bonne harmonie avec nos alliés. J'étais depuis un mois en désaccord avec eux, tout en conservant de bonnes relations privées ; ils voulaient m'imposer au siège certaines opérations que je ne pouvais leur accorder. De mon côté, je leur demandais pour tenir la campagne un concours qu'ils ne me donnaient pas ! Le moment de rompre ostensiblement était proche ; j'ai senti que je devenais un obstacle et je me suis effacé ! Voilà toute mon histoire ; elle sera sublime pour les uns, absurde pour les autres ; elle est tout simplement celle d'un honnête soldat qui place l'intérêt de son Souverain et de son pays avant le sien propre.

Hier, j'étais *la tête* honorée d'une armée de cent trente mille hommes ; aujourd'hui, je suis *un de ses bras*. C'est encore de

(1) Cette lettre était adressée à Mme la marquise de Contades, fille du maréchal de Castellane.

la gloire ! Quant à mon ascendant sur cette armée, il a peut-
être trop grandi !

J'ai placé Pierre auprès du général Bosquet, auquel j'ai
infligé sans le vouloir un vif chagrin en me mettant sous ses
ordres. . . . .
. . . .

CANROBERT.

EXPÉDITION DE KERTCH

127. — *Lettre du capitaine comte Moré de Pontgibaud,*
du 57ᵉ de ligne.

Camp d'Inkermann, le 1ᵉʳ juin 1855.

MONSIEUR LE MARÉCHAL,

L'expédition d'Autemarre sur Kertch a pleinement réussi;
les Russes n'ont fait aucune résistance, ils ont encloué des
pièces et brûlé des approvisionnements évalués en sacs de
blé, orge, avoine et sacs de farine, au chiffre de deux cent
mille; ils ont brûlé des vapeurs, etc.

Arrive à l'instant une dépêche. Nos vapeurs ont pu pénétrer dans la mer d'Azof, s'emparer de quatre-vingt-six vapeurs
russes chargés de vivres, etc., et de quelques autres bâtiments; ils ont balayé la mer et prétendent qu'il n'existe plus
qu'un seul vapeur de la force de trente chevaux; enfin on s'est
emparé de quatre-vingt-dix pièces de canon de gros calibre.
Si donc l'absence d'eau rend pendant trois mois la route de
Perekop impossible, ce sera la meilleure opération faite.

Il devient fort embarrassant de parler de la marche de
notre siège poussé plus vigoureusement, mais pas comme on
le voudrait encore. On parle tous les jours d'enlever le Mamelon vert et d'arriver près de la tour Malakoff en même
temps qu'on s'emparera des Ouvrages blancs, lieu si tristement mémorable par l'affaire du général de Monet. . . . . .

Veuillez agréer, Monsieur le Maréchal, l'assurance du profond respect de votre très humble serviteur.

Comte DE MORÉ DE PONTGIBAUD.

128. — *Lettre du général de division Herbillon.*

Kamiesch, devant Sébastopol, le 4 juin 1855.

MONSIEUR LE MARÉCHAL,

Nous sommes toujours à Kamiesch, travaillant aux fortifications, ce qui ne nous empêche pas de fournir des détachements. Le 14ᵉ bataillon de chasseurs, ainsi que la 1ʳᵉ brigade de la 2ᵉ division, sont en ce moment à Kertch. Cette expédition a parfaitement réussi : les navires de cabotage et les nombreux approvisionnements russes ont été détruits.

La cavalerie et deux divisions d'infanterie sont établies auprès de la Tchernaïa, sous les ordres de M. le général Morris. Il ne paraît pas, pour le moment, que l'on veuille aller plus loin. Il y a dans l'armée de Crimée un grand obstacle pour l'ensemble des expéditions : ce sont les armées de diverses nations; ce fut le tourment du général Canrobert, et il est à craindre que son successeur ne soit pas plus heureux de ce côté.

On est, en ce moment, plus que jamais dans les grands projets; ce dont on parle serait de faire une attaque vigoureuse sur le bastion du Redan, le Mamelon vert et la tour de Malakoff. Ce serait une très grande affaire, mais comme il paraît que l'on ne doute pas du succès, aussitôt que ces positions seraient en notre pouvoir, on détruirait la ville de fond en comble. Ce projet, dit-on, doit être mis à exécution sous peu. Quant à nous, nous avons reçu quatre jours de vivres et l'ordre de nous tenir prêts à faire un mouvement.

Nous avons en ce moment une température du mois de juillet, ce qui n'empêche pas nos braves soldats de répondre aux coups de l'ennemi. Il y a continuellement des attaques partielles où nous perdons plus ou moins d'hommes, chose qui n'influe nullement sur le moral, qui est excellent, et il n'y a qu'un désir, c'est de se battre une bonne fois et d'en finir.

L'habitude que les hommes de ma division ont prise à Lyon de travailler et de faire un service actif, leur est ici d'une grande utilité. Je fournis quatre mille cent quarante-sept travailleurs par jour, tant pour le transport des boulets et le déchargement des navires que pour les fortifications. Il y a deux longues séances par journée. Les hommes ne s'en trouvent pas mal; ils ne manquent de rien, les distributions de toute espèce se font régulièrement et les dons patriotiques ajoutent encore à leur bien-être.

Sa Majesté a fait don aux officiers généraux de tous les approvisionnements en conserves qu'il avait faits pour sa Maison, aussi sommes-nous dans l'abondance.

Vous devez avoir appris la mort de ce bon colonel Liron d'Airoles; on lui rendait les honneurs funèbres le jour même de notre arrivée en Crimée.

Soyez assez bon, Monsieur le Maréchal, de me rappeler au souvenir de mes frères d'armes.

J'ai l'honneur d'être...

HERBILLON.

PRISE DU MAMELON VERT (1)

129. — Lettre du général de division Herbillon.

Kamiesch, le 12 juin 1855.

Monsieur le Maréchal,

J'ai reçu la lettre du 23 mai que vous m'avez fait l'honneur de m'adresser, elle m'a vivement intéressé. Je remercie sincèrement Votre Excellence de son extrême bonté de me tenir au courant de ce qui se passe en France.

Nous avançons vers Sébastopol; les travaux se suivent et de nouveaux combats nous rendent maîtres des positions qui permettront de foudroyer la partie sud.

Dans la soirée du 7 au 8, il y eut un rude combat; quatre divisions du corps d'observation eurent pour mission de s'emparer du Mamelon vert et des Ouvrages blancs, qui furent vigoureusement enlevés. Malheureusement, les soldats, après ce succès, coururent sans ordre sur la tour de Malakoff. Les Russes, profitant du peu d'ensemble de nos troupes, firent une sortie et reprirent le Mamelon vert. La division Brunet et la gendarmerie de la garde, qui étaient de réserve, reprirent l'offensive, chassèrent les Russes, et nous restâmes maîtres de cette position, sur laquelle on établit en ce moment de fortes batteries pour battre la tour de Malakoff, qui doit être attaquée de nouveau dans deux ou trois jours. Soixante pièces ont été prises et quatre cents Russes, dont onze officiers, ont été faits prisonniers.

(1) Après un bombardement de deux jours, les 6 et 7 juin 1855, le Mamelon vert et les Ouvrages blancs furent enlevés par les troupes françaises, le 7 juin, à sept heures du soir.

Ce succès ne fut pas sans pertes de notre côté. Le général Lavarande fut tué. Les colonels Hardy et de Brancion eurent le même sort, cinq chefs de bataillon y trouvèrent une mort glorieuse et on estime que nous eûmes, tués ou blessés, près de quatre mille hommes.

Les Anglais ont attaqué de leur côté les approches du bastion du Redan, qui aujourd'hui est une espèce de ruine dont on ne tardera pas à s'emparer. Nos alliés ont eu dans cette attaque cinq cents hommes mis hors de combat.

Les troupes de l'expédition sur Kertch rentrent vendredi. Anapa, où elles sont allées, a été entièrement détruit par les Russes; ainsi cette course a réussi aussi heureusement qu'on pouvait le désirer.

Ma division a fait un mouvement ces jours derniers ; elle fut envoyée sur la ligne de la Tchernaïa, dont la direction est donnée au général Morris. Je me trouvais donc sous les ordres de cet officier général, ce qui rendait ma position fort anormale, étant plus ancien que lui. Je commençai par me soumettre aux ordres donnés, en observant que mon ancienneté me donnait des droits au commandement, mais sans protester. Il paraît que ce fut une erreur commise par l'état-major. La division Brunet, qui y était avant moi, revient prendre sa place; je retournerai à Kamiesch, et le commandement du corps détaché à la Tchernaïa reste à M. le général Morris. Toute la cavalerie a été réunie dans ce pays mamelonné, où il existe de bons pâturages.

Les Piémontais y sont campés; le choléra fait en ce moment d'assez grands ravages sur leurs troupes.

Nous avons de fortes chaleurs ; heureusement nous ne manquons de rien, et le moral de nos hommes est tel que nous devons espérer qu'ils supporteront les grandes chaleurs comme ils ont supporté l'hiver.

Soyez assez bon, Monsieur le Maréchal, d'avoir l'extrême bonté de me rappeler au souvenir de M. Vaïsse, administrateur général, et des généraux, mes bons et braves camarades.

J'ai l'honneur....

HERBILLON.

130. — *Lettre du capitaine comte Moré de Pontgibaud,*
du 57ᵉ de ligne.

Camp d'Inkermann, le 15 juin 1855.

MONSIEUR LE MARÉCHAL,

Je me proposais, par le dernier courrier, de vous raconter
les hauts faits de la bravoure française, si une motte de terre
envoyée dans mes yeux par un boulet ne m'avait rendu
presque aveugle, et il m'a fallu bien de la volonté pour,
malgré cela, me traîner dans les tranchées. Aujourd'hui, je
suis presque débarrassé de ces souffrances, et je me permettrai
de vous rappeler en deux mots l'affaire du 7 juin.

A trois heures du soir, la division Dulac occupait le Carénage comme division de réserve, et la division Mayran, qui
devait donner à cinq heures et demie, arrivait juste pour
l'heure de l'attaque. A la même heure, la division Brunet
occupait la redoute Victoria, conjointement avec les
Anglais; le général Bosquet devait donner le signal par
une fusée. Aussitôt que celle-ci est partie, les zouaves sautent
le parapet des tranchées, suivis des gendarmes de la garde,
et un quart d'heure après, les Batteries blanches étaient à
nous.

Pendant ce temps-là, la division Brunet et les Anglais marchaient à l'attaque du Mamelon vert, suivant le plan concerté.
Ces troupes, arrivées aux parallèles russes, battirent en retraite; nos ennemis, alors, les chargèrent d'importance. La
ruse avait réussi, et une charge à la baïonnette des plus brillantes les refoula jusqu'au Mamelon vert, qui fut enlevé comme
l'éclair, puis repris presque aussitôt par les Russes; mais la
nouvelle de la prise des Batteries blanches rendit toute vigueur
à la troupe, et, cette fois, tout fut culbuté. L'entrain fut tel
qu'on chassa l'ennemi jusqu'aux retranchements de la tour
Malakoff, qui, un instant, fut envahie par des soldats auda-

cieux. La fusillade dura une heure; on dut se contenter de la prise du Mamelon vert.

La victoire, quoique sanglante, nous a acquis un succès très important, et fait un héros de chaque soldat français qui y a combattu. Il n'est pas possible que jamais pareil fait d'armes ait pu s'accomplir sous des feux d'artillerie aussi formidables, pour donner l'assaut à des redoutes aussi fortes, à des remparts en terre de dix mètres d'épaisseur, d'une élévation de cinq mètres au-dessus du sol, avec des fossés creusés à pic d'une profondeur pareille. Aucune brèche n'était faite, il a fallu passer par les embrasures à l'aide d'échelles d'escalade. Les régiments qui ont le plus souffert sont les 7e léger, 50e de ligne, 2e zouaves et les turcos. Un bataillon du 57e de ligne s'est conduit avec un entrain admirable aux Batteries blanches.

Je n'ai pas eu l'honneur d'être dans cette mêlée. Pour la première fois de ma vie, j'ai pu juger des tristes suites d'un combat sanglant, et j'ai passé la nuit entouré de morts et de blessés dont on n'aurait su compter le nombre. On parle de trois mille hommes hors de combat.

Je ne suppose pas qu'avant huit jours nous puissions poser des échelles sur Malakoff, ou bien nous verserons des flots de sang. Si nous réussissons du côté sud de la ville, il ne pourra résister longtemps; mais ce ne sera pas le dernier mot de Sébastopol nord et de la Crimée.

Plus de nouvelles de Kertch.

Je n'ai pu encore voir M. Pierre de Castellane, qui a eu la bonté de demander de mes nouvelles; du reste, on n'ose plus trop, dans les régiments, savoir le sort de ses amis, car les réponses sont souvent trop tristes.

Le général Lavarande, qui avait enlevé les Batteries blanches, a été tué dans la redoute par un boulet qui lui a fendu la poitrine, le 8 mai, à sept heures du matin, lorsqu'il faisait ses mémoires de proposition en faveur des braves qui s'étaient battus avec lui.

Permettez, Monsieur le Maréchal, que je vous renouvelle mes remerciements de toutes les bontés que vous avez eues pour moi, car je ne sais plus quand j'aurai le temps de vous écrire de nouveau, et si le sort me le permettra, car notre vie est à l'état de problème...

DE PONTGIBAUD.

131. — *Lettre du maréchal de Castellane au général de division Canrobert.*

Quartier général de Lyon, le 16 juin 1855.

MON CHER GÉNÉRAL,

Rien n'a été plus noble et plus digne que votre remise du commandement. Vous avez, en reprenant votre ancienne division, fait un grand acte d'abnégation ; mais cette position, dans une armée dont on a été commandant en chef, est fausse, n'est pas sans inconvénients et vous deviendra chaque jour plus pénible.

Je suis trop votre ami pour ne pas désirer vous en voir sortir promptement. On m'a écrit de Paris que vous seriez maréchal de France à la fin de la campagne ; personne n'en sera plus heureux que moi. Je vous suis fort reconnaissant de vos bontés pour Pierre, je suis enchanté de le voir auprès du général Bosquet, puisque vous ne pouviez le conserver près de vous.

L'Autriche prend une attitude complètement expectante ; celle de la Prusse continue à être incertaine sans se déclarer hostile.

Comptez, mon cher Canrobert, sur mon ancien attachement et sur ma véritable amitié.

Maréchal DE CASTELLANE.

132. — *Lettre du lieutenant Pierre de Castellane, officier d'ordonnance du général Bosquet.*

Devant Sébastopol, le 16 juin 1855.

Mon cher père,

Par une maladresse et un malentendu, la lettre que je vous écrivais pour le dernier courrier n'a pas été prête à l'heure ; je le regrettais, car je comptais vous donner beaucoup de détails sur cette bataille du 7 juin, qui nous a mis en possession de véritables citadelles et de soixante-douze pièces de canon ou mortiers. Depuis, les rapports et les récits des journaux auront eu le temps de vous parvenir.

Nous avons eu quatre mille deux cents hommes hors de combat. C'est l'artillerie qui nous a fait le plus de mal, nos troupes étant prises d'écharpe de tous les côtés; c'est un prodigieux tour de force.

C'est la division Camou qui a enlevé le Mamelon vert. Le général Camou est toujours vigoureux et l'homme que vous connaissez. J'ai entendu, je crois, autant de boulets que jamais je pourrai en entendre à aucune affaire. Le général Bosquet m'avait envoyé porter un ordre à un bon endroit, il a eu la bonté de me proposer pour capitaine. Je ne crois pas que le général Pélissier puisse me nommer ici, dans le cas même où il voudrait donner suite à cette proposition, bien annotée à ce que je crois, parce que mon régiment n'est point ici, mais il pourra toujours transmettre cette proposition à Paris, où elle aurait suite.

Nous avons eu hier de grands changements, nous quittons l'attaque de droite au moment où, toutes les mesures prises, il ne restait plus qu'à organiser la troupe et à la lancer sur Malakoff. Le général Bosquet est envoyé sur la Tchernaïa; on renforce le corps qui s'y trouve de trois divisions et il manœuvrera pendant l'assaut.

Voici les projets; demain 17, feu général sur toute la ligne; 18 au soir ou 19, assaut de Malakoff et du Redan. S'il réussit, les colonnes du vieux siège sont lancées à leur tour; le 19. Le général Bosquet cherche à attirer l'attention des Russes et, s'il a bonne chance, au besoin à gravir le plateau de Mackensie; enfin tout le monde se met en mouvement pour marcher sur Symphéropol et couper l'armée russe.

Le général Regnaud de Saint-Jean d'Angely vient prendre ici la direction des attaques, où tout du reste est prêt.

Une division de la garde et la division d'Autemarre remplacent les divisions Camou et Dulac, qui quittent l'attaque de droite pour suivre le général Bosquet.

C'est très pénible de ne point être de ceux qui entreront dans la ville, d'avoir tant travaillé pour ne point récolter, enfin nous avons peut-être la meilleure part qui soit; mais tous ces changements, s'ils ne sont point commandés par d'impérieuses raisons, sont très dangereux dans ces circonstances. Le général Regnaud n'a jamais vu ces attaques, ainsi que la division du général d'Autemarre; celui-ci les connaît et c'est beaucoup.

Tout sera donc, je le pense, décidé quand vous recevrez cette lettre, et ce grand drame aura eu une issue quelconque. Je me porte bien, grâce au Ciel, mais il y a quelques cas de choléra parmi les troupes qui arrivent, c'est l'épreuve qu'elles doivent toutes payer au début....

PIERRE DE CASTELLANE.

133. — *Lettre du chef de bataillon du génie Fervel* (1).

Eupatoria, le 20 juin 1855.

MONSIEUR LE MARÉCHAL,

De grands événements, dont les détails sont probablement

---

(1) *Fervel* (Joseph-Napoléon), né à NoLmény (Meurthe) le 26 février 1811, sorti de l'École polytechnique le 1ᵉʳ décembre 1833, capitaine le 15 janvier 1839, chef de bataillon le 9 avril 1855, colonel le 31 juillet 1867, directeur des fortifications à Paris, le 24 août 1870, mort le 24 septembre 1877.

déjà mieux connus de Votre Excellence que de nous-mêmes, s'accomplissent depuis dix jours devant Sébastopol. Viendrons-nous à bout de cette gigantesque entreprise, la plus téméraire à mon sens qui ait jamais été tentée ?

Nous n'avions que trop prévu, dans notre arme, les immenses difficultés contre lesquelles nous nous heurtons depuis neuf mois et qui sont la conséquence naturelle de la violation des règles de l'expérience.

L'Alma nous révèle que nous n'avons, en rase campagne, qu'à montrer les Russes à notre armée pour qu'ils soient battus, et cette belle ardeur du début, nous allons la dépenser au siège d'une place que nous ne pouvons investir ! Il en coûtait moins d'investir la Crimée, tout en détruisant une première armée russe, et nous ne marchons pas sur Pérékop, et c'est en mai seulement que la marine fait l'expédition de Kertch !

On sait que Sébastopol est l'arsenal où s'entasse depuis un demi-siècle l'armement des armées de terre et de mer qui méditent l'invasion de l'Orient, et nous nous présentons avec un demi-équipage de siège ! Espérons cependant que la fortune de la France et l'élan de ses admirables soldats finiront, malgré tant de fautes commises, par triompher.

Je n'ai fait que quarante jours de tranchée, et j'ai été envoyé ici pour fortifier la place. En deux mois et demi, avec des Tartares et quelques sapeurs, j'ai remis la place, qui a six mille mètres de pourtour, dans l'état où l'a trouvée Omer-Pacha, à son arrivée, qui a précédé de quelques jours l'attaque du 17 février. Jusque-là, j'avais été complètement libre, mais l'armée ottomane a voulu à son tour faire de la fortification, et, dirigée par un ingénieur anglais, très habile constructeur de chemins de fer, elle nous a gratifiés d'un camp retranché, qui est pour notre enceinte un danger véritable contre lequel, en ce moment, je cherche à me prémunir.

Malheureusement, ce n'est pas seulement en fortifications que les Turcs font preuve d'incapacité. Que pensez-vous, Monsieur le Maréchal, du fait suivant ?

A une lieue d'Eupatoria, aux deux extrémités d'une chaus-

sée de cent cinquante mètres de longueur jetée sur le lac
qui nous sépare de l'ennemi, se tenaient d'une part quatre
escadrons turcs et une batterie à cheval, de l'autre, deux escadrons et une batterie russe. Les Russes débouchent pièce par
pièce, les cavaliers par quatre, et les Turcs se retirent sans
brûler une étoupille ! Et la conduite de l'officier qui commandait est approuvée du général en chef par une lettre qui m'est
passée sous les yeux !

Si encore c'était un fait isolé ! Mais il se passait le lendemain d'un jour où un brave officier tartare, Iskender, tombé
presque seul au milieu d'un groupe de Cosaques, était abandonné par son escadron, qui restait immobile à cent pas de
là. Iskender s'est tiré d'affaire avec une demi-douzaine de
blessures, ce qui prouve que le nombre des assaillants n'était
pas bien redoutable. Mais le principe du généralissime est de
ne rien compromettre, et ses indignes officiers l'ont pris à la
lettre.

Le soldat turc, qui a quelques bonnes qualités, est essen-
tiellement inerte, et, plus que tout autre, il a besoin d'être
poussé. Or il est commandé d'une manière déplorable, et voilà
pourquoi, depuis cinq mois, quinze mille Russes suffisent ici
pour bloquer trente-cinq mille Turcs, et pourquoi, il y a dix
jours à peine, devant Sébastopol, on retirait le service de
tranchée aux soldats d'Omer-Pacha, qui avaient ordre de ne
pas travailler.

J'ai vu de près le Sirdar, et, en vérité, comme tous ceux
d'entre nous qui l'avons approché, je m'explique difficilement
le succès de la campagne du Danube.

Que Votre Excellence continue à nous former de bons
soldats, et elle avancera plus nos affaires en Crimée qu'Omer-
Pacha et tout son monde, et beaucoup ajouteraient que lord
Raglan.

Pardonnez-moi, Monsieur le Maréchal, de vous exprimer
avec tant de franchise des opinions qui ne sont peut-être pas
les vôtres, mais elles sont ici si générales qu'elles ne peuvent
manquer de renfermer beaucoup de vrai ; et, d'ailleurs, j'ose
espérer que Votre Excellence ne verra dans ce libre langage

qu'une nouvelle preuve de la confiance qu'elle inspire à ceux qu'elle veut bien honorer de sa bienveillance.

Je suis avec le plus profond respect, Monsieur le Maréchal, de Votre Excellence le très humble et obéissant serviteur.

FERVEL.

134. — *Lettre de l'intendant militaire baron Bondurand.*

Crimée, le 23 juin 1855.

MONSIEUR LE MARÉCHAL,

J'ai été on ne peut plus sensible aux félicitations que vous voulez bien m'adresser à l'occasion de ma promotion au grade d'intendant militaire.

La série de nos succès a été un peu arrêtée par l'insuccès de notre tentative de vive force sur Malakoff. C'était peut-être un peu risqué. Nos colonnes avaient à parcourir un bien long trajet sous la mitraille. Elles sont arrivées essoufflées, fatiguées, décimées par le feu de l'ennemi et hors d'état de se livrer à une action vive et énergique. Cette affaire nous a coûté assez cher. Le général Brunet a été tué sur le coup. Le général Mayran est mort hier des suites de ses blessures.

On a pris le parti de cheminer sur Malakoff. On va construire des batteries en avant des Ouvrages blancs pour battre la rade et les vaisseaux à vapeur qui ont fait beaucoup de mal à la colonne Mayran. Nous sommes tous persuadés que le général Pélissier prendra bientôt sa revanche.

Le choléra ne nous quitte pas et il a repris avec force depuis trois semaines. Nous avons dans le 1er corps cinquante ou soixante décès par jour.

Je suis avec un profond respect, Monsieur le Maréchal, votre très humble et très obéissant serviteur.

Baron BONDURAND.

135. — *Lettre du lieutenant-colonel Desaint* (1),
chef du service politique et topographique de l'armée d'Orient.

Devant Sébastopol, le 30 juin 1855.

MONSIEUR LE MARÉCHAL,

Ainsi que j'ai eu l'honneur de vous l'exprimer en prenant congé de vous, Monsieur le Maréchal, j'ai beaucoup apprécié l'avantage de servir sous vos ordres, et je serais heureux, je le dis en toute sincérité, de toute circonstance qui me replacerait sous votre direction.

Nous avions ici au quartier général un bon camarade (2) que nous avons vu s'éloigner avec regret pour aller à l'état-major du 2ᵉ corps. Il doit vous tenir, Monsieur le Maréchal, exactement informé des opérations de l'armée.

Il a dû vous dire que la diversion opérée dans la mer d'Azoff avait eu un plein succès; que l'attaque et la prise du Mamelon vert avaient été d'un heureux augure. Malheureusement, la journée du 18 juin, qu'on avait peut-être choisie à dessein pour modifier par un succès le souvenir d'un glorieux revers, ne nous a pas été favorable. Les Anglais n'ont d'ailleurs pas été plus heureux que nous.

Soit intuition du désastre qui les attendait, soit que les très jeunes soldats qui composent aujourd'hui l'armée anglaise n'aient pas la solidité et la confiance des vieilles troupes, les hommes ne voulaient pas sortir des tranchées, et leurs officiers ont dû les y contraindre, en opposant à leur inertie des actes de la dernière sévérité.

(1) *Desaint de Marthille* (Jules-Louis-Dominique), né à Douai le 16 septembre 1809, élève de l'École spéciale militaire le 15 novembre 1827, élève de l'École d'état-major le 1ᵉʳ janvier 1830, aide de camp des généraux Auvray, Aupick et Rostolan, chef d'escadron le 12 septembre 1849, lieutenant-colonel le 27 mai 1853, chef du service politique et topographique de l'armée d'Orient le 26 février 1854, chef d'état-major général du 2ᵉ corps d'armée à Lille le 15 mars 1867, commandant la subdivision du Nord en 1870, mort le 6 avril 1880.
(2) Le lieutenant Pierre de Castellane.

Sur trois de nos colonnes, deux ont dû céder devant la mitraille, après avoir perdu les généraux de division Mayran et Brunet. Plus favorisée par le terrain, la colonne du général d'Autemarre a pu pénétrer, en partie, dans l'ouvrage de Malakoff, y implanter même un drapeau français, mais il lui a été impossible de s'y maintenir, faute d'être appuyée à temps par des réserves imposantes.

Nous n'avons rien perdu des ouvrages dont nous étions en possession, mais il nous a été impossible de conquérir l'ouvrage de la tour Malakoff, dont la possession, au dire même des Russes, nous garantirait une prompte soumission de la ville.

L'armée est ici acculée à la mer et dans des lignes très fortifiées. Il lui est très difficile d'en sortir, eu égard à la nature inextricable du terrain qui limite au sud le plateau de Mackensie et à la longueur comme à la difficulté des défilés qui y conduisent. Je pense ici, avec tous, que si le général en chef est assez heureux pour vaincre la résistance de la ville et terminer avec succès cette campagne, il aura grandement mérité du pays, car la tâche est sérieuse et difficile.

Je serais heureux que Votre Excellence voulût bien excuser la liberté que je prends de lui donner les détails qui précèdent.

Veuillez trouver ici, Monsieur le Maréchal, avec l'expression d'une bien vive reconnaissance, l'hommage de mon profond respect, et me croire

Votre très obéissant subordonné.

DESAINT.

136. — *Lettre du capitaine comte Moré de Pontgibaud,*
du 57ᵉ de ligne.

Camp d'Inkermann, le 30 juin 1855.

MONSIEUR LE MARÉCHAL,

Je regrette que les difficultés du service me mettent en

dehors de toute possibilité de tenir une correspondance suivie
avec vous. J'aurais surtout désiré vous parler de l'affaire sanglante de Malakoff, qui a échoué malgré la vaillance de nos
soldats. L'opération en elle-même a été mal conduite par le
général Regnaud de Saint-Jean d'Angely qui, fort capable
peut-être, ne connaissait pas le terrain des tranchées où il
devait agir. Les trois divisions se sont donc engagées isolé-
ment, sans ensemble. Les Anglais ont mal donné sur le Redan ;
leur armée est maintenant un boulet que nous avons au pied ,
on a dû prendre des mesures pour ne pas compter sur eux
dans les tranchées.

Les Russes sont nos maîtres en fait de travaux de fortification. Ils travaillent très vite, très solidement ; profitant de
ce que nous sommes loin de la place, dès qu'ils voient l'ensemble des travaux que nous préparons, ils en dressent d'intermédiaires qui battent tous les nôtres avec un nombre de
pièces bien supérieur au nôtre. Leurs ouvrages étant toujours
rapidement achevés, ils ouvrent leur feu formidable sur des
batteries qui ne peuvent encore leur répondre. Il leur faut
trois jours pour mettre des pièces de siège en batterie, et
notre artillerie ne sait faire feu qu'au bout de neuf jours,
c'est-à-dire au bout du triple de temps.

En avant de Malakoff, les Russes ont élevé jusqu'à la rade
une parallèle formidablement armée de pièces dont les feux
vont battre excentriquement nos travaux et nos tranchées,
qui sont à deux cent cinquante et quatre cents mètres de là.
Ils s'amusent déjà à culbuter nos parapets qui ne résistent
pas. Voyant qu'on a renoncé à donner l'assaut du côté du
corps de Salles, je suppose qu'ils reportent les pièces de
notre côté ; les bombes, grenades, mitraille et obus pleuvent
sur nous comme la grêle, les troupes françaises sont décimées.

Un deuxième hiver paraît inévitable, si on suppose que les
troupes aient assez de moral pour supporter des fatigues aussi
longtemps. Enfin la Providence est grande et n'a jamais abandonné la France. Il faut espérer quelque surprise du genre
de celles du Mamelon vert et des Ouvrages blancs. L'élan des

troupes est admirable... mais les zouaves sont morts, ou à peu près !...

Veuillez.....

Comte DE MORÉ DE PONTGIBAUD.

137. — *Lettre du général Bosquet, commandant le second corps de l'armée d'Orient.*

Le 1ᵉʳ juillet 1855.

MONSIEUR LE MARÉCHAL,

Je suis bien heureux de pouvoir vous donner d'excellentes nouvelles de Pierre, que le général Canrobert a bien voulu me céder au moment où il réduisait son état-major. C'était un cadeau qu'il me faisait, et c'est à moi de remercier.

Pierre m'a été très utile pendant la journée du 7 juin, où il a été intelligent, brave et dévoué comme toujours. Cette journée lui a valu une proposition pour le grade de capitaine, que le général en chef a acceptée et recommandée à M. le Maréchal ministre de la guerre. Un mot de vous, Monsieur le Maréchal, et Pierre sera capitaine avec un souvenir de guerre de plus.

Veuillez agréer, Monsieur le Maréchal, l'hommage de mon bien respectueux dévouement.

Général BOSQUET.

138. — *Lettre du capitaine de Boisdenemets* (1).

Sous Sébastopol, le 6 juillet 1855.

MONSIEUR LE MARÉCHAL,

Je voulais vous mander les événements du 18 juin, mais j'ai cru, sachant que le général Herbillon s'en était chargé,

_____

(1) *Boisdenemets* (Édouard-Louis-Maxime *de*), né en avril 1828 à Dôle (Jura), élève de l'École spéciale militaire le 14 décembre 1846, sous-lieute-

qu'il serait pour vous superflu de relire des faits qui ont dû vous être représentés avec la plus complète exactitude et la plus juste appréciation. J'aurais attendu, pour avoir l'honneur de vous écrire, les quelques événements que nous attendons chaque jour, si je n'avais dû mettre le plus grand empressement à vous annoncer mon grade de capitaine qui vient de m'être donné par le général Pélissier. Je n'ignore ni je n'oublie que je vous dois cette nouvelle faveur; aussi viens-je vous en remercier mille et mille fois et vous exprimer ma plus vive reconnaissance.

La fâcheuse affaire du 18 a jeté pendant quelques jours un peu de consternation dans notre armée, mais aujourd'hui tout est oublié et on espère reprendre incessamment une belle revanche; d'autant qu'on a prétendu lire, à l'armistice du 19, un air narquois sur la figure des officiers russes. L'ancienne division Mayran, qui avait tellement souffert, vient d'être relevée au siège par la division Canrobert, qui, bien reposée, les vides comblés, les effectifs augmentés, a appris avec bonheur qu'elle serait chargée de l'attaque de la tour Malakoff.

Notre division est employée en ce moment au travail du siège. Nos soldats se sont fort vite aguerris (on vieillit fort vite sous Sébastopol), aussi prétend-on que, le jour de l'attaque, nous serons une des divisions de soutien. Jusqu'ici, quoique employés aux travaux de tranchée devant la tour, et à deux cent cinquante mètres à peine, nous n'avons encore eu que des blessés.

En ce moment, on chemine à force, on construit des batteries formidables qui doivent contenir des pièces de cent vingt. On espère anéantir ou tout au moins éteindre le feu de ces batteries flottantes, qui jusqu'ici se sont si adroitement défendues. Pour braver nos bombes, tous leurs ponts ont été couverts de sacs de terre qui détruisent l'effet de nos projectiles.

nant le 28 mai 1848, lieutenant le 3 mars 1852, capitaine le 9 juin 1855, chef de bataillon le 7 septembre 1870, lieutenant-colonel le 2 octobre 1870, colonel du 135ᵉ de ligne le 4 janvier 1871, général de brigade le 14 janvier 1879, général de division le 20 juin 1885. Campagnes d'Orient, d'Afrique (1857 à 1859), d'Italie (1859-1860) et de 1870-1871.

On prétend que le général Lutger vient d'arriver avec trente mille hommes, dont une partie de la garde. On lui prête même un propos de forfanterie : il aurait dit « qu'il briserait son épée plutôt que de ne pas reprendre le Mamelon vert », qu'ils ont toujours sur le cœur. Aussi s'attend-on chaque nuit à une sortie. Je doute qu'ils la tentent; ils craignent trop que nous rentrions avec eux dans Malakoff.

Je vous envoie l'ordre du général Pélissier au sujet du 18; il a été généralement blâmé; on a trouvé maladroit qu'il combattît un découragement qui n'était point assez fort pour qu'il pût inquiéter un général en chef; il est très possible que les journaux ne le donnent pas.

Nous nous attendons chaque jour à de grandes choses; comme les résultats seront bien certainement heureux, il sera aisé de vous raconter des succès.

Le choléra a diminué sensiblement, mais il est resté en permanence et nous venons de lui payer en quinze jours un bien fort tribut. Le 52ᵉ a perdu son lieutenant-colonel (Fontfrède) et trois officiers. Le 47ᵉ vient d'évacuer son lieutenant-colonel, et le commandant Pailhé est mort hier. Le colonel Vermes, du 73ᵉ, n'a pas été plus heureux, et je viens d'apprendre que le colonel d'état-major de Vaudrimey était aussi évacué sur Constantinople.

Je prie Votre Excellence de vouloir bien agréer l'assurance du très respectueux dévouement de votre très humble serviteur.

DE BOISDENEMETS.

Veuillez me permettre, Monsieur le Maréchal, de présenter mes respects à M. le général du Terrail, en même temps que mes amitiés au capitaine Cartier.

139. — *Lettre du vicomte A. de Courville, capitaine du génie.*

Constantinople, le 9 juillet 1855.

Monsieur le Maréchal,

Je n'ai malheureusement pas beaucoup de nouvelles à vous donner sur ce qui se passe ici. Les nouvelles qui nous arrivent de Crimée sont toutes contradictoires; les malades et les blessés que nous voyons jugent des événements d'après leur caractère plus ou moins énergique. Ce qui est certain, c'est que l'affaire du 18 a manqué par le défaut d'unité. Les uns sont arrivés trop tôt, les autres sont partis trop tard. Une fusée à la congrève, maladroitement tirée, a été prise pour une fusée de signal; en somme, nous avons perdu beaucoup de monde et eu très peu de succès.

Maintenant on reprend les travaux du côté de la droite, car, du côté gauche, nous sommes à cinquante mètres de la place et l'on s'entend parler d'une tranchée à l'autre. Ce que l'on fait de ce côté est plutôt pour occuper les troupes et n'avoir pas l'air d'abandonner les tranchées que pour les continuer. Du côté gauche, c'est fort différent; une batterie, que nous élevons, pour empêcher les vaisseaux de tirer sur nos troupes et de leur faire beaucoup de mal dans les affaires comme celle du 18, reçoit le feu de cent cinquante pièces russes. Vous allez comprendre, Monsieur le Maréchal, combien la construction de semblables travaux doit être longue et difficile.

Quoique toutes les opérations à venir restent dans le plus profond mystère, tout le monde pense que, lorsqu'on se trouvera plus rapproché des ouvrages Malakoff, on recommencera l'assaut du 18 avec plus d'ensemble; il réussira probablement. Malheureusement, il y a des divisions écrasées, entre autres celle de ce malheureux général Mayran; on parle d'une brigade commandée par un capitaine; tous les officiers généraux et supérieurs sont tués ou malades.

Les dernières chaleurs ont occasionné beaucoup de dysenteries. Quant au choléra, il n'augmente pas, mais l'eau devient rare et mauvaise; il est bien temps que tout cela finisse. Il est très difficile de retenir les soldats qui commencent à s'exaspérer et veulent se jeter sur tout ce qu'ils voient, ce qui nuit naturellement à la discipline et au calme nécessaires dans des combats si compliqués et si sérieux.

Le général Pélissier inspire toujours la plus grande confiance; on a cependant beaucoup parlé de l'arrivée du maréchal Baraguay d'Hilliers avec quarante ou soixante mille hommes, mais personne n'y a cru ici. Vous devez d'ailleurs en savoir, Monsieur le Maréchal, plus long que nous à cet égard.

L'état sanitaire des hôpitaux de Constantinople est bon; nous n'avons jusqu'ici aucune maladie épidémique. On dit aussi que l'on va envoyer, pour occuper le camp de Maslacq, une brigade d'infanterie. Ce serait extrêmement utile, car une grande partie de la population est très remuante et très hostile.

Si je puis avoir quelques nouvelles intéressantes à vous transmettre, je le ferai avec un grand plaisir.

J'ai l'honneur d'être, avec le plus profond respect, votre très humble et très obéissant serviteur.

De Courville.

140. — *Lettre du général de division Herbillon.*

Camp de Traktir, le 10 juillet 1855.

Monsieur le Maréchal,

Depuis l'affaire du 18, nous n'avons rien eu de remarquable, les Russes n'ayant pas profité de leur succès d'un moment. Les travaux ont continué, et on avance par la tour de Malakoff; on cherche aussi à établir, au Carénage, une batterie pour enfiler les vaisseaux, mais ce dernier travail est horriblement difficile. Les Russes, de leur côté, ne restent pas inactifs, leurs officiers du génie sont très habiles et devinent ce que nous voulons faire, aussi trouvons-nous de grandes difficultés.

Je suis toujours commandant de la ligne de la Tchernaïa, la division Canrobert m'a quitté pour aller à l'attaque de droite, elle a été remplacée par la division Mayran, aujourd'hui Faucheux, qui est réduite à trois mille hommes. Nous sommes à peu près maîtres de la belle vallée de Baïdar, l'administration espère en tirer trente-six mille quintaux de foin; la division de cavalerie du général d'Allonville, appuyée de deux bataillons et de deux batteries à cheval, protège la rentrée des foins qui se fait par les Tatars.

Le choléra, Monsieur le Maréchal, a encore fait quelques victimes dans ma division. Le colonel de Vermes, du 73e, le lieutenant-colonel Fontfrède, du 52e, et le commandant Pailhé, du 47e, sont morts; nous avons aussi perdu quatre capitaines et trois lieutenants, sans cependant que ce fléau soit répandu, car nous avons peu d'hommes qui en soient atteints.

Quoique éloigné des attaques, je fournis journellement deux bataillons pour les travaux de siège et pour les gardes des tranchées; nous avons déjà eu une dizaine d'hommes tués et environ cinquante blessés. Nos hommes travaillent avec ardeur et conservent encore la discipline, qui, malheureusement, n'existe presque plus dans l'armée de Crimée.

Nous avons depuis quelque temps une chaleur tropicale, la campagne est déjà toute brûlée et la journée est vraiment pénible à passer sous la tente; heureusement, les soirées nous apportent la fraîcheur que l'on hume avec bonheur.

Je suis, Monsieur le Maréchal, avec profond respect, votre très humble et obéissant serviteur.

HERBILLON.

141. — *Lettre du général de brigade Cler.*

Lignes de la Tchernaïa, le 10 juillet 1855.

Monsieur le Maréchal,

J'ai reçu la lettre que Votre Excellence m'a fait l'honneur de m'écrire le 3 juin dernier. Depuis que je suis près du général Herbillon, j'ai souvent de vos nouvelles, et, aujourd'hui encore, ce bon général m'a donné communication de votre dernière lettre.

Vous devez connaître aujourd'hui, avec détails, les combats qui ont été livrés le 7 et le 18 juin dernier, en avant de la tour Malakoff. Le premier aurait pu être complet dans ses résultats, si de fortes réserves avaient été disposées pour mener à bien cette furie française qui fait qu'après un premier succès, le soldat, qui en prévoit un second, ne peut s'arrêter.

Le second, livré dans de mauvaises conditions, nous a coûté plus de cinq mille tués ou blessés, sans que les Russes, qui devaient être avertis par les bavardages qui couraient nos camps depuis plusieurs jours et qui étaient bien préparés à nous recevoir, aient eu beaucoup des leurs mis hors de de combat.

Mon ancienne division (la 3ᵉ) a perdu dans cette malheureuse affaire presque tous ses officiers supérieurs : le général Mayran, le colonel Malher, du 97ᵉ, le lieutenant-colonel d'Orion et le commandant Morgan, du même régiment, le lieutenant-colonel de Cendrecourt, de l'infanterie de marine, sont morts des suites de leurs blessures. Le colonel Saurin et le commandant Lacretelle, du 2ᵉ zouaves, le lieutenant-colonel Paulze d'Ivoy, du 95ᵉ, et le commandant Boissy, du 97ᵉ, ont été blessés grièvement; trois autres chefs de bataillon ont été légèrement blessés.

Le 19, le 2ᵉ régiment de zouaves était commandé par un capitaine, son 2ᵉ bataillon par un autre capitaine et le 1ᵉʳ par un lieutenant.

La guerre que nous faisons en Crimée donnera aux offi-

ciers observateurs, qui aiment leur état, de grands enseigne-
ments ; elle est entièrement nouvelle et faite en dehors de
toutes les règles prescrites par les anciens et les modernes
sur le grand art de la guerre : bâtarde, elle tient à la fois des
principes africains et des règles laissées par Souvaroff....

Je ne sais s'il serait possible aujourd'hui à une nation
d'avoir des régiments meilleurs que ceux qui ont été appelés
à former nos quatre premières divisions de l'armée d'Orient.
En rase campagne, nos bataillons auraient toujours été vainqueurs. Pourquoi la fatalité les a-t-elle jetés devant une
place exceptionnelle où tous les avantages sont pour l'assiégé,
et où ils doivent combattre coude à coude avec des soldats
alliés très braves, mais qui n'ont point leur esprit militaire et
qui sont en retard sur eux de plus d'un siècle ?

Dans ce moment, je commande la réserve de la ligne française sur la Tchernaïa. Cette réserve se compose de ma brigade et de douze canons. Malheureusement les Russes ne
seront pas assez sots pour nous attaquer.

Quant ¡à nous, les pertes que nous avons faites dans les
combats des 2 et 23 mai et des 7 et 18 juin, jointes à celles
que nous ont fait éprouver le choléra, la fatigue et les maladies de l'été, ont réduit notre effectif, et sans nos alliés, nous
ne pouvons attaquer l'ennemi entre la Tchernaïa et la Balbec
et pousser nos opérations jusque sur Baktchi-Seraï et Simphéropol.... Si la place n'est pas prise au mois de septembre, il
nous faudra de nouveaux renforts pour tenir la campagne....

Le choléra a abandonné notre division, mais il fait encore
quelques ravages dans le 1ᵉʳ corps et dans la garde.

Nous sommes très contents d'avoir pour voisins, sur la
Tchernaïa, la petite armée piémontaise, qui est bien organisée
et animée d'un bon esprit.

Le général Herbillon me charge, Monsieur le Maréchal, de
le rappeler au bon souvenir de Votre Excellence.

Je suis avec un profond respect, Monsieur le Maréchal, de
Votre Excellence le très humble et très obéissant serviteur.

CLER.

142. — *Lettre du sous-intendant militaire Le Creuzer.*

Devant Sébastopol, le 11 juillet 1855.

MONSIEUR LE MARÉCHAL,

C'est avec une profonde douleur que je vous informe de la mort du lieutenant-colonel Vico, décédé hier du choléra, à trois heures du soir. Ses obsèques ont eu lieu ce matin, à huit heures, au milieu d'un deuil général. Vico était assurément un officier distingué du corps d'état-major; il inspirait une entière confiance au général en chef anglais par la loyauté de son caractère et par l'aménité de ses manières. Sa jeune veuve sera inconsolable comme nous tous, qui voyons nos plus chers amis tomber sous la mitraille ou sous la faux des épidémies.

Jamais la France n'a subi une aussi rude guerre. Les Russes sont de bons et braves soldats qui nous donnent chaque jour des preuves de leur valeur et qui nous ont repris nos positions à la baïonnette, *trois fois*, très carrément. Il est vrai que notre ardeur et notre élan en viennent à bout.

Le génie chemine vers Malakoff, on en est à deux cent cinquante mètres; les batteries du Carénage avancent, et tout fait espérer que, si un nouvel assaut a lieu dans une quinzaine, on pourrait au moins éloigner les vaisseaux, si on ne parvient à les incendier, ce qui sera plus difficile qu'on ne se l'est imaginé, car les Russes peuvent les mettre à l'abri hors de portée de nos canons de terre et de mer.

Chaque jour, nous comptons soixante ou quatre-vingts tués ou blessés vers la droite. Le 18, nous avons perdu cinq mille hommes, y compris les Anglais; quand je parle de l'armée, c'est toujours en général. Notre échec et la mort de sir John Campbell ont tué lord Raglan. Vico également avait été frappé au cœur; c'était un homme aux sentiments dévoués et reconnaissants dont l'armée déplore la perte.

Trochu a pris le commandement d'une brigade, je crois qu'il avait assez du grand quartier genéral.

J'apprends que le colonel David, du 86°, a été tué cette nuit dans les tranchées par un éclat de bombe qui lui a fracturé l'épine dorsale. Il avait été nommé le 30 juin. Nos pertes par le feu, pendant le mois, seront au moins de deux mille hommes, sans combattre. C'est un terrible siège qui n'a aucune similitude avec ceux que nos pères ont faits.

Adieu, Monsieur le Maréchal, je fais des vœux sincères pour la conservation d'une santé qui est si chère à l'armée entière; je vous prie de vouloir bien les agréer avec l'hommage de mon respectueux et entier dévouement.

Le Creuzer.

143. — *Lettre du lieutenant Pierre de Castellane, officier d'ordonnance du général Bosquet.*

Crimée, le 14 juillet 1855.

Merci, mon cher père, du bouquet que vous m'avez envoyé pour ma fête; il a été le très bien venu, et c'est très aimable à vous de vous être rappelé mon patron saint Pierre.

Toutes mes lettres devraient commencer, je crois, par ces mots : « Rien de nouveau » ,ce qui veut dire : on pioche, on fait des batteries, et toutes les nuits on a une compagnie hors de combat par le feu, et par vingt-quatre heures, deux compagnies entrent pour maladie à l'ambulance, ce qui fait qu'en ce moment, le 2° corps perd trois compagnies par jour ou quatre-vingt-dix compagnies par mois, soit quinze bataillons. Nous avons donc, vous le voyez, besoin d'hommes, mais des hommes seulement, et surtout pas de cadres. Les cadres seraient pour nous un sérieux embarras, voilà tout. Ces pertes ne s'appliquent qu'au 2° corps.

Je suis vraiment heureux d'être venu ici, car j'ai déjà beaucoup appris. Ici, il est vrai que l'on apprend moins par ce que l'on voit faire qu'en reconnaissant ce qu'il ne faut pas faire.

Vous avez raison de me l'écrire, j'ai fait comme vous à Essling; après l'affaire du 6 et du 7, je me tâtais bras et jambes pour être bien sûr que je les avais intacts; j'espère bien qu'il en sera ainsi jusqu'à la fin de la campagne et que la maladie m'épargnera comme le reste. J'ai eu deux ou trois accès de fièvre avec des vomissements; la quinine a tout fait disparaître, mais ici le sang s'appauvrit très certainement et, sans nous en apercevoir, nous respirons de mauvais miasmes. Vous connaissez la mort du pauvre colonel Vico; il a été enlevé en quelques heures d'une attaque de choléra, et cependant celui-ci n'existe pas à l'état régulier. Nous avons encore des cas de scorbut, malgré l'été, et je mets en fait que bien peu de ceux qui ont passé ici un premier hiver seront en état d'en passer un second, ils mourraient tous; et moi, je ne crois point que l'on s'empare de la ville maintenant avant l'extrême limite de l'hiver.

Cela ne va pas ici, mon cher père, et si nos nouvelles batteries ne produisent pas plus d'effet sur les vaisseaux et les fortifications de terre, je ne sais trop comment l'on fera.

Adieu, mon cher père, je vous embrasse et je suis, avec respect,

Votre fils,

PIERRE.

144. — *Lettre du général de brigade Mellinet.*

Siège de Sébastopol, le 14 juillet 1855.

MONSIEUR LE MARÉCHAL,

Quels compliments, et ce sont les premiers que je recevais de France, pouvaient me flatter et m'aller plus au cœur que ceux qui me venaient de vous, Monsieur le Maréchal! Vous qui, pendant trois ans et demi que j'ai eu l'honneur de servir sous vos ordres, n'avez pas cessé de me témoigner une bienveillance, une confiance et une affection telles que je n'avais d'autre dessein que de ne jamais vous quitter, car les chefs avec les-

quels on est sans inquiétude, sans préoccupation du lendemain, je ne sais s'ils sont rares, mais je vous le dis bien franchement, Monsieur le Maréchal, je n'en connais pas encore
un autre que vous.

Plût à Dieu, pour organiser notre brave et belle garde, qui,
du reste, fait très bien ici, que nous eussions eu un homme
comme vous, le seul qui, militairement, carrément, et avec
l'influence de votre nom et de votre réputation, sachiez dire
les choses à l'Empereur et en obtenir ce qui est juste et utile
pour l'armée!

Les hommes de Cour (si hommes de Cour il y a) sont bons
à la Cour, mais pour commander les troupes en France comme
en campagne, ce sont les soldats éprouvés et trempés comme
vous qu'il nous faut. Avec ceux-là on n'est jamais tourmenté,
et vous me permettrez sans allusion et sans flatterie (quelle
flatterie, dévoué comme je le suis à votre personne, peut-il
y avoir de vous à moi), eh bien! vous me permettrez donc
de vous assurer encore une fois que, si favorisé que je sois
de la belle position qu'a daigné me faire l'Empereur, toute ma
vie, je me rappellerai l'heureux temps que j'ai passé sous le
commandement de Votre Excellence et je regretterai de ne
plus y être.

Je suis bien sûr que le digne général Herbillon, Cler, de
Pontgibaud et Pierre vous tiennent très régulièrement au courant de tout ce qui se fait ici; je n'ai pas à y ajouter mes
appréciations, qui très probablement sont les mêmes que les
leurs, mais puisque nous sommes engagés dans une affaire
bien fâcheusement commencée, ce qu'il faut sans restriction,
maintenant, c'est de la patience, énormément de patience,
Monsieur le Maréchal, et pour le reste, à la grâce de Dieu! Je
défie à nos plus savants ingénieurs de compter sur autre
chose, dans ce moment.

A la grâce de Dieu! donc, Monsieur le Maréchal, mais aussi
toujours heureux et bien honoré de vous assurer de l'inaltérable dévouement et du profond attachement du plus respectueux de vos serviteurs.

MELLINET.

P. S. — Vous daignerez bien me pardonner, j'espère, la difficulté que vous aurez à lire le griffonnage d'une pareille main dont j'ai si souvent tant de peine à me servir, mais dont je me servirais cependant plus souvent avec vous, si j'étais sûr qu'elle ne vous a pas trop impatienté. Je ne veux pas oublier de vous dire que mon aide de camp Kieffer, qui, à l'affaire du 18, m'avait été si utile (et c'est un solide garçon, je vous le jure, Monsieur le Maréchal), a reçu la décoration à cette occasion et vous assure de son très respectueux et entier dévouement.

145. — *Lettre du capitaine comte Moré de Pontgibaud, du 57ᵉ de ligne.*

Camp d'Inkermann, le 17 juillet 1855.

Monsieur le Maréchal,

Les Russes ont fait une sortie la nuit dernière, pendant que les tranchées en arrière de Malakoff étaient gardées par la division Canrobert; toutes les troupes ont tenu ferme : nos pertes ne sont pas de cent tués ou blessés, celles des Russes ne sont pas connues, je les crois au moins sextuples. Ceci ne change rien à la position.

Toutes nos nouvelles tranchées sont enfilées par des batteries qui sont sur la partie nord de la rade. Si les ennemis le savaient, il ne leur faudrait pas quatre heures pour battre en brèche toutes nos nouvelles parallèles. La batterie à fleur d'eau qui doit détruire la flotte sera battue par douze batteries de terre. On semble vouloir tourner la position de Malakoff. Le choléra a presque disparu, mais nos troupes diminuent à vue d'œil. Il nous faut du monde à tout prix, car, après avoir compté quarante-cinq mille baïonnettes françaises marchantes, je ne voudrais pas commander un régiment fabriqué avec le reste.

Veuillez avoir la bonté de me rappeler au souvenir de votre

état-major, et agréer, pour Votre Excellence, l'assurance du respectueux dévouement de votre très humble serviteur.

De Pontgibaud.

146. — *Lettre du général de division Bosquet.*

Devant Sébastopol, 17 juillet 1855.

Monsieur le Maréchal,

Pierre part aujourd'hui même et rentre en France à son régiment. C'est un ordre du ministre de la guerre, que devait faire exécuter le général en chef, si Pierre convenait qu'il était l'auteur d'une lettre insérée dans le *Constitutionnel.* Je suis au très grand regret de ce brusque départ, qui me prive des services de Pierre, que j'apprécie tous les jours davantage. Je ne veux pas qu'il parte sans vous apporter, Monsieur le Maréchal, une nouvelle preuve de mon estime et de ma grande affection pour lui.

Veuillez agréer, Monsieur le Maréchal, l'hommage de mon très respectueux dévouement.

Bosquet.

147. — *Lettre du général de division Mellinet.*

Siège de Sébastopol, 17 juillet 1855.

Monsieur le Maréchal,

Presque au moment où la levée du courrier va se faire, j'apprends que le général en chef a signifié à votre fils qu'il ait à s'embarquer aujourd'hui même pour rentrer en France. Je ne me rends pas bien compte d'un ordre aussi brusque et si peu attendu, mais je dois à l'attachement que je porte à votre famille, à mon profond dévouement pour vous, Monsieur le Maréchal, de vous assurer que, depuis que Pierre est ici, il n'a pas cessé de faire loyalement et parfaitement son service, avec l'entrain que tout le monde lui connaît et de façon à satisfaire complètement le général Bosquet, qui me disait encore, il y a peu de jours, que jamais il n'avait été plus content de Pierre, et tout le parti qu'on pouvait tirer d'une intelligence comme la sienne.

Si contrarié et si triste, je puis le dire, que je sois de la mesure prise à l'égard de Pierre, j'avais besoin de vous écrire de suite, pour que vous ne pussiez faire aucune supposition fâcheuse sur son départ et vous assurer en même temps, comme toujours, du dévouement sans bornes et du profond respect de votre très obéissant serviteur.

MELLINET.

148. — *Lettre du général de division Canrobert.*

Camp d'Inkermann, 21 juillet 1855.

MONSIEUR LE MARÉCHAL,

Votre fils vient d'être brusquement rappelé en France pour une lettre écrite par lui au *Constitutionnel* et dans laquelle il narrait avec vérité les tristes épisodes de l'assaut du 18 juin. Je suis désolé de voir partir Pierre, qui faisait bien ici et se souvenait du noble nom qu'il porte. Mon ami le général Bosquet l'aimait et l'appréciait beaucoup, il est aussi très contrarié de son départ.

Je crains fort que mon successeur ait pris le taureau par les cornes ; son plan d'attaque est diamétralement opposé à celui que, comme général en chef, je voulais employer ; je n'en apporte pas moins à sa réussite, comme simple général, toutes les forces dont Dieu a su me doter.

Je vous écris ici, Monsieur le Maréchal, du champ de bataille d'Inkermann, sur lequel campe ma division et où, il y a sept à neuf mois, je battis les Russes en leur tuant ou blessant près de dix-sept mille hommes et préservant ainsi l'armée d'un affreux désastre. On semble avoir oublié cela en France dans les hautes régions, mais l'armée en garde le souvenir, et je sais qu'elle m'en tient bon compte, ainsi que de tout ce que j'ai fait pour elle.

Veuillez agréer, Monsieur le Maréchal, l'expression de mon respectueux attachement.

CANROBERT.

149. — *Lettre de l'intendant militaire baron Bondurand.*

Crimée, 18 juillet 1855.

MONSIEUR LE MARÉCHAL,

Il ne s'est passé ici rien de considérable depuis l'attaque infructueuse sur Malakoff. Le 2ᵉ corps fait le siège de cet ouvrage, les cheminements sont arrivés, dit-on, à cent mètres, mais les tranchées auraient besoin d'être plus profondes et mieux couvertes.

Les projectiles traversent trop facilement les parapets, et il est certain que, pour cette raison ou pour une autre, on perd beaucoup plus de monde au 2ᵉ corps qu'au 1ᵉʳ; ainsi, en moyenne, nous avons par jour vingt hommes tués ou blessés, tandis que le 2ᵉ corps en a quatre-vingts.

Vous voyez que ce sont des pertes journalières bien considérables.

Nous avons perdu de plus beaucoup de monde par les maladies, cependant le choléra a disparu à peu près au 1ᵉʳ corps. Le climat est assez tempéré, les chaleurs ne sont pas généralement excessives, le temps est souvent rafraîchi par des orages.

Nos divisions sont fort affaiblies, surtout les divisions d'Autemarre (1ᵉʳ corps), les divisions Mayran et Brunet, aujourd'hui Faucheux et de La Motte Rouge (2ᵉ corps).

Tous les bons esprits seraient d'avis de remplir les cadres

avant d'envoyer d'autres divisions, car, ainsi que vous le dites, Monsieur le Maréchal, il y a assez d'états-majors, ce sont les baïonnettes qui manquent.

J'ignore à quel moment on se propose d'attaquer de nouveau Malakoff; on construit beaucoup de nouvelles batteries, au 2ᵉ corps. Nous avons à lutter contre une artillerie formidable et inépuisable qu'il sera toujours impossible de faire taire; nous devons donc nous attendre encore à de grandes pertes. Je crois au succès, mais il est certain que l'affaire du 18 a beaucoup diminué la confiance dans l'armée. Il y en avait trop avant, il n'y en a plus assez après. La vérité serait entre ces deux exagérations. Mais la passion et le moral jouent un très grand rôle dans les armées, et surtout dans une armée française.

Les Russes ont beaucoup travaillé dans l'ouvrage de Malakoff, et on doit s'attendre à y trouver de grandes difficultés.

Les Anglais ne travaillent pas au siège avec beaucoup d'ardeur. Malgré l'exaltation belliqueuse de la Cité, nous ne voyons pas arriver beaucoup de soldats anglais; je ne crois pas qu'ils aient en Crimée plus de vingt mille baïonnettes; ils déclarent qu'ils ne veulent pas et qu'ils ne peuvent pas aller en avant; ils mènent fort mal la partie du siège qui leur est confiée, et ils ne veulent plus donner d'assaut parce qu'ils disent qu'ils perdent trop de monde et qu'ils n'auraient bientôt plus d'armée. Ils ne sont pas, comme vous le voyez, des alliés fort utiles, et ce sont vraiment nos soldats qui supportent toutes les fatigues et tous les dangers de ce terrible siège.

Les Anglais en sont aux expédients. Ils forment un corps de Turcs commandés par des officiers anglais, mais il est bien évident que ce sera une troupe fort médiocre. Les officiers auront entre eux et leurs troupes des interprètes pour intermédiaires. Il est inutile de faire remarquer tous les inconvénients d'un tel système.

Je suis, etc.

BONDURAND.

150. — *Lettre du lieutenant-colonel Desaint,*
chef du service politique et topographique de l'armée
de Crimée.

Devant Sébastopol, le 28 juillet 1855.

MONSIEUR LE MARÉCHAL,

Permettez-moi de vous exprimer tous mes remerciements
pour la lettre si affectueuse que vous m'avez fait l'honneur de
m'écrire à la date du 11 de ce mois.

Les détails qu'elle contient sur les renforts qui sont envoyés
à l'armée de Crimée, ainsi que les approvisionnements qu'on
dirige sur le port d'embarquement, ont été pour nous du plus
haut intérêt. Je ne crois pouvoir mieux répondre à votre haute
sollicitude en ce qui nous concerne, qu'en vous faisant un
exposé de notre situation.

J'ai tout d'abord la douleur d'annoncer à Votre Excellence
la perte de deux officiers de l'état-major de l'armée de Lyon :
le lieutenant-colonel Vico, enlevé en moins de trente heures
par une attaque de choléra, et le brave capitaine Hautz, qui,
après avoir eu un cheval tué sous lui à l'Alma, et après avoir
traversé avec un bonheur inouï l'attaque des Ouvrages blancs
sous le général de Monet, et celle de Malakoff, où le général
Mayran a perdu la vie, nous a été enlevé en quelques jours
par une fièvre typhoïde compliquée d'accidents cholériques.

Vous connaissiez trop ces deux excellents officiers pour ne
pas comprendre l'immensité de nos regrets.

Tout semble se préparer, Monsieur le Maréchal, pour une
attaque décisive sur Malakoff ; l'acharnement que nous mettons
à nous rendre maîtres de cette position égale la vigueur qu'apportent les Russes à la défendre. Aussi y ont-ils accumulé toutes
les ressources possibles.

Nos ingénieurs ont poussé leurs tranchées jusqu'à soixante-
dix mètres du saillant de Malakoff et du Petit Redan, situé

entre la tour et la baie du Carénage. Il leur est désormais interdit de faire un pas. Chaque tentative de pose d'un nouveau gabion est aussitôt payée d'un coup de canon emportant le gabion et l'homme qui le remplit. L'artillerie a demandé, à l'extrême droite, la construction de plusieurs batteries destinées à contrebattre celles des retranchements ennemis et à battre le golfe, de manière à pouvoir couler les quatorze vaisseaux ou frégates qui y sont encore à flot, et à cerner par le canon la partie sud de Sébastopol, au point d'équivaloir à une sorte d'investissement et à interdire toute communication entre le fort du Nord et la place. Quelques-unes de ces batteries seront tellement en butte aux feux directs et d'écharpe des batteries du Redan et de celles en si grand nombre établies de l'autre côté du golfe, vers Severnaya, que l'artillerie ne leur donne pas deux heures d'existence. Il faut que cet effort sur Malakoff soit décisif, sans quoi on n'arriverait peut-être pas à faire donner un troisième assaut à cet ouvrage. Déjà on a fait remplacer par la division Canrobert celle des divisions qui avait le plus souffert, le 18 juin.

Je crains, tout en souhaitant le contraire, que Votre Excellence ait raison, quand elle remet à quelques mois la prise de la place. Prît-on Malakoff, qu'il faudra ensuite se loger dans les bastions numéro 4 et numéro 5 (du Mât et Central) et qu'il restera encore à emporter, en les disputant pied à pied, deux retranchements intérieurs armés de puissantes batteries.

La garnison de la place est maintenue à l'effectif de cinquante mille hommes. Comme chef du service politique et des renseignements militaires, j'en mets chaque semaine une situation sous les yeux du général en chef. L'effectif de l'armée de secours est de quatre-vingt mille hommes. Un ordre d'Osten-Sacken dit positivement aux défenseurs qu'ils ne doivent compter sur aucune chance de retraite et que le salut de chacun d'eux est intimement lié avec celui de la place.

Il me paraît bien difficile de rien tenter cette année. Au dehors, l'attitude prononcée de l'Autriche permet à la Russie d'envoyer en Crimée deux divisions de grenadiers qui étaient en Pologne et une division du 2e corps.

Tous les prisonniers ou déserteurs que j'interroge accusent l'annonce faite à l'armée de la prochaine arrivée de trente mille paysans armés.

Bien qu'un déserteur du régiment de Taroutinow m'affirmât hier que des dispositions étaient prises par les troupes campées à Mackensie pour une prochaine attaque de la Tchernaïa, je ne puis croire que le prince Gortschakoff abandonne la défensive, qui lui offre tant d'avantages pour passer la Tchernaïa, dans laquelle il serait infailliblement précipité en cas d'insuccès. La position défensive des Russes est si formidable et les débouchés qui conduisent sur leurs plateaux sont des défilés si étroits, si abrupts, qu'il est difficile d'aborder la position de front, sans s'exposer à y laisser les deux tiers de l'armée. Il faudrait pouvoir faire jeter sur les derrières de l'armée russe un corps de soixante-dix à quatre-vingt mille hommes, par Eupatoria, pour menacer les communications et compléter l'investissement. Nul ne peut encore entrevoir une solution à la question.

Je serais heureux de pouvoir en annoncer promptement une favorable à Votre Excellence.

Veuillez agréer, Monsieur le Maréchal, l'hommage de mon profond respect, et me croire votre très obéissant serviteur.

DESAINT.

P.-S. — On le voudrait, qu'en ce moment, la ville supposée prise, on ne trouverait pas à mettre en campagne soixante mille baïonnettes.

151. — *Lettre du général de division Herbillon.*

Camp de Traktir, le 6 août 1855.

MONSIEUR LE MARÉCHAL,

Depuis ma lettre du 10 juillet, il n'est arrivé rien de remarquable. On a continué à cheminer sur la tour de Malakoff, on est en ce moment à quatre-vingts mètres, et comme la confiance n'est plus la même qu'avant l'affaire du 18 juin, on n'ose plus rien hasarder. On prétend que le génie s'est même prononcé sur l'impossibilité de prendre Sébastopol sans un investissement complet, et que l'artillerie craint de ne pouvoir éteindre le feu de la place. Si cela est, c'est avouer un peu tard que de grandes fautes ont été commises.

On parle en ce moment de prendre le parti de mettre en batterie trois cents mortiers de trente-deux, dont cent fournis par les Anglais; on en espère le plus grand effet.

Il y a aujourd'hui, Monsieur le Maréchal, beaucoup moins de confiance, les hommes sont fatigués, les vieux soldats ont presque tous disparu et ce qui reste va retourner dans ses foyers. Il y a des régiments dont le cadre des officiers a été entièrement renouvelé. Cette guerre de siège aussi longtemps prolongée est vraiment désastreuse, aussi en désire-t-on la fin. Dans ces combats de tranchées, l'officier à peu d'influence sur le soldat, qui malheureusement n'étant pas dans la main des chefs, se laisse aller à son impétuosité et agit pour son compte. De là, perte considérable et inutile.

L'hiver pénible que les troupes ont passé en Crimée, les travaux incessants auxquels elles sont assujetties ont été cause d'un peu de laisser aller qui a porté atteinte à la rigoureuse discipline; et si les troupes d'Afrique, les zouaves surtout, ont fait preuve de grande bravoure et d'élan, elles ne donnent pas l'exemple d'une bien grande subordination.

On annonce encore des divisions; j'espère que ce n'est qu'un bruit, car nous sommes beaucoup trop de généraux, d'états-majors et même d'officiers de troupes. Ce qu'il faut, Monsieur le Maréchal, ce sont de gros bataillons, de fortes divisions. Le feu de l'ennemi et surtout les maladies font des vides énormes, et un régiment, après quelques mois de débarquement, se trouve réduit à un effectif très minime. J'ai aujourd'hui dans ma division mille sept cent cinquante-huit hommes aux hôpitaux et cinq cent neuf malades sous la tente. Le 73ᵉ a déjà perdu dix officiers par suite de maladies.

Ma division, quoique sur les plateaux de la Tchernaïa, n'en fait pas moins le service du siège. Le 62ᵉ de ligne s'est dernièrement parfaitement conduit : deux décorations et deux médailles lui ont été immédiatement accordées.

Le choléra fait toujours quelques victimes.

Avant-hier, on a rendu les honneurs funèbres au général Perrin Jonquières. Nous avons aussi perdu le capitaine Hautz, qui était attaché à votre état-major.

Le général Canrobert est parti samedi pour la France, il est regretté. Ses amis l'ont vu partir avec peine, quoique le félicitant de lui voir quitter l'armée. Sa position était extrêmement fausse.

Je reçois à l'instant votre lettre du 23 juillet. Je remercie sincèrement Votre Excellence de sa bonté à me tenir au courant des travaux faits au camp de Sathonay, ne pouvant oublier que je suis resté trois ans sous vos ordres.

Nous avons déjà reçu le contingent du 62ᵉ de ligne, le total pour ma division sera de deux mille hommes, les libérés étant de cinq cents hommes, les quinze cents qui resteront, couvriront à peu près les pertes que nous avons faites.

J'ai été très sensible au bon souvenir de Mme la comtesse de Hatzfeldt, je ne puis oublier le bon accueil dont elle a bien voulu m'honorer.

Mon chef d'état-major le capitaine de Sachy et mon fils vous remercient de votre souvenir ; mon fils est malade, il a les fièvres.

Croyez, Monsieur le Maréchal, que je resterai toujours, de Votre Excellence, le très dévoué et sincère serviteur.

Le général Herbillon.

COMBAT DE LA TCHERNAÏA

152. — Lettre du sous-intendant militaire Lecreuzer.

Devant Sébastopol, le 16 août 1855.

Monsieur le Maréchal,

Vous apprendrez avec plaisir que votre ancien lieutenant Herbillon vient de remporter une belle victoire sur la Tchernaïa, au pont de Traktir. Avec dix mille hommes, il en a battu cinquante mille, fait huit cents prisonniers environ, et tué plus de quinze cents hommes.

Sous la protection de leurs redoutes, les Russes étaient descendus dans la plaine par la route de Mackensie, et à quatre heures du matin, ils avaient attaqué le pont et passé la rivière sur des ponts-échelles très ingénieusement faits.

Le rapport vous fera connaître que la division Herbillon et celle du général Faucheux ont été admirables de courage, d'élan et d'ardeur. Le pont qui avait été pris par les Russes fut repris avec des pertes énormes pour ces derniers; la rive gauche était couverte de cadavres, et, comme on les avait culbutés à la baïonnette, la prairie de la rive droite présentait un spectacle affreux.

Une batterie de la garde impériale a fait merveille; le 20e léger (95e), le 2e zouaves, les chasseurs à pied, tous les corps enfin ont rivalisé et ont été magnifiques.

Comme à leur ordinaire, les Russes nous ont couverts de boulets lorsque nous relevions leurs blessés; ils nous avaient joué le même tour à Inkermann; une autre fois, nous serons peut-être un peu moins dévoués.

Nous avons cinquante-deux officiers tués ou blessés; l'officier blessé le plus élevé en grade est un chef de bataillon. Le
général de Failly a eu un cheval tué; son aide de camp, deux.
On cite dans les tentes le colonel Danner comme un vigoureux
officier.

La journée du 16 a été belle pour le général Herbillon; il
commandait en chef et il a fait preuve de calme, de coup
d'œil, de précision dans tous les mouvements qu'il a ordonnés
comme chef; c'est donc à lui la gloire, et je suis convaincu,
Monsieur le Maréchal, que votre cœur bondit, car le général
sort de votre école et vous lui avez appris à vaincre. Pour
fêter dignement la fête de l'Empereur, ceci fera du bien en
France où on nous croit perdus, tandis que nous marchons,
je l'espère, vers un grand succès.

Le feu recommence sur Malakoff demain matin à trois
heures. On dit que le général Mouravief, qui commandait
dans le Caucase, est arrivé. On le donne comme adroit, très
fin, audacieux et sage; ce sont de belles qualités qui devraient
nous tenir en éveil.

Le prochain courrier, Monsieur le Maréchal, vous portera
d'autres nouvelles; celles-ci, jetées à la hâte sur le papier, ne
sont pas très détaillées. J'ai cependant déjeuné avec le général
Herbillon, homme aussi modeste que méritant et qui considère ce qu'il a fait comme un simple devoir envers la patrie;
cet homme m'a toujours fait l'effet d'avoir un caractère
antique.

Je prie Votre Excellence de vouloir bien agréer le nouvel
hommage de mon entier, respectueux et fidèle dévouement.

Lecreuzer.

153. — *Lettre du capitaine Boisdenemets.*

Sous Sébastopol, le 17 août 1855.

Monsieur le Maréchal,

Nous venons d'avoir, sinon une bataille, du moins un très

vigoureux combat. Voici les détails donnés avec l'exactitude, malheureusement pas d'un acteur, mais d'un spectateur. Pour qu'ils soient plus complets, ou plutôt plus compréhensibles, j'y joins un levé qui peut donner une idée des positions; veuillez me pardonner cet atroce croquis, mais plus que pressé par le départ du courrier, j'ai pensé que vous ne verriez que l'intention de vouloir mieux expliquer les faits (1).

Dans la journée du 12, nous recevions l'ordre de doubler les postes du siège et d'observation, et la recommandation d'être prompts et alertes pour la nuit, car nous devions probablement avoir à résister à une attaque générale pour le lendemain 13.

La nuit se passa tranquille; on supposa alors que l'agression aurait lieu le soir. On prit les mêmes précautions, et comme la première fois, elles furent superflues; les renseignements passèrent pour faux. La journée du 14 n'eut rien d'extraordinaire, et le 15 fut donné aux revues et aux réjouissances. Le soir de ce même jour, le général d'Allonville avertissait le général Bosquet qu'il pouvait l'assurer d'une attaque pour le matin. On ne comprend pas que le général qu'il eût été le plus important d'avertir fut oublié, car le général Herbillon n'a été averti de l'attaque que par les coups de fusil.

Jeudi 16, à quatre heures du matin, on entend quelques coups de fusil sur notre droite. Un brouillard des plus épais, malgré un beau soleil levant, couvre complètement la vallée de la Tchernaïa et ne permet pas de voir auprès. La fusillade devient bientôt vive. Le général Herbillon donne l'ordre de faire immédiatement prendre les armes aux deux divisions et demie qu'il a sur son plateau; le canon gronde; plus de doute, l'attaque se fait à Kamara, sur les positions piémontaises. La brigade de Failly est lancée à la défense du pont de Tracktir, mais elle arrive trop tard, l'ennemi l'avait passé. Les Russes, à la faveur de cet épais brouillard, s'étaient approchés de la Tchernaïa, l'avaient traversée sur des ponts

---

(1) Ce croquis n'a pas été retrouvé dans les papiers du maréchal de Castellane.

fort légers, espèce de claires-voies qu'ils espaçaient de quelques mètres.

Tourné, le poste du pont est obligé de se replier ; l'artillerie russe traverse la rivière et vient se placer sur la rive gauche de la Tchernaïa, marchant dans les intervalles des bataillons, sur nos camps. Déjà même ils sont à moitié du coteau, lorsque nos troupes arrivent : à la droite, la division Faucheux, et à gauche, la division Camou ; la brigade Cler seule est en seconde ligne.

Le premier choc fut rude et arrêta un instant l'ennemi ; mais, poussé par les forces qui continuaient à passer la rivière, l'ennemi recommença l'attaque. Ils avançaient même fort rapidement, lorsqu'un de vos élèves, comme il aime à s'appeler, le général Cler, se lança avec sa brigade le (62ᵉ et le 73ᵉ). Déjà une batterie complète de la garde était entourée, lorsqu'il chargea à la baïonnette avec ses deux régiments, et il força l'ennemi à battre en retraite. Celui-ci recula même jusqu'à la Tchernaïa.

Une troisième attaque allait avoir lieu. Quelle devait en être l'issue ? Pas de renforts, et ils étaient urgents ! C'est alors que la 1ʳᵉ brigade de la 1ʳᵉ division de réserve arrive. Le 47ᵉ est lancé en avant, à peu près entre les divisions, et le 52ᵉ, conservé comme réserve. On doute fort que ces troupes eussent suffi pour résister à cette troisième attaque si, comme les deux autres, elle eût été faite avec élan ; mais elle ne fut qu'une feinte pour laisser repasser la Tchernaïa, sans être trop inquiétées, aux masses qui l'avaient traversée. Pendant tout ce temps, une batterie d'artillerie balayait le pont de Tracktir et forçait l'ennemi à rétrograder.

Si, au dire de certaines personnes, le général Morris, placé comme je l'indique sur le levé, avait chargé pendant la troisième attaque, en suivant la rive gauche de la Tchernaïa et en se rabattant sur nous, nous aurions fait dix mille prisonniers, sans grandes pertes, puisque la cavalerie, séparée par une rivière, n'avait rien à craindre de la cavalerie ennemie plus nombreuse, et que l'artillerie avait assez à lutter contre la nôtre. Depuis hier, à tort ou à raison, on blâme beaucoup la cavalerie de ne point avoir profité d'une occasion aussi belle.

La lutte a duré deux heures, mais elle était réduite à l'artillerie. Les Russes se sont alors retirés, comme vous le voyez sur le croquis, dans une position très formidable : la droite appuyée à des batteries inaccessibles, le centre adossé à des batteries et à des redoutes, la cavalerie en colonne par escadrons, de chaque côté. Ils semblaient nous offrir la bataille, mais heureusement l'ordre donné par le général Herbillon était formel et fut complètement exécuté, personne ne passa la rivière. La bataille eût été trop inégale, et c'eût été folie. Voyant que nous restions dans nos positions, ils couvrirent le défilé pour nous donner l'idée d'attaquer, mais leurs efforts furent vains. Jusqu'à une heure ou deux, ils restèrent dans cette plaine, puis ils effectuèrent le défilé par les deux ailes et disparurent. Ils étaient fort nombreux; on comptait au moins quarante mille hommes, dont six mille de cavalerie.

Voici comment on peut s'expliquer qu'ils n'aient point osé pousser à fond une troisième attaque. Nous étions tellement faibles. En voyant descendre des renforts et seulement apparaître deux régiments, ils crurent que nous cherchions à les attirer dans nos lignes, où quelques plis de terrain cachaient nos forces. Dès lors, ils n'osèrent pousser leurs attaques; ils se replièrent et voulurent agir de même en feignant de couvrir promptement un défilé qui n'était point attaqué.

La journée a été superbe; tout l'honneur en revient au général Herbillon qui a été admiré par ses divisions; le général Pélissier a été averti tard et n'est arrivé qu'après la troisième attaque.

Nous avons excessivement peu de tués ou blessés; il n'y a pas trente officiers blessés, et le plus élevé en grade est un chef de bataillon du 22e; à peine six cents hommes sont-ils hors de combat. Les pertes de l'ennemi sont fort considérables; il a six à sept cents prisonniers, de plus huit cents blessés ramassés sur le champ de bataille et trois mille tués. On exagérera bien certainement les chiffres; les deux premiers, j'en suis certain; mais quant à la troisième quantité, on prétend que je suis fort au-dessous.

C'est un beau combat qui fait honneur à tous. Je crois qu'on l'appellera le combat de Tracktir. Les résultats sont à peu près nuls, mais ils sont grands auprès de ce qui pouvait nous advenir. Il paraît qu'il venait d'arriver quatre-vingt-dix mille hommes de renfort; cinquante mille hommes devaient nous chasser de la Tchernaïa et aller coucher à Balaclava, coupant ainsi la base d'opération des Anglais; puis, nous ayant forcés à dégarnir le siège pour grossir notre armée d'observation, ils devaient faire une sortie formidable sur la gauche.

Que serait-il arrivé? Enfin, le plan était beau, heureusement qu'il n'a pas réussi. Le résultat moral est bien grand; l'ennemi a pu nous compter, voir notre infériorité, et, par contre, nos soldats, sa supériorité effective; de là une confiance énorme chez nous, et elle était nécessaire. L'armée s'inquiétait de voir que, malgré de nombreux travaux, on n'osait rien tenter depuis notre malheureuse affaire du 18 juin.

Voilà, Monsieur le Maréchal, quelques détails : les uns sont puisés à de bonnes sources, puisque après la lutte, j'ai déjeuné avec le général Herbillon, fort heureux de son succès; les autres, je les ai vus, et d'autres ne sont que des appréciations encore peu connues. Si, du reste, j'apprends des renseignements nouveaux, je m'empresserai de vous les mander.

Je prie Votre Excellence de vouloir bien agréer l'assurance du très respectueux dévouement de votre très humble et très obéissant serviteur.

BOISDENEMETS.

P. S. — Il est minuit (vendredi soir), une dépêche arrive à l'instant de se tenir prêts à une attaque des Russes qui doit avoir lieu ce matin du côté d'Inkermann.

J'ai oublié de dire combien les Piémontais se sont bien battus.

(Samedi, huit heures du matin.) Rien de nouveau; on fait faire des mouvements aux troupes; ma brigade change de place, j'ignore où elle va.

154. — *Lettre de l'intendant militaire baron Bondurand.*

Crimée, le 18 août 1855.

MONSIEUR LE MARÉCHAL,

Vous connaissez déjà par le télégraphe la nouvelle du beau combat de la Tchernaïa. Les rapports du général en chef partiront en même temps que cette lettre, et vous trouverez dans les journaux le récit circonstancié de cette belle affaire, qu'on peut considérer comme le pendant de la bataille d'Inkermann. Quelques officiers prisonniers assurent que l'ordre d'attaque était arrivé de Saint-Pétersbourg.

Nos troupes se sont montrées de la plus grande vigueur. La division Faucheux, ancienne division Mayran, déjà si éprouvée à Malakoff, est celle qui a subi le plus de pertes. Trois divisions se sont trouvées là pour défendre le pont de Tracktir. Les divisions de renfort ne sont arrivées que lorsque tout était fini. On estime que le pont a été attaqué par quarante ou quarante-cinq mille hommes. Notre artillerie de campagne a été très brillante et a produit les plus grands effets, surtout une batterie à cheval de la garde, qui a pu se porter très vivement sur le lieu du combat. Les Piémontais ont aussi été attaqués par une forte colonne débouchant de la vallée de Tchorgoune. Ils se sont très bien conduits; le général Pélissier en est enchanté. Une autre colonne devait attaquer les Turcs et les cuirassiers et dragons du général d'Allonville à Baïdar, mais elle n'a pas commencé l'action.

Nous avons eu environ mille hommes hors de combat; les Piémontais deux cents.

Hier, à cinq heures du soir, on avait ramassé et transporté dans nos ambulances dix-huit cents blessés russes. On avait réuni, pour les enterrer, environ quinze cents cadavres russes, et on en trouve encore.

Je crois qu'on peut admettre que l'ennemi a cinq ou six

mille hommes hors de combat; trois généraux russes ont été tués; nous avons trois ou quatre cents prisonniers valides et vingt-huit ou trente officiers, valides ou blessés.

Le général Pélissier, m'a-t-on assuré, avait donné l'ordre au général Morris de charger avec les chasseurs d'Afrique, mais il a donné contre-ordre. Il n'a pas voulu engager la cavalerie sur la rive droite de la Tchernaïa, où elle aurait été battue par toutes les batteries de position que les Russes ont sur la rive droite. On n'a pas commis la faute de poursuivre les Russes, qui nous auraient attirés sous le feu des batteries qui battent la route de Mackensie.

Cette attaque, fort risquée, me paraîtrait une preuve des embarras immenses des Russes. Les déserteurs disent que sur quatre hommes mis en route de Varsovie, il en arrive un à Sébastopol. Tous les transports de la Crimée, voitures, chevaux, bœufs, sont sur les dents; ce sont aujourd'hui des transports requis dans la Russie méridionale qui font le service. De très bons esprits pensent que, si les circonstances ne nous ont pas donné la ville avant le mois de novembre, les Russes ne pourront plus vivre en Crimée. En résumé, le succès sera pour celui qui pourra toujours recevoir son biscuit, ses vêtements et ses munitions.

Je suis avec respect, Monsieur le Maréchal, votre très humble et très obéissant serviteur.

BONDURAND.

155. — *Lettre du capitaine comte Moré de Pontgibaud, du 57ᵉ de ligne.*

Camp d'Inkermann, le 20 août 1855.

MONSIEUR LE MARÉCHAL,

J'aurais voulu pouvoir être un des premiers à vous parler de la bataille du pont de Tracktir, que je nomme ainsi, ne sachant pas son nom, mais parti à l'improviste, je n'avais qu'un calepin dans ma poche.

N'ayant ni le temps, ni les talents de vous envoyer un croquis complet, vous me pardonnerez de vous adresser cet assemblage rapide et informe du terrain du combat. Par les flèches, j'ai voulu indiquer le sens des pentes dont je n'ai point signalé les raideurs, sur le canal de la Tchernaïa. Vous verrez des traits en travers pour marquer les ponceaux russes. Les lettres P et Q indiquent les plateaux les plus importants dans cette affaire; le point K est le point culminant de la route passant dans la gorge qui relie le pont de Tracktir à la route d'Inkermann à Balaclava.

La position grossière que j'ai assignée aux troupes était à peu près telle au moment le plus chaud de l'action, celui où les alliés reprenaient l'offensive. Une ligne ponctuée, derrière la principale colonne russe, indique la direction de leur retraite pour aller se porter à cinq lieues dans les montagnes, afin que leurs autres troupes pussent ignorer cette défaite; de même qu'ils avaient eu le soin de n'engager que des troupes fraîches, venant de faire quatorze étapes, et qui se sont battues, croyant que nous avions été déjà culbutés et que leur mission était de nous jeter à la mer. Leur intention était de battre les Piémontais, de couper nos communications avec la gorge de Baïdar, de nous isoler ainsi de nos trois régiments de cavalerie, de tourner complètement notre droite, d'occuper les plateaux P et Q, et d'enlever la vieille tour de Balaclava ainsi que le port des Anglais.

A quatre heures du matin, ils ont culbuté les Piémontais, repris Tchorgoune et enlevé leurs deux redoutes et ouvrages de fortification; toute la cavalerie Morris a dû déménager. Ils grossissaient vers le plateau et, dans la direction de la flèche, vers le camp Morris, ils avaient enlevé les postes et le pont de Tracktir et grimpaient sur P et Q; leur artillerie bordait la Tchernaïa et faisait un feu d'enfer, tandis qu'à leur gauche ils en faisaient autant au-dessus de Tchorgoune. Mais, vers six heures, la division Faucheux, presque surprise, lança ses zouaves; les Piémontais, revenus de leur étonnement, marchaient sur Tchorgoune. La division Camou s'avançait sur le canal; la division Herbillon, plus en arrière. Des

Plateau d'Inkermann

Lignes de fortifications

Route de Balaclava à Inkermann

Camp de 1re Dulac

Camp de la division Mal. Mahon

abreuvoir

Canal de la Tchernaia

Division Dulac

Division Hoffen

Division Faucheux

Russes

Pont

Tchernaia

Prairies

Camp Morris

Redoute Piémontaise

Ligne de fortification

Tchorgoun

Piémontais

limite des avant-postes

Ligne de retraite de Russes

Russes

Batterie de 8 Pièces

Batterie triangulait

Plateau Nord occupé par les Russes

Vieille Tour

batteries requises à la garde arrivaient au point K et attendaient que l'infanterie leur eût ouvert un passage.

C'est alors qu'a commence pour eux un désordre affreux. Rejetés dans le canal, forcés de repasser le pont de Tracktir et la Tchernaïa par la division Camou qui envoyait un bataillon du 50ᵉ de ligne se jeter entre le pont et la tête de pont garnissant la rive gauche de la Tchernaïa, ils recevaient dans le dos la mitraille de notre artillerie qui avait pris position en arrière, à droite et à gauche du canal, et ils se faisaient tuer par leur artillerie qui voulait toujours répondre à la nôtre. Dans les prairies, leurs cadavres se touchaient. Leur retraite a été protégée par une nombreuse cavalerie, et je ne doute pas que, si nous avions eu la nôtre sous la main et qu'elle n'eût pas trouvé le terrain trop mauvais, il ne serait revenu de ces soixante mille Russes que des fuyards.

Veuillez agréer, Monsieur le Maréchal, l'assurance du profond respect de votre très humble serviteur.

DE PONTGIBAUD.

156. — *Lettre du général de brigade Cler.*

Lignes de la Tchernaïa, le 20 août 1855.

MONSIEUR LE MARÉCHAL,

J'ai été trop occupé le soir et le lendemain de la bataille que nous venons de remporter sur les Russes, pour pouvoir donner à Votre Excellence des détails sur cette brillante affaire qui fait le plus grand honneur au général Herbillon et aux deux régiments de ma brigade, qui se sont montrés à la hauteur des vieilles troupes des anciennes divisions de l'armée d'Orient. La Providence, qui ne m'a jamais abandonné, m'a donné aussi dans ce grand drame militaire un rôle important, en me plaçant à l'extrême droite de notre armée et en me laissant ainsi un commandement indépendant.

Voici maintenant, Monsieur le Maréchal, quelques détails

sur notre bataille du 16, qui portera le nom de Tchernaïa ou de Tracktir.

Le 16, une heure avant le jour, les Russes qui, avaient reçu de grands renforts venus à marches forcées du fond de la Pologne, profitant du brouillard qui couvrait les collines et la plaine de la Tchernaïa, délogèrent les avant-postes sardes établis en avant de notre droite, sur un long et haut contre-fort perpendiculaire à la rive droite de la Tchernaïa. Leur intention, en faisant ce mouvement, devait être d'essayer de percer l'armée des alliés, mais, sur cette partie de la ligne, ils trouvèrent sans doute trop d'obstacles naturels, sur la Tchernaïa même, qui est encaissée et d'un difficile accès dans cette partie de son cours. Ce motif, sans doute, les décida à porter l'effort principal de leur attaque sur la droite de notre ligne. Profitant donc de la brume qui couvrait la vallée, ils dirigèrent trois lourdes et fortes colonnes, la pre-mière au-dessus du gué dit de la cavalerie, la seconde face au mamelon occupé par la droite de la division Faucheux, et enfin la troisième sur le pont de Tracktir.

Plus tard, une quatrième colonne passa la Tchernaïa en aval du pont et fit une démonstration sur la gauche de notre ligne, du côté de la division Camou. La marche de ces colonnes était protégée, en arrière et sur les flancs, par de fortes bat-teries de position et par toute l'artillerie russe, établie dans le fond de la plaine et sur le contrefort enlevé aux Sardes.

Les réserves russes étaient massées au bas de la route de Mackensie, derrière les collines de la droite du bassin de la Tchernaïa; la cavalerie, qui était nombreuse, occupait les bas-fonds, en arrière des collines, derrière l'aile gauche ennemie.

Les attaques des Russes furent principalement dirigées sur le pont de Tracktir et sur l'entrée de la gorge en arrière; deux fois ce passage fut occupé par leurs têtes de colonne, et deux fois il fut repris par les Français.

Pendant cette attaque, d'autres colonnes attaquèrent notre droite et cherchèrent à tourner notre aile, mais, trois fois, sur cette partie extrême de la ligne, je parvins à repousser les tentatives désespérées de l'armée russe. Quant à notre gauche, elle ne fut que très faiblement attaquée vers la fin de la bataille.

Sept mille Français à peine prirent part à cette glorieuse action de guerre ; trois mille hommes du corps d'observation, toute la cavalerie, l'armée turque et les Anglais qui couvrent Balaclava et une grande partie de l'armée sarde restèrent en réserve sur notre droite et en arrière de nos lignes.

Plus de quarante mille Russes durent être engagés ; vingt mille restèrent en réserve.

Les pertes de l'ennemi s'élèvent à huit à neuf mille hommes, celles des alliés doivent être de treize cents pour les Français et de deux cents pour les Sardes.

Repoussée trois fois dans ses attaques, chassée jusqu'au delà de la Tchernaïa, l'armée russe nous offrit la bataille au fond de la plaine, protégée par toute son artillerie de campagne et de position et sur un terrain étudié d'avance. Nous n'avons point été assez simples pour compromettre un succès, en entreprenant une nouvelle opération qui n'aurait pas décidé la question. A midi, toute l'armée russe opérait sa retraite par la route de Mackensie, pour reprendre ses positions sur le plateau de la Balbec.

Maintenant, Monsieur le Maréchal, je vais, après vous avoir donné sommairement l'ensemble de la bataille, entrer dans quelques détails sur la part que j'ai pu prendre à cette lutte, qui fait le plus grand honneur aux régiments qui étaient encore sous vos ordres, il y a six mois à peine.

A cinq heures, je quittai mon camp pour me porter avec trois bataillons (1er et 3e du 62e et 1er du 73e) sur le mamelon occupé par quinze cents hommes à peine de la division Faucheux, à droite du défilé de Tracktir. A peine arrivé sur le revers de ce mamelon, je reçus l'avis de presser ma marche, afin d'appuyer promptement ces trois petits bataillons très vivement engagés sur le versant qui regarde la Tchernaïa. Je lançai immédiatement en avant les deux bataillons déployés du 62e, commandés par le colonel de Perrussis. Cette ligne arrivée à l'extrémité du plateau rencontra les têtes de colonne des

Russes, bien difficilement arrêtées par une partie du 19ᵉ bataillon de chasseurs et quelques compagnies du 2ᵉ zouaves; elle reprit immédiatement l'offensive, et, après un court combat à la baïonnette, les Russes furent rejetés sur le bas des pentes et dans le canal de la Tchernaïa.

Pendant ce combat, la forte colonne russe qui avait passé le pont de Tracktir, gagnait du terrain et pressait de bien près le gros du 2ᵉ régiment de zouaves, qui gardait la gauche et l'entrée du ravin. Déjà les colonnes ennemies, drapeaux déployés, apparaissaient sur la crête et se reformaient à l'entrée du plateau. Je fis immédiatement appuyer le 2ᵉ zouaves par les bataillons du 73ᵉ, et, après un vif engagement, les Russes furent rejetés dans le fond du ravin et au delà du pont de Tracktir.

Vers la fin de ces deux premiers engagements, la batterie d'artillerie mise à ma disposition déboucha sur le plateau; je la plaçai sur la droite et lui ordonnai de tirer dans la plaine, sur la queue des colonnes russes.

Une nouvelle colonne ennemie, qui venait de passer la Tchernaïa au-dessous du gué de la cavalerie, se dirigeait dans ce moment vers la rampe qui tourne à droite et qui gravit le plateau face aux Sardes. J'opposai immédiatement à ce mouvement tournant un de mes bataillons, commandé par le chef de bataillon de Lavoyrie, du 62ᵉ. Ce brave commandant fut grièvement blessé en engageant bravement les troupes que je fis appuyer en arrière par quatre pièces de ma deuxième batterie.

La colonne tournante, arrêtée dans son mouvement par la marche du bataillon Lavoyrie et par les obus lancés par les quatre pièces, se rejeta sur les débris de la colonne qui avait été repoussée dans son attaque du plateau; se prolongeant ensuite le long du canal, elle se disposa à entreprendre une nouvelle attaque sur le front de la position.

Je laissai monter cette colonne, formée en partie par la brigade d'Odessa; cachée par la fumée produite par le feu des six pièces en batterie au-dessus de la pente, elle put arriver jusqu'au plateau sans être sérieusement inquiétée. Au moment où la tête de cette colonne se reformait en face de la gueule de nos canons, je fis tirer une dernière salve, et immédiatement après je lançai en avant le 3e bataillon déployé du 62e (commandant Cotta), en faisant appuyer ce mouvement à gauche par le 1er bataillon du 73e, en colonne serrée par divisions, et à droite par les débris du 19e bataillon de chasseurs.

En une minute, la tête de colonne fut rejetée sur le bas des pentes et poursuivie la baïonnette dans les reins. Elle laissa sur le terrain et dans le canal de nombreux cadavres, des blessés, un colonel et deux chefs de bataillon, et entre nos mains, cent prisonniers valides.

Le bataillon du 62e poussa jusqu'à la Tchernaïa, où il prit position. Plus tard, il appuya le mouvement offensif des Sardes, qui reprirent le contrefort abandonné le matin. Cet acte fut le dernier de la bataille.

Je ne saurais porter trop haut le courageux élan de nos jeunes soldats, appelés pour la première fois à combattre en rase campagne. Toutes les attaques ont été exécutées avec ordre, confiance et discipline. Pensant que l'aspect des fortes colonnes de l'armée russe étonnerait mes conscrits, d'avance j'avais tout préparé pour disposer leurs lignes de manière à les cacher à l'ennemi, et, surtout, à les préserver des feux rasants d'une formidable artillerie, qui causa de grands ravages dans mes batteries.

En agissant ainsi et en engageant le combat en lignes déployées et à la baïonnette, j'ai obtenu d'excellents résultats, en grossissant mes forces aux yeux des Russes et en ne perdant en tués et blessés que cent cinquante hommes sur les douze cents que j'ai engagés.

Depuis hier j'ai pris la direction de la défense du pont de Tracktir et des positions à gauche ; quatorze bataillons et seize canons sont mis à ma disposition en cas d'attaque.

L'excellent général Herbillon est tellement occupé qu'il m'a chargé, Monsieur le Maréchal, de l'excuser de ne vous avoir point écrit ; il sait, du reste, que je vous donne des détails sur notre bataille.

Je suis avec une respectueuse reconnaissance, Monsieur le

Maréchal, de Votre Excellence le très humble et très obéissant serviteur.

CLER.

157. — *Lettre du colonel d'état-major J. Desaint,*
chef du service politique
et topographique de l'armée d'Orient.

Devant Sébastopol, le 25 août 1855.

MONSIEUR LE MARÉCHAL,

Je viens remercier Votre Excellence de la lettre si obligeante qu'elle m'a fait l'honneur de m'adresser de Paris, où la présence de S. M. la Reine d'Angleterre la retient sans doute encore en ce moment (1). Je ne sais si je n'abuse pas de sa bienveillance et si j'entre dans ses intentions en continuant à la tenir au courant de notre situation.

Il y a déjà huit jours que le télégraphe sous-marin a appris à la France la victoire de la Tchernaïa et l'insuccès des efforts déployés par soixante-cinq mille Russes pour nous enlever nos positions. C'est le général Herbillon qui a supporté en grande partie tout l'effort de notre côté, et la brave armée sarde, commandée par le général de La Marmora, a opposé une résistance invincible à la gauche de l'armée russe. Cette journée a montré tout le concours que l'on pouvait attendre de cette bonne armée piémontaise dont l'organisation a tant de rapports avec la nôtre.

La victoire nous est restée au prix de dix-huit cents à deux mille hommes hors de combat, alors que les pertes de l'ennemi varient entre huit et dix mille hommes. L'armée russe nous a opposé dans cette journée de soixante-cinq à soixante-dix mille hommes.

Comme chef du service politique et chargé en cette qualité de recueillir auprès des prisonniers et déserteurs, comme aussi par des émissaires, tous les renseignements susceptibles

(1) Voir sur le séjour de la reine d'Angleterre à Paris le *Journal du maréchal de Castellane,* tome V, page 99 et suiv.

d'intéresser le général en chef et les opérations de l'armée, il m'est plus facile qu'à tout autre d'évaluer, d'une manière presque certaine, les forces de l'ennemi. Ses pertes ne sont pas moins de huit mille hommes.

Il a fallu quinze cents voitures du pays pour transporter à Simphéropol ses malades et ses blessés. Un grand personnage que les Tartares affirment être l'empereur de Russie voyageant incognito, et qu'on suppose, avec plus de raison, être un des grands-ducs, était arrivé exprès de Saint-Pétersbourg pour cette attaque. Il a établi son quartier général à Koralès, où se tiennent des conseils de guerre.

Hier soir, à neuf heures, un de mes émissaires revenait en toute hâte apportant la nouvelle que les Russes concentrent de nouveau leurs troupes sur le plateau de Mackensie et veulent recommencer une nouvelle attaque qui aura lieu, selon toutes probabilités, d'ici à peu de jours. Ils attendent pour cela l'arrivée de deux divisions de grenadiers qui viennent de Pologne et qui sont attendues aujourd'hui à Simphéropol, où des transports sont préparés pour les amener en poste à Mackensie. Les Russes se préparent à cette attaque avec soixante-quatre mille hommes d'infanterie, quinze mille chevaux et trois cents pièces de canon. Ils ont, outre cela, soixante-trois mille hommes dans la ville.

On est tenté de croire que l'armée russe appréhende l'impossibilité de passer l'hiver en Crimée, et qu'elle veut s'assurer de la possibilité de nous jeter à la mer. Je crois pouvoir dire qu'il lui est aussi impossible de nous forcer en ce moment dans nos positions qu'à notre armée de chasser l'armée russe de la position si forte qu'elle occupe entre Inkermann et Baktchi-Seraï et que l'art a rendue inexpugnable. Elle est inabordable de front, tant les rampes sont abruptes et les moyens de résistance accumulés avec art; elle ne peut être que très difficilement tournée à l'est, à travers des défilés étroits, très longs, impraticables, eu égard à la nature alpestre du versant nord des monts Zaïla.

Ainsi que le disait notre ancien général en chef, nous sommes dans une sorte de prison dont il nous est bien difficile de sortir. De là, lors même que nous serions maîtres de la partie sud de la ville (ce qui n'est pas encore fait), la presque impossibilité de prendre une offensive sérieuse et suivie. Nous sommes d'ailleurs liés à la mer par la nécessité de nos approvisionnements de toute nature. La guerre est bien difficile à douze cents lieues d'une base d'opérations, dans un pays qui ne peut nourrir les parties belligérantes. Or la Crimée fût-elle très productive (ce qui n'est pas), qu'ainsi qu'ils nous l'ont déjà montré, les Cosaques feront partout le vide sur notre passage par le pillage et l'incendie. Nous devons tout attendre du midi de la France.

Jusqu'ici l'armée russe n'a manqué de rien, les convois de vivres et de munitions arrivent très régulièrement. Les maladies qui sévissaient avec violence ont même disparu. Elle se trouve donc en ce moment dans des conditions favorables pour soutenir la lutte pendant une partie de l'automne.

On sent si bien tout l'inconvénient d'un insuccès qu'on ne veut rien tenter contre la place, sans avoir pour soi quatre-vingt-dix chances sur cent. On attend de France et d'Angleterre quatre cents mortiers approvisionnés à mille coups chacun et dont le jeu rendra Malakoff et la place inhabitables.

Ainsi que j'avais l'honneur de le dire précédemment à Votre Excellence, prendre la place sera un effort suprême et le résultat heureux de cette campagne, si nous y parvenons. L'insuccès du 18 juin avait mis de la tristesse dans les esprits, la victoire du 16 août a été une compensation. Malheureusement, comme pour l'Alma et Inkermann, ces victoires restent sans fruit, parce que nous ne pouvons jamais en poursuivre les résultats. La position de l'armée reste donc toujours celle-ci : « Toujours vaincre ou périr. »

Puissent ces détails avoir quelque intérêt pour Votre Excellence, à laquelle j'adresse mes remerciements pour sa haute bienveillance.

Veuillez agréer, Monsieur le Maréchal, l'hommage de mon profond respect.

Votre très obéissant et dévoué serviteur.

J. DESAINT.

158. — *Lettre du général de division Herbillon.*

Camp de Traktir, le 25 août 1855.

MONSIEUR LE MARÉCHAL,

Le général Cler m'a dit vous avoir écrit et vous avoir donné des détails sur l'affaire du 16 août, qui était nécessaire pour faire un peu oublier celle du 18 juin. Cette affaire fait le plus grand honneur à nos vaillants soldats. Au nombre de dix mille, ils ont repoussé des forces considérables. Attaqués par des masses énormes, ils ne s'en effrayèrent pas, se précipitèrent sur les Russes, les repoussèrent de tous côtés et, après quatre heures d'un combat acharné, les Russes battirent en retraite, laissant le terrain, sur lequel on s'était battu, jonché de cadavres, de blessés et d'effets militaires de toute espèce.

Les premiers coups de fusil furent tirés à quatre heures du matin; à quatre heures et demie, toute la ligne était engagée. Aussitôt que le jour le permit, je fis prévenir par le télégraphe M. le général en chef, qui n'arriva sur le plateau de droite, division Faucheux, qu'à sept heures et demie.

Les Russes avaient déjà commencé leur mouvement de retraite et le feu de part et d'autre était considérablement ralenti. Menacé de tous côtés par des colonnes profondes, j'avais demandé à plusieurs reprises, par le télégraphe, que des renforts me fussent envoyés; ils n'arrivèrent qu'à neuf heures du matin, quand tout était terminé. Il n'y eut donc d'engagées que des troupes des divisions Camou, Faucheux, et de la mienne.

Ma division, qui a été longtemps sous vos ordres, a donné des preuves d'un grand courage et d'un grand élan. Le 62ᵉ surtout s'est particulièrement distingué; les braves de ce régiment se précipitèrent sur les Russes et les poursuivirent la baïonnette dans les reins jusqu'à la Tchernaïa.

Jamais peut-être, Monsieur le Maréchal, on ne manœuvra

avec autant de calme et de silence, officiers et soldats étaient pénétrés de ce qu'ils avaient à faire. Il fallait vaincre.

Depuis deux mois que je commande la ligne de la Tchernaïa, M. le général en chef n'est venu nous visiter qu'une seule fois. Il ne me donna aucune instruction, ne me parla nullement des dispositions que j'avais à prendre en cas d'attaque. Je fus donc livré à moi-même, et quand j'eus bien connu les plis et replis du terrain que j'avais à défendre, je donnai mes instructions qui furent suivies avec intelligence par MM. les généraux placés sous mes ordres; le succès fut complet.

Les Russes, malgré leur défaite, ne se sont pas retirés; ils se rassemblent de nouveau sur le plateau de Mackensie. J'apprends que deux divisions de la garde viennent d'arriver à Simphéropol, et aussitôt qu'elles auront rejoint, nous serons de nouveau attaqués, probablement avec plus de méthode, car il est impossible de plus mal faire que les généraux russes dans l'affaire du 16 août.

Je suis heureux, Monsieur le Maréchal, de vous dire que ma division, qui a reçu à Lyon d'excellents principes de discipline, s'est montrée à la hauteur des diverses troupes de Crimée.

J'ai l'honneur d'être, Monsieur le Maréchal, de Votre Excellence le très humble et obéissant serviteur.

HERBILLON.

P. S. — Personne de mon état-major n'a été touché. M. de Sachy et mon fils me prient de vous présenter leurs respects. Mes bons souvenirs à mes collègues.

159. — *Lettre du capitaine comte Moré de Pontgibaud, du 57ᵉ de ligne.*

Camp d'Inkermann, le 26 août 1855.

MONSIEUR LE MARÉCHAL,

Depuis la bataille du pont de Tracktir, nous attendons tous les jours une deuxième bataille, mais les Russes, malgré des renforts considérables, n'osent pas se montrer ; cependant je ne doute pas qu'ils ne veuillent à tout prix un second combat et qu'on fera bien d'être en forces pour leur résister.

Nous cheminons toujours sur Malakoff et les Batteries Noires qui sont très voisines de nos embuscades. Il ne faut pas croire que l'artillerie de la ville de Sébastopol soit démontée, elle fait un feu parfait et assourdissant. Ils lancent moins de bombes de trente-trois et de trente-quatre centimètres, mais ils envoient énormément d'obus dans de petits mortiers à bras, placés par vingtaines dans leurs fossés.

Fort heureusement qu'ils s'amusent rarement à battre en brèche nos parallèles avancées, car, dans l'espace de deux heures, ils en ont culbuté une. Nous devons donc leur savoir gré de n'être pas toujours aussi désagréables. Ils affectionnent le tir à mitraille, qui nous fait peu de mal, mais ils gagnent assez à exécuter des feux de deux rangs sur place. Ils font paraître dans le lointain des troupes qui n'avancent pas ; nos chefs les plus impressionnables font sonner le « garde à vous », les réserves viennent s'entasser au delà de toute nécessité, et les Russes ont la satisfaction de faire beaucoup plus de mal dans les tranchées.

Dans la nuit du 24 au 25, nous avons enlevé des embuscades russes avec un élan qui honore notre division. C'est le général de brigade en première ligne qui a eu cette heureuse idée fort avantageuse pour sa gloire, mais fâcheuse au point de vue du sang précieux qu'il a fait verser, parce qu'étant sur le point de recevoir des renforts et n'ayant, en attendant, que des bataillons très faibles en hommes, mais très habitués à se battre, il peut se dire que les deux cent cinquante hommes mis hors de combat pour cette amusette, selon moi sans utilité, sont une perte plus sensible que huit cents hommes dans quinze jours, quand nous serons complétés. Tout le monde a fait bravement son devoir, mais les Russes, qui sont embarrassés des très nombreuses troupes qu'ils ont à nourrir, sont enchantés de les dépenser en échange de Français, surtout quand ceux-ci comptent une dizaine d'officiers tués ou blessés. C'est sous Malakoff que l'affaire a eu lieu, mais pour conserver les positions, chaque nuit le même combat va se renouveler.

A notre droite, une sortie s'est présentée sur nos tranchées, et il n'était pas trop tôt que nos travailleurs vinssent appuyer les défenseurs. Mon lieutenant y commandait une compagnie, il a tué un Russe de son sabre, mais un deuxième lui a tiré son fusil à bout portant, la balle a traversé la poitrine au-dessous du sein droit, il n'est pas encore mort.

Je vous prie de présenter mes respects à M. le général du Terrail, dont je n'ai pas oublié les bontés, d'adresser mes amitiés à MM. les officiers de votre état-major et d'agréer, pour Votre Excellence, les hommages respectueux de votre très dévoué serviteur.

PONTGIBAUD.

160. — *Lettre du capitaine du génie vicomte A. de Courville.*

Constantinople, le 27 août 1855.

MONSIEUR LE MARÉCHAL,

J'attends toujours pour vous écrire d'avoir quelques nouvelles intéressantes à vous donner; malheureusement elles n'arrivent pas vite, et celles que nous avons par les malades et les blessés sont par trop contradictoires pour être reproduites. Les uns sont pleins d'espoir, les autres n'en ont plus; ce qui est certain, c'est que l'on prend toutes les mesures nécessaires pour passer un second hiver en Crimée.

Beaucoup de gens disent maintenant qu'il n'y aura pas plus de raisons pour prendre Sébastopol dans un an que dans ce moment-ci. Tout le monde espère un assaut définitif dans le courant de septembre. S'il ne réussit pas, il y aura bien du découragement.

L'armée vient cependant d'avoir un beau succès; elle a prouvé aux Russes que nous étions au moins aussi solides dans nos positions qu'eux dans les leurs, et que notre infanterie avait sur la leur un avantage incontestable. Beaucoup de personnes ont reproché à la cavalerie de n'avoir pas agi. La disposition du terrain eût permis probablement de jeter beaucoup de désordre dans la retraite des Russes.

Enfin, c'est un succès, mais qui n'a pas d'influence sur le siège, où les travaux se poursuivent avec beaucoup d'énergie, mais aussi avec des difficultés extrêmes : il faut placer vingt gabions pour en conserver deux ou trois, ce qui se conçoit bien, avec une artillerie aussi formidable et aussi rapprochée.

La brigade Sol est partie, réclamée d'urgence par le général en chef.

On nous a envoyé les deux bataillons de gendarmerie de la garde, auxquels, je crois, la Crimée ne convenait guère. On parle d'une nouvelle brigade qui viendrait ici. Il passe tous les jours des troupes pour remplacer les évacuations de Crimée, qui sont malheureusement fort nombreuses; nous n'avons jamais eu autant de malades; si cela continue, nous serons fort embarrassés.

Nous attendons le colonel Le Brettevillois, qui va avoir à faire ici un camp baraqué pour cinquante mille hommes. Je pense que l'on espère pouvoir ramener cet hiver des troupes de Crimée à Constantinople, où elles seraient beaucoup mieux installées et plus faciles à approvisionner. On parle aussi beaucoup de faire ici de grands établissements d'artillerie, tels que fonderies, arsenaux, etc., mais je crois la chose bien difficile à faire. Tout manque ici, le bois, les matériaux de toute espèce et même les ouvriers; c'est malheureusement une chose très difficile à faire comprendre à Paris, où l'on croit toujours qu'une ville de huit cent mille âmes doit contenir toute espèce de ressources.

On vient de nous annoncer l'arrivée de la brigade Bousquet, qui va se trouver à peu près démolie, car nous avons l'ordre de renvoyer en Crimée tous les infirmiers auxiliaires des hôpitaux. Il y en a environ deux mille, on sera obligé de les prendre dans la brigade, qui va se trouver ainsi très réduite, au grand regret du général Larchey.

Les lettres qui viennent d'arriver de Crimée disent que les Russes veulent recommencer leur attaque sur la Tchernaïa; il faut espérer qu'ils seront reçus de manière à les en dégoûter pour toujours.

J'ai l'honneur, Monsieur le Maréchal, etc....

DE COURVILLE.

161. — *Lettre du capitaine adjudant-major comte Moré de Pontgibaud, du 57ᵉ de ligne.*

Camp d'Inkermann, le 30 août 1855.

MONSIEUR LE MARÉCHAL,

Je remercie Votre Excellence de toutes ses bontés pour ma personne. Je viens d'être nommé adjudant-major en remplacement du capitaine qui avait cet emploi et qui a été tué à l'ennemi. Je suis de grande semaine et ne vous écrirais pas, si ce n'était pour vous entretenir de l'affreux accident survenu au Mamelon Vert.

La direction de la porte du magasin à poudre qui y avait été installé par les Russes n'avait pas été changée, la porte était ouverte, des poudres venaient d'être apportées, un obus a mis le feu à tout cela, trois cents hommes ont été mis hors de combat. De grands dégâts ont été la suite de cette explosion, mais on atténuera rapidement les effets de ce désastre.

Nos cheminements vers les fossés de Malakoff et des Batteries Noires marchent toujours sans être arrêtés sérieusement, mais les Russes font de nouvelles batteries en arrière de ces premières positions; ils se défendent comme des lions et pied à pied.

Veuillez agréer, Monsieur le Maréchal, etc.

DE PONTGIBAUD.

PRISE DE LA TOUR DE MALAKOFF

162. — *Lettre du capitaine adjudant-major comte Moré de Pontgibaud, du 57ᵉ de ligne.*

Camp d'Inkermann, le 8 septembre 1855.

Monsieur le Maréchal,

Aujourd'hui, à midi, attaque générale; si je suis tué, permettez que je vous remercie avant tout de vos bontés pour moi (1).

Mes respects au général du Terrail, mon souvenir à MM. les officiers de votre état-major.

Veuillez agréer les respects de votre très humble serviteur.

Adjudant-major du 1ᵉʳ bataillon du 57ᵉ, 1ᵉʳ bataillon d'attaque près de la rade.

PONTGIBAUD (2).

(1) Le maréchal de Castellane, à la date du 24 octobre 1855, écrit dans son *Journal* : « Le capitaine de Pontgibaud, adjudant-major au 57ᵉ, mon officier d'ordonnance, m'avait écrit une lettre touchante en partant pour l'assaut du 8 ; les balles l'ont respecté. Je n'étais pas sans inquiétude sur son compte, le télégraphe nous ayant annoncé que M. de Saint-Pol, son général de brigade, était tué, que M. Dupuis, son colonel, était tué. Aussi des larmes de joie me sont tombées des yeux lorsque j'ai reçu sa lettre du 11. »

(2) M. de Pontgibaud devait être tué glorieusement à la bataille de Solférino, en 1859.

163. — *Lettre du capitaine adjudant-major comte Moré de Pontgibaud, du 57ᵉ de ligne.*

Camp d'Inkermann, le 10 septembre 1855.

Monsieur le Maréchal,

Dieu m'a protégé ainsi que vos vœux, le feu terrible des Russes m'a respecté. Vous savez que Sébastopol est pris. Les navires ont été brûlés par les Russes. Au prochain courrier, des détails.

Les pertes de part et d'autre sont considérables. Celles connues par moi sont :

Tués : Généraux de Saint-Pol, Marolles, Rivet, Breton, de Pontevès.

Blessés gravement : Trochu, Bosquet, Mellinet (ce dernier a, m'assure-t-on, le visage fort attaqué).

Blessés : Lamotte-Rouge, de Failly, Couston, Beuret, Levaillant.

. *Tués.* État-major : lieutenant-colonel Magnan ; chefs d'escadron : Cassaigne, de Laville, Lefebvre, Lahitte ; capitaines : Laboissière, Roger blessé.

Colonels d'infanterie Dupuis et Javel, tués ; le chef de bataillon de La Contrie et le chef de bataillon des chasseurs de la garde, tués.

J'ai vu le général de Wimpffen en bonne santé, il compte vous écrire.

Veuillez agréer, Monsieur le Maréchal, le profond respect de votre très humble serviteur.

PONTGIBAUD.

164. — *Lettre du général de division Herbillon.*

Camp de Traktir, le 11 septembre 1855.

MONSIEUR LE MARÉCHAL,

La ville de Sébastopol est en notre pouvoir depuis le 8 au soir. A midi, l'assaut a été donné. On devait attaquer en même temps la tour de Malakoff, le Grand Redan, le Petit Redan, les bastions du Mât et Central. De ces cinq points, un seul, la tour Malakoff, a été enlevé par la division du général Mac-Mahon, qui a dirigé l'attaque avec entrain. Quand les Russes nous virent nous établir sur cette position importante, ils commencèrent leur mouvement de retraite et l'évacuation de la ville; ils firent sauter en grande partie le Grand Redan et mirent le feu dans tous les quartiers de Sébastopol.

Cette prise d'une ville d'une si grande importance nous a coûté de bien braves officiers et de vigoureux soldats. Cinq généraux ont été tués sur le coup, plusieurs grièvement blessés, de ce nombre est le général Bosquet. Le général Mellinet a reçu deux blessures, l'une à la figure et l'autre à la tête, on les dit nullement dangereuses. Les colonels Dupuis, du 57e, et Javel, qui ont été sous vos ordres à Lyon, ont été tués. Le général Trochu a eu une partie d'un mollet emportée par un biscaïen.

On dit que l'attaque des bastions du Mât et Central a été dirigée sans ensemble et que les troupes ont été mal engagées au Petit Redan, où nous avons fait des pertes considérables.

Les Anglais sont entrés dans le Grand Redan, mais ils n'ont pu s'y maintenir.

Tout le quartier militaire a été détruit en grande partie par les bombes. Aujourd'hui, l'incendie, poussé par un vent violent, se propage; dans quelques jours, la ville de Sébastopol n'existera plus.

Les troupes, Monsieur le Maréchal, ont été admirables de courage et d'entrain, la France doit s'enorgueillir de posséder de pareils soldats; nos alliés les admirent et l'ennemi les redoute.

M. le général Regnaud de Saint-Jean d'Angely est rentré en France pour cause de santé, je commande donc en ce moment le corps de réserve par droit d'ancienneté; je ne pense pas que cet officier général revienne en Crimée.

Je crois vous avoir écrit, Monsieur le Maréchal, que M. de Sachy, mon aide de camp, avait été décoré. Aujourd'hui, je vous annonce avec joie que mon fils a été nommé capitaine au 47°.

J'ai reçu la lettre que Votre Excellence a eu la bonté de m'adresser, j'ai lu avec grand intérêt tous les renseignements que vous me donniez, ils m'ont servi, sachant quels sont les détachements que je dois recevoir. Ma division est aujourd'hui forte de sept mille six cent dix-neuf hommes, non compris deux mille quatre-vingt-quinze malades qui sont aux hôpitaux.

M. le colonel de Villers, mon chef d'état-major, a été extrêmement sensible à votre bon souvenir; j'ai proposé cet officier supérieur pour le grade de général de brigade, il en est digne sous tous les rapports, intelligent, actif, soumis, plein d'entrain. Sa nomination ferait grand plaisir à la division.

Pendant l'assaut du 8, mes troupes sont restées sous les armes; l'ennemi n'a fait aucune démonstration de mon côté.

Depuis l'affaire du 16 août, nous n'avons rien eu de nouveau. Les Russes, campés sur le plateau nord d'Inkermann et sur celui de Mackensie, paraissent disposés à opérer leur retraite sur Baktchi-Seraï et de là sur Simféropol. Les chemins sont encombrés de tas de blessés, et je ne pense pas qu'ils puissent songer à tenir la campagne, ils doivent être démoralisés; ils savent d'ailleurs qu'en rase campagne ils ne peuvent pas lutter avec nous.

M. le général en chef dirige aujourd'hui même la division d'Autemarre sur Baïdar. Par cette vallée, malgré les chemins difficiles, il est possible de déboucher sur la Balbec, où sont réunies des troupes russes.

Malheureusement, les moyens de transport manquent.

J'ai l'honneur d'être, Monsieur le Maréchal, de Votre Excellence le très humble et obéissant serviteur.

HERBILLON.

165. — Lettre du général de brigade Sol.

Kamiesch, le 11 septembre 1855.

MONSIEUR LE MARÉCHAL,

J'ai quitté le camp de Maslak, et avec une brigade j'occupe Kamiesch, où nous avons beaucoup à faire.

Vous avez eu connaissance de la prise de Malakoff, qui a entraîné Sébastopol dans sa chute. L'attaque, entreprise à midi, le 8, a été disputée avec acharnement, malgré les ravages d'un bombardement de trois jours. Vers les cinq heures de l'après-midi, la victoire était décidée, mais elle a été payée bien chèrement. Cinq généraux tués, sept blessés, des officiers supérieurs et des militaires de tous grades atteints dans la même proportion, voilà ce que vous remarquerez dans le rapport de cette sanglante affaire. Les généraux Rivet, Breton et de Saint-Pol ont été enterrés dans la même tombe. Le général Trochu a été blessé à la jambe; sa blessure n'annonce pas de gravité jusqu'à présent.

La proclamation du général en chef arrivera en France en même temps que cette lettre. Cet ordre du jour indique bien la situation. Il dit que ce succès immense grandit et dégage notre position en Crimée. Cette pensée aura tous les assentiments, car notre armée éprouve le besoin de bons quartiers d'hiver. Après cette rude campagne de onze mois, les régiments ont besoin de se refaire. Toujours à l'œuvre, plusieurs corps ont souffert, et le concours de nos alliés n'a pas été d'un grand secours sur terre. L'armée anglaise semble très fatiguée; son corps des Écossais a bien été à la tour Malakoff, mais le reste n'a point donné avec la même vigueur que par le passé.

Aussi, pour ne plus avoir le fardeau des combats, est-il heureux que Sébastopol détruit permette de reprendre des conférences; le troisième point est vidé, puisqu'il ne reste plus de flotte. Pourra-t-on s'entendre maintenant sur les autres questions?

Le 1er de ligne et le 84e sont arrivés, je suppose, à Maslak; ils ne tarderont pas à venir en Crimée, car les anciens régiments ont un effectif bien réduit; un bataillon de trois cents et quelques hommes est chose commune. Conformément aux ordres du général en chef, j'ai envoyé les trois bataillons du 30e et un bataillon du 35e à la division Paté (3e du 1er corps); les autres bataillons du 35e et le colonel sont chargés de Kamiesch, où j'ai dû rester. Le 30e a reçu un baptême du feu assez grave; placé dans la tranchée de la gauche, en face du fort de la Quarantaine, il a eu quatre officiers hors de combat, dont un sous-lieutenant tué, un lieutenant amputé et deux autres blessés; parmi la troupe, dix-sept hommes hors de combat. Dans le 1er bataillon du 35e, commandant Bichereau, personne n'a été mis hors de combat.

Beaucoup d'anecdotes seront racontées sur la journée du 8 et serviront à défrayer les colonnes des journaux. J'ai entendu dire que le général en chef, informé que la troupe craignait de sauter par l'explosion des mines pratiquées sous Malakoff, était allé avec son état-major dans cette redoute, et qu'il y fuma son cigare tout en tenant la hampe d'un drapeau français. J'ai entendu dire que le général de Saint-Pol était mort très bravement à la tête de sa brigade. Les traits de bravoure ont dû se reproduire assez fréquemment, parce que les têtes de colonne avaient fort à faire pour enlever leurs troupes. En effet, quand il s'agit d'arriver un par un ou par petits groupes pour se former sur un point, il est difficile de réunir son monde ou de le maintenir.

Le général de division Regnaud de Saint-Jean d'Angely est parti pour la France le 8 courant, il était malade depuis assez longtemps.

La garde impériale s'est bien battue, elle a perdu des généraux, des colonels et des militaires de tous grades. Quant à la gendarmerie de la garde, elle a quitté la Crimée et a remplacé ma brigade à Maslak. Je pense que les bords du Bosphore et Maslak serviront de dépôt général à notre armée; c'est le seul point propice...

Sol.

166. — Lettre du sous-intendant militaire Le Creuzer.

Grand quartier général, le 13 septembre 1855.

Monsieur le Maréchal,

. . . .
Le général Dulac, qui aurait pu partir quelques jours avant, est resté pour avoir l'honneur de monter à l'assaut de Malakoff; il est chargé de l'attaque de l'extrême droite. Ce sera là aussi où il se passera un drame terrible, car les positions à enlever sont solidement gardées par les Batteries noires, par d'autres qui prennent les troupes en flanc, et par les batteries de gros calibre établies de l'autre côté de la rade.

La division se compose des 17e bataillon de chasseurs à pied, 10e, 57e, 61e et 85e de ligne. Le général de Saint-Pol commande la 1re brigade, Bisson la 2e. Les troupes marchent bravement en avant, combattent vaillamment, mais elles sont écrasées par la mitraille et forcées de battre en retraite dans les tranchées. On revient au combat avec rage; la garde arrive et se fait décimer sous la pluie de feu; le général Saint-Pol est tué, de Pontevès blessé à mort, les colonels Dupuis et Javel sont tués avec une grande quantité d'officiers; les généraux Mellinet et de la Motterouge sont blessés à la figure, le général Bosquet à l'épaule, Bisson et Janin tombent également blessés, mais l'étendard de la France flotte sur Malakoff, et une vingtaine de mille Russes sont tués, blessés ou faits prisonniers. Les places d'armes, les tranchées, les parapets étaient littéralement jonchés de cadavres; deux et trois étaient les uns sur les autres.

Pendant le combat de la droite, les Anglais avaient attaqué

le Grand Redan avec leur valeur accoutumée; ils étaient même entrés dedans, lorsqu'une frayeur panique s'empara d'eux. Ils se sauvèrent à la débandade sous une grêle de mitraille, en laissant deux mille trois cents hommes sur le terrain. Je crus d'abord que les Russes, pris à revers par les troupes de la 1ʳᵉ division du 2ᵉ corps, après avoir été jetés hors du Redan par les Anglais, se sauvaient dans le ravin de Karabelnaya; mon illusion fut de courte durée en voyant les Anglais rentrer dans leurs tranchées et s'y maintenir toute la journée.

Le 1ᵉʳ corps (divisions Levaillant et Paté) devait tout d'abord attaquer le bastion Central, et, par un mouvement tournant, si l'attaque réussissait, d'Autemarre devait attaquer les ouvrages de droite du bastion du Mât. Des compagnies de volontaires avaient été formées, et elles furent lancées avec le 9ᵉ bataillon de chasseurs à pied. Malgré les plus grandes difficultés, ils entrèrent un instant dans le bastion, où ils trouvèrent beaucoup de troupes russes qui attendaient plutôt l'assaut de ce côté qu'à Malakoff. Le général Trochu, envoyé comme soutien avec sa brigade, s'élança résolument en avant. Un capitaine d'artillerie m'a assuré qu'il avait été magnifique.

Deux fourgons sautèrent avec quelques hommes, et les jeunes soldats arrivés de France, croyant que tout allait sauter, se sauvèrent dans les tranchées en abandonnant général, officiers et sous-officiers. C'est alors que le brave Trochu, qui était au milieu de la mitraille depuis vingt-sept minutes, reçut une blessure très grave, un biscaïen lui emporta le mollet; il en souffre beaucoup et a une forte fièvre qui nous cause de grandes inquiétudes.

La garde impériale a perdu deux mille trois cents hommes, dont cent trente-sept officiers tués ou blessés. Nos pertes s'élèvent en tout à dix mille hommes, mais les résultats sont immenses, puisque le Tsar perd toute prépondérance dans la mer Noire.

Le 9, à ,ois heures du matin, les bastions ont sauté; à midi, le fort Paul; le 10, le fort Alexandre; il ne reste plus que les forts Constantin, du Nord et Nicolas. La ville est aux neuf dixièmes détruite ou brûlée par les Russes. L'église et de beaux palais sont sauvés; ils serviront à l'armée. . . . . .

. . . .

LE CREUZER.

167. — *Lettre du capitaine H. Kieffer (1), aide de camp du général Mellinet.*

Sébastopol, le 15 septembre 1855.

MONSIEUR LE MARÉCHAL,

Connaissant tout le bienveillant intérêt que vous avez constamment témoigné au général Mellinet, j'ai pensé que vous seriez heureux d'apprendre que la blessure qu'il a reçue à l'assaut de Malakoff, à la tête de sa division, quoique très grave, n'est point mortelle, et que nous le considérons aujourd'hui comme hors de danger. Il a été frappé à la figure par un éclat d'obus qui lui en a fracassé toute une partie, mais n'a pas atteint l'œil, très heureusement, de sorte que lorsqu'il sera guéri, il ne lui restera sur la joue qu'une très belle cicatrice.

Entouré des soins et de l'affection de tous ses amis, le général va de mieux en mieux, mais il est encore bien faible; toutefois, j'espère que, d'ici à quelques jours, il pourra lui-même vous donner de ses nouvelles, ce qu'il aurait été bien heureux de faire aujourd'hui.

Depuis la prise de Sébastopol, dont vous connaissez tous les détails maintenant, il n'a rien été entrepris, et l'on sait peu de choses des Russes; ils paraissent vouloir se retirer tout à fait.

Veuillez agréer, Monsieur le Maréchal, l'assurance de mon profond respect et, permettez-moi de le dire, de mon entier dévouement.

H. KIEFFER.

(1) *Kieffer* (Joseph-Henry), né à Metz le 16 avril 1822; élève de l'École spéciale militaire le 16 novembre 1840, sous-lieutenant le 1er octobre 1842, lieutenant le 12 janvier 1846, capitaine le 13 juillet 1849.

. . . . .

. . . .

168. — *Lettre du général de brigade Bousquet* (1).

Camp de Maslak, le 12 septembre 1855.

Monsieur le Maréchal,

Je croyais, à mon arrivée au camp de Maslak, y trouver la brigade de Sol. Les journaux vous ont appris que, le 23 août, elle avait été embarquée pour la Crimée, par ordre de l'Empereur. Huit jours après, ne la voyant pas arriver, le général Pélissier a donné l'ordre au général Larchey d'envoyer un bâtiment à vapeur dans la mer Noire à la recherche du *Charlemagne*, qui transportait un des régiments. L'autre était, je crois, remorqué par ce vaisseau mixte. Le convoi a été retrouvé dans l'impossibilité de faire route depuis plusieurs jours, par suite de vents contraires; la machine du *Charlemagne*, ayant éprouvé une avarie, ne fonctionnait plus.

Ces accidents ne sont que trop fréquents aujourd'hui. On n'avait pas prévu que les bâtiments à vapeur de l'État et des compagnies devraient tenir la mer aussi longtemps, et que nos besoins ne permettraient pas de les faire entrer, en temps utile, dans les bassins pour y être réparés. Il en résulte des traversées beaucoup plus longues, parfois des temps d'arrêt et, par suite, encombrement sur ceux des navires dont la marche n'est pas arrêtée. C'est sans doute à cette dernière cause que nous devons attribuer l'état sanitaire peu satisfaisant où se trouvaient les 1er et 84e de ligne à leur débarquement. Le choléra s'est déclaré sur trois des quatre navires qui les transportaient, et ils ont perdu dix-huit hommes dans la traversée.

(1) *Bousquet* (Pierre-Joseph-Séverin), né le 12 septembre 1798 à Agde (Hérault); sous-lieutenant dans le régiment Royal-Miquelet le 13 août 1815, lieutenant au 15e de ligne le 25 décembre 1820, capitaine le 28 avril 1830, chef de bataillon le 28 juillet 1840, lieutenant-colonel le 26 octobre 1845, colonel le 1er juin 1848, général de brigade le 1er janvier 1854, décédé à Nantes le 14 juillet 1892. Il avait fait les campagnes de 1823 à 1828 en Espagne, celles d'Afrique de 1830 à 1832 et de 1840-1841, celle d'Orient en 1855-1856.

L'air vif de Maslak a produit une amélioration sensible. Nous avons cependant encore quelques cas peu graves, surtout dans le 84ᵉ, dont le 3ᵉ bataillon, embarqué sur un transport à vapeur anglais, avait été particulièrement éprouvé.

Arrivé le 4 à Constantinople par le courrier, qui n'avait à bord que des contingents destinés à la Crimée, j'ai dû attendre le premier convoi de ma brigade pour aller m'installer le 7 au camp. Je n'y ai trouvé d'autre corps constitué que la gendarmerie de la garde impériale, qui s'attend tous les jours à rentrer en France.

Le lieutenant-colonel Cornu, en raison de l'état de sa santé qui est fort ébranlée, a été laissé à Maslak pour commander les dépôts de douze régiments, formant ensemble un effectif de seize cents convalescents, .dont le chiffre ne varie guère. Les contingents qu'il reçoit des hôpitaux et de la Crimée remplacent à peu près les douze cents hommes, terme moyen, qui peuvent tous les mois rejoindre leurs corps. Le petit dépôt, commandé par le colonel d'état-major de Wengy, à Daoud-Pacha, s'élève à deux mille cinq cents hommes ; ce colonel a en outre sous ses ordres environ trois mille hommes du contingent venus de France, et qui attendent des moyens de transport pour Kamiesch.

Ma brigade est baraquée à la gauche de la gendarmerie de la garde. Les officiers et les sous-officiers sont sous la tente. Cette installation est préférable, les logements de soldats étant recouverts de planches, qui ne les mettent pas, à beaucoup près, à l'abri de la pluie. Nous suivons, autant qu'on nous le permet ici, les errements du camp de Sathonay. C'est une bonne école dont les avantages se font tous les jours mieux sentir.

Le 16, je vais remplacer la gendarmerie de la garde à Stamboul, dans six postes qui ne sont relevés que tous les mois. Un de ces postes est affecté à la garde des prisonniers de guerre.

Le général Larchey m'a prévenu que j'aurais, avant huit jours, à diriger une compagnie du 1ᵉʳ de ligne sur Andrinople, où il ne reste en ce moment que sept cuirassiers pour la garde de nos établissements militaires. Le général Pélissier lui avait annoncé que mes deux régiments étaient destinés à former la garnison de Constantinople et à remplacer dans leur service les militaires appartenant à des corps de l'armée de Crimée employés ici, à Varna, à Gallipoli, et jusqu'en Asie, comme secrétaires, plantons, infirmiers, travailleurs au génie, à l'artillerie, à la garde des troupeaux, etc. Le nombre de ces isolés ne s'élève pas à moins de deux mille six cents, qui sont réclamés avec instance par les chefs de corps. Ma brigade ne comptant que deux mille neuf cents présents, ce serait démembrer gratuitement deux bons régiments pour envoyer en Crimée des hommes en partie peu valides, et que le service auquel ils sont employés depuis plusieurs mois a fait en général assez mauvais soldats.

J'espère que les observations que le général Larchey a adressées dans ce sens au général en chef prévaudront. C'est déjà, du reste, ce qui est arrivé pour la brigade Sol. S'il en était autrement, il me serait fait ici une singulière position, qui ne m'offrirait aucun dédommagement du regret que j'éprouve de ne plus me trouver sous vos ordres.

Ces projets seront sans doute modifiés par les nouvelles importantes du théâtre de la guerre, que vous aurez certainement reçues avant nous. Je ne connais encore que celles apportées hier à Constantinople par des bâtiments du commerce. Les vaisseaux anglais, français, et les batteries turques tirent en ce moment des salves qui annoncent sans doute l'arrivée du *Bulletin officiel*. Nous ne le connaîtrons que demain.

Quoi qu'il en soit, on connaît trop bien le peu de sympathie que nous trouvons dans la nombreuse population grecque de Constantinople, pour diminuer les seuls corps valides qui puissent lui imposer. Nous devons plutôt nous attendre à aller prendre part aux nouvelles opérations qui vont avoir lieu, dès que nous pourrons être remplacés par une brigade ou une division venant de France.

J'ai vu hier le colonel Le Brettevillois; son activité est un peu paralysée par les ordres et les contre-ordres qui se succèdent relativement à l'établissement de deux camps pour quarante mille hommes d'infanterie, à Maslak et aux Eaux-Douces d'Europe, et pour dix mille hommes de cavalerie à Daoud-Pacha ou à Andrinople. Rien n'est encore bien décidé à cet égard. On termine en ce moment, en face de ma brigade, un baraquement pour deux bataillons.

J'ai usé largement, Monsieur le Maréchal, de l'autorisation que vous avez eu la bonté de me donner; toutefois, je ne terminerai pas ma lettre sans vous offrir de nouveau l'expression de ma gratitude pour les témoignages de bienveillant intérêt dont vous m'avez honoré, ainsi que les assurances de mon entier et respectueux dévouement.

Général Bousquet.

169. — Lettre de l'intendant militaire baron Bondurand

Vallée de Baïdar, le 21 septembre 1855.

Monsieur le Maréchal,

Il y a longtemps, Monsieur le Maréchal, que vous vous êtes réjoui de la prise de Sébastopol: Les choses se sont passées de la manière la plus heureuse. La Providence a voulu que nos troupes n'aient pénétré que dans l'ouvrage dont les mines n'étaient point chargées. Les troupes qui auraient occupé les bastions Central et du Mât auraient sauté dans la nuit du 8 au 9 (1). Heureusement que les mines de l'ouvrage de Malakoff n'étaient point terminées ou qu'on n'avait pas eu le temps de les charger.

Sébastopol présente le spectacle le plus curieux qu'on puisse voir. Nous ne soupçonnions pas nous-mêmes les effets de notre artillerie. La ville est littéralement broyée. Il n'y a pas une maison que nos projectiles aient oubliée. Il n'y a plus de

---

(1) Le soir du 7 septembre, au moment où l'on venait de les débarquer sur le port, une fusée avait mis le feu aux poudres destinées aux fourneaux de mine pratiqués par les Russes sous le saillant de Malakoff.

toits nulle part, et presque tous les murs sont détruits. Il est évident que la garnison devait faire des pertes énormes dans cette enceinte où tous nos coups portaient (1). Elle a donné une preuve incontestable d'énergie en y tenant si longtemps, mais sa position devenait intolérable une fois que nous restions maîtres de l'ouvrage de Malakoff, qui domine tout. Ils se sont donc décidés à faire de suite ce qu'ils auraient fait un peu plus tard, à évacuer la place. Ils manquaient d'affûts et de projectiles. Ils ont laissé mille ou douze cents bouches à feu en bon état.

C'est un bien grand bonheur pour notre infanterie que de ne plus avoir à garder les tranchées, où nous avions tous les jours trois cents hommes hors de combat. Ce service serait devenu bien cruel pendant l'hiver. C'est là que, l'année dernière, nous avons eu tant d'hommes atteints de congélation ; c'est un horrible mal. Il nous fallait cinquante mille hommes rien que pour garder les tranchées.

Aujourd'hui l'armée est libre, mais il ne faut pas se dissimuler la difficulté des opérations dans cette contrée. La Tchernaïa coule entre deux rives tellement escarpées que chaque armée se trouve dans une position à peu près inexpugnable, défendue par des rochers inaccessibles et par des batteries de position. J'ignore quels sont les projets du général en chef, mais il est évident que, dans la position où nous sommes, nous ne devons risquer une attaque qu'avec de grandes chances de succès.

La division de cavalerie d'Allonville est en route pour Eupatoria. Je crois qu'il y a beaucoup à faire sur ce point (2). On peut, de là, gêner horriblement les convois de Pérékop à Sébastopol et à Simféropol.

Nous recevons en ce moment beaucoup de renforts. Nous allons renvoyer la classe de 1848. L'état sanitaire de l'armée est fort bon. On s'occupe d'armer Sébastopol. Les Russes se

(1) Du 17 août au 7 septembre, les Russes avaient eu 20,260 hommes hors de combat.

(2) Le 21 septembre, le général d'Allonville attaqua les Russes qui bloquaient Eupatoria, mit en déroute leur cavalerie commandée par le général de Korff et s'empara de leur artillerie.

fortifient dans la partie nord; je ne crois pas qu'on soit encore fixé sur leurs projets. Laisseront-ils en Crimée une armée considérable? Pourront-ils la nourrir et l'entretenir pendant l'hiver? Là est la question.

Je suis avec respect, Monsieur le Maréchal, votre très humble et très obéissant serviteur.

Baron BONDURAND.

170. — *Lettre du général de division Herbillon.*

Camp de Balaclava, le 24 septembre 1855.

MONSIEUR LE MARÉCHAL,

J'ai reçu vos lettres des 31 août et 6 septembre, je vous remercie bien sincèrement de l'intérêt que vous avez la bonté de me porter et dont vous me donnez une grande preuve dans la demande que vous avez faite à Sa Majesté, pour que j'obtienne le grand cordon de la Légion d'honneur (1).

J'espérais, Monsieur le Maréchal, sur la bienveillance de l'Empereur, d'après ce que vous m'aviez fait l'honneur de m'écrire; mais si je dois l'éprouver, ce sera dans un temps plus reculé, car, pour le moment, les récompenses étant accordées, Sa Majesté ne m'en a pas encore trouvé digne.

Vous savez, Monsieur le Maréchal, que je commandais les lignes de la Tchernaïa depuis trois mois et que, par suite du départ de M. Regnaud de Saint-Jean d'Angely pour la France, j'avais le commandement provisoire du corps de réserve, qui vient d'être donné à M. le général Mac Mahon. J'avais espéré que mes longs services, mes nombreuses campagnes et surtout l'affaire du 16 août, m'auraient donné quelques droits à ce commandement, j'étais dans l'erreur. J'ai donc repris ma division.

(1) Voir dans le *Journal du maréchal de Castellane,* tome V, pages 105 et 131, les conversations que le maréchal eut avec l'Empereur au sujet du général Herbillon, et de l'injustice commise à l'égard de ce dernier.

Je pouvais aussi croire que l'on me tiendrait compte de mes antécédents, de mon présent, et de mon ancienneté dans l'ordre de la Légion d'honneur, puisque je suis grand officier depuis mai 1850, mais il en a été jugé différemment. MM. les généraux Bosquet et Mac Mahon ont reçu le grand cordon; je n'en suis pas jaloux, ce qui ne m'empêche pas d'être sensiblement peiné de cet oubli. Ainsi, Monsieur le Maréchal, les bons et loyaux services, de nombreuses campagnes, une belle conduite sur le champ de bataille ne sont pas toujours des titres pour être récompensé, il en faut d'autres que je ne puis posséder.

Depuis la chute de Sébastopol, les corps d'armée ont fait un mouvement, le 1er corps est allé camper dans la vallée de Baïdar.

Trois divisions du 2e corps sont sur les lignes de la Tchernaïa; la 4e division de ce corps est restée sur le plateau d'Inkermann. La 4e division du 1er corps occupe la ville de Sébastopol, et les deux divisions d'infanterie du corps de réserve sont en arrière du deuxième corps, à peu de distance de Balaclava.

Quant à la garde, elle est campée près du quartier général du Maréchal commandant en chef.

Les Russes se sont établis sur les plateaux de Mackensie, où, dit-on, ils se fortifient.

Une division de cavalerie, celle du général d'Allonville, est partie pour Eupatoria; on parle beaucoup de faire embarquer pour ce point les divisions de réserve.

M. le général Cler est près de moi et nous parlons souvent ensemble de Votre Excellence, à laquelle nous sommes sincèrement dévoués.

J'ai l'honneur d'être, Monsieur le Maréchal, de Votre Excellence le très humble et obéissant serviteur.

HERBILLON.

171. — *Lettre du colonel d'état-major Desaint, chef du service politique et topographique de l'armée d'Orient.*

Sébastopol, le 25 septembre 1855.

MONSIEUR LE MARÉCHAL,

Permettez-moi de remercier Votre Excellence de la lettre affectueuse et bienveillante qu'Elle m'a fait l'honneur de me répondre, ainsi que des détails intéressants auxquels Elle veut bien m'initier tant en ce qui concerne l'armée de Lyon que la situation politique de l'Europe.

Le télégraphe transporte en France les nouvelles avec une telle rapidité, qu'il ôte aux correspondances particulières tout leur intérêt.

Ce que ne dira probablement point à Votre Excellence le rapport officiel sur la prise de Malakoff, c'est qu'en évacuant eux-mêmes la ville, les Russes nous ont rendu un très grand service. Bien que la possession de Malakoff permît de prendre à revers une partie des défenses si ardues de droite, on reste convaincu en examinant en détail les dispositions de défense exécutées en deuxième, troisième et quatrième lignes, en arrière des bastions du Centre et du Mât, que les Russes auraient pu de ce côté nous tenir en échec plusieurs mois encore.

Ils avaient construit leur pont pour sauver la garnison. C'est chose curieuse, au point de vue militaire, que cette évacuation, en moins de sept heures, de cinquante mille hommes avec armes et bagages, sur un pont de radeaux de quatorze cent cinquante mètres de longueur.

Toute l'artillerie de bronze et les mortiers, en nombre considérable, ont été transportés de l'autre côté de la rade. On n'a trouvé dans la place que les canons en fonte, au nombre de trois mille cinq cents à quatre mille.

Les Russes d'aujourd'hui sont les mêmes hommes que vous avez vus de près, dans les campagnes de l'Empire. L'incendie de Sébastopol est renouvelé de celui du Kremlin.

Partout l'ordre est donné de faire le vide, sur le passage de l'armée française, par le pillage et l'incendie. Les Cosaques sont les fidèles exécuteurs de cette œuvre de destruction.

Aussi la guerre est-elle, ici, plus difficile qu'ailleurs. Obligée d'emporter avec elle tout ce qui lui est nécessaire pour la durée d'une expédition projetée, même la nourriture des chevaux, l'armée ne peut presque pas se mouvoir. Elle est rivée à la côte par la nécessité de couvrir sa base d'opérations et d'assurer ses approvisionnements de toute nature. Les moyens de transport sont d'ailleurs, je crois, très minimes, eu égard à l'effectif à mettre en marche ; de là notre immobilité.

Le malheur de l'armée de Crimée a toujours été de n'être jamais en mesure de poursuivre un succès. Après l'Alma, l'absence de cavalerie ne nous a pas permis de poursuivre un ennemi en déroute. La journée d'Inkermann nous avait démontré, eu égard à l'immensité des lignes à garder et au chiffre peu élevé de notre effectif, toute la gravité de notre situation et commandé pour l'avenir une extrême prudence, en faisant toujours du succès une nécessité absolue.

Le siège absorbant quarante mille hommes, il nous a été impossible de rien tenter après l'affaire de la Tchernaïa. L'ennemi cherchait à nous attirer sur des positions si formidables et retranchées avec tant d'art, que la victoire du matin eût été certainement compromise par le moindre mouvement offensif de notre part. On dut donc, forcément, rester sur cette victoire qui effaça dans l'armée le douloureux souvenir de la journée du 18 juin.

La position prise par les Russes sur le plateau du fort du Nord, de Mackensie, de Mangoub-Kalé, est telle, qu'elle est inabordable de front, tant à cause des hauteurs élevées et inaccessibles qui la limitent au sud, en se prolongeant vers l'est jusqu'à Symphéropol, que par la quantité d'ouvrages de position qui gardent trois ou quatre débouchés extrêmement étroits.

Attaquer l'ennemi de front serait s'exposer à perdre vingt mille hommes, sans résultat certain. De là notre stagnation actuelle.

On ne peut entamer les Russes que par un mouvement tournant qui menacerait leur ligne de retraite. Ces mouvements ne peuvent s'exécuter sur Symphéropol, nœud des routes, que par Eupatoria et Alouchta. Le général d'Allonville, homme aussi intelligent qu'actif et résolu, vient d'être envoyé à Eupatoria avec trois mille chevaux, de manière à menacer la communication sur Pérékop et à chercher à intercepter les convois. Déjà les Russes ont envoyé du monde de ce côté.

Les deux corps d'armée français sont en ce moment ains placés : la gauche du deuxième à Inkermann, la droite du premier au delà de Baïdar, se prolongeant en avant du flanc gauche de l'armée russe ; les Piémontais au centre, le corps de réserve et la cavalerie anglaise en deuxième ligne, en avant de Balaklava. Le gros de l'armée russe est sur le plateau de Mackensie. Revenus de leur terreur, les Russes se mettent à l'œuvre et construisent, au nord de la rade, une nouvelle place dont le fort du Nord sera la citadelle. Ils élèvent batteries sur batteries, de manière à nous rendre la ville de Sébastopol impossible. L'artillerie se met en mesure de détruire par le canon le fort Constantin et la tour Maximilienne. L'ennemi fait bonne contenance et ne manque de rien. Il fait mine de vouloir passer l'hiver sur ses positions.

Puisse cet exposé de la nouvelle phase dans laquelle nous entrons, offrir quelque intérêt à Votre Excellence.

Veuillez agréer, Monsieur le Maréchal...

DESAINT.

172. — *Lettre du maréchal Pélissier, commandant en chef l'armée d'Orient.*

Au quartier général à Sébastopol, 29 septembre 1855.

MONSIEUR LE MARÉCHAL,

J'ai été des plus sensibles à l'empressement que vous avez

bien voulu mettre à m'adresser vos cordiales félicitations, et je viens vous en offrir mes sincères remerciements.

L'armée vient, il est vrai, d'obtenir un glorieux, bien glorieux triomphe, et elle se montrera fort honorée de votre haute appréciation de ses services.

Veuillez agréer, Monsieur le Maréchal, l'expression de tous mes sentiments de haute considération et d'entier dévouement.

Maréchal PÉLISSIER.

173. — Lettre du capitaine de Sachy de Fourdrinoy (1), aide de camp du général Herbillon.

8 octobre 1855.

MONSIEUR LE MARÉCHAL,

Une seule chose m'attriste, c'est de voir l'oubli inqualifiable dans lequel on laisse mon brave et digne général. N'est-ce donc pas grâce à ses ordres, antérieurement donnés, que l'on doit la défaite des Russes à Tracktir? Ç'a été un beau fait d'armes, Monsieur le Maréchal, que le combat de la Tchernaïa, et vos anciens régiments s'y sont vaillamment comportés, le 62ᵉ et 73ᵉ surtout. Ces jeunes soldats ont été au feu comme de vieilles troupes habituées à tout. Je dirai même qu'elles y ont mieux été, parce qu'il y avait chez elles plus d'ordre et plus d'ensemble que chez les autres.

Vous avez eu autrefois les Russes à combattre, Monsieur le Maréchal, ils ne jouissaient point alors de cette réputation colossale qu'on s'est plu à augmenter d'année en année, depuis 1815. Eh bien, quand on a eu le bonheur de les voir à la Tchernaïa et qu'on lit l'histoire de l'Empire, on ne peut

---

(1) *Sachy de Fourdrinoy* (Marie-Michel-Gabriel-Florent *de*), né le 28 avril 1825 à Vendôme, élève de l'École spéciale militaire le 15 novembre 1845, capitaine le 25 juin 1851, aide de camp du général Herbillon le 9 juin 1852, chef d'escadron le 13 août 1865, lieutenant-colonel le 31 octobre 1870; colonel le 13 décembre 1870, interné en Suisse avec l'armée de l'Est.

croire que ce soit le même peuple ! Leur infanterie est évidemment médiocre, elle manque de cette intelligence et de cette vivacité de conception qui caractérise la nôtre. Leur cavalerie vient de montrer qu'elle était à la hauteur de sa compagne. Quant à l'artillerie, je ne crois pas me tromper en disant que c'est leur meilleure troupe, non sous le rapport du matériel, mais à cause de sa ténacité au feu. J'ai eu l'occasion de voir leur matériel de campagne en détail, il est fort médiocre....

De Sachy.

174. — *Lettre du général de brigade Sol.*

Kamiesch, le 9 octobre 1855.

Monsieur le Maréchal,

D'un jour à l'autre, un événement de guerre peut ajouter un succès de plus à la chute de Sébastopol; ce sera, j'espère, pour le mois d'octobre, car les armées sont en présence. Nous cheminons toujours un peu, mais les Russes se gardent de prendre l'offensive. Bien que la ville ne soit qu'un amas de ruines, que le feu ou les projectiles ont détruit complètement, l'ennemi continue à nous lancer des projectiles creux; le feu se soutient sans être animé.

Sébastopol devait être une résidence agréable, les rues étaient garnies de belles maisons, la situation était pittoresque; le port, qui est un chef-d'œuvre de l'art et de la nature, ne présente plus qu'un tableau de destruction. Les vaisseaux coulés dans le port ne sont représentés que par leurs huniers qui dépassent le niveau de la mer, ce sont comme les croix d'un cimetière, et les bateaux à vapeur sont sur le flanc, échoués près du fort Constantin.

Je ne pense pas qu'on prenne la peine de remettre à flot ces vaisseaux. D'abord, ce serait un travail difficile et qui ne compenserait pas la peine, car ces vaisseaux étaient en assez mauvais état de conservation. Déjà l'on a repêché dans le port cinq batteries de campagne qui avaient été jetées à la mer, lors de la retraite précipitée du 8 septembre.

Les Anglais occupent une partie au nord de la ville, les Français le côté sud. C'est le général Levaillant (Charles) qui est en ce moment le gouverneur de Sébastopol; il a succédé au général Bazaine, qui commande les troupes de débarquement dans une expédition maritime partie de Kamiesch, le 6 octobre courant.

C'est du côté d'Odessa, vers l'embouchure du Dniéper, que les navires doivent se diriger, il y a de puissants moyens mis à la disposition des deux amiraux (1). Cette affaire se vide en ce moment et doit produire une diversion importante, car elle gênera les Russes du côté de Pérékop.

Les arrivages de France se succèdent; les libérés de 1854 sont partis de Crimée; notre état sanitaire est satisfaisant.

Sol.

175. — Lettre du capitaine comte Moré de Pontgibaud, du 57ᵉ de ligne.

Camp de marche de la Queue d'hironde, près
de Balaclava, le 9 octobre 1855.

Monsieur le Maréchal,

J'avoue que, depuis quinze jours, je n'ai pas eu le courage de vous écrire, tant il pouvait sembler, après tout ce que vous aviez fait pour moi, que le 8 septembre je ne m'étais pas montré digne de votre estime, puisque d'aucune façon mon nom ne devait être inscrit sur le *Moniteur*.

Je suis heureux que Cabrières rentre en France pour pouvoir vous dire que j'étais au premier rang.

(1) Sur un ordre exprès de Paris et de Londres, le maréchal Pélissier et le général Simpson, de concert avec les amiraux Bruat et Lyons, envoyèrent une expédition contre la forteresse de Kinbourn, qui ferme le golfe où se jettent le Dnieper et le Boug.

Avant-hier le général Bosquet m'a fait appeler, mais la présence d'un Anglais l'a empêché de causer en particulier avec moi, et, après le déjeuner des aides de camp, il dormait.

Hier, j'ai été voir le général Mellinet, qui a été bon et affectueux pour moi; nous avons beaucoup causé de Votre Excellence, il vous est attaché de cœur et il a été fort sensible à votre lettre qu'il a reçue en ma présence. Il faut qu'il ait eu un courage inouï pour résister à tant de souffrances; l'air de France lui est indispensable; il est donc probable qu'avant huit jours vous verrez à Lyon les généraux Bosquet et Mellinet.

Quant à nos affaires de Crimée, le plus profond secret règne sur les intentions des commandants en chef.

Un corps anglo-français de vingt-cinq mille hommes, en avant de Baïdar, menace de couper les Russes des routes de Baktchi-Séraï et de Symphéropol, mais nos ennemis sont sur une position défensive inexpugnable. On ouvre des communications à grande peine et l'on n'ose pas s'étendre à droite, dans la crainte d'avoir la ligne de retraite coupée.

A Eupatoria, on compte quinze mille Turcs, trois régiments de cavalerie française, un régiment d'infanterie de marine et deux batteries d'artillerie; les fortifications sont faibles, on y travaille.

Une division vient d'être embarquée pour Nicolaïew, croit-on; on travaille avec assez d'activité à des batteries espacées le long de la rade. On bat en brèche le fort Constantin, qui semble avoir le coffre très dur; les bombes pleuvent sur le fort du Nord. Notre hivernement en Crimée paraît assuré, mais non la bonté du campement, qui aurait besoin d'être renouvelé au complet, sinon nos pauvres soldats gèleront. Il est à désirer qu'avant quinze jours nous prenions nos emplacements fixes, afin que chacun puisse profiter de quelques jours de beau temps, pour se construire quelques abris, toujours très précieux dans l'arrière-saison.

Je vous réitère mes remerciements, Monsieur le Maréchal, et vous prie de croire à la respectueuse affection de votre très humble serviteur.

PONTGIBAUD.

176. — *Lettre du général de brigade Dumont.*

Au camp de Tracktir, le 10 octobre 1855,
sur la Tchernaïa.

MONSIEUR LE MARÉCHAL,

J'ai eu l'honneur de recevoir la lettre que Votre Excellence a bien voulu m'écrire à l'occasion de ma nomination au grade de général de brigade.

Je vous remercie de tout mon cœur, Monsieur le Maréchal, de ce nouveau témoignage d'intérêt.

Je commande la 1re brigade de la 1re division du deuxième corps, sur la Tchernaïa, dont nous occupons la rive gauche.

L'ennemi est en face de nous, occupant les hauteurs de la rive droite. De part et d'autre, nous sommes formidablement retranchés.

Jusqu'à présent, on n'a fait de ce côté que s'observer, en échangeant de temps en temps quelques coups de canon insignifiants.

A Sébastopol, le feu a repris avec force. Nous avons dans la partie sud de la ville cinq ou six batteries, en grande partie composées de mortiers, qui tirent continuellement sur le nord de la ville, toujours occupé par les Russes.

Il me semble que la marche du général de Salles, fort en avant de la vallée de Baïdar, doit bientôt annoncer un engagement général, auquel, je l'espère, prendra part ma division, commandée par M. le général Vinoy.

Agréez, Monsieur le Maréchal, l'assurance de mes sentiments les plus respectueux.

DUMONT.

177. — *Lettre du général Dalesme, commandant le génie*
du 1er corps de l'armée de Crimée.

Au camp d'Im-Sala, le 11 octobre 1855.

MONSIEUR LE MARÉCHAL,

J'ai reçu hier la lettre de félicitations que vous avez bien
voulu m'adresser au sujet de ma nomination au grade de
grand officier de la Légion d'honneur; je suis extrêmement
sensible à cette nouvelle preuve de l'intérêt bienveillant que
vous m'avez toujours témoigne, depuis que j'ai l'honneur
d'être connu de vous.

Après le siège, le 1er corps, dont je commande le génie, s'est
porté le 15 septembre dans la plaine de Balaclava, et, le 17,
dans la vallée de Baïdar. Quelques jours après, il a occupé les
crêtes qui séparent cette vallée de celle de la Balbeck, et, le
9 octobre, il est descendu dans la plaine, sur le bord de cette
rivière. Tous ces mouvements se sont faits sans engagements
sérieux, et les Russes, qui avaient dans la plaine environ
douze bataillons et huit escadrons avec une ou deux batteries
d'artillerie, se sont retirés sur les hauteurs de la rive droite,
derrière lesquelles ils ont, dit-on, des forces considérables. Je
ne crois pas que l'intention du Maréchal commandant en chef
soit que nous poussions plus loin.

La grande difficulté, c'est le manque de moyens de transport pour les vivres et le défaut de communications prati-
cables pour les voitures.

Quelques personnes avaient pensé qu'après la prise de la
partie sud de Sébastopol, les Russes feraient sauter le fort du
Nord et évacueraient la Crimée : je ne crois nullement qu'ils
soient forcés d'en venir là, si cela n'entre pas dans leurs
vues.

Je suis avec respect, Monsieur le Maréchal,
   Votre très obéissant serviteur.

DALESME.

178. — *Lettre du colonel Véron-Bellecourt* (1),
du 85ᵉ de ligne.

Sébastopol, le 12 octobre 1855.

MONSIEUR LE MARÉCHAL,

Votre Excellence a été bien bonne pour moi, en voulant bien encore m'envoyer un souvenir au sujet de ma nomination de colonel. Je vous prie d'en recevoir mes bien sincères remerciements.

J'ai été assez heureux pour ne recevoir à l'assaut qu'une blessure sans gravité dont je suis déjà complètement guéri.

Mon pauvre colonel a été tué, ainsi que treize autres officiers du régiment; quatorze ont été blessés, pour la plupart très gravement. Sur moins de douze cents hommes de troupe, j'en ai eu cinq cent quatre-vingt-douze tués ou blessés.

Nous avons beaucoup de travail pour reconstituer nos corps presque détruits; nos nouveaux officiers sont sans expérience du service; nos sous-officiers ne savent rien et notre administration est en souffrance. Enfin j'espère avec du travail, de la volonté et de la persévérance, avoir bientôt un régiment aussi bien tenu qu'il a été bon au feu. Alors, Monsieur le Maréchal, je serai bien fier et bien heureux de pouvoir le perfectionner en le faisant servir sous vos ordres.

J'ai l'honneur d'être avec le plus profond respect, Monsieur le Maréchal, de Votre Excellence le très dévoué et très reconnaissant serviteur.

VÉRON-BELLECOUR.

(1) *Véron* dit *Bellecourt* (Barthélemy-Alexandre), né le 14 septembre 1814, élève de l'École spéciale militaire le 20 novembre 1833, sous-lieutenant le 1ᵉʳ octobre 1835, lieutenant le 28 octobre 1839, capitaine le 11 juillet 1844, chef de bataillon le 26 décembre 1851, lieutenant-colonel du 50ᵉ le 9 décembre 1854, colonel le 22 septembre 1855, général de brigade le 13 août 1863, général de division le 29 octobre 1870, prisonnier le 29 octobre 1870, retraité le 21 août 1879. Il avait fait les campagnes d'Afrique de 1845 à 1851, celles d'Orient, d'Italie, de Rome en 1862-1863 et celle de 1870.

179. — *Lettre du lieutenant-colonel de Camas, du 7ᵉ de ligne.*

Camp de la Tchernaïa, le 12 octobre 1855.

Monsieur le Maréchal,

C'est le cœur plein de gratitude pour les bontés que Votre Excellence a toujours eues pour moi que je réponds à votre lettre du 29 septembre, qui m'est arrivée hier au soir. Les félicitations que vous avez bien voulu m'adresser augmentent encore le prix de la faveur que l'Empereur a bien voulu me faire en me nommant lieutenant-colonel.

Je suis très heureux d'avoir été maintenu au 7ᵉ, en avançant en grade. Le régiment est, non meilleur que tel ou tel autre, mais à la hauteur des meilleurs. Son esprit est bon, il a été éprouvé dans toutes les circonstances difficiles où ont pu se trouver les corps de l'armée d'Orient, et, après d'excellents chefs qui se sont succédé dans son commandement, il a encore à sa tête un colonel qui est un sûr garant qu'il continuera à être bien.

Je regarde surtout comme la plus rude école de toutes les deux derniers mois du siège où il a assisté. Nos braves soldats y ont été admirables de patience, d'énergie, de dévouement; ils ont supporté toutes les fatigues, tous les travaux, tous les dangers, sans que jamais on ait entendu un murmure. Leur contentement d'en finir seul s'est manifesté, quand ils ont reçu l'ordre de donner l'assaut à Malakoff, assaut qui a réussi avec un bonheur digne de leur élan et du courage patient qu'ils avaient montré.

Nous ne savons pas maintenant, Monsieur le Maréchal, ce que nous sommes destinés à faire. Je doute que les Russes, après leur échec du 16 août devant une poignée de régiments, aient l'envie de venir attaquer une position rendue plus forte qu'alors, tant par les travaux qu'on y a exécutés que par le nombre des soldats qui la garnissent.

D'un autre côté, la position de l'ennemi, en face de nous,

est telle que je doute que l'on songe à l'attaquer de front. Le 1er corps serait peut-être en mesure de la tourner, je l'ignore et ne connais pas assez le terrain où il est appelé à opérer.

Quoi qu'il arrive, le régiment qui sortait de vos mains en venant en Orient, sera digne de l'éducation que vous lui avez faite.

Je vous renouvelle l'expression de ma gratitude pour votre bienveillance pour moi, Monsieur le Maréchal, et suis de Votre Excellence le très dévoué et très respectueux serviteur.

Comte DE CAMAS.

180. — *Lettre du colonel de la Tour du Pin* (1).

Devant Sébastopol, le 13 octobre 1855.

MONSIEUR LE MARÉCHAL,

J'ai l'honneur de vous exprimer toute ma reconnaissance pour l'intérêt qu'à travers tant d'absences et de distances vous voulez bien me conserver. La décoration qu'on vient de m'accorder et dont vous avez pris la peine de me féliciter prend, en effet, à mes yeux un prix tout particulier des circonstances où je l'ai obtenue. Ma blessure, quoiqu'elle n'ait point de gravité inquiétante, me menace encore d'une perspective d'environ quatre mois d'impotence et d'impuissance à reprendre l'usage complet de mes membres et à me remettre en selle.

Je vais profiter de cette suspension d'armes que me fait mon état et que la saison fera peut-être à l'armée entière pour consa-

---

(1) *La Tour-du-Pin* (Louis-Gabriel-Aynard de), né à Paris le 12 juin 1806, élève de l'École spéciale militaire le 24 novembre 1824, sous-lieutenant le 1er octobre 1826, lieutenant le 1er octobre 1830, capitaine le 2 janvier 1833, aide de camp du général Trobriand, du maréchal Clauzel, du général Changarnier, chef d'escadron le 18 décembre 1841, lieutenant-colonel le 30 août 1848, colonel le 24 décembre 1853; mis en non activité par infirmités temporaires; servant comme volontaire dans l'armée d'Orient, blessé à Inkermann et à l'assaut de Sébastopol, mort à Marseille le 11 novembre 1855 des suites de ses blessures. Le colonel de la Tour-du-Pin avait servi en Afrique de 1830 à 1837 et de 1840 à 1843.

crer ce repos forcé à ma famille, et, dès que je pourrai supporter le voyage, j'irai faire un tour en France.

Veuillez agréer l'assurance des sentiments reconnaissants
avec lesquels j'ai l'honneur d'être, Monsieur le Maréchal,
votre très humble et obéissant serviteur.

A. DE LA TOUR DU PIN.

181. — Lettre du général de brigade Cler.

Quartier général de la garde impériale,
le 22 octobre 1855.

MONSIEUR LE MARÉCHAL,

Je viens de recevoir la lettre tout affectueuse que Votre
Excellence m'a fait l'honneur de m'écrire, pour me féliciter de
mon admission dans la garde impériale. Vous m'avez donné
si souvent des preuves de votre bienveillant intérêt que,
d'avance, j'étais bien certain de tout le plaisir que vous cau-
serait cet avancement. Je vous remercie donc de tout mon
cœur, Monsieur le Maréchal, de vos bonnes félicitations.

Bien que proposé après la bataille de la Tchernaïa par le
Maréchal commandant en chef pour le grade de général de
division, je n'en ai pas moins accueilli avec une vive satisfaction ma nomination dans la garde impériale. Quand l'Empereur m'aura près de lui, j'espère bien qu'il me tiendra
compte, plus tard, des propositions qui avaient été faites en
ma faveur à l'armée de Crimée.

J'incorpore en ce moment les contingents qui me sont envoyés par les vieux régiments. Quand cette opération sera
terminée, mes quinze bataillons formeront ensemble un
effectif de douze mille hommes. Le recrutement des grenadiers se fait difficilement; quant à celui des voltigeurs et
des zouaves, il est très facile; les chasseurs à pied, ayant plus
de huit cents hommes, ne participent pas à la répartition du
contingent.

Je serai bien heureux et bien fier, Monsieur le Maréchal,

si je suis inspecté par vous à mon passage à Lyon, où je désirerais vivement rester au moins vingt-quatre heures.

Je sais que l'excellent général Herbillon se porte bien.
J'ai été bien peiné de me séparer de lui et j'aurais été heureux de lui voir donner le grand cordon de la Légion
d'honneur.

Je suis avec un profond respect, Monsieur le Maréchal, de
Votre Excellence le très humble et très reconnaissant serviteur.

CLER.

PRISE DU FORT DE KINBOURN

182. — *Lettre du général de division Herbillon.*

Camp de Balaklava, le 27 octobre 1855.

Monsieur le Maréchal,

Vous avez appris par les journaux le coup de main fait sur Kinbourn, le 17 octobre. Le 14ᵉ bataillon de chasseurs a débarqué seul ; une fois sur la plage, il s'est mis à l'abri des projectiles par un retranchement ; les hommes ont fait ensuite un si bon emploi de l'arme de justesse, qu'ils ont tué et blessé presque tous les canonniers russes.

Après un bombardement et une canonnade de deux heures, la garnison, composée de fractions de corps, a abandonné ses chefs et s'est rendue. La marine a perdu quelques hommes ; l'infanterie n'a personne à regretter.

Depuis le 8 septembre, nous n'avons eu que des mouvements de troupes, et aujourd'hui nous travaillons tous à faire des abris pour l'hiver, nos campements ayant été arrêtés. Les 1ʳᵉ et 2ᵉ divisions du corps de réserve passeront l'hiver aux Redoutes turques, où elles sont maintenant.

La division Chasseloup-Laubat est placée dans le corps de réserve, prend le numéro 4 et remplace la garde, qui doit rentrer. La division de Failly, qui fait partie du même corps, hivernera à Eupatoria.

Le 2ᵉ corps occupera les plateaux de la Tchernaïa.

Le 1ᵉʳ corps reprendra les positions qu'il avait pendant le siège, moins la division d'Autemarre, qui restera dans la vallée de Baïdar.

La cavalerie sous les ordres du général Morris s'établira près de Kamiesch.

Les divisions qui sont à Baïdar ont poussé des reconnaissances assez loin ; l'une d'elles est même campée à Albat, sur la Balbek. Tout ce pays est horriblemeut difficile.

Les brigades Jamin et Labadie sont arrivées, les régiments qui les composent seront probablement versés dans les différents corps d'armée pour remplacer les régiments qui doivent rentrer.

Le général Sol reste à Kamiesch comme commandant supérieur.

Les troupes qui ont fait partie de l'expédition de Kinbourn reviennent, moins le 95ᵉ, qui y tiendra garnison.

On s'occupe en ce moment de réorganiser la garde, elle en a grand besoin. Le général Cler, qui m'a quitté, commande ce corps en l'absence de M. le général Mellinet ; il sera chargé de cette opération délicate. Je regrette beaucoup le général Cler.

Je vois, Monsieur le Maréchal, d'après ce que vous avez la bonté de m'écrire, que les approches du camp de Sathonay deviennent faciles, par suite des travaux que vous avez fait exécuter. C'est un grand service que vous avez rendu aux populations qui avoisinent le camp, car ces routes resteront, et reconnaissance vous en sera gardée.

Voici bientôt l'époque de vos belles soirées, mes souvenirs m'y reporteront souvent, de loin je penserai à cette réunion de jeunes femmes que vous réunissez dans vos salons où toutes, joyeuses et gaies, font honneur à vos bonnes et aimables invitations. Ce sera pour moi regret de ne pouvoir y assister, mêlé à celui de ne plus être sous vos ordres, car je n'oublierai jamais la confiance dont vous m'aviez honoré et dont j'étais fier.

J'accepte, Monsieur le Maréchal, l'espoir que vous me donnez de me voir un jour grand-croix, mais je vous avoue que j'ai été d'autant plus peiné d'avoir été oublié que je fais exception, tous mes collègues qui, comme moi, ont commandé des troupes devant l'ennemi, ayant été récompensés. Cependant, j'ai pleinement justifié le commandement des lignes de la Tchernaïa qui m'avait été confié, par le succès du 16 août, qui a certainement facilité celui du 8 septembre. Confiant dans la justice de Sa Majesté, qui connaît tous ses officiers généraux et qui sait apprécier leurs services, je me résigne et j'attends...

J'ai l'honneur d'être, Monsieur le Maréchal, de Votre Excellence le très humble et très obéissant

HERBILLON.

183. — *Lettre du colonel d'état-major Desaint, chef du service politique et topographique.*

Sébastopol. le 27 octobre 1855.

MONSIEUR LE MARÉCHAL,

Je suis profondément reconnaissant de la lettre que vous avez bien voulu m'adresser à la date du 9 octobre, comme aussi des renseignements que vous voulez bien me donner et de l'accueil bienveillant accordé par vous aux renseignements que je puis être en mesure de vous donner sur les opérations de l'armée.

L'expédition de Kinbourn, dont le télégraphe vous a fait connaître l'issue, n'a point amené jusqu'à ce jour les résultats qu'on attendait. Elle nous rend maîtres du golfe profond dans lequel viennent déboucher le Bug et le Dniéper. Elle fait cesser un transport continuel de troupes qui s'effectuait, par voie de cabotage, entre Outchakoff et Kinbourn, pour renforcer par la voie de Pérékop les régiments en Crimée. Elle oblige maintenant ces renforts à passer plus au nord par Nicolaïew et Kherson.

Mais la prise de ce point n'a pas déterminé, ainsi qu'on l'espérait, l'évacuation de la Crimée. Les Russes s'établissent solidement devant nous et réunissent des approvisionnements pour passer l'hiver à Baktchi-Séraï et à Simféropol.

Ils avaient un moment dégarni leur droite pour renforcer

leur gauche, pendant un simulacre de mouvement tournant que faisaient vers Ourkousk, Kokoz et Albat, des divisions du 1er corps. Ces reconnaissances, que nous avons eu beaucoup de peine à approvisionner, ont amené à reconnaître qu'il était bien difficile, pour ne pas dire impossible, de conduire une armée à travers ces montagnes. Nos colonnes étaient bien en l'air. La prudence et la sagesse ont déterminé un mouvement de retraite. Le double but était atteint : reconnaître le terrain en avant de leur flanc gauche et opérer une diversion, pour faciliter une opération du général d'Allonville à Eupatoria.

Nos colonnes s'étant retirées, les Russes ont aussi diminué les forces qu'ils avaient réunies sur leur flanc gauche, et ils en ont porté une partie vers Eupatoria, pour protéger autant que possible la ligne de Pérékop.

Leurs positions du centre sont inattaquables, depuis Inkermann jusqu'à Mangoub-Kalé, et, entre le fort Constantin et le phare d'Inkermann, ils ont élevé cinquante-deux batteries pour la plupart armées. Ils sont d'ailleurs protégés de ce côté par la largeur du golfe de Sébastopol.

A Eupatoria, le général d'Allonville a été renforcé par la division de Failly et une division de cavalerie anglaise. Tout ce qu'il est possible de réunir sur ce point, pour donner aux opérations d'Eupatoria toute l'extension désirable, y est concentré. La limite d'agglomération y est tracée par la quantité d'eau produite en vingt-quatre heures; cinq cents hommes de plus que ceux qui y sont n'y trouveraient pas à boire.

Outre la ligne de communication de retraite par Pérékop, les Russes en ont encore une autre par la presqu'île de Tchangar. Elle est extrêmement suivie par les convois qui viennent du nord-est. On peut juger, par les difficultés qu'on a eues à approvisionner les deux divisions de reconnaissance, des obstacles qu'on éprouverait à porter l'armée en avant.

Le pays n'offrant aucunes ressources, tout est à emporter, même la nourriture des chevaux. La guerre est impossible dans ce pays, Monsieur le Maréchal; l'armée est et reste clouée au rivage par la nécessité de ses approvisionnements.

Après une pensée de conservation, on paraît s'être arrêté à la pensée de ruiner de fond en comble les établissements de Sébastopol. La résistance des Russes n'étant pas de nature à amener une solution pacifique, on veut saper pour longtemps le boulevard de leur puissance dans la mer Noire.

Cette résolution n'implique-t-elle pas une pensée d'évacuation, pour porter peut-être au printemps la guerre en Bessarabie?

Il est fortement question de la rentrée de la garde, qui n'aura fait que sept ou huit mois de campagne.

Veuillez, Monsieur le Maréchal, agréer.....

J. DESAINT.

184. — *Lettre du lieutenant-colonel du génie Le Brettevillois* (1).

Constantinople, le 29 octobre 1855.

MONSIEUR LE MARÉCHAL,

Si j'ai tardé jusqu'à ce jour à remercier Votre Excellence des nombreuses marques d'intérêt qu'elle a bien voulu me témoigner pendant toute la durée de mon séjour à Lyon, c'est que j'espérais pouvoir lui donner en même temps quelques renseignements sur ce qu'on compte faire à Constantinople. Mais les semaines se passent, et, sous ce rapport, je ne suis pas plus avancé qu'au premier jour de mon arrivée.

Nous avons à peu près achevé l'installation de nos camps, qui, dans le principe, devaient contenir cinquante mille hommes et dix mille chevaux, et qui, par suite de nouveaux ordres

_____

(1) *Le Brettevillois* (Félix-Édouard), né à Cherbourg le 26 janvier 1809, élève de l'École polytechnique le 1er octobre 1829, sous-lieutenant du génie le 6 août 1831, lieutenant le 6 août 1833, capitaine le 26 février 1836, chef de bataillon le 24 juillet 1849, lieutenant-colonel le 20 décembre 1853, colonel le 25 avril 1859, général de brigade le 13 août 1865, général de division le 20 avril 1871, décédé à Paris le 17 juin 1873. Il avait servi en Afrique de 1842 à 1849, fait les campagnes d'Orient, d'Italie et de 1870.

ont été réduits à moitié environ de ces effectifs. La brigade du général Bousquet, qui, sous le haut commandement de Votre Excellence, a pris l'habitude de faire des terrassements, tant au camp de Sathonay qu'à la route de Caluire à l'île Barbe, nous a rendu et nous rend encore de grands services. Du reste, nos baraques sont encore vides et j'ignore quand on les fera occuper. Je pense toutefois que nous recevrons bientôt des chevaux, car, d'après ce que le général Niel vient de m'écrire, il sera bien difficile d'abriter cet hiver toute la cavalerie en Crimée.

Indépendamment des camps, nous avons à Constantinople des hôpitaux pour douze mille malades, ce qui est plus que suffisant, car l'armée de Crimée ne fait plus d'évacuations.

Pendant le mois d'octobre, j'ai fait établir à Prinkipo, île voisine de Constantinople, au nord-est de la mer de Marmara, un dépôt pour recevoir les prisonniers russes, qui sont actuellement au nombre de trois mille sous-officiers et soldats, avec quatre-vingts officiers. Parmi ces derniers, quelques-uns parlent très bien la langue française et s'entretiennent volontiers de la défense de Sébastopol. Ils sont fiers à bon droit de la résistance opiniâtre qu'ils ont faite. Les prisonniers de Kinbourn, au contraire, semblent démoralisés et n'avoir aucune confiance dans les moyens de résistance que les Russes peuvent opposer aux armées alliées. L'effet des batteries flottantes contre Kinbourn les a terrifiés. C'est en vain, disent-ils, que nos canons tiraient contre elles, nous ne pouvions les entamer, tandis qu'en moins d'une heure elles avaient mis nos pièces hors de service. Aussi, dans les flottes alliées, est-on très satisfait de cette première épreuve des nouvelles batteries flottantes (1).

Quoique le personnel de la place vienne d'être augmenté d'un général (le général Pariset) et d'un colonel directeur d'artillerie (le colonel Chabord), je ne pense pas que cette place soit l'an prochain le théâtre de grands événements. Aussi je ne tiens pas à y rester; mon désir le plus vif serait de

---

(1) Ces trois batteries flottantes : «la Dévastation », « la Lave » et « la Tonnante », étaient le premier type des vaisseaux cuirassés.

participer en 1856 aux opérations de l'armée active, soit contre Nicolaïeff, soit sur tout autre point.

Je suis avec le plus profond respect, Monsieur le Maréchal, de Votre Excellence le très obéissant serviteur.

LE BRETTEVILLOIS.

185. — *Lettre du capitaine comte Moré de Pontgibaud, du 57ᵉ de ligne.*

Eupatoria, le 30 octobre 1855.

MONSIEUR LE MARÉCHAL,

Depuis que ma division est débarquée à Eupatoria, cette garnison, forte de dix mille Turcs à pied, douze cents à cheval, mille cavaliers anglais, la division de Failly et celle d'Allonville, a exécuté deux sorties sur Sack, en prenant le chemin sablonneux entre la mer et le lac qui la sépare de Sack, distant de cinq lieues, une colonne ayant la deuxième fois contourné le même lac. Il faut supposer que le but est d'inquiéter les Russes, de menacer la route de Simféropol et d'y accumuler des forces dans l'espoir de dégager un autre point. Quant aux résultats, on peut signaler l'incendie de Sack, la prise de deux Russes et de quatre chameaux, et la perte de huit hommes plus ou moins blessés. Un ravin assez prononcé et la présence de batteries de position ont suffi pour engager à revenir par le même chemin. Les chevaux n'ont pu s'abreuver que d'eau salée, et beaucoup reviennent dans un état assez peu confortable pour supposer que, la viande fraîche devenant déjà très rare, le meilleur usage à en faire serait de les abattre immédiatement. Il y aurait augmentation de nourriture et bénéfice de fourrages.

Du reste, le chameau est ici très recherché comme nourriture et très disputé par les Tartares, au nombre de quinze mille, dont les quatre cinquièmes sont nourris par la France, à raison de deux biscuits par jour et de deux sols qui les obligent à faire le service de colporteurs du port.

La rade est peu sûre, dangereuse pendant l'hiver, et remplie de bancs de sable fort pernicieux aux gros bâtiments, ce dont le *Henri IV* et bien d'autres, dont les carcasses sont nos seuls points de vue, ont fait la triste expérience.

La ville est assez bien fortifiée, armée de deux cents bouches à feu, presque toutes anglaises. Toutes les troupes sont campées. On fait l'assiette du casernement, pour lequel il y aura beaucoup de masures pour le soldat, quelques maisons pour les officiers, car les états-majors envahissent les deux cinquièmes. Les Anglais semblent peu décidés à rester. Nos hôpitaux sont à l'abri de l'eau, mais font peu de progrès sous le rapport du confort.

Nos troupes, composées de recrues de divers corps, forment encore un médiocre assemblage; les sous-officiers ne savent plus rien; les officiers sont peu ou point façonnés aux grandes manœuvres. Nous avons donc fort à faire jusqu'au printemps. Nous sommes devenus 3ᵉ division, corps Mac Mahon, général de division M. de Failly. Notre général de brigade est blessé; il s'appelle M. Blanchard.

De Pontgibaud.

P. S. — Ce pays-ci est plat; eau saumâtre; boue pendant l'hiver; culture nulle.

186. — *Lettre du général de brigade Bousquet.*

Camp de Maslak, le 7 novembre 1855.

Monsieur le Maréchal,

Bien que rien ne soit changé dans notre position depuis que j'ai eu l'honneur de vous écrire, je ne veux pas tarder plus longtemps à vous remercier des détails que vous avez eu la bonté de me donner et du bienveillant intérêt que vous voulez bien me conserver.

Notre état sanitaire est aujourd'hui parfait, mais plusieurs
villages du littoral du Bosphore viennent d'être éprouvés par
le choléra, qui y a fait quelques ravages. Nous avons eu le
regret de perdre hier un lieutenant du 84ᵉ, M. Laguerre, qui
commandait à Beïcos, sur la côte d'Asie, le poste préposé à
la garde des magasins établis par l'intendance militaire. Il a
été emporté en quarante-huit heures.

Les premiers projets du maréchal Pélissier, relativement à
la dissémination de ma brigade, n'ont pas eu de suite; mais
les besoins du service, auxquels j'ai seul à pourvoir depuis le
départ de la gendarmerie de la garde, ont nécessité de nouveaux détachements, qui réduisent encore la fraction qui
reste sous mes ordres à Maslak. La garde des prisonniers de
guerre, dont le chiffre s'élève à trois mille sous-officiers et
soldats et soixante-dix-huit officiers, depuis la prise de Kinbourn, a été portée à trois compagnies. J'ai toujours à Constantinople plus de trois cents hommes de garde relevés tous les
mois, une compagnie à Andrinople et un bataillon détaché
aux Eaux-Douces d'Europe, pour les travaux de baraquement.

Depuis deux jours, une collision, qui vient d'avoir lieu entre
les troupes auxiliaires de la Régence de Tunis et la garde de
l'hôpital de l'Université, a engagé le général Larchey à
appeler à Constantinople quatre compagnies du 84ᵉ, sous les
ordres d'un chef de bataillon. Cette malheureuse affaire, qui
aurait pu prendre des proportions encore plus graves, a été
provoquée par l'agression de plusieurs soldats tunisiens contre
deux infirmiers français avec lesquels ils se trouvaient dans
un cabaret. Assaillis par ces derniers, nos soldats se sont
réfugiés au corps de garde de l'hôpital, poursuivis par les
agresseurs, qui ont été arrêtés par le sergent du 84ᵉ commandant le poste.

Bientôt les Tunisiens, en troupe, armés de bâtons, de
sabres et de fusils, se sont portés sur l'hôpital, qu'ils ont
assailli à coups de feu. Notre sergent, avec ses vingt hommes,
appuyé plus tard par des infirmiers armés à la hâte, a tenu
ferme, repoussant les assaillants tant par son feu que par
des charges à la baïonnette, jusqu'à l'arrivée d'un renfort

turc de deux cents hommes, qui a déterminé la retraite des Tunisiens. En se retirant, ceux-ci ont attaqué les militaires français qu'ils ont trouvés sur leur passage, entre autres un officier de santé et un officier d'administration qui ont été légèrement blessés, et un lieutenant de vaisseau qui, après être sorti sain et sauf d'une première lutte en se défendant avec sa canne, a été blessé grièvement d'un coup de sabre à la tête par un autre groupe, dont l'approche a fait lâcher pied à une patrouille turque qui l'avait pris sous sa protection. Il résulte de ce déplorable conflit deux infirmiers tués et trois blessés, sans compter les trois officiers. Plusieurs Tunisiens ont été tués et blessés par le feu et les baïonnettes de la garde de l'hôpital.

Le conseil de guerre turc s'est réuni pour informer sur cette malheureuse affaire, provoquée, dit-on, par l'animosité des Grecs, qui en seraient les instigateurs. Les débats pourront seuls éclairer l'opinion publique à ce sujet. Ce qu'il y a de positif, c'est que la population turque nous a prouvé ses sympathies dans cette circonstance, en recueillant des militaires français poursuivis par ses frénétiques coreligionnaires. Le sergent du 84e, Callard, a été proposé immédiatement par le général Larchey, au maréchal Pélissier, pour la médaille militaire.

Une dépêche télégraphique du commandant en chef ayant prescrit de lui faire connaître combien les baraquements déjà construits dans les environs de Constantinople pouvaient recevoir de monde, on en conclut que nous ne tarderons pas à voir arriver ici des troupes de Crimée. Il paraît qu'on pousse les travaux avec tout autant d'activité à Varna, où un capitaine du génie a été envoyé il y a huit jours. Si ces prévisions se réalisent, peut-être ma brigade serait-elle appelée en Crimée pour faire place à Maslak. Toutefois, je me demande si notre faible effectif ne sera pas un obstacle.

J'avais adressé une demande pour que tous les hommes disponibles aux dépôts des 1er et 84e fussent dirigés sur les bataillons de guerre. Le ministre fait connaître qu'il a donné des ordres pour leur départ, et que le chiffre des deux détachements réunis ne s'élève qu'à deux cent vingt hommes. Ce sera un bien petit renfort, ma brigade ayant perdu environ cent hommes, tant dans la traversée que pendant le premier mois de son séjour à Maslak.

La garde impériale doit, assure-t-on, passer très prochainement à Constantinople, ramenée en France par l'amiral Bruät; le maréchal Pélissier aurait, dit-on, insisté pour qu'on lui en laissât au moins une partie.

Les officiers russes, ramenés de Kinbourn, sont exaspérés contre le général qui y commandait et qui a rendu la place après cinq heures de bombardement, tandis qu'il aurait pu tenir quinze jours au moins. Aussi a-t-on jugé prudent de l'autoriser à habiter Constantinople.

La frégate *le Sané* est partie hier pour aller prendre sa station dans le Liman du Bug et du Dnieper avec un autre navire à vapeur et plusieurs chaloupes canonnières. Le fort de Kinbourn n'étant relié à la terre que par une langue de sable qu'on ne peut creuser à quinze centimètres sans trouver l'eau, la position est jugée inexpugnable, quand on n'est pas en possession de la mer. Aussi sa garnison ne se composera-t-elle, dit-on, cet hiver, que d'un régiment d'infanterie, le 95°, deux batteries d'artillerie et une compagnie du génie.

Le bruit court qu'il est question de faire tomber vingt-cinq têtes, en réparation du meurtre de nos deux infirmiers; quoi qu'il en soit, j'ai lieu de me féliciter, dans cette triste circonstance, de la sévérité avec laquelle j'ai continué à exiger exceptionnellement, ici, que les militaires de ma brigade ne sortent pas du camp sans être en tenue et avec leur arme au ceinturon. Mon aide de camp et mon officier d'ordonnance se trouvaient, avec plusieurs de leurs camarades, dans les environs de l'hôpital un quart d'heure avant l'attaque; ils ont rencontré des groupes de Tunisiens se dirigeant vers cet établissement, qui les eussent probablement assaillis, si leurs armes ne leur eussent imposé.

Agréez, je vous prie, Monsieur le Maréchal, l'assurance de mon respectueux et entier dévouement.

BOUSQUET.

187. — *Lettre du capitaine comte Moré de Pontgibaud,*
du 57ᵉ de ligne.

Eupatoria, le 11 novembre 1855.

MONSIEUR LE MARÉCHAL,

Il me paraît décidé maintenant que nous passerons notre
hiver à Eupatoria. Nous sommes devenus 3ᵉ corps de réserve,
sous les ordres de M. le général de Mac Mahon, et 3ᵉ division
(de Failly). La cavalerie anglaise va passer son hiver à
Scutari.

Le général d'Allonville demande aussi à aller à Constantinople, parce qu'il est exposé, à cause des mauvais temps, à
manquer de fourrages. L'infanterie est rentrée en ville. Un
quart loge dans des masures, le reste sous la petite tente, en
attendant qu'il en arrive de grandes. Tous les officiers sont à
l'abri et pourront se remettre un peu des fatigues de la campagne dernière.

Nous avons énormément à travailler pour l'instruction de
tout le monde. Vous savez que l'ordre sur deux rangs est
toujours en vigueur dans notre armée, et plus que jamais je
voudrais, surtout pour des troupes neuves comme les nôtres,
que l'on revînt à marcher sur trois rangs. Comprenant le peu
de solidité de ces carrés, on a inventé celui sur quatre rangs,
en doublant les pelotons pairs sur impairs, mais la suppres-
sion de la 4ᵉ division et la complication de ces mouvements y
a fait renoncer.

A notre dernière sortie, nous avons fait une razzia de
quatre mille moutons, qui nous a été d'autant plus profitable,
que la part donnée aux Turcs, ne leur ayant pas convenu, a
été mangée par les Français, au grand plaisir du soldat, qui
n'aura pas à s'occuper du différend.

Chose curieuse, les ambulances anglaises, qui n'existaient
point d'abord, nous ont dépassés de beaucoup. Quant à nous,

les choses en sont au point que le général lui-même, blessé, vient mourir souvent faute de bien-être; aussi dit-on que le soldat anglais est mieux traité que le général français.

Veuillez agréer, Monsieur le Maréchal.....

Comte DE MORÉ DE PONTGIBAUD.

188. — Lettre du général de brigade Sol.

Kamiesch, le 12 novembre 1855.

MONSIEUR LE MARÉCHAL,

La saison nous favorise cette année; il n'a point fait froid, jusqu'à présent, comme l'année dernière; les pluies d'automne n'ont pas encore commencé. Néanmoins, chacun fait de son mieux pour être à l'abri des rigueurs de l'hiver. A cet effet, Sébastopol a fourni aux installations des camps; ainsi, la ville a été partagée en divers lots, et chaque régiment a eu son groupe de maisons à dévaliser de tout ce qui pouvait être utile. Le soldat, toujours scrupuleux quand il s'agit de détruire pour son intérêt, n'a point laissé grand'chose à glaner sur le lot bienheureux qui lui avait été dévolu; les pierres auraient été transportées, mais comme il y avait loin, le bois plus ou moins façonné a obtenu la préférence, et la démolition de la ville doit laisser peu à désirer. Quant aux maçonneries du port, c'est le génie qui s'en chargera, dit-on.

Les forts du Nord continuent toujours leur feu, pour témoigner de leur occupation. Les Russes de Mackensie travaillent à leurs abris et paraissent peu disposés à descendre en plaine ou à se rencontrer avec la division d'Autemarre, qui est restée dans la vallée de Baïdar, bien que le 1er corps ait repris son camp ancien, qui se termine à la baie de Striletzka. Le 2e corps et la réserve sont échelonnés sur les lignes de la Tchernaïa, et l'armée anglaise complète la ligne jusqu'à Balaklava.

La plus grande activité règne sur la ligne des travailleurs

du 1ᵉʳ corps chargé de la construction des défenses de Kamiesch; huit redoutes, liées entre elles par des retranchements en ligne brisée, couvrent le point de débarquement de notre marine, ainsi que le magasin général des approvisionnements de toute espèce.

La garde impériale est partie en escadre; elle arrivera en France dans la première quinzaine de décembre. Hier, 12 courant, c'était le tour du 20ᵉ de ligne, parti sur un clipper de l'administration, le *Titan;* aujourd'hui 13, c'est le tour du 50ᵉ de ligne. Mais ces voiliers mettront probablement du temps pour arriver à Marseille; d'autres régiments suivront ce mouvement.

Je dirai comme les journalistes : des personnes ordinairement bien informées assurent que S. Exc. M. le maréchal Pélissier ira prochainement en France présenter la garde à Sa Majesté l'Empereur, et, pendant son absence, ce serait le général de division Mac Mahon qui aurait le commandement des troupes. Des personnes toujours bien informées assurent que les Russes se retirent par petites fractions sur Nicolaïef, où sera établi un nouveau Sébastopol, et ainsi la Crimée nous resterait. Ce projet est possible, parce que la force des armes en décidera ainsi, lorsque la saison permettra de tenir la campagne.

Rien à Eupatoria.

A Kertch, la garnison prend ses quartiers d'hiver, ainsi qu'à Kinbourn, qui est occupé par quinze cents hommes du 95ᵉ, sous le commandement du colonel Danner.

La division Chasseloup arrive lentement. Des promotions dans l'ordre du Metjidié vont avoir lieu; j'ai reçu l'avis de présenter un officier supérieur, trois officiers et huit militaires du 4ᵉ de marine pour cette décoration; l'autre régiment de ma brigade, le 94ᵉ, venant d'arriver, n'a pas le droit d'y prétendre. Mes régiments passent successivement dans des divisions, ma brigade reste toujours isolée, et je commande à Kamiesch, ce qui équivaut à une subdivision où il y aurait un travail incessant.

Notre état sanitaire est très satisfaisant, les hommes travaillent beaucoup. Ceux venant de Lyon ne perdent pas leurs habitudes prises au travail de la belle route de Sathonay, qui aura le double avantage d'être utile et pittoresque. Ce sera un bienfait de plus dont vous aurez doté la ville de Lyon...

Sol.

189. — *Lettre du capitaine de Sachy, aide de camp du général Herbillon.*

Tracktir, le 18 novembre 1855.

Monsieur le Maréchal,

J'ai reçu, par l'avant-dernier courrier, la lettre que vous avez bien voulu m'adresser à la date du 23 octobre dernier. Je ne saurais trop vous remercier de l'intérêt soutenu que vous voulez bien me témoigner, et c'est un bien grand honneur pour moi de pouvoir vous adresser quelques lettres, et surtout de savoir qu'elles ne vous sont point trop ennuyeuses.

M. le général Jamin, dont vous me parlez, est ici, et déjà, sans doute, vous savez qu'il commande la 2ᵉ brigade de la division de mon général, en remplacement de M. le général Cler, que vous aurez certainement vu à son passage à Lyon, car il nous parlait souvent de tout l'intérêt que vous lui portez. La division Chasseloup-Laubat est également débarquée. Après un séjour peu prolongé à Kamiesch, elle est venue s'installer auprès du grand quartier général, sur l'emplacement qu'occupait la garde impériale, puis, tout dernièrement (il y a deux jours), elle est descendue sur la Tchernaïa pour occuper un pli de terrain élevé, situé en arrière du second des trois mamelons formant la première ligne de l'armée française, de ce côté de nos positions.

C'est juste l'emplacement qu'occupait la brigade de M. le général Cler, lorsque mon général commandait les lignes de la Tchernaïa.

La division Bouat (4ᵉ du 1ᵉʳ corps) est venue de la baie de

Stréletzka prendre la position de la division Chasseloup, en arrière du grand quartier général.

Vous savez peut-être déjà l'épouvantable accident arrivé sur le plateau d'Inkermann. Une salle d'artifices, située entre les deux camps français et anglais, où se déchargeaient les projectiles pris à Sébastopol ou non employés dans nos tranchées, a sauté le 15, à deux heures et demie de l'après-midi, mettant le feu à une poudrière voisine et à douze cent mille cartouches d'infanterie. Les pertes sont bien moins considérables que la rumeur publique s'était plu à l'inventer dans le premier moment, mais elles ne sont encore que trop fortes, puisqu'elles se montent à cinquante hommes tués et cent dix blessés. Ceci regarde les Français. Il paraît que les Anglais ont beaucoup souffert également. Par un bonheur qu'on peut appeler providentiel, un moulin, situé non loin de là et servant de magasin à poudre aux Anglais, n'a été atteint par aucun projectile et est resté intact.

Quant aux pertes en matériel, elles se composent, en outre des cartouches d'infanterie, d'une quantité de poudre que je ne saurais vous préciser, et d'un vieux matériel de marine, déjà usé aux trois quarts et dont on ne savait que faire. Vous connaissez sans doute ces affûts marins dont les flasques sont taillées en escalier. C'est antique, et l'on peut dire que c'est la seule chose que l'explosion ait bien faite, en détruisant ces vieux meubles. Le théâtre de cet épouvantable accident est douloureux à voir; tout est bouleversé de fond en comble, et les énormes piles de boulets, d'obus et de bombes qui existaient près du fourneau, ont été roulées sur le sol comme le sont les cailloux par un torrent.

M. le commandant Danier, qui commandait le parc d'artillerie, a été tué tout d'abord. Il dînait l'avant-veille chez M. le général Camou, et lui disait qu'avec le métier dont il était chargé, il s'attendait d'un jour à l'autre à sauter en l'air.

Quelques heures avant cet événement, mon général, dont la santé est toujours très bonne, était allé voir la revue de l'artillerie anglaise, que passait dans la plaine de Balaclava le nouveau général en chef, lord Codrington. C'est une fort belle troupe, mais j'aime peu le défilé, qui consiste à marcher au pas, en files, par pièces et caissons. C'est d'une longueur insupportable.

L'artillerie est une arme qui convient au caractère posé, énergique et calme des Anglais. Leur matériel est fort beau, leurs attelages magnifiques, quoique ne valant pas les nôtres pour la résistance. Il y avait là une batterie de 18, chaque pièce attelée de douze chevaux par quatre de front. C'est nouveau, mais on se demande ce qu'elle vient faire ici.

Mon général et son fils m'ont prié de vous présenter leurs devoirs respectueux.

Veuillez agréer, Monsieur le Maréchal, l'assurance de mon respect le plus profond.

G. DE SACHY.

190. — *Lettre du capitaine comte Moré de Pontgibaud,*
du 57ᵉ de ligne.

Eupatoria, le 26 novembre 1855.

MONSIEUR LE MARÉCHAL,

Je m'empresse de profiter du départ imprévu d'un courrier pour vous présenter mes respects.

La mer est devenue très mauvaise et nous ne recevons guère plus de lettres que tous les quinze jours, ce qui me prive infiniment.

Les Anglais embarquent leur cavalerie pour Scutari, ce qui va nous donner un peu plus d'espace pour nous retourner. Le tiers de l'infanterie est abrité, le reste couche sous de grandes tentes.

Nos expéditions se bornent à chercher le bois qui nous manque pour nous chauffer; il y a environ une sortie par semaine.

Les espions tartares prétendent que les Russes évacuent en masse la Crimée et que la route de Pérékop est encombrée.

Nous n'osons y ajouter grande foi. Cependant les Russes pourraient avoir raison : il n'est pas prouvé qu'il ne leur en coûtera pas fort cher de rester. Comme pour arriver à leur faire évacuer la Crimée, nous sommes menacés d'une campagne très pénible, nous aimerions mieux aller les attendre sur le Danube.

Tout me porte à craindre qu'en libérant la classe 1848, l'armée, malgré la nouvelle levée, ne soit très faible, car nous avons été des consommateurs enragés.

Nous ne mourons pas de faim, mais ne mangeons que grosse viande; ni volaille, ni légumes; le soldat a du cheval et l'habitant a une affection toute particulière pour le chameau.

Des corps jetés sur le rivage nous annoncent un naufrage de Turcs; les sinistres, moins nombreux que l'année dernière, le sont encore trop.

Nous savons moins qu'en France ce qui se passe à Sébastopol.

Les chevaux de notre division de cavalerie sont dans un piteux état. Mieux vaudrait les manger cet hiver et en acheter d'autres au printemps, car la dixième partie ne pourrait pousser une charge à fond.

Les fièvres et le scorbut sont les maladies les plus fréquentes, mais pas en aussi grand nombre que l'hiver dernier.

Les fièvres m'ont totalement quitté, mais je suis constamment tracassé par d'autres douleurs qui en sont les suites.

Veuillez, etc.

PONTGIBAUD.

191. — *Lettre du général de division Herbillon.*

Camp de Balaclava, le 10 décembre 1855.

MONSIEUR LE MARÉCHAL,

Permettez moi de vous souhaiter bonne santé et heureuse année. Ces vœux sont ceux d'un homme qui vous est sincèrement dévoué, qui vous aime et vous révère, car je ne puis oublier les trois années passées sous vos ordres, où j'ai trouvé, près de Votre Excellence, bienveillance, appui et intérêt; je vous en remercie de cœur.

J'ai reçu la lettre du 8 novembre, que vous m'avez fait l'honneur de m'adresser; les troupes que vous avez la bonté de m'annoncer sont arrivées. M. le général Jamin remplace dans ma division le général Cler, que vous devez avoir vu à son passage à Lyon.

Nous avons depuis trois semaines un temps affreux, le vent du sud souffle sans cesse et nous amène des rafales de pluie qui renversent les tentes et défoncent tellement le terrain que l'on ne peut mettre le pied dehors. Heureusement que des abris ont été construits et que nos hommes souffrent peu de ce très mauvais temps.

Monsieur le Maréchal, rien ne manque à l'armée de Crimée, je dirai même qu'on la gâte : *des sabots, des bas de laine, des chéchias turques, des capotes appelées criméennes, des peaux de mouton* sont distribués. Les aliments sont en abondance, des juliennes sont même données, et, comme les hommes n'ont que des gardes à monter, il en résulte que l'hiver sera très supportable pour tous.

Nous n'avons rien de nouveau : Russes et Français restent tranquilles; les premiers se fortifient toujours sur le plateau de Mackenzie et sur la Balbeck. On parle de laisser un corps d'armée à Kamiesch et d'embarquer les deux autres soit pour Kinbourn, soit pour les bords du Danube, mais on ne sait rien.

Je vous remercie, Monsieur le Maréchal, de vos bonnes intentions à mon égard, je compte sur la justice de Sa Majesté. J'ignore quels sont les motifs qui m'ont fait oublier, mais, comme j'ai pleinement justifié la confiance qui m'avait été accordée et que toute l'armée connaît ma conduite, je n'ai donc qu'à me résigner et attendre...

J'ai l'honneur d'être, Monsieur le Maréchal, de Votre Excellence, le très humble et obéissant serviteur.

HERBILLON.

192. — *Léttre du lieutenant-colonel de Camas,*
du 7ᵉ de ligne.

Armée d'Orient, le 14 décembre 1855.

Monsieur le Maréchal,

J'ai l'honneur de vous adresser les vœux sincères que je
forme pour Votre Excellence, à l'occasion de la nouvelle
année.

Une lettre reçue dernièrement de Lyon par un officier du
7ᵉ nous a fait espérer que nous irions, sous vos ordres, nous
préparer peut-être à une autre campagne ; je ne sais jusqu'à
quel point nous pouvons compter sur cela, mais je le souhaite
de tout mon cœur.

L'opinion publique, ici, est que rien ne reste à faire en
Crimée, du côté que nous occupons, du moins.

Les fortifications que l'on augmente et que l'on arme fortement à Kamiesch, font croire que ce point restera seul occupé.
De plus, il vient toujours du monde. Nous avons donc quelques chances de nous en aller refaire un peu notre instruction
de manœuvres, qui a été quelque peu négligée pendant les
travaux de siège, et la tenue pour laquelle nous aurions bien
de l'indulgence à vous demander. Mais, du moins, nous vous
ramènerions, bien éclaircis, des braves gens dont la conduite devant l'ennemi fait honneur à votre école, Monsieur le
Maréchal.

Le colonel de Maussion doit revenir prendre le commandement de son régiment, vers le 15 janvier.

Nous sommes installés ici sous des toits en clayonnage terrassé qui recouvrent des trous dans la terre. Ces sortes d'abris
sont bien insuffisants contre les pluies qui, du reste, ont été
moins persistantes que l'an passé. Nous en sommes au froid,
contre lequel nos cabines remplacent avantageusement la
tente.

L'état sanitaire du 7ᵉ n'est pas mauvais, relativement à celui des régiments nouvellement arrivés; ceux-ci encombrent les ambulances d'une manière déplorable. Ce sont des fièvres, des diarrhées, des bronchites qui dominent; quelques cas rares de choléra, qui ne nous a jamais quittés depuis dix-huit mois. Le scorbut ne nous abandonne pas non plus complètement, mais nous inquiète moins qu'au commencement de l'année (1).

Ce sont là nos ennemis, car la position qu'occupent les Russes nous fait croire que nous n'irons pas les chercher, et nous sommes en mesure de leur faire payer très cher une reconnaissance de la nature de celle du 16 août, s'ils voulaient la renouveler.

Je suis avec un profond respect, Monsieur le Maréchal, de Votre Excellence le très humble et très obéissant serviteur.

                                        DE CAMAS.

193. — Lettre du chef de bataillon du génie Fervel.

Lignes de Kamiesch, le 15 décembre 1855.

MONSIEUR LE MARÉCHAL,

Maintenant que la campagne est définitivement close, permettez-moi d'entretenir un moment Votre Excellence des faits qui se sont passés sous mes yeux et qui pourraient avoir pour elle quelque intérêt.

De juin à septembre, j'ai cumulé à Eupatoria les fonctions de chef du génie avec celles de commandant supérieur, et j'ai passé cette période à étudier, suivant les ordres que j'avais reçus, et à préparer, autant qu'il m'était permis de le faire, le beau coup qui aurait pu, qui aurait dû, selon mes

(1) Du mois de décembre 1855 au mois de mars 1856, l'armée française perdit en Crimée plus de dix mille hommes par suite des maladies épidémiques.

appréciations, être tenté par Eupatoria, le lendemain de la chute de Sébastopol.

Il résulte des renseignements que je me procurais par les Tartares, qu'à cette époque la route et la place de Simféropol étaient complètement ouvertes, que les Russes n'avaient préparé de ce côté aucun moyen de défense. Or, d'Eupatoria, où plutôt de Sack, dont nous étions maîtres par la mer, à Simféropol, il n'y a que trois étapes, quarante-deux kilomètres. La flotte, qui a pu transporter et débarquer en trois jours deux mille cinq cents chevaux à Eupatoria, eût pu, sans peine, dans trois autres jours, nous amener deux divisions d'infanterie, et ces forces, réunies à l'armée ottomane, pouvaient tout entreprendre.

Mais il fallait agir rapidement et avec ensemble, ne pas commencer par des razzias de cavalerie qui ont donné l'éveil aux Russes, et surtout ne pas laisser passer un long mois avant de mettre en mouvement des forces si lentement réunies et encore insuffisantes. Il en est résulté que, quand on a voulu agir sérieusement, les Russes, qui avaient à peine, le 8 septembre, six mille chevaux autour d'Eupatoria, avaient, le 15 octobre, soixante escadrons, douze à quinze mille hommes d'infanterie d'élite, quatorze batteries et trente-cinq redoutes armées de canons de gros calibre sur la route de Simféropol, sans compter que cette place était retranchée.

On a objecté à cette combinaison le manque d'eau à Eupatoria et sur la ligne d'opérations. Mais cette objection n'avait au fond rien de sérieux : Eupatoria a abreuvé ensemble trente-cinq mille Tartares, trente-cinq mille Ottomans et sept mille chevaux, et dans les trois étapes qui séparent cette dernière place de Simféropol, on trouvait, à la première, quatre villages dans un cercle de deux lieues avec soixante-dix puits, et, à la seconde, le Salguir, qui coule toute l'année et arrose Simféropol.

L'erreur, je crois, a été celle-ci : on a cru qu'il suffirait d'une simple démonstration sur leurs derrières pour déterminer les Russes à évacuer le sud de la Crimée, et l'on s'est borné à faire, après la chute de Sébastopol, ce qu'on aurait dû faire pendant le siège, alors que d'incessants convois passaient tous les jours en vue de nos avant-postes, des enlèvements de convois. Les Russes se seraient retirés à Pérékop, si l'on avait profité de cette belle position d'Eupatoria qui, jusqu'à aujourd'hui, n'a pas servi à grand'chose.

Après avoir remis mon service à M. le général d'Allonville, j'ai été rappelé au quartier général pour y diriger les fortifications de Kamiesch. Ces fortifications consistent en une ligne de huit kilomètres qui coupe l'isthme à trois ou quatre mille mètres en avant du fond du port. La droite s'appuie à une falaise de cent cinquante mètres d'escarpement, et la gauche à la baie de Stréletzka. Huit grandes redoutes jalonnent cette ligne; elles sont reliées par une ligne continue qui consiste en un bon parapet précédé d'un fossé de trois mètres cinquante de largeur sur deux mètres de profondeur, creusé dans le roc. Les redoutes, dont les escarpes et contrescarpes sont revêtues d'un excellent mur en pierres sèches, sont armées d'une dizaine de pièces de siège russes. Il faudra vingt-cinq à trente mille hommes pour la défense de cette ligne. En avant du centre, un grand ouvrage détaché sera établi à cheval sur la route du quartier général à Kamiesch, et, en arrière, on projette un grand réduit qui couvrirait le port de Karasch, par où s'écouleraient les derniers défenseurs. La grande ligne ne sera pas complètement terminée avant quarante jours, car nous n'avons là que trois mille travailleurs.

Puisque la fortification de campagne prend aujourd'hui tant d'importance, ne devrait-on pas faire entrer plus franchement dans l'instruction de nos officiers d'infanterie les détails des travaux de campagne? Je me rappelle que telle était l'opinion de Votre Excellence, et je puis bien affirmer que l'expérience que je fais depuis quinze mois prouve que cette mesure est devenue de première nécessité. Toutefois, je me demande si cette tournure qu'a prise la guerre en Crimée, de remuer sans cesse de la terre, est un véritable progrès; si, en opposant sans cesse des retranchements et du canon à un ennemi si fort en artillerie et si habile à la couvrir, nous n'entrons pas dans ses avantages, et si nos avantages, à nous, la mobilité et l'audace, n'en souffrent pas, et si nous ne gaspillons pas un peu l'élément de succès qui a terminé si rapidement, à notre avantage, tant de campagnes plus difficiles que ne l'était celle de Crimée depuis le 8 septembre.

Les quartiers d'hiver sont installés, et la gelée est venue améliorer nos communications. A Eupatoria, le mouvement d'évacuation de l'armée ottomane continue : les Égyptiens pour Trébizonde, la cavalerie turque pour la Roumélie, et l'infanterie qui suivra bientôt, dit-on, pour l'Asie. Les relations du général d'Allonville avec le Muchir sont toujours des plus sévères (1), et les deux corps d'armée ne peuvent plus guère opérer ensemble.

Et nous, qu'allons-nous devenir? Où serons-nous l'année prochaine? C'est la question que nous nous adressons tous, et dont rien encore ne nous permet de pressentir la réponse. Quoi qu'il en soit, permettez-moi, Monsieur le Maréchal, de joindre aux vœux que nous faisons tous pour le succès définitif de nos armes, ceux bien sincères que j'adresse au Ciel pour Votre Excellence, en retour de la bienveillance dont elle veut bien m'honorer.

Je suis avec le plus profond respect, Monsieur le Maréchal, de Votre Excellence le très dévoué et très obéissant serviteur.

Fervel.

194. — Lettre du général de brigade Bousquet.

Camp de Maslak, le 16 décembre 1855.

Monsieur le Maréchal,

Je suis très reconnaissant de tous les détails que vous avez eu la bonté de me donner dans la lettre que vous m'avez fait

---

(1) Dès son arrivée à Eupatoria, le 20 septembre, le général d'Allonville s'était heurté au mauvais vouloir des autorités turques, à l'inertie d'Omer-Pacha et à son obstination; il avait dû d'abord agir seul contre les Russes.

l'honneur de m'écrire, le 20 novembre. Je conserve trop précieusement le souvenir des huit mois pendant lesquels j'ai fait partie de l'armée que vous commandez, pour ne pas prendre un vif intérêt à tout ce qui s'y rattache.

On a parlé aussi dans le temps, à Constantinople, de la prochaine arrivée de la division de Luzy, mais l'envoi à Paris des régiments rentrant de Crimée aurait rendu difficile son remplacement à Lyon. La sollicitude éclairée de l'Empereur ne se borne pas aux opérations de Crimée, forcément suspendues d'ailleurs par les pluies torrentielles et les affreuses bourrasques qui soufflent sans discontinuer depuis plus de trois semaines. Sa Majesté ne perd pas de vue qu'il est en France un autre ennemi plus dangereux et tout aussi important à contenir que l'armée russe, attendu qu'il agit dans l'ombre, et que l'esprit demagogique des départements voisins du Rhône exige que vous ayez toujours à votre disposition de puissants moyens d'action. Cette nécessité se fait d'autant plus sentir que les garnisons habituelles sont partout remplacées par des dépôts. Vos belles divisions sont de force à pourvoir aux éventualités.

Au passage de la garde à Constantinople, les officiers supérieurs de ce corps et les généraux employés sous le commandement du général Larchey ont été reçus par le Sultan. L'amiral Bruat a présenté les officiers supérieurs de son escadre. Le nouveau Maréchal était, depuis plus deux mois, atteint d'un dérangement d'estomac dont il paraissait s'inquiéter fort peu. La vie active qu'il a menée ici et les nombreuses invitations qu'il a reçues n'ont sans doute pas peu contribué à aggraver son état, puisque, deux jours après son départ, il succombait à une attaque de choléra.

Nous venons de subir une nouvelle invasion de l'épidémie au camp des Eaux-Douces, occupé par quatre compagnies du 84e; nous avons eu le regret de perdre, en quelques jours, avec vingt-cinq hommes, le capitaine de grenadiers Menet, jeune et bel officier, qui a été emporté en moins de vingt-quatre heures. Ce régiment n'est pas heureux ; c'est le troisième officier qu'il perd depuis notre arrivée. Nous voilà maintenant revenus à l'état sanitaire normal. Je n'en insiste pas moins pour obtenir la rentrée de ces quatre compagnies à Maslak, les travaux de baraquement étant terminés aux Eaux-Douces, où vient d'arriver une demi-batterie, pour commencer l'installation du parc général de réserve de l'armée d'Orient, qui va être transféré de Crimée à Constantinople. C'est jusqu'à présent tout ce qui nous est annoncé, et personne encore ne prévoit qui viendra occuper les nombreux établissements qui ont coûté tant de travail et tant d'argent.

Les deux détachements qui nous sont arrivés de France, formant ensemble un effectif de deux cent trois hommes, n'ont même pas couvert les pertes que nous avons faites depuis notre départ de Marseille. J'espère maintenant que l'excellent état sanitaire de ma brigade se maintiendra pendant l'hiver, malgré les vents furieux et les pluies torrentielles. Les paletots et les jambières en peau de mouton distribués à la troupe sont bien utilisés par un temps pareil.

Le 1er de ligne a relevé, le 16 novembre, le 84e dans les postes de Constantinople et la garde des prisonniers à Prinkipo. Les sous-officiers et soldats russes sont d'une extrême docilité, et on en tire très bon parti pour les travaux à exécuter dans l'île. Mais les officiers causent de certains embarras par leurs exigences continuelles. Un capitaine de frégate, dont la morgue frisait l'impertinence et qui se faisait l'organe de leurs étranges réclamations auprès du capitaine du 84e, commandant le dépôt des prisonniers, a dû être envoyé en France par le général Larchey, avec prière au général Rostolan de le faire enfermer au château d'If. Un capitaine du génie, qui avait traité de la manière la plus grossière et la plus insultante un sergent du génie chargé de s'assurer de l'état des logements de ces messieurs, a été mis pour un mois au ponton, sur le Bosphore.

Il est probable que ces mesures de rigueur les rappelleront au sentiment des convenances qu'ils n'auraient pas dû oublier dans leur position.

Malgré la bonne volonté de la Porte, l'affaire des Tunisiens traîne en longueur. La différence des idiomes, qui nécessite l'emploi de nombreux interprètes, la peine qu'on a à arracher la vérité aux témoins indigènes, qui ne parlent que sous l'influence de la crainte de se voir exposés à des réprésailles ultérieures, enfin la difficulté de constater l'identité des acteurs principaux de cette scène de confusion, arrêtent la marche de l'instruction. Il n'est pas douteux, toutefois, que la lumière se fera et que la France recevra l'éclatante réparation qui lui est due. Mais ce qui n'importe pas moins, et ce que nous devons espérer, c'est qu'on pourra arriver à la connaissance des instigateurs de cette déplorable collision. Le sergent Callard, du 84e, a reçu la médaille militaire.

Je comprends, Monsieur le Maréchal, l'enthousiasme dont vous avez été témoin à la séance de la clôture de l'Exposition par l'Empereur. Son discours si noble, si sage et si ferme tout à la fois, a produit ici une vive impression. Le général Larchey en a adressé une traduction en turc à la Porte, qui l'a fait afficher dans les principaux carrefours de Constantinople.

Depuis quelque temps, nos courriers marchent d'une manière bien irrégulière; nous attendons encore le *Danube*, qui, parti de Marseille le 3 décembre, aurait dû arriver ici le 10 ou le 11 au plus tard. Un retard aussi inusité fait craindre que ce paquebot des Messageries impériales, nouvellement construit et qui débute dans cette traversée, n'ait éprouvé quelque grave avarie, par suite des deux ouragans qui, depuis huit jours, ont enlevé des tentes et renversé plusieurs baraques au camp de Maslak.

On assure que deux minarets ont été abattus à Constantinople par la tempête. Ce matin, il est tombé un peu de neige, mais la pluie a repris avec intensité et la température est glaciale.

Veuillez agréer, etc.

BOUSQUET.

195. — *Lettre du général de brigade F. de Wimpffen.*

Au camp de Traktir, le 18 décembre 1855.

MONSIEUR LE MARÉCHAL,

Je ne veux point laisser arriver la nouvelle année sans vous exprimer mes vœux pour votre bonheur et celui de ceux qui vous sont chers. Je vous réitère, en même temps, mes sincères remercîments pour l'appui que vous avez daigné m'accorder à un moment décisif de ma carrière et pour la bienveillance que vous avez continué à me témoigner.

J'ai lu dernièrement, avec grand plaisir, que votre fils, que je n'avais fait qu'entrevoir auprès du général Bosquet, venait d'obtenir de l'avancement. Lorsque j'appris son départ de l'armée d'Orient, je regrettai de n'avoir pas saisi l'occasion de me mettre en rapport avec lui.

Après la prise de la ville de Sébastopol, lutte magnifique où une armée a couru, sans hésitation, enlever des lignes formidables couvertes de soldats, hérissées de canons, nous n'avons plus tenté rien de bien sérieux. Je regrette qu'après ce beau résultat, nous n'ayons plus rien fait de digne de notre belle armée et en rapport avec ce que la France attendait de nous. Je ne sais quelles causes nous ont empêchés de marcher contre notre ennemi, afin de le forcer à une retraite qu'on le disait si disposé à exécuter. A-t-on pensé que nous n'avions pas besoin de lui pousser l'épée dans les reins pour arriver à ce résultat, que l'hiver et les difficultés de communication avec l'intérieur de la Russie suffiraient pour le forcer à se retirer? Nous voyons aujourd'hui combien cette supposition était peu fondée, puisqu'il continue à se montrer en nombre sur le plateau de Mackensie.

Un corps d'armée avait commencé un mouvement sur le haut Balbeck, comme pour menacer Simféropol et Baktchi-Séraï, mais on s'est arrêté devant d'assez grandes difficultés de terrain, de manière que l'ennemi, peut-être inquiété un instant, a bientôt constaté que nous n'avions entrepris qu'une forte reconnaissance.

A Eupatoria, les opérations ont eu le même caractère de prudence : on a cherché à voir si l'on pouvait gêner les communications, mais sans se commettre d'une façon sérieuse avec l'ennemi; on s'est donc retiré en présence de ce qui pouvait faire craindre une lutte.

L'expédition de Kinbourn, qui était l'exécution d'une heureuse idée, n'a pas été poussée au delà de la plus grande réserve. On s'est emparé très facilement d'un petit fort à l'entrée du Dniéper, mais on n'a pas cherché à s'assurer de suite, en envoyant des forces respectables, si l'on pouvait remonter le cours de cette rivière, soit pour porter la terreur dans cette contrée, soit pour connaître ce qu'il était possible de faire contre Kherson ou Nicolaïeff.

Il est vrai que, devant la Tchernaïa, les positions russes présentent de bien grandes difficultés, rochers, ravins étroits et profonds, pentes presque partout inaccessibles à l'artillerie. A Eupatoria, on rencontre peu d'eau, et pour voyager dans l'intérieur des terres, il nous manquait des transports. A Kinbourn, les mêmes arguments existent au sujet d'une opération à entreprendre dans l'intérieur.

Deux années passées dans ces contrées ne nous auraient donc pas appris à surmonter des difficultés de locomotion, au moins dans des limites peu étendues ! Il est donc possible que, malgré les soixante belles journées qui ont succédé à celle de la chute de Sébastopol, on n'ait pas trouvé qu'il restât suffisamment de temps pour entreprendre une opération de longue haleine. Ce repos prolongé ne laisse pas que de donner naissance à un grand nombre de bruits, dont le plus consistant paraît être celui de l'évacuation de la Crimée par les Anglais, qui iraient faire la guerre en Géorgie, puis par nous, qui irions je ne sais sur quel point. Je regretterais bèaucoup pour notre amour-propre, et même pour la sécurité au moins d'une partie de nos troupes, que nous abandonnions ce pays sans avoir battu et dispersé l'armée russe. Elle nous suivra certainement sur Kamiesch, en cherchant à nous inquiéter le plus possible; elle tentera probablement, si elle parvient à mettre le pied sur le mont Sapoune, d'y transporter ses pièces de siège du fort du Nord.

Dieu a été pour nous jusqu'à ce jour, Monsieur le Maréchal, j'espère que, dans les prochains événements, il nous accordera encore des succès dignes des sacrifices que s'impose notre pays.

Ma santé continue à être bonne, j'aime toujours tout ce qui concerne la guerre, je serai donc sans doute encore aux prochains combats; je tâcherai de continuer à me montrer digne de vous, de tous ceux qui m'ont encouragé et aidé aux époques où je ne savais encore ce que je deviendrais.

Recevez de nouveau, je vous prie, Monsieur le Maréchal, l'expression de mes vœux sincères pour tout ce que vous pouvez souhaiter.

Agréez, je vous prie, Monsieur le Maréchal, l'assurance de mon profond respect et de mon entier dévouement.

De Wimpffen.

196. — *Lettre du capitaine vicomte A. de Courville.*

Constantinople, le 20 décembre 1855.

Monsieur le Maréchal,

Nous avons eu ici si peu de choses nouvelles depuis quelque temps, que je n'ai pas voulu vous écrire une lettre qui ne vous aurait pas intéressé. En Crimée, tout le monde a pris ses quartiers d'hiver, et je crois qu'il ne nous sera envoyé personne à Constantinople, pas même la cavalerie, qui, dans le temps, avait dû venir au camp de Maslak. On dit toujours que les Russes ne resteront pas cet hiver en Crimée. Le général d'Allonville, qui est à Eupatoria, voit passer à chaque instant de grands convois avec des escortes si nombreuses, qu'il croit que les Russes profitent de ce moyen pour se retirer de la Crimée. On dit aussi que les vieilles troupes russes seraient dirigées sur Nicolaïeff et remplacées en Crimée par des milices. Ce qui serait pour les Russes un véritable abandon de la Crimée !

Tout l'intérêt de la situation se trouve porté maintenant sur l'Asie. Cette malheureuse ville de Kars a succombé après une très belle défense (1). Aujourd'hui tout le monde est ici en émoi, parce que l'armée d'Omer-Pacha se trouve très compromise du côté de Kutaïs, où elle est enfoncée dans les boues et la neige. On accuse beaucoup ici Omer-Pacha de n'avoir pas montré plus d'activité pour secourir Kars ou se porter sur Tiflis. On parle même de trahison. Ce qui est sûr, c'est qu'il y a aujourd'hui un conseil de guerre où assistent les généraux français et anglais commandant à Constantinople, et où sera, je crois, agitée la question du rembarquement de l'armée turque et du rappel d'Omer-Pacha.

Si l'on en vient à cette extrémité, on livrera toute la côte d'Asie aux Russes; ils arriveront probablement jusqu'à Trébizonde, ce qui serait désolant.

On parle beaucoup de paix ici; ce serait peut-être le seul moyen d'en finir avec un état de choses qui semble s'embrouiller de plus en plus.

Nous allons perdre le colonel Le Brettevillois, qui va aller en Crimée. Il sera très vivement regretté à Constantinople, où il avait su, dans une position bien difficile, se mettre bien avec tout le monde.

Nous avons ici un temps affreux; les soirées sont bien longues et bien ennuyeuses, il n'y a aucune espèce de société. Je regrette bien souvent, Monsieur le Maréchal, les charmantes soirées que vous nous donniez, pendant que j'étais à Lyon, et toutes les aimables femmes qui s'y trouvaient et dont je n'entends plus guère parler.

Je vous prie, Monsieur le Maréchal, de me permettre, à

(1) La ville de Kars, assiégée par le général Mouravief, avait été défendue pendant six mois par le colonel d'artillerie anglais Williams, général au service de la Porte.

l'occasion de la nouvelle année qui va commencer, de vous renouveler l'expression de ma reconnaissance pour les bontés que vous avez toujours eues pour moi, et d'agréer les sentiments les plus respectueux et les plus dévoués

De votre très humble et très obéissant serviteur.

A. DE COURVILLE.

197. — *Lettre du capitaine de Boisdenemets, du 52ᵉ de ligne.*

Camp de Balaklava, 26 décembre 1855.

MONSIEUR LE MARÉCHAL,

Depuis la prise de Sébastopol, nous sommes dans la plus complète inaction. Les expéditions de Kinbourn et d'Eupatoria se sont passées beaucoup trop loin pour que j'aie pu connaître autre chose que les renseignements généraux, pâture des feuilles publiques. La petite affaire de Baïdar nous a remis sur le qui-vive. Souvent de faux renseignements d'espions viennent faire prendre les armes à la première ligne. On suppose que les Russes pourraient profiter d'une forte gelée pour venir nous attaquer. Ces jours-ci, nous avons eu jusqu'à dix-huit degrés de froid.

On parle beaucoup dans nos camps de l'évacuation prochaine de la Crimée; ce ne sont que des suppositions, il n'y a rien de certain.

Le général Herbillon me disait, il y a quelques jours, qu'il se proposait de vous écrire prochainement. Il vous aura probablement parlé de notre installation. Assurément, elle n'est point comparable à celle de Sathonay. J'entends souvent le soldat demander ses bonnes baraques de Lyon. Nos tentes nous garantissent très imparfaitement de l'humidité et du froid. Nous sommes sur une terre végétale que la moindre pluie remue : aussi, ces temps derniers, la boue nous empêchait-elle presque entièrement de sortir, et si le colonel de

Capriolle n'avait eu soin de faire établir des trottoirs, le service eût été impossible. Nous avons beaucoup de malades, cependant le nombre en a diminué par le froid de ces derniers jours. Les sabots rendent ici les plus grands services, ils sauveront bien des hommes.

Les vivres deviennent inabordables pour les ordinaires : les légumes sont à un franc cinquante le kilo. Le général de Mac Mahon, sentant la nécessité de procurer à ses hommes une bonne nourriture, vient de remédier à cet inconvénient en faisant approvisionner à Constantinople. Les corps ayant leur petit dépôt à Maslak, rien ne sera plus facile.

Je suis désolé, Monsieur le Maréchal, de n'avoir rien de plus intéressant à vous mander que des détails presque de compagnie, mais je sais que rien n'est futile pour vous, qui vous occupez si complètement du bien-être de vos troupes...

DE BOISDENEMETS.

198. — Lettre du capitaine de Sachy de Fourdrinoy, aide de camp du général Herbillon.

Camp de Tracktir, le 30 décembre 1855.

MONSIEUR LE MARÉCHAL,

Je vous prie de vouloir bien me permettre de vous présenter mes hommages respectueux et dévoués à l'occasion de la nouvelle année. Espérons qu'elle sera meilleure que celle de 1855 sous le rapport des récoltes. Vous devez avoir à Lyon bien de la misère. Heureusement que la charité y est grande.

Ici, nous ne sommes point pauvres en denrées, mais nous le sommes bien en nouvelles; aussi je vous demande pardon du peu d'intérêt que vous inspirera nécessairement cette lettre. J'ai cependant appris aujourd'hui que la vallée de Baïdar venait d'être le théâtre d'un engagement avec les Russes.

Vous vous rappelez qu'il y a quelque temps, trois à quatre mille Russes sont venus pour enlever un poste français ; ils n'ont pas été heureux dans leur attaque. Cependant, il est probable que M. le général d'Autemarre, qui commande la 1ʳᵉ division du 1ᵉʳ corps, a jugé à propos de prendre une revanche et d'aller attaquer à son tour les avant-postes russes.

Il y a deux ou trois jours, une compagnie est partie à la nuit ; afin d'éviter que les hommes puissent tirer, malgré toutes les recommandations, on prit le parti de faire ôter les capsules de dessus les cheminées. L'expédition fut du reste conduite avec tout le silence que comportent de semblables opérations. On tomba sur le poste russe, qui se défendit, mais il fut enlevé et perdit dix-huit hommes tués, dont un capitaine. On ramena, en outre, deux chevaux de Cosaques, dont le prix servira probablement à fêter cette petite affaire dans la compagnie.

On m'a dit que l'on avait formé deux compagnies de volontaires dans la division d'Autemarre. Si cela est, nul doute que les Russes soient tracassés pendant toute la saison d'hiver. C'est M. le colonel Anselme, qui a été longtemps sous vos ordres, qui est chef d'état-major de M. le général d'Autemarre.

Depuis le départ de quatre régiments d'infanterie, on a pourvu à leur remplacement par ceux qui étaient venus de France, mais on ne nous l'a point indiqué, et je ne pourrais vous dire dans quelles divisions ces régiments ont été répartis. Je sais seulement que M. le général Labadie, qui a été sous vos ordres à Lyon, a le commandement d'une brigade de la division Espinasse. M. Dumont, qui à Lyon commandait le 35ᵉ, et qui, depuis, est passé général, a pris le commandement d'une brigade de la division Vinoy.

Quant à M. le général Sol, il est toujours commandant supérieur de Kamiesch. On arme, dit-on, cette ligne qu'on a élevée autour des ports. Ce sera fort utile pour se rembarquer, si l'on veut se rembarquer avant d'avoir signé la paix. Mais j'avoue en toute humilité qu'il n'y a pas eu besoin d'un grand génie pour construire cette fortification, composée de cinq redoutes, distantes de quinze cents mètres les unes des autres et tellement petites qu'on y mettrait à peine deux compagnies. Ajoutez à cela que l'enceinte continue qui relie les redoutes entre elles est une ligne droite et ne présente aucun flanquement. On sera nécessairement obligé de jeter en avant quelques ouvrages détachés. On construit, en ce moment, un réduit à Kazatch, près de la baie de Kamiesch.

M. le général Herbillon et son fils m'ont chargé d'avoir l'honneur de vous présenter leurs respects. M. de Chanaleilles est arrivé, je l'ai vu aujourd'hui.

Veuillez agréer, Monsieur le Maréchal, l'assurance de mon profond respect.

G. DE SACHY.

199. — *Lettre du général de division Camou.*

Sébastopol, le 31 décembre 1855.

MONSIEUR LE MARÉCHAL,

Heureux de vous savoir en bonne santé, je viens, au renouvellement de l'année, prier Votre Excellence de recevoir mes souhaits, qui partent d'un cœur reconnaissant, pour tout le bonheur que vous méritez pour le bien que vous faites aux braves gens qui méritent votre protection.

Nous avons fait nos réinstallations d'hiver et nous nous regardons avec les Russes sans agir ni d'un côté ni de l'autre, parce que les neiges nous défendent d'opérer. L'armée est fort bien nourrie, habillée et abritée; je dirai même qu'elle est trop bien traitée comme armée en campagne. Il est vrai qu'une année sous la tente c'est un peu long, mais nos soldats qui arrivent de France ne savent pas ce que c'est que les misères de la guerre.

Comme je commande provisoirement le 2e corps en remplacement du général Bosquet, je fais faire aux divisions sous mes ordres de longues promenades militaires, pour donner au soldat l'habitude des fatigues de la guerre. Je me rappelle trop bien vos leçons de Perpignan, que j'ai mises en pratique lorsque les occasions se sont présentées, et, en tout point, elles m'ont toujours été avantageuses pour la réussite.

Si j'avais pensé vous être agréable, je vous aurais donné des détails après nos affaires importantes, mais je voyais que ce que j'aurais pu vous dire n'eût été que la répétition des rapports du général en chef.

Je vois souvent le bon camarade Herbillon, et nous ne manquons jamais de nous rappeler les bontés de Votre Excellence. J'ai vu avec plaisir la nomination de Pierre de Castellane au grade de capitaine.

Veuillez agréer, Monsieur le Maréchal, l'assurance de mon respectueux dévouement.

CAMOU.

200. — Lettre du lieutenant-colonel du génie Le Brettevillois.

Sous Sébastopol, le 12 janvier 1856.

MONSIEUR LE MARÉCHAL,

Ma position à l'armée de Crimée n'est pas encore fixée d'une manière définitive. Provisoirement et en attendant que le ministre de la guerre ait fait connaître la composition définitive du personnel du génie en Crimée, je suis désigné par le maréchal Pélissier pour commander le génie du 2e corps, au camp du Moulin, sous les ordres du général Camou.

Installé dans mes fonctions de commandant du génie, je me suis occupé immédiatement de reconnaître les lieux et de visiter les ruines de Sébastopol, qui offrent encore beaucoup d'intérêt, car presque toutes les fortifications de la place, Mamelon vert, Tour Malakoff, bastion du Mât, etc., sont encore debout. Il en est de même des maisons de la ville; c'est-à-dire que les murs existent encore, car les planchers et les couvertures ont totalement disparu. On trouve cependant

quelques bâtiments intacts dans lesquels on serait très com-
modément logé, si les obus que les Russes continuent à tirer
de la partie nord de Sébastopol ne venaient éclater de temps
à autre à proximité. Néanmoins, la brigade d'infanterie qui
occupe la ville n'éprouve pas de pertes sensibles.

On active la destruction des docks, qui serait terminée depuis
longtemps, si l'on n'avait confié une partie du travail aux Anglais. Ceux-ci, avec leur lenteur habituelle, n'en finissent pas.

On fait des routes pour faciliter l'approvisionnement des
camps; on lève d'une manière très exacte les travaux d'attaque et les ouvrages de la place; on complète les ambulances,
mais on se tient toujours prêt à repousser les tentatives que
les Russes pourraient vouloir renouveler. Des déserteurs ont
annoncé que nous devons être attaqués aujourd'hui, et, quoique cette attaque paraisse peu probable, on a pris des dispositions en conséquence.

Le général Dalesme, qui est en congé en France depuis la
fin du mois de novembre, n'est pas encore de retour. Le général Frossard continue à commander provisoirement le génie.

On est toujours ici dans une incertitude complète sur les
plans de campagne de l'an prochain.

Le froid, qui s'était fait sentir d'une manière très intense
vers le 20 décembre, a disparu complètement. J'ai trouvé la
température très douce, à mon arrivée en Crimée. On sent à
peine aujourd'hui le besoin de se chauffer.

Toutes les troupes, ainsi que les officiers, sont établis sous
des tentes turques, de même dimension que les tentes françaises, à seize hommes, avec cette différence qu'elles sont
rondes, au lieu d'avoir la forme ovale. Les généraux et les officiers supérieurs seuls ont des baraques. Quant aux chevaux,
ils sont installés dans des hangars-écuries, que plusieurs
corps ont passablement disposés avec les débris des maisons
de Sébastopol.

Je suis avec le plus profond respect, de Votre Excellence,
Monsieur le Maréchal, le très obéissant serviteur.

LE BRETTEVILLOIS.

201. — *Lettre du général de division Herbillon.*

Camp de Balaklava, le 16 janvier 1856.

Monsieur le Maréchal,

J'ai reçu la lettre du 27 décembre que vous m'avez fait l'honneur de m'adresser; je suis extrêmement sensible à votre désir de me voir promptement la grand'croix de la Légion d'honneur. J'espère que Sa Majesté appréciera un jour mes services passés et la conduite que j'ai tenue à Tracktir. Je compte sur sa bienveillance, aussi, Monsieur le Maréchal, j'attends avec la résignation d'un homme de cœur dont la conscience est pure et nette.

Je vous remercie bien sincèrement de tous les renseignements que vous me donnez sur la composition nouvelle de l'armée de Lyon, dont j'ai eu le bonheur de faire partie et que j'ai quittée avec regrets.

La tenue, Monsieur le Maréchal, a été bien négligée en Crimée, chacun se mettait un peu à sa fantaisie; il y a du mieux depuis quelque temps. Quant à ma division, j'ai défendu expressément toute innovation, et je n'ai voulu que la tenue réglementaire; par suite, des dépenses inutiles ont été évitées. Aujourd'hui la « criméenne » a été adoptée pour tout le monde, grands et petits. C'est un très bon vêtement que le soldat porte avec plaisir.

Nous sommes parfaitement tranquilles; les Russes ne paraissent pas vouloir faire un mouvement offensif; de notre côté, nous agissons de même. D'ailleurs, il y a empêchement, car le mauvais état des routes, la neige et les froids excessifs que nous avons eus sont des obstacles à ne pas surmonter. Nous avons eu quinze, dix-sept et vingt degrés de froid. Heureusement, les hommes étant assez bien installés, les cas de congélation n'ont point été dangereux, quoiqu'il y en ait eu un assez grand nombre. Mais les malades augmentent dans

ma division. J'ai deux mille trois cent soixante-quatorze
hommes aux hôpitaux et cinq cent cinquante-trois sous les
tentes, sur un effectif de douze mille trois cent quarante et
un; il est vrai que les maladies ne sont pas graves et que,
pour le moment, il y a peu de mortalité.

M. le colonel de Villiers, M. le capitaine de Sachy et mon
fils sont bien sensibles à votre bon souvenir. Nous attendons
la nomination de M. de Villiers au grade de général de brigade; ce sera un excellent choix.

On travaille à force à terminer les fortifications de Kamiesch
qui doivent servir au campement du corps d'armée qui restera
en Crimée et à l'embarquement des troupes, opération qui demandera du temps, le matériel étant considérable. Ce sont les
travaux qui se font en ce moment qui font présumer que l'on
quittera la Crimée, car, jusqu'à ce moment, rien ne transpire
sur les mouvements qui doivent s'effectuer.

En attendant ce que l'on fera au printemps, les Anglais se
sont parfaitement installés; aujourd'hui plusieurs locomotives
transportent les vivres dans leur camp, et une magnifique
route va de Balaklava à Sébastopol. L'hiver dernier leur a
servi de leçon; aussi, cette année, ils ont un confortable qui
est peu militaire.

J'ai l'honneur d'être, Monsieur le Maréchal,...

HERBILLON.

202. — *Lettre du capitaine de Sachy, aide de camp du général Herbillon.*

Camp de Tracktir, le 4 février 1856.

MONSIEUR LE MARÉCHAL,

Je ne saurais trop vous remercier, Monsieur le Maréchal,
de l'intérêt constant que vous ne cessez de me témoigner,
j'espère ne jamais rien faire qui puisse me l'enlever.

C'est aujourd'hui lundi, et lundi gras ! A l'heure où j'ai l'honneur de vous écrire, vos salons sont ouverts, et il m'est impossible de ne pas me rappeler l'empressement avec lequel on s'y porte et la bienveillance qu'on y trouve. Quelle différence avec la vie que nous menons ici ! Tout en faisant contre fortune bon cœur, il est impossible de ne pas s'apercevoir qu'un hiver passé dans l'inaction est la chose du monde la plus triste qu'on puisse rencontrer.

Nous avons été obligés toute cette semaine de rester confinés dans nos baraques. Le temps était affreusement mauvais, et l'on pouvait se croire aux plus détestables jours de mars, grâce aux giboulées de neige, de pluie et de grêle qui tombaient à chaque instant. Les chemins s'en ressentent et l'on nage dans un océan de boue liquide et noirâtre. Cet état du ciel influe sur le moral ; je ne vais pas chez un seul camarade où, à ma demande : « Que faites-vous ? », je n'obtienne la réponse éternelle : « Je m'ennuie ». Ce verbe-là se conjugue ici dans tous ses temps et personnes.

Nous attendons impatiemment les nouvelles de France. Aurons-nous la paix ou la guerre ? C'est ici, comme en France, la grande question du moment. Cependant, on croit assez généralement à la paix. On espère que l'Empereur la désire et qu'on parviendra à faire entendre raison à l'Angleterre, qui paraît bien belliqueuse dans ses journaux. Les Piémontais sont également peu flattés de la paix. Ils n'ont, il est vrai, fait que très peu de chose ici. Ce n'est point la bonne volonté de faire plus qui leur a manqué, mais l'occasion.

Cependant, tout en croyant à la paix, on n'en continue pas moins les travaux de destruction à Sébastopol. Aujourd'hui, à une heure et demie, le fort Nicolas a sauté. A mon grand regret, je n'ai pu assister à ce spectacle, n'ayant pas été prévenu. Vous savez, Monsieur le Maréchal, que le fort Nicolas est situé à la pointe ouest de l'entrée du port militaire ; il s'étend, de ce point, jusqu'à la Baie de l'artillerie, plus à l'ouest du port. Les eaux de la rade baignaient le pied des fortifications. C'est un grand ouvrage à double rang de casemates, très solidement construites, quoi qu'on en ait dit. Il affecte une forme légèrement cintrée vers le sud et, au milieu de l'arc, s'élevait une tourelle armée de quelques pièces et destinée à flanquer les faces de l'ouvrage. La destruction a été opérée au moyen de quatre mines. Celles qui étaient à chaque extrémité ont d'abord sauté, puis, quelques minutes après, celles du centre; l'opération, m'a-t-on dit, a parfaitement réussi.

Le 31 décembre, j'avais vu sauter les docks. Ainsi s'achève peu à peu la destruction de cette malheureuse ville, dont on peut dire qu'il ne restera bientôt plus que des ruines.

Veuillez agréer, Monsieur le Maréchal, l'assurance de mon profond respect.

G. DE SACHY.

203. — *Lettre du général de division Herbillon.*

Camp de Balaklava, le 18 février 1856.

MONSIEUR LE MARÉCHAL,

Ici nous vivons dans une inaction d'autant plus complète que le mauvais temps et le pitoyable état des chemins nous forcent à garder la tente ou la baraque; vie monotone, insupportable pour les officiers qui ne savent pas se créer une occupation.

Malgré les annonces de la paix, les Russes n'en tirent pas moins sur les ruines de Sébastopol, ville qui est réduite aujourd'hui à peu près à l'état de zéro. Comme leurs projectiles font très rarement de mal, nous nous demandons quels sont les motifs qui leur font brûler une aussi grande quantité de poudre.

Les malades, Monsieur le Maréchal, augmentent au lieu de diminuer; des cas de typhus se sont déclarés dans les ambulances, et le scorbut continue ses ravages; de nombreuses évacuations ont lieu sur Constantinople, et la mortalité, depuis le commencement du mois, donne un chiffre moyen de quatre à cinq par jour dans ma division. Le mois dernier, le nombre des évacués a été de quatre cent treize et celui des morts à l'ambulance de cent trois. Cela tient à la grande humidité, suite des pluies et des neiges qui se succèdent sans cesse. Les premiers beaux jours relèveront le moral de nos jeunes gens, auxquels il manque les émotions de la guerre, qui est moins nuisible qu'un repos prolongé.

HERBILLON.

204. — Lettre du capitaine de Sachy de Fourdrinoy, aide de camp du général Herbillon.

Camp de Tracktir, le 21 mars 1856.

MONSIEUR LE MARÉCHAL,

J'ai reçu la lettre que vous avez bien voulu m'écrire à la date du 20 février, et je vous remercie bien d'avoir pensé à moi, pendant ces jours de carnaval que nous passions ici si tristement. Heureusement nous touchons à la fin de cet hiver, et, quoi qu'il arrive, paix ou guerre, nous serons obligés de sortir de notre position. Le temps, du reste, est redevenu magnifique, quoique froid, mais, pour moi, l'ennui a crû de moitié, parce que depuis le 1er mars je suis obligé de garder la chambre.

Depuis ma dernière lettre, j'ai vu bien peu de choses. Je suis allé, cependant, à l'armistice du 29 février, mais je suis arrivé après la cérémonie. C'est M. le général de Martimprey qui l'a signé.

On avait dressé des tentes sur la rive gauche de la Tchernaïa, à l'intérieur de la tête de pont qui défend le pont de Tracktir. Il paraît qu'on ne s'était pas entendu sur tous les points et qu'il est arrivé de nouveaux ordres, car, il y a huit jours, a eu lieu une autre cérémonie, et, pour celle-là, je ne puis vous en parler que par ouï-dire. Ces messieurs de l'état-major y sont allés. Les Russes étaient en grande tenue, chapeau et plumet; on m'a assuré qu'ils étaient fort beaux. Les Cosaques étaient aussi en grande tenue et tout en rouge habillés; leurs lances même étaient peintes en rouge. Je pense que ce sont leurs lanciers, car les Cosaques ne doivent pas avoir plusieurs tenues, et tous ceux que nous avons vus jusqu'à ce jour avaient des lances noires.

Une grande dame russe est venue se promener dans la plaine en calèche découverte, avec une escorte de uhlans. Il paraît qu'elle est bien.

Depuis le 29, la plaine de Bilboquet est transformée. Des deux côtés de la Tchernaïa, les Français et les Russes échangent une foule d'objets, couteaux, pipes, monnaies. Les Russes sont surtout très désireux de napoléons; ils ne veulent pas accepter une seule pièce à l'effigie de Victoria, ce qui irrite considérablement les Anglais. J'espère d'ici à trois ou quatre jours aller voir ce spectacle.

Veuillez agréer, Monsieur le Maréchal, l'assurance de mon profond et respectueux dévouement.

G. DE SACHY.

205. — *Lettre du général de division Herbillon.*

Camp de Balaklava, le 1ᵉʳ avril 1856.

MONSIEUR LE MARÉCHAL,

Je vous remercie bien sincèrement des intéressants détails que vous me donnez; ce sont choses précieuses pour l'habitant des camps qui n'a aucune distraction, pas même celle de la promenade, car, depuis de longues semaines, le mauvais temps n'a cessé de nous assiéger.

L'hiver ne finit plus, nous avons un froid très vif, et comme en Crimée le changement de température est continuel, cela influe considérablement sur la santé des hommes; les régiments se dépeuplent, les évacuations sur Constantinople sont incessantes et les décès nombreux. Le scorbut et la fièvre typhoïde sont deux fléaux qui ont pris domicile dans les ambulances. Les aumôniers et les officiers de santé payent en ce moment largement leur tribut (1). Heureusement que les beaux jours ne peuvent tarder, ils seront un remède efficace.

Depuis l'armistice, les Russes descendent en grand nombre des plateaux de Mackensie; ils viennent sur la rive gauche de la Tchernaïa, conversent d'un bord à l'autre avec nos hommes; ils se font réciproquement de petits cadeaux.

Le jour de Pâques, nous avons reçu la nouvelle de la naissance d'un Prince impérial; Français, Anglais, Piémontais et Russes ont fait de grands feux de joie qui couvraient les hauts plateaux Fedioukine, Inkermann, Balaklava et Mackensie.

Nous attendons les nouvelles de la paix pour savoir quelles sont les dispositions que l'on prendra pour l'embarquement des troupes. On parle ici comme en France de laisser un corps d'armée à Constantinople; dans ce cas, il est probable que ce sera le 3ᵉ corps, qui sera alors composé des régiments nouvellement arrivés.

Par ma lettre nᵒ 17, j'ai eu l'honneur d'adresser à Votre Excellence les instructions que j'avais données en cas d'attaque des lignes de la Tchernaïa; ce sont ces instructions qui nous ont donné plein succès, car, bien comprises par MM. les officiers généraux et bien exécutées par les troupes, je n'ai plus eu qu'à surveiller. J'ai joint mon rapport à M. le général en chef. Mon but, Monsieur le Maréchal, en vous envoyant ces deux documents, est de vous mettre à même de juger comment l'affaire du 16 août s'est passée, et de vous prouver que j'avais étudié le terrain sur lequel nous devions être attaqués. Je tiens beaucoup trop à votre opinion et à votre estime pour ne pas vous éclairer sur ce qui me concerne.

Votre lettre du 13 mars m'a fait grand bien, ma peine la plus vive étant celle de n'être nullement apprécié par Sa Majesté. Aussi, Monsieur le Maréchal, je vous témoigne ma

(1) Le corps du service de santé perdit cinquante-huit de ses membres, tués par le typhus; treize aumôniers et un grand nombre de sœurs de charité eurent le même sort.

sincère reconnaissance pour votre extrême bonté à mon égard.

Le brave colonel de Villiers est général de brigade. Lui, M. le capitaine de Sachy et mon fils sont bien sensibles à votre bon souvenir.

J'ai l'honneur...

HERBILLON.

206. — *Lettre du général de division Herbillon.*

Camp de Balaklava, le 14 avril 1856,

MONSIEUR LE MARÉCHAL,

Il paraît, d'après ce que m'a dit M. le général de Mac Mahon, que M. le maréchal Pélissier aurait enfin demandé pour moi une récompense, la grand'croix, je pense. Les propositions sont parties par le courrier de samedi 12.

L'embarquement des troupes a commencé (1). Les libérés de 1848 sont partis le 12, les libérables de 1849 s'embarquent aujourd'hui, les troupes qui étaient à Eupatoria sont déjà en mer, les deux régiments de la légion étrangère et les trois de zouaves ont reçu l'ordre de se tenir prêts. On croit que ce sera jeudi prochain qu'ils s'embarqueront. Le mouvement continuera par le 2ᵉ corps, qui a beaucoup souffert au siège, ensuite le 1ᵉʳ, et enfin le corps de réserve, ce qui nous portera probablement à la mi-juin. Ainsi, Monsieur le Maréchal, j'espère que, dans les premiers jours de juillet, j'aurai l'honneur de vous présenter mes humbles respects.

Le typhus fait toujours quelques ravages; cependant, depuis trois jours, il y a une amélioration sensible, qui est évidemment due au beau temps; il faut espérer que ce mieux continuera et que le printemps chassera entièrement ce fléau.

Je suis allé visiter les camps russes à Mackensie; ils ne sont ni brillants, ni bien tenus. Pour arriver au plateau qu'ils occupent, les pentes sont difficiles et défendues par de nom-

---

(1) La paix avait été signée le 2 avril 1856.

breuses batteries, les enlever aurait été une rude affaire. De
nos camps aux leurs, c'est une procession continuelle. Ils
désirent ardemment quitter la Crimée, qui leur a été si fatale.

Demain, le général Luders passe devant le front de nos
divisions.

MM. les généraux Camou, Wimpffen et Decaen sont nommés
dans la garde; ils s'occupent, en ce moment, d'organiser les
régiments de ce corps spécial, qui doivent être composés de
soldats pris à l'armée d'Orient. Il est probable qu'aussitôt
cette organisation terminée, ils se rendront en France.

Il n'est plus question ici de laisser des troupes à Constantinople.

J'ai l'honneur d'être, Monsieur le Maréchal...

HERBILLON.

207. — *Lettre du capitaine de Sachy de Fourdrinoy,*
aide de camp du général Herbillon.

Camp de Tracktir, le 25 avril 1856

MONSIEUR LE MARÉCHAL,

J'ai reçu la lettre que vous avez bien voulu m'écrire à la
date du 4 avril. Celle-ci partira avec M. le général de Villiers,
qui doit s'arrêter deux jours à Constantinople; par conséquent, elle vous parviendra avant que le général soit en
France, et surtout avant qu'il passe à Lyon, où il est dans
l'intention de s'arrêter pour vous présenter ses respects...

Nous avons été en l'air tous ces jours-ci. Le mardi 15 de ce
mois, M. le général Luders est allé déjeuner au quartier
général de M. le maréchal Pélissier; on a formé la haie sur
son passage, depuis le pont de Tracktir jusqu'au quartier
général, ou plutôt jusqu'à quatre kilomètres de ce point.
Chaque division avait ses bataillons serrés en masse, et les
masses avaient été déployées à vingt-quatre pas. La ligne
était fort belle et ne comprenait que les 2ᵉ et 3ᵉ corps. Ce qui

a été moins beau, c'est que nous sommes arrivés sur nos positions à huit heures, et que le général Luders n'est arrivé qu'à dix heures et demie. Comme circonstances atténuantes, il faut dire qu'il ignorait complètement la réception qu'on lui ménageait, et probablement, sans cela, il nous eût fait moins attendre.

Le surlendemain 17 (un jeudi), nous avons eu une magnifique revue. L'armée était rangée sur deux lignes : la première était formée de l'infanterie, la deuxième de l'artillerie de réserve, de la cavalerie et du train des équipages (voitures et mulets de bât). On avait choisi comme emplacement les plateaux qui se trouvent en avant du monastère de Saint-Georges. L'infanterie était forte de quatre-vingt-douze bataillons, dont deux du génie formés par toutes les compagnies divisionnaires réunies. Chaque division était déployée par bataillons en masse à vingt-quatre pas, ce qui n'empêche pas que la ligne eût plus de six kilomètres de longueur. L'artillerie avait, en y comprenant les batteries divisionnaires, cinquante-deux batteries ou trois cent douze bouches à feu. Enfin, la cavalerie n'avait que trois brigades, deux de chasseurs d'Afrique et une de cuirassiers. Tout s'est très bien passé, mais cela a été long.

Le général Luders avait le côté de la troupe; à côté de lui était le maréchal Pélissier, puis le général Codrington; l'état-major était fort nombreux et je puis dire brillant. Nos regards se portaient, de préférence, sur les officiers russes. M. le général Luders, quoique déjà âgé, est un homme encore vert, d'une physionomie sévère sans être dure. Il portait des aiguillettes en or, beaucoup de décorations et un casque surmonté d'une espèce de lance dorée, de la pointe de laquelle s'échappait un plumet blanc. Cette coiffure est, du reste, la coiffure de toute l'infanterie russe en grande tenue, le plumet excepté.

En arrière, était un officier des hussards de la garde, d'une tenue fort belle et de très bon goût. Le dolman était rouge écarlate; la pelisse, ou plutôt le manteau, blanc, doublé de soie rose, et le kolback. Puis on remarquait le général des

Cosaques, coiffé d'un kolback assez élevé et surmonté d'un
magnifique plumet blanc haut d'un mètre pour le moins.
Cela doit être bien agréable d'avoir une coiffure semblable
par un grand vent. Tous ces uniformes sont beaux, mais ils
sont plus beaux de loin que de près. Quand on peut voir les
broderies de près, on peut s'assurer qu'elles sont horriblement mal faites. Cela a l'air de clinquant.

Après le défilé, on s'est rendu à un lunch chez le général
Codrington, puis, après, à une revue de l'armée anglaise. Les
Russes l'ont trouvée fort belle, mais trop belle même, et c'est
vrai. La journée s'est terminée à sept heures. J'ai revu là mes
Cosaques rouges, qui sont tout simplement des gendarmes de
Crimée, laids, laids au possible !

Veuillez, Monsieur le Maréchal, agréer l'assurance de mon
profond respect.

DE SACHY.

208. — *Lettre du général de division Herbillon.*

Camp du Monastère Saint-Georges, le 16 mai 1856.

MONSIEUR LE MARÉCHAL,

L'embarquement des troupes continue ; le 2ᵉ corps est entièrement parti. Les régiments de la garde nouvellement formés
s'embarquent en ce moment avec un effectif de sept mille
hommes. On pense que le 1ᵉʳ corps commencera son mouvement de départ du 20 au 25 mai. Dans ce cas, la 1ʳᵉ division
du corps de réserve pourrait bien être en mer du 15 au 20 juin.

Nous avons quitté notre camp de Balaklava, et depuis hier
nous sommes établis près du monastère Saint-Georges, à six
kilomètres de Kamiesch. Tout le corps de réserve se trouve
réuni sur les plateaux du Monastère.

Je me suis trop pressé, Monsieur le Maréchal, en vous
annonçant qu'une proposition avait été faite en ma faveur

pour la grand'croix (1). Il n'en est rien; on dit que c'est le Sénat que M. le Maréchal a demandé. Comme je ne suis pas payé pour avoir grande confiance, je compte beaucoup plus sur votre chaleureuse recommandation, qui est chose réelle.

Je suis extrêmement peiné de l'oubli qui frappe M. de Pontgibaud; heureusement pour lui que son régiment va se trouver à Lyon, et que sous vos ordres les bons officiers ne sont jamais oubliés.

M. le général de Failly, dont la division se rend à Lyon, est un bon et brave officier général; sa conduite à Tracktir a été remarquable; chargé de la défense du pont, il a contribué au succès de la journée

M. le général de Villiers sera heureux de faire partie de l'armée que vous commandez. Il nous a quittés souffrant; son intention est d'aller aux eaux. Si ma division reste constituée, ce serait pour elle un véritable bonheur de se retrouver sous vos ordres.

Le typhus a été chassé par le beau temps; depuis plus de quinze jours, je n'ai pas eu un seul typhique. Si, comme je l'espère, cet état sanitaire continue, notre quarantaine sera vite purgée, et, à la fin de juin, je compte avoir l'honneur, Monsieur le Maréchal, de vous présenter mes hommages respectueux, et de vous témoigner de vive voix ma sincère reconnaissance.

Je vous remercie de tous les détails que vous me donnez sur la route de Saint-Rambert à Caluire, c'est un énorme service que vous rendez à ces deux communes; votre nom y restera gravé.

C'est avec plaisir que j'apprends que M. Vaïsse reste à Lyon; la ville ne peut que gagner avec une administration aussi éclairée. Des bornes-fontaines, une rue impériale ont déjà signalé son administration, et si la ville le conserve encore quelques années, on ne peut mettre en doute que Lyon sera réellement la seconde capitale de la France. Votre commandement en chef, Monsieur le Maréchal, avec résidence

(1) Le général Herbillon fut nommé grand'croix de la Légion d'honneur, le 15 août 1856.

dans cette grande cité et l'appui de votre pouvoir ont beaucoup aidé M. Vaïsse; aussi ce sera une époque que les habitants de toutes les classes n'oublieront jamais.

Veuillez, Monsieur le Maréchal, ne pas m'oublier près de
mes collègues et de MM. Cetty et Griffon.

J'ai l'honneur d'être, Monsieur le Maréchal, de Votre Excellence le très humble et obéissant serviteur.

HERBILLON.

209. — *Lettre du capitaine de Sachy de Fourdrinoy, aide de camp du général Herbillon.*

Au camp du Monastère, le 6 juin 1856.

MONSIEUR LE MARÉCHAL,

J'ai reçu la lettre que vous m'avez fait l'honneur de m'écrire
le 13 mai dernier. Celle-ci est la dernière que je vous adresserai de Crimée.

Vous savez, Monsieur le Maréchal, que mon général est
nommé au Comité; c'est une position qui convient à son âge,
à ses bons et loyaux services. Elle le mettra à l'abri des frois-
sements d'amour-propre qu'il aurait eus dans un service
actif. Je sais cependant qu'il avait un vif désir d'aller à
Lyon, si l'Empereur ne lui eût donné une autre destination.
Comme vous le dites dans votre lettre, il y a des amis et il y
est estimé comme doit être estimé tout homme d'un caractère aussi honorable et aussi bienveillant.

Depuis la dernière lettre que j'ai eu l'honneur de vous
écrire, j'ai fait un long voyage; j'ai poussé jusqu'à Yalta et
même à trois lieues plus loin, sur la côte sud de la Crimée.
J'ai visité les palais du prince Woronzoff, de l'Impératrice,
du comte Potocki. On ne peut se faire une idée de la beauté
de ce pays-là. Le château d'Aloupka, qui appartient au prince
Woronzoff, dépasse en magnificence tous ses voisins, même

celui de S. M. l'Impératrice; c'est d'un grandiose attirant, c'est l'Alhambra en petit, mais ce petit est terriblement vaste pour un seigneur. J'ai fait cette course en compagnie du capitaine Ferey, et à chaque instant nous poussions des cris de surprise comme des enfants.

Le général a demandé à partir le mardi 10 juin; vous pouvez donc compter le voir avant la fin du mois(1).

Veuillez agréer, Monsieur le Maréchal, l'assurance de mon respectueux dévouement.

G. DE SACHY.

(1) Le 5 juillet 1856, le maréchal Pélissier s'embarquait à Kamiesch avec le dernier canon et le dernier soldat.

CAMPAGNES D'AFRIQUE

EN 1856-1857.

EXPÉDITIONS DE KABYLIE
1856-1857

---

210. — *Lettre du général de brigade de Liniers* (1).

Bivouac de l'Oued-Assma, le 2 octobre 1856.

MONSIEUR LE MARÉCHAL,

Je suppose que vous ne serez pas fâché d'avoir des nouvelles de l'expédition qui a lieu en Kabylie dans ce moment, ce qui m'engage à avoir l'honneur de vous écrire.

La grande expédition annoncée ne se faisant pas (2), les Arabes ont été portés à croire que notre faiblesse seule nous tenait dans l'impuissance, et de cette idée à la révolte il n'y avait qu'un pas, d'autant que l'époque avancée de l'année était très favorable à ce plan, puisque, les pluies arrivées, il nous est impossible de nous maintenir dans les montagnes sans nous y être préparés de longue main par des travaux

(1) *Liniers* (marquis Charles-Philippe-Édouard *de*), né le 21 juin 1805 à Margerie (Marne); élève de l'École spéciale militaire le 5 novembre 1821, sous-lieutenant le 1er octobre 1823, lieutenant le 27 octobre 1830, capitaine le 30 avril 1837, chef de bataillon le 6 août 1843, lieutenant-colonel du 53e de ligne le 11 avril 1848, colonel du 60e de ligne le 26 mars 1850, général de brigade le 28 décembre 1852, général de division le 14 août 1860, mort à Chatelrault-Saint-Louvent (Marne) le 22 décembre 1881. Il avait fait la campagne de Belgique en 1831-1832, celles d'Afrique de 1839 à 1848 et de 1856 à 1860; celle de 1870.

(2) En 1856, le maréchal Randon, gouverneur de l'Algérie, voulut profiter du retour des troupes de Crimée pour en finir avec les révoltes continuelles des habitants de la Grande-Kabylie. Le maréchal Vaillant, ministre de la guerre, pour laisser reposer les vainqueurs de Sébastopol, ajourna l'expédition au printemps de 1857. Néanmoins le maréchal Randon, au mois de juin 1856, rassembla quinze mille hommes et soumit les confédérations Kabyles des Guetchoula et des Douala.

considérables. D'après cela, ce n'est donc pas l'expédition de conquête générale qui se fait en ce moment, mais bien la répression de la révolte des tribus qui nous étaient soumises.

En quinze jours, les approvisionnements pour douze à treize mille hommes ont été faits à Dra-el-Mizane, et les troupes réunies sur ce point. Le Gouverneur y est arrivé le 25.

Le 23, la colonne Renault, dont je fais partie, se portait en avant avec celle du général Yusuf, et le lendemain on opérait de concert l'assaut des montagnes des pentes nord du Djurjura. La journée a été chaude, et si nous avons brûlé plusieurs villages et coupé bon nombre d'arbres fruitiers, nous avons eu en revanche soixante hommes hors de combat dans la colonne Renault; le 8ᵉ bataillon de chasseurs, sous mes ordres, a eu trente-quatre blessés et sept tués (au nombre des premiers, trois officiers).

Depuis ce jour, les affaires se sont succédé, et toutes les tribus révoltées ont été visitées et châtiées; plusieurs déjà sont arrivées à composition et ont payé d'assez fortes sommes. Tout porte à croire que d'ici à huit ou dix jours, les hostilités cesseront et que le Gouverneur rentrera à Alger ainsi qu'une partie des troupes. Il sera laissé à Dra-el-Mizane et à Tizi-Ouzou, nos deux points d'appui extrêmes, quelques bataillons pour lesquels on prépare dans ce moment un baraquement arrivé de Crimée. Il sera nécessaire aussi de faire travailler aux routes entre ces points et Alger, elles sont loin d'être bonnes.

La division Renault, si faible d'effectif, a fait ce qu'elle a pu dans les affaires qui ont eu lieu, mais elle avait à rivaliser avec les zouaves, les tirailleurs indigènes et les vieux régiments d'Afrique et de Crimée; c'était une bonne école, et elle en profitera, du reste.

Chapuis, avec sa brigade, n'est pas ici; il a été envoyé dans la vallée du Sébaou, en observation. La compagnie du génie qui était à Lyon, commandée par le capitaine Soulier et chargée des routes par Votre Excellence, est ici; elle a bien fait sa besogne.

DE LINIERS.

211. — Lettre du général de brigade de Liniers.

Bivouac d'Ouallel, le 9 juin 1857.

MONSIEUR LE MARÉCHAL,

Comme vous avez pu le voir par les différents rapports, nous sommes établis au centre des Raten, sur les pitons qui dominent leur territoire. Ils ont été imposés à cent cinquante francs par fusil, ce qui produira neuf cent mille francs.

Le Maréchal fait construire au point de Souch-el-Arba un fort devant recevoir trois mille hommes de garnison (soit quatre bataillons); ce fort coûtera, dit-on, trois millions environ et sera habitable pour l'hiver. Il se reliera à la plaine et à notre dernier poste (Tizi-Ouzou) par une route à laquelle nous travaillons depuis le 25 mai avec sept mille travailleurs; elle sera ouverte complètement dans huit jours, et praticable pour toutes voitures pendant l'été, mais il faudra l'empierrer pour l'hiver. Les pentes les plus fortes sont au vingtième. Pour arriver à ce résultat, le génie a eu à vaincre des difficultés énormes pour gravir les pentes abruptes qui servent de remparts à ces sauvages montagnards.

Toutes les tribus des Beni-Raten ont fait leur soumission ; nous restons en présence de deux fortes confédérations : les Menguellet et les Beni-Jenni, que le Maréchal compte, je pense, attaquer aussitôt que nos communications avec la plaine seront parfaitement assurées.

Malgré les préparatifs de défense de ces tribus, les redoutes en terre et les barricades qui les couvrent, nous en aurons, je l'espère, bon marché avec les moyens de destruction que nous possédons. Ils sont, au reste, peu avancés dans l'art de la défense; ils avaient compté sur une attaque de front et ils ont

---

(1) Le 19 mai 1857, le maréchal Randon avait pris à Tizi-Ouzou le commandement de l'armée de Kabylie composée de trente mille hommes, il fit attaquer les villages de la confédération des Beni-Raten le 24 mai. Après deux jours de combat, les Kabyles demandèrent la paix.

dû abandonner promptement leurs retranchements, lorsque nos colonnes tournantes les menaçaient sur leurs flancs. Ils n'ont donc pu arrêter notre marche ascendante, mais ils se sont rejetés dans leurs bois d'oliviers et de figuiers, sûrs de ne pouvoir y être tournés, et c'est alors que le combat a été le plus vif. Ainsi, ma brigade, en une demi-heure, a eu quatre-vingt-sept hommes hors de combat. La division active compte pour cette journée deux cent vingt-cinq hommes tués ou blessés. Sur les cinq cents hommes touchés, le reste appartient, sauf vingt-cinq, à la division Mac Mahon, celle du centre n'ayant eu que peu à faire, comme on s'y attendait.

Je pense que les troupes qu'on ne laissera pas au fort Napoléon rentreront vers la fin de juillet...

De Liniers.

212. — Lettre du général Chapuis (1), commandant la 2ᵉ brigade d'infanterie de la division Renault.

Du fort Napoléon (Kabylie), le 28 juin 1857.

Monsieur le Maréchal,

Le 23 du courant, la route carrossable qui relie Tizi-Ouzou au fort Napoléon était terminée. Deux obusiers de 12, avec tout leur matériel, plus quatre prolonges du génie, attelées de six chevaux chacune et lourdement chargées, faisaient une entrée triomphale ce jour-là dans le fort Napoléon. Depuis ce moment, la route a été déclarée ouverte, et plus de cent voitures sont déjà arrivées. Ce travail d'une si haute importance,

(1) *Chapuis* (François-Claude), né à Fribourg (Suisse) le 17 juin 1799, engagé volontaire le 4 octobre 1816, sous-lieutenant le 31 décembre 1830, lieutenant le 29 août 1832, capitaine le 16 mars 1838, chef de bataillon le 14 juillet 1833, lieutenant-colonel le 15 juillet 1848, colonel le 4 décembre 1850, général de brigade le 1ᵉʳ janvier 1854, décédé à Paris le 19 juillet 1859. Il avait fait la campagne de Morée de 1831 à 1833, celles d'Afrique de 1836 à 1847, et de 1856 à 1858, et l'expédition de Rome de 1849 à 1850.

qui offrait de grandes difficultés à surmonter, a été dirigé avec intelligence par le génie. Nos hommes ont montré un entrain et un bon vouloir dignes d'éloge pendant tout le cours des travaux. C'est à cela qu'on doit la rapidité avec laquelle ils ont été achevés.

Monsieur le Maréchal, le 24, la division Mac Mahon s'est portée en avant; elle attaquait à six heures du matin le village d'Icheriden, que de nombreux contingents kabyles, qui s'y étaient réunis depuis le 27 mai, avaient fortifié d'une manière redoutable. La défense a été tenace et acharnée; il a fallu toute la vigueur et tout l'élan de nos hommes pour en triompher. Les Kabyles n'ont quitté la position que lorsqu'ils se sont vus tournés. Il y a eu de la part du 2e zouaves plusieurs attaques à la baïonnette (1).

Le soir, l'ennemi a attaqué vigoureusement le camp; il a été repoussé après une demi-heure de combat, dans lequel nous avons eu sept ou huit hommes tués et une quarantaine de blessés. Nos pertes dans ces deux affaires sont sensibles; elles s'élèvent à deux officiers tués, treize blessés, vingt-neuf hommes tués et trois cent six blessés. J'étais pendant l'attaque du matin aux côtés du maréchal Randon et placé de manière à voir tous les détails. Jamais je n'ai vu, depuis que je suis en Afrique, une attaque plus brillante et une défense plus vigoureuse; mon sang bouillait dans mes veines de ne pouvoir y prendre part.

Le 25, à cinq heures du matin, M. le maréchal Randon attaquait, avec les divisions Renault et Yusuf, le pâté des montagnes des Beni-Jenni, qui est du plus difficile accès. A midi, il était maître de toutes les positions et du pays. La défense des Beni-Jenni a été très faible et nos pertes insignifiantes. Je présume que les divisions resteront quelques jours en position avant de se porter en avant.

Je me porte bien; notre état sanitaire est parfait, les hommes sont gais et pleins de bon vouloir. Tout va bien.

(1) Voir le récit de cette expédition de la Grande-Kabylie dans les *Souvenirs d'un officier du 2e zouaves,* par le général Cler (p. 263 et suivantes).

Sur la demande instante de M. le maréchal Randon, et aussi par dévouement pour lui, j'ai accepté le commandement supérieur du fort Napoléon et des autres camps et postes situés entre Delhys et les Issers, pendant la durée des opérations. J'ai environ quatre mille hommes sous mes ordres; le service que je fais est non seulement très pénible, mais fort ennuyeux. Je m'efforce d'activer le plus possible tous les services, ce qui n'est pas chose facile (1).

CHAPUIS.

213. — Lettre du général de division Niel.

Paris, 16 juillet 1857.

MONSIEUR LE MARÉCHAL,

J'inspecte le 2ᵉ régiment du génie à Montpellier, mais non les compagnies détachées. Je n'aurai donc pas l'honneur de vous voir à Lyon, mais je verrai en détail Port-Vendres et Amélie-les-Bains, que je connais déjà. Je les ai vus en détail en 1851. Vous aviez laissé dans le pays des souvenirs qui ne s'effaceront pas, et je puis vous assurer, Monsieur le Maréchal, que personne n'est plus convaincu que moi de l'importance de Port-Vendres, du danger de laisser ce port sans défense, ainsi que des grands services que l'établissement d'Amélie-les-Bains a déjà rendus et peut rendre, s'il est convenablement étendu et si on sait profiter de la situation privilégiée, en y maintenant un service d'hiver.

J'ai relu avec un vif intérêt, Monsieur le Maréchal, les discours que vous avez prononcés à la Chambre des pairs dans la session de 1846 (2). Le temps n'a fait que justifier votre opinion sur tous les points que vous avez traités à cette époque, et il est impossible de ne pas vous appliquer ce que

(1). La division Renault demeura seule à la garde du Fort-Napoléon ; l'armée de Kabylie fut dissoute le 16 juillet.

(2) Voir *Journal du maréchal de Castellane*, tome III, chap. XI et XII.

vous dites de Vauban : « Le vrai a toujours de l'avenir. »

Je suis heureux d'être confirmé par la lettre que vous m'avez fait l'honneur de m'écrire, dans l'opinion que j'avais déjà, que sur les deux points essentiels que j'ai à traiter dans mon inspection je puis compter sur l'appui de Votre Excellence.

Veuillez agréer, Monsieur le Maréchal, l'hommage de mon ancien et bien respectueux attachement.

Général NIEL.

GUERRE D'ITALIE

GUERRE D'ITALIE

---

214. — *Lettre du maréchal Canrobert.*

Paris, le 22 avril 1859.

Monsieur le Maréchal,

J'ai l'honneur d'informer Votre Excellence que, d'après les ordres de l'Empereur, j'arriverai à Lyon demain 27, à neuf heures quarante-sept du soir. Si vous étiez assez bon pour me faire savoir à la gare l'heure à laquelle je pourrais avoir le plaisir de me présenter à vous, je vous en serais très reconnaissant.

Il est à désirer que mon voyage à Lyon ne soit pas ébruité.

Je vous prie, Monsieur le Maréchal, de me permettre de me réjouir de l'occasion qui va m'être offerte de vous renouveler verbalement l'expression de mon respectueux attachement.

CANROBERT.

---

215. — *Lettre du maréchal de Castellane, commandant en chef de l'armée de Lyon, au maréchal Vaillant, ministre de la guerre.*

Quartier général de Lyon, le 4 mai 1859.

Monsieur le Maréchal,

J'ai reçu la lettre que Votre Excellence m'a fait l'honneur de m'écrire le 3 mai, pour me prévenir du passage à Lyon des régiments de cavalerie de la garde impériale, des fourrages à leur distribuer, etc.; des ordres seront donnés en conséquence.

La brigade de lanciers (1er et 4e), sous les ordres du général Labareyre, est la seule troupe de l'ancienne armée de Lyon qui soit encore dans cette ville. C'est de la bonne cavalerie, instruite, elle est fort peinée de ne point entrer en campagne.

Sauf les lanciers, les derniers soldats de l'ancienne armée de Lyon sont partis; l'exécution de tous les ordres reçus à cet égard étant complète, Votre Excellence me permettra de la prier d'exprimer à l'Empereur mon chagrin de n'avoir pas été appelé à marcher avec elle. Il m'a été dur de me séparer de ces troupes avec lesquelles j'étais depuis longtemps, dont j'avais la confiance. J'ai eu la consolation de les voir partager mes regrets.

Je suis peut-être le premier maréchal de France qui, après avoir formé une armée, ait été privé de marcher avec cette armée ou une portion de cette armée, lorsqu'elle allait à la guerre.

Recevez, Monsieur le ministre, l'assurance de ma respectueuse considération et de mon ancien et sincère attachement.

Le maréchal DE CASTELLANE.

216. — Lettre du maréchal Vaillant au maréchal de Castellane.

Paris, le 5 mai 1859.

MON CHER MARÉCHAL,

J'ai reçu votre lettre du 4. J'ai compris depuis longtemps votre chagrin de voir marcher à l'ennemi, et sans vous, tant de belles troupes organisées par vous ! Ce chagrin, j'en ai l'espérance, non, j'en ai la certitude, ne diminuera rien de votre zèle et de votre dévouement pour le service de l'Em-

pereur. Ce n'est plus moi qui vous en féliciterai et vous dirai
que l'Empereur est satisfait. Je ne suis plus ministre, c'est le
maréchal Randon qui va prendre le portefeuille. Merci du
concours loyal et empressé que vous m'avez prêté pendant
plus de cinq ans. Je compterai toujours sur votre attachement et vous donne l'assurance du mien tout entier.

Maréchal VAILLANT.

217. — Lettre du maréchal de Castellane à Sa Majesté l'empereur Napoléon III.

SIRE,

Les derniers soldats de l'ancienne armée de Lyon sont
partis. L'exécution de tous les ordres reçus à cet égard de
votre ministre de la guerre est complète.

Votre Majesté me permettra donc, je l'espère, de déposer à
ses pieds l'expression de mon chagrin de n'avoir pas été
appelé à marcher avec elle. Il m'a été dur de me séparer de
ces belles troupes dont j'avais la confiance. J'ai eu la consolation de les voir partager mes regrets.

Je suis peut-être le premier maréchal de France qui, après
avoir formé une armée, ait été privé de marcher avec cette
armée ou portion de cette armée, lorsqu'elle allait à la guerre.

Je suis avec respect, Sire, de Votre Majesté le très humble,
très obéissant serviteur et fidèle sujet.

CASTELLANE.

Quartier général de Lyon, le 6 mai 1859.

218. — *Lettre de Sa Majesté l'empereur Napoléon III au maréchal de Castellane.*

Palais des Tuileries, le 7 mai 1859.

A Monsieur le maréchal de Castellane.

MON CHER MARÉCHAL,

Je conçois que cela vous ait peiné de ne pas commander devant l'ennemi des troupes que vous aviez formées. Moi-même, j'ai hésité longtemps avant de nommer le maréchal Canrobert, mais l'intérêt de l'État l'a emporté sur le désir que j'avais de vous donner ce commandement. En effet, personne ne pouvait vous remplacer, à ma satisfaction, dans l'art de former les nouvelles troupes qui vont être réunies à Lyon et dans l'influence que vous exercez dans cette ville importante.

Vous venez de me donner encore tant de preuves d'abnégation et de dévouement, que je ne saurais assez vous exprimer tous mes sentiments de reconnaissance, et j'y ajoute l'expression de la véritable amitié que je vous ai vouée.

NAPOLÉON.

219. — *Lettre du général de brigade Cler* (1).

Alexandrie, le 26 mai 1859.

A Son Excellence le maréchal comte de Castellane,
commandant l'armée de Lyon.

MONSIEUR LE MARÉCHAL,

J'attendais, pour avoir l'honneur de vous écrire, de pouvoir

---

(1) Sur la lettre originale, le maréchal de Castellane a écrit de sa main : « Je n'ai pas pu répondre à ce remarquable officier général, il a été tué le 4 juin 1859 d'une balle au front, à la bataille de Magenta. »

vous donner quelques nouvelles de la guerre. Depuis un mois que je suis en Italie, nous nous sommes occupés d'organiser notre armée, qui, aujourd'hui, est formidable, formidable au point de rendre nos ennemis très timides. Les Autrichiens défendront-ils sérieusement les cours d'eau? Abandonneront-ils Milan sans livrer bataille et se retireront-ils dans leurs places fortes? Dans quelques jours nous pourrons répondre à ces questions, car nous devons partir après-demain.

Nous allons entrer dans un pays cultivé, couvert de plantations, de villages et de maisons, coupé par des routes, des chaussées, des fossés, des canaux; nous marcherons un peu à l'aventure, nous nous éclairerons difficilement; les déploiements seront très difficiles, les masses de troupes souvent embarrassantes car elles serviront de nids aux boulets ennemis. Nous irons de surprise en surprise; il nous faudra donc beaucoup de prudence dans un pays où une bataille pourra être changée en un véritable *colin-maillard*.

Nos troupes sont excellentes, nous n'en avons peut-être jamais eu de meilleures; elles ne demandent qu'à se distinguer. Les colonels et les généraux sont avides de gloire et de grades; chacun dans notre armée a une très grande confiance dans sa force, son expérience et son habileté. Il est peut-être à craindre que dans un pays où la direction du chef suprême ne pourra pas toujours se faire sentir, bien des mouvements soient abandonnés à l'intelligence et à la prudence des subalternes. Nous serons bien surpris d'apprendre après un combat, une bataille même, que l'affaire a été décidée par une division, un régiment, un bataillon même. Les chemins de fer, la précision de nos armes vont aussi apporter des changements dans notre manière de faire la guerre. Cette campagne donc sera une bonne école pour les esprits observateurs.

Je désire bien vivement vous voir passer les Alpes, Monsieur le Maréchal, *avec une armée indépendante*, et, dans ce cas, je serais heureux, très heureux de commander une de vos divisions.

Je suis avec respect et reconnaissance, Monsieur le Maré-

chal, de Votre Excellence, le très humble et très obéissant
serviteur.

CLER.

220. — *Lettre du général de division Mellinet,*
adressée à Mme Mellinet (1).

5 juin (1859), 6 heures matin.

MA BONNE VIEILLE CHÈRE AMIE FANNY,

Je t'écris aussitôt que cela m'est possible. Je te rassure sur
l'état de ma vieille personne, malgré tout ce que j'ai reçu par
la figure, hier, toute la journée, de messieurs les Autrichiens
qui m'ont tué deux chevaux sous moi, le petit bai et le bon
cheval de mon ami Marel. Je me porte parfaitement bien et
tu peux ne pas te tourmenter de moi pour cette grosse
bataille.

Mâtin ! Quelle affaire ! Les grenadiers et zouaves ont montré une vigueur et une solidité dont il est impossible de se
faire une idée, car pendant plus de trois heures je n'avais
pas plus de trois mille cinq cents à quatre mille hommes
engagés contre quarante mille Autrichiens, sans rien derrière
nous pour nous soutenir.

Je ne puis te dire à quel point j'ai été content de tout ce
qui m'entourait. Le petit Tanlay, avec son air tranquille et
doux, mon brave ami Marel, Castel, le père de Bar, etc., tous
superbes, admirables de sang-froid et d'entraînement pour
ramener les hommes au combat et porter les ordres. Voilà
des gaillards, à la bonne heure, et que je porte tous dans mon
cœur !

Notre pauvre ami Cler a été tué, à la seconde attaque d'une
position effroyable pour nous; un instant nous avons craint
que son corps ne restât au pouvoir de l'ennemi, mais, Dieu
merci, nous avons pu le ravoir !

(1) Madame Mellinet avait envoyé la copie de cette lettre au maréchal
de Castellane.

J'espère que l'Empereur sera content de ses grenadiers et de ses zouaves, car je défie qu'on trouve une plus crâne troupe. Camou et Manèque viennent savoir de mes nouvelles; ils vont très bien eux-mêmes. Ce sont eux que nous attendions hier avec impatience, avec le général Mac Mahon près duquel ils étaient.

En envoyant de mes nouvelles à Mme Sophie de Contades, dis à cette excellente amie que ton vieux mari n'a pas déchu, et bon souvenir à nos autres amis.

MELLINET.

221. — Lettre du général de division Mellinet au maréchal de Castellane.

Desenzano, le 15 juillet 1859.

MONSIEUR LE MARÉCHAL,

Quel chagrin Votre Excellence a dû éprouver de la mort de notre brave et si regretté camarade Cler(1), à l'instant où il allait reprendre l'offensive avec un bataillon du 1er grenadiers, pendant que je me mettais à la tête des zouaves, dans un moment où il fallait agir avec la plus extrême vigueur. Je trouvai à Cler, qui était devenu un ami très cher pour moi, une telle excitation, une si grande exaltation dans toute son attitude, que je ne pus m'empêcher d'aller à lui le supplier de se calmer, en lui disant que des hommes comme nous

(1) Le 7 juin 1859, le maréchal de Castellane écrivait à sa fille la marquise de Contades : « Je vois avec un profond chagrin que la mort du pauvre général Cler est confirmée ; c'était un des officiers généraux les plus distingués de l'armée, j'en faisais un immense cas, je lui croyais un grand avenir. J'avais suivi toute sa carrière, contribué beaucoup à son avancement, en le faisant nommer lieutenant juste au bout de deux ans de grade de sous-lieutenant, de même pour celui de capitaine, en le faisant passer par-dessus le corps de bien des gens, parce que j'avais reconnu que c'était un officier de mérite et d'avenir, ayant le feu sacré et de bonnes idées militaires. Il avait beaucoup de sympathies dans l'armée et il est fort regretté. »

devaient toujours montrer le plus grand sang-froid, et il le comprit si bien, qu'en me serrant très fortement la main il m'en remercia avec une très vive effusion. Un quart d'heure après, il était tué glorieusement, car nous ne lâchions plus, jusqu'à la fin de la journée, la si difficile position que, du reste, nous n'avions cédée que pied à pied, faisant toujours face à l'ennemi, n'ayant plus une seule cartouche, et que, les munitions renouvelées, nous avons reprise avec une solidité et un élan dont il est difficile de se faire une idée, mais qu'on devait attendre d'une troupe composée comme l'est celle de la garde, qui fait peu d'embarras, peu de fracas, quand elle arrive à une position, mais de bonne besogne, je vous l'assure.

MELLINET.

222. — Lettre du capitaine Cartier, aide de camp de M. le général en chef Niel (1).

Carpiano, le 9 juin 1859.

MONSIEUR LE MARÉCHAL,

Je me proposais d'avoir l'honneur d'écrire à Votre Excellence aussitôt que l'armée d'Italie, après avoir fait son grand mouvement à gauche, aurait eu avec les Autrichiens une affaire sérieuse. Ce mouvement est accompli, la bataille a été livrée le 4, mais les nombreuses marches que nous avons faites depuis ce moment m'ont empêché d'exécuter mon dessein.

Ma lettre n'aura pas l'attrait que je convoitais, car vous avez sans doute déjà reçu, Monsieur le Maréchal, de nombreux récits de la journée du 4.

(1) *Cartier* (Jérôme-Eugène-Henry), né à Metz le 23 janvier 1821, élève de l'École spéciale militaire le 12 novembre 1841, sous-lieutenant le 1er octobre 1843, lieutenant le 12 janvier 1846, capitaine le 19 décembre 1848, aide de camp du général Deshorties, du maréchal de Castellane et du maréchal Niel, chef d'escadron le 27 décembre 1861, lieutenant-colonel le 20 août 1870, fait prisonnier à Sedan. Le lieutenant-colonel Cartier a fait les campagnes de 1859 et de 1870-1871.

Le 4e corps n'a eu qu'une de ses divisions engagée, la division Vinoy. Nous arrivions de la Bicoqua à Trécate, lorsque le général reçut l'ordre de l'Empereur de se porter au pont de Buffalora avec une de ses divisions. A trois heures environ, le général en chef passait le pont du Tessin, que les Autrichiens n'avaient pas réussi à faire sauter, mais qui était si grossièrement réparé que l'on n'était pas sans crainte à son endroit. Le général Vinoy, qui avait hâté sa marche, débouchait une petite heure après.

A ce moment, le succès était loin d'être décidé. La route entre le pont et le hameau de Ponte- Novo di Magenta s'étend en ligne droite pendant trois kilomètres; elle était couverte de blessés. Les nombreux officiers que nous rencontrions avaient l'air peu satisfait.

Enfin le général Regnaud de Saint-Jean d'Angely pria le général Niel de se hâter de lui envoyer des renforts. En ce moment, on paraissait inquiet de la gauche, on était sans nouvelles de Mac Mahon, qui manœuvrait de ce côté. Trois bataillons furent de suite envoyés à Buffalora. Un instant après, on était inquiet sur le front, du côté du village de Magenta, qui avait été enlevé plusieurs fois, mais que nos troupes évacuaient chaque fois que les Autrichiens menaçaient de les y cerner.

Vers cinq heures et demie environ, nous vîmes les vestes blanches traverser la route, suivies par le corps Mac Mahon, et nous fûmes rassurés pour notre gauche et notre front.

Restait la droite, où l'engagement devait se prolonger jusqu'à la nuit. Le général ne s'attendait pas à une aussi grande résistance de ce côté, n'étant pas informé que c'était par la route qui vient d'Abbate-Grosso, longeant le Naviglio-Grande, que les Autrichiens recevaient leurs renforts. Le village fut enlevé assez vivement, mais les Autrichiens firent trois ou quatre retours offensifs sans parvenir à y rentrer. Aux abords de la nuit, le feu cessait, on put constater les pertes de part et d'autre; elles étaient sensibles de notre côté, mais beaucoup plus du côté de l'ennemi, auquel nos troupes firent beaucoup de prisonniers. Quelques pièces d'artillerie ont à peine pris part à la bataille. Le pays, trop couvert, est peu favorable à leur action.

Les Autrichiens se sont servis de leurs fusées sans en tirer un grand résultat, elles font à peu près le même effet que des bombes.

On m'a dit que l'Empereur avait gardé son artillerie sur la rive droite, en cas de désastre ; le commencement de la journée commandait, je crois, cette précaution.

Nos généraux ont dû payer de leur personne dans une circonstance aussi critique : Niel, Vinoy, Renault, Jannin ont été un moment ensemble dans le village de Ponte-Vecchio di Magenta, et le maréchal Canrobert en face, de l'autre côté du canal ; ils étaient séparés par le Naviglio-Grande, dont l'ennemi avait fait sauter le pont.

Le général Niel, par son exemple et son sang-froid, n'a pas peu contribué à rétablir le combat. Le général Vinoy a été magnifique, mais l'honneur de la journée revient à Mac Mahon, dont la marche habilement conduite a décidé irrévocablement de la victoire.

Comme je sais, Monsieur le Maréchal, l'intérêt que Votre Excellence veut bien porter à son ancien aide de camp (1), je prends la liberté de lui dire que j'ai été assez heureux pour recevoir, dans cette affaire, une assez forte contusion au sein gauche, qui me vaudra peut-être la croix. M. le général Niel a eu la bonté de faire une proposition pour moi. La contusion, du reste, n'a eu aucun résultat fâcheux et ne m'a pas empêché de continuer mon service. M. le général Niel a été très sensible, Monsieur le Maréchal, à votre affectueux souvenir ; il m'a chargé de vous en remercier en vous présentant l'hommage de son respect.

Je vous prie d'agréer, Monsieur le Maréchal, l'hommage de mon profond respect.

CARTIER.

(1) Le maréchal de Castellane écrit dans son *Journal*, le 26 avril 1859 : « Le général Niel prend auprès de lui M. Cartier, mon aide de camp depuis six ans, et M. Louis-Robert de Chabrillan, lieutenant au 1er de chasseurs à cheval, mon officier d'ordonnance. J'ai été charmé de pouvoir leur faire faire campagne d'une manière si agréable. »

223. — *Lettre du maréchal Canrobert* (1).

Valleggio, le 2 juillet 1859.

. . . .

. . . . . Les conséquences de la bataille de Solférino se font sentir maintenant. Les Autrichiens ont quitté, j'allais dire évacué tout le pays en arrière du Mincio, renonçant à défendre le fleuve et nous abandonnant tout ce qui est en avant de l'Adige. Ils se retirent en masse derrière Vérone, pour se refaire et remettre un peu d'ordre dans leurs armées. Dans ces grandes batailles, où il y a près de deux cent mille hommes de chaque côté et qui occupent cinq lieues de front, il faut bien comprendre que le succès ne s'obtient pas en un jour, comme avec trente ou quarante mille hommes. D'abord on se bat jusqu'au soir, car l'armée vaincue a toujours assez de forces pour couvrir sa retraite avec de bonnes troupes, puis les distances sont longues, et l'on ne peut poursuivre *l'épée dans les reins*.

Quand une armée est forcée à la retraite, il y a toujours du désordre, les divisions se mêlent et aussi les corps d'armée, peut-être surtout quand on est obligé de passer un fleuve que l'on avait à dos, comme le Mincio. Alors il faut se reformer, et, pour cela, il faut du temps et par conséquent il faut mettre beaucoup d'espace entre soi et le vainqueur, afin de ne pas être surpris par lui au milieu de sa reformation. Voilà pourquoi les Autrichiens sont allés si loin, mettant entre eux et nous le Mincio, l'Adige, Vérone, Peschiera et même Mantoue, où, cependant, il y a peu de troupes. Ils sont là bien tranquilles, dans un pays à eux, sur leurs lignes de communication, à portée de leurs approvisionnements et de leurs réserves. Ils vont se refaire et reprendront la campagne.

Mais nous, pendant ce temps, nous avons passé le Mincio,

(1) Cette lettre était adressée à Mme la marquise de Contades.

nous sommes au centre du Quadrilatère, à Villafranca, sur la route de Vérone à Mantoue. Peschiera est investie et Vérone ne tardera pas à l'être aussi.

Voilà les conséquences de Solférino; elles sont assez belles, je pense. Si on avait voulu poursuivre de suite, arriver sur le Mincio, le passer avec les Autrichiens et se porter en avant, on aurait agi, à mon sens, avec imprudence. L'Empereur, au lieu de cela, a mieux fait : il a fait prendre de bons bivouacs à ses troupes et les a un peu laissées reposer, leur a donné des vivres, des munitions, puis quand tout a été bien refait, il est venu passer le Mincio en bon ordre de bataille, sur trois ponts, et il occupe aujourd'hui de fortes positions entre Castelnovo, Somma Campagna, Villafranca et Valleggio. L'armée du Roi est au centre, occupée à l'investissement de Peschiera.

Voilà où nous en sommes, et je pense que c'est bien. Le prince Napoléon est arrivé hier au quartier général; son corps d'armée le suit et sera avec nous dans cinq jours, cela fera trente mille hommes de plus. Il vient aussi des réserves de France et nous allons être plus forts que jamais pour entreprendre cette seconde partie de la campagne.....

L'état-major des officiers d'ordonnance est très heureux et l'Empereur a été généreux pour nous. Les récompenses sont bonnes, car tous se sont donné du mal et ont bien fait leur besogne.

Il me semble que l'Allemagne va un peu mieux. Je regrette cet armement de la Prusse, qui n'aura d'autre effet que de *refroidir beaucoup* les bonnes relations à venir entre les deux pays. Vous savez que l'Empereur n'oublie pas, et, dans cette circonstance, il aura raison . . . .

. . . .

CANROBERT.

224. — *Lettre du colonel Abbatucci, du 91ᵉ de ligne.*

Castel Novo, le 9 juillet 1859.

MONSIEUR LE MARÉCHAL,

C'est avec un vif sentiment de respectueuse reconnaissance que j'ai reçu les félicitations que vous avez bien voulu m'adresser à propos de ma nomination au grade de colonel.

Permettez-moi, Monsieur le Maréchal, de vous remercier de cette nouvelle marque de bienveillant intérêt dont il vous a plu de m'honorer.

M. de Pontgibaud, votre ancien officier d'ordonnance, a été blessé dans la journée du 24, il est mort des suites de ses blessures le 1ᵉʳ juillet; il a laissé ici de bien vifs regrets. C'était un officier supérieur accompli; élevé à une excellente école, il avait su en profiter. Je l'avais proposé pour le grade de lieutenant-colonel, après la bataille de Solférino; j'aurais été heureux de lui voir obtenir ce grade, qui lui aurait été certainement accordé s'il n'avait succombé.

J'ai l'honneur, etc.

ABBATUCCI.

225. — *Lettre du maréchal Vaillant.*

Quartier général de Milan, le 4 octobre 1859.

MON CHER MARÉCHAL,

Je vous remercie de tout mon cœur de m'avoir donné de vos nouvelles et de m'avoir demandé des miennes.

Nous attendons tranquillement ici que le bon Dieu, ou notre Empereur, résolve les difficultés nombreuses que présente la situation. Nous avons un temps magnifique, de bons cantonnements que je m'efforce d'améliorer encore, peu de malades.

Je vous prie d'agréer, mon cher Maréchal, l'assurance de mes sentiments les plus dévoués. A vous de cœur.

VAILLANT.

226. — *Lettre du général de division comte Partouneaux, en congé à Menton, près Nice* (1).

22 février 1860.

MONSIEUR LE MARÉCHAL,

On s'occupe et on se préoccupe beaucoup ici (le comté de Nice) de la question de son annexion à la France. Des journaux italiens et même un journal français de Nice, rédigé par quelques réfugiés français, qui seraient fort désappointés s'il leur fallait quitter le pays, ce qui aurait lieu si Nice devenait France, font un grand étalage du dévouement des habitants du comté de Nice au gouvernement sarde et de leur vif désir de rester Italiens, mais tenez pour certain, Monsieur le Maréchal, que le vœu de l'immense majorité de la population est pour l'annexion à la France.

Ma position de Français habitant un pays encore piémontais ne me permet pas de me mêler activement à cette affaire. Je

---

(1) *Partouneaux* (comte François-Maurice-Emmanuel), né le 17 décembre 1798, sous-lieutenant le 7 août 1816 au 3e dragons de la garde royale, lieutenant le 20 décembre 1820, capitaine le 13 mai 1825, chef d'escadron le 29 mai 1838, lieutenant-colonel le 24 août 1838, colonel le 23 décembre 1841, général de brigade le 15 avril 1850, général de division le 10 août 1853, décédé à Menton le 1er février 1865.

Le maréchal de Castellane, en proposant le général de division comte Partouneaux pour la plaque de grand officier de la Légion d'honneur le 29 juillet 1857, lui donnait les notes suivantes : « Comte Partouneaux, général de division, commandeur de la Légion d'honneur du 18 mai 1852, 41 ans de service, une campagne, commande depuis trois ans la division de cavalerie de l'armée de Lyon avec zèle, activité, fermeté, dévouement, commande très bien et avec aplomb sa division sur le terrain ; elle manœuvre bien, avec silence ; il a formé de la bonne cavalerie. »

m'abstiens donc, par devoir, de toute espèce de propagande, mais je suis sur les lieux, je vois par mes yeux, j'entends par mes oreilles, et j'ai l'intime conviction que je suis dans le vrai quand je dis que le comté de Nice, villes, bourgs, villages et campagnes, veut ou désire être français. Cette annexion se fera-t-elle ou ne se fera-t-elle pas? Il ne m'appartient pas de prévoir les événements; néanmoins, on croit généralement et on espère qu'elle se fera.

Je n'ai pas besoin de dire combien j'en serais personnellement heureux, ainsi que toute ma famille; cette contrée ferait partie de votre grand commandement, et, en venant la visiter, vous verriez un bien magnifique pays.

PARTOUNEAUX.

227. — Lettre du général de division comte Partouneaux.

Menton, 31 mars 1860.

MONSIEUR LE MARÉCHAL,

Bien que Nice soit une grande ville d'une cinquantaine de mille âmes et soit plus italianisée que Menton, je ne mets pas en doute que nos troupes n'y reçoivent un excellent accueil. Le parti français y est en majorité, j'en ai l'intime conviction, mais le parti italien est plus remuant; soutenu par les autorités sardes, il s'est donné beaucoup de mouvement, répandant les bruits les plus étranges, racontant que le commerce du pays sera ruiné par l'annexion à la France. Ces fables sont colportées par des réfugiés de toutes les nations. Les Français de cette catégorie sont les plus chauds antiannexionistes. Il y a aussi quelques familles considérables qui tiennent par affection, par reconnaissance, à la Maison de Savoie. Un très grand nombre d'Italiens de naissance, Lombards, Toscans, Piémontais, habitant le comté de Nice, se montrent hostiles à l'annexion.

Les magistrats et le barreau craignent de perdre leur cour

d'appel. Le barreau, en plus, redoute le changement de langue dans les plaidoyers, plus familiarisés qu'ils sont avec la langue italienne qu'avec la langue française; de plus encore, les autorités et la police piémontaise n'ont rien négligé pour augmenter les difficultés; néanmoins, la majorité de la population est favorable à l'annexion, et la réception qui sera faite à Nice à nos troupes le prouvera.

PARTOUNEAUX.

228. — Lettre du général de division d'Aurelle, commandant la 9ᵉ division à Antibes.

25 juillet 1860.

MONSIEUR LE MARÉCHAL,

Je ne suis pas étonné des prétentions que le Piémont avait élevées sur Menton et Roquebrune. Ce gouvernement, malgré ses protestations d'amitié pour la France, ne cesse par des moyens occultes et qui témoignent de son peu de loyauté, de contrarier l'action du gouvernement français dans l'ancien comté de Nice. Cette influence mauvaise se fait sentir jusqu'au chef-lieu du département des Alpes-Maritimes.

Il est vrai que les agents français, au moment où on préparait l'annexion, avaient promis tant et tant de choses qui ne peuvent s'exécuter qu'avec le temps, qu'il y a aujourd'hui une grande déception parmi les populations et particulièrement à Nice. Cette ville attend avec impatience l'arrivée de l'Empereur, qui sera accablé de demandes. On avait fait espérer l'affranchissement de la loi sur le recrutement de l'armée.

D'AURELLE.

CAMPAGNE DE CHINE

CAMPAGNE DE CHINE

· ———

229. — *Lettre du colonel Pouget, du 101ᵉ de ligne* (1).

Paoli-Kiao, 3 lieues de Pékin, le 3 octobre 1860.

MONSIEUR LE MARÉCHAL,

Après les affaires des forts, la paix devait se signer et l'armée marcha sur Tien-Tsin, où les diplomates se trouvaient réunis ; tout y fut réglé et la signature devait être définitive à quatre jours de marche de là sur Pékin. Cependant les ambassadeurs chinois, pour ne pas effrayer les populations timides, disaient-ils, verraient avec plaisir l'armée marcher sur Pékin sans armes. On n'écouta pas cette observation et on marcha en avant avec la 1ʳᵉ brigade, la 2ᵉ restant en arrière à Tien-Tsin, pour ne pas effrayer les populations, comme le voulaient nos bons Chinois qui, en ce moment, nous tendaient le plus beau piège dans lequel tous les officiers généraux et supérieurs devaient tomber.

A deux étapes plus loin, je ne sais pourquoi, je reçus l'ordre de laisser mon régiment en entier sous le commandement du colonel Olivier et de suivre, de ma personne, avec la musique et un détachement de cent hommes, le reste de la brigade, formant l'escorte du général en chef, qui marchait sur Pékin sous la foi des traités de nos bons diplomates.

Notre petit train de plaisir s'élevait à peu près à mille hommes et les Anglais autant. Chaque régiment avait fourni un détachement de cent hommes d'élite, les chasseurs en avaient fourni quatre cents ; on avait laissé les pièces d'artillerie, moins quatre, à Tien-Tsin, et, avec les artilleurs, on

_____
(1) Le 101ᵉ et le 102ᵉ de ligne avaient été pris à l'armée de Lyon pour faire l'expédition de Chine.

avait fait un escadron d'escorte d'honneur, pour les montrer aux Chinois de Pékin et du Céleste-Empire.

Les deux premières étapes se font bien ; le soir, M. Dubut, le colonel Grandchamps, un comptable, un officier d'état-major et les agents de l'administration anglaise prennent les devants et vont vers la ville, qui devait être notre étape le lendemain, pour y acheter les denrées pour l'armée. Ils sont bien accueillis par les mandarins, mais le lendemain, lorsque ces messieurs veulent rejoindre, ils sont retenus et faits prisonniers. Le capitaine Chanoine s'échappa, put traverser l'armée chinoise qui nous attendait et vint enfin nous ouvrir les yeux sur le sort qui nous attendait. On prit de suite les dispositions de combat.

Le général me donna le commandement des détachements des divers corps à pied (trois compagnies en tout), cent hommes du génie, cent hommes du 101e et cent du 102e, il garda avec lui quatre cents chasseurs du 2e bataillon et quatre pièces d'artillerie qui formaient toute l'armée française. J'avais mission, avec mon petit bataillon, de me glisser à travers un champ de sorgho, pour tomber sur les flancs et les derrières de l'ennemi. Ce mouvement réussit à merveille, je mis cette troupe en désordre et en fuite, et après cinq heures de combat où tout le monde fut obligé de se multiplier, il n'y avait plus d'ennemis et nous avions cent canons en notre pouvoir.

L'ordre fut envoyé à Olivier de rejoindre ; deux jours après il arriva, et, le 21, tout le régiment a donné et a joué un des plus beaux rôles dans la journée. Dans deux jours, nous marchons sur Pékin, toute l'armée est réunie maintenant.

POUGET (1).

(1) *Pouget* (Gaspard-Émile-Pierre-Balthazar), né le 24 juin 1814 à Saint-Thibéry (Hérault), soldat le 27 mai 1833, sous-lieutenant le 20 avril 1842, lieutenant le 22 juin 1845, capitaine le 29 avril 1848, chef de bataillon le 29 juin 1854, lieutenant-colonel le 30 juin 1855, colonel du 101e de ligne le 5 mai 1859, général de brigade le 12 août 1861, prisonnier à Forbach le 6 août 1870, décédé à Montpellier le 29 septembre 1876. Il avait fait les campagnes d'Afrique de 1833, 1834, 1842 à 1848, la campagne d'Orient, celle du Mexique et celle de 1870.

CAMPAGNE DU MEXIQUE

CAMPAGNE DU MEXIQUE

230. — *Lettre du commandant Mangin, du 1ᵉʳ bataillon de chasseurs* (1).

Orizaba, le 27 mai 1862.

MONSIEUR LE MARÉCHAL,

L'Empereur a été indignement trompé par son ministre M. de Saligny, ou autres, sur la situation du pays ; nous soutenons une cause qui n'a plus et ne peut plus avoir de partisans. Nous avons à notre suite des agents tels qu'Almonte, Miranda et autres, qui sont un objet d'horreur dans le pays et qui nous font détester même de nos nationaux.

Nous sommes beaucoup trop faibles, je n'ose pas m'étendre davantage. Voici en résumé ce qui s'est passé. L'amiral Jurien, contre lequel on a été si injuste et qui était bien supérieur à ce qui lui a succédé, avait fait la convention de la Soledad et occupait une ville de l'intérieur, Tehuacan. Le général (2) arrive, désapprouve et part de Vera-Cruz avec un bataillon, celui de zouaves, le 99ᵉ venant derrière, et un convoi de deux

(1) *Mangin* (Léon), né le 17 février 1822 à Xermaménil (Meurthe), élève de l'École spéciale militaire le 19 avril 1841, sous-lieutenant de chasseurs à pied le 1ᵉʳ avril 1843, lieutenant le 27 avril 1847, capitaine le 30 décembre 1852, chef de bataillon au 1ᵉʳ régiment de tirailleurs algériens le 12 août 1857, commandant le 1ᵉʳ bataillon de chasseurs à pied le 14 mars 1859, lieutenant-colonel du 85ᵉ de ligne le 2 juillet 1862, colonel au 67ᵉ de ligne le 25 décembre 1867, général de brigade le 12 août 1870, prisonnier le 29 octobre 1870, mort à Paris le 7 août 1882. Il avait fait toutes les campagnes d'Afrique, de Rome, du Mexique, de 1843 à 1863 et celle de 1870-1871.

(2) Le général de Lorencez.

cent cinquante voitures de vivres ou de munitions (à douze
mules chacune). Il abandonne sa base d'occupation, qui est de
suite coupée par l'ennemi, et il va décider l'amiral à rompre
sa convention et à nous faire agir seuls, sans l'Espagne et
l'Angleterre. Nous n'exécutons pas l'article qui nous enjoi-
gnait de repasser le Chiquihuite et nous partons d'Orizaba,
le 26 avril, pour Puebla, avec des proclamations superbes.
La veille, l'amiral avait reçu son rappel.

Le 27 avril, nous arrivons aux Cumbrès ; là, nous avons
une très jolie affaire. Envoyé en reconnaissance, je tombe sur
toute l'armée de Zaragoza sans m'en douter. J'enlève des
positions à droite et à gauche, que ces braves Mexicains ju-
geaient inaccessibles, et je force le général Lorencez à venir
m'appuyer et à livrer bataille. En une heure, M. Zaragoza
est mis en déroute, laissant deux pièces de canon et pas mal
de morts et de prisonniers. Le bataillon seul, avec six compagnies de zouaves pour appui, fit l'affaire. Les chasseurs
ont été admirables et admirés. Le fanion du bataillon a été
lestement planté sur El Presidio, redoute étant la clef de la
position. Je n'eus là que dix-sept blessés.

Nous continuâmes notre marche sur Puebla, où nous arri-
vâmes le 5 mai. Le jour même, contrairement aux conseils des
gens du pays, qui avaient vu prendre dix fois la ville en l'attaquant par les faubourgs, on voulut faire de la stratégie et
on attaqua par le fort de Guadalupe, qui domine la ville à
droite, à plus de deux kilomètres. On partit avec à peu près
deux mille combattants et sept ou huit pièces de campagne;
bref, on vint se heurter contre un fort entouré de fossés profonds, avec des murs de trente pieds, défendus par trois ou
quatre mille de leurs meilleures troupes, avec sept ou huit
mille hommes sur les plateaux tout autour et cent cinquante
pièces de canon de gros calibre, parfaitement dirigées par
des Allemands.

Nous nous jetâmes tête baissée dans le fossé, mais, malgré
des efforts surhumains et une rage impuissante, nous fûmes
obligés d'en sortir, en y laissant le quart de notre monde;
il n'y avait pas la moindre brèche et pas d'échelles. Mon

bataillon a été magnifique, mais il a bien souffert. Deux compagnies, sous les ordres du capitaine Morhain, ont tenu tête, pendant trois heures, à trois mille cavaliers, sans se laisser entamer, malgré trois charges successives appuyées par des tirailleurs nombreux. J'ai eu cinq officiers tués ou disparus, quatre officiers blessés, trente-cinq sous-officiers, caporaux ou soldats tués, soixante blessés. On a fait de suite les remplacements et mes six sergents-majors ont été nommés sous-lieutenants.

Après avoir attendu pendant deux jours l'ennemi qui n'a pas voulu sortir de ses murs, nous sommes revenus sur Orizaba, où nous attendons avec impatience la décision de l'Empereur.

Je n'ose pas vous dire ce que nous pensons, mais nous ne pouvons pas continuer comme cela, il faut ici un autre général et un autre ministre, car ce dernier déshonore le nom français, et puis il faut beaucoup de monde. Mais serions-nous cinquante mille, nous entrerons partout, nous irons à Mexico, mais nous n'aurons pas un partisan.

Nous avons pris une petite revanche en rase campagne (1). A peine étions-nous à Orizaba, que nous apprîmes qu'un général réactionnaire, Marquez, qui venait nous rejoindre, allait en être empêché par Zaragoza. Nous volâmes à son secours et un seul bataillon du 99e, tombant sur les derrières de l'ennemi, le mit en complète déroute et lui fit douze cents prisonniers...

MANGIN.

(1) Dans ce combat de « Barranca Secca », le bataillon du 99e de ligne, sous les ordres du commandant Lefebvre, prit un drapeau aux Mexicains, et le drapeau du 99e de ligne fut décoré à cette occasion.

231. — *Lettre du médecin major Fuzier.*

La Vera-Cruz, le 15 juin 1862.

Monsieur le Maréchal,

Ici l'épidémie de fièvre jaune va toujours son train, et cela durera jusqu'à l'arrivée des pluies les plus fortes, ou plutôt jusqu'à ce que tous l'aient subie. La garnison de Vera-Cruz est bien réduite, l'effectif des malades de l'hôpital est de soixante-dix environ, matelots et soldats, tous atteints de fièvre jaune; il en meurt de deux à quatre par jour, en moyenne.

La chaleur est toujours la même, accablante, bien que le thermomètre n'accuse que 30° en général, mais d'une manière presque constante, la nuit comme le jour. Il n'est tombé que deux averses depuis notre débarquement.

Pas de possibilité de gagner Orizaba; les courriers ne sont venus que deux fois depuis le 16 mai, escortés par un escadron de chasseurs à cheval. Les routes sont occupées par des guérillas et les convois sont arrêtés ou inquiétés.

Le général Douay est parti le 2 juin; il a dû gagner en neuf jours Orizaba, à trente lieues de la Vera-Cruz. Il a été attaqué, ou, du moins, les voitures de vivres que sa colonne escortait; il a tout sauvé.

J'étais encore malade quand il est parti. Il y a quatre jours, j'étais autorisé à partir avec un convoi de poudres, qu'on envoyait à Orizaba. Trois officiers, dont un du train et deux de l'administration, demandaient aussi à se rendre à Orizaba, pour éviter la fièvre jaune; on les y autorisa, quoique avec peine. Pour ma part, cet avis m'arrivant sans préparation, ne pouvant emmener ni ordonnance, ni bagages et n'ayant aucune confiance dans l'escorte, je renonçai à partir dans de si mauvaises conditions, et je dissuadai le plus que je pus les trois autres.

J'avais raison; le lendemain de leur départ, ils étaient attaqués, l'escorte de vingt hommes était dispersée ou tuée, les deux officiers d'administration tués, l'officier du train parvint à s'échapper avec son cheval et son ordonnance. Deux cantinières des zouaves qui suivaient ont été massacrées, et sur tous les cadavres les mutilations les plus indignes ont été commises. Les mules des voitures, environ trois cents, étaient prises, les poudres brûlées.

Quoique pressé d'arriver à l'armée, je ne partirai qu'avec une escorte ou un détachement en état de se défendre.

Il sera difficile à la France d'arriver à un but. Il y avait deux routes à suivre ici, elle a pris la mauvaise en soutenant un parti antipopulaire. Elle prend à sa solde des bandes commandées par des gens déconsidérés ou méprisés et avilis par des crimes; enfin, d'après la voix commune de Vera-Cruz, la France est trompée par son ministre, M. de Saligny, qui sous aucun rapport ne mérite la confiance qu'on lui accorde.

Nous arriverons sans doute à Mexico, mais avec des renforts considérables et après avoir eu deux ou trois rencontres où nous serons vainqueurs. Mais ces renforts considérables, quand arriveront-ils? Il sera en outre difficile de marcher avant la fin des pluies, qui vont commencer et ne finiront que vers la fin de septembre.

Les dépenses sont énormes; le foin se vend 50 à 60 francs le quintal, à Vera-Cruz; tout à l'avenant : un chou, 24 sous; un oignon, 6 sous. Les enterrements des officiers reviennent à 1,000 francs chacun, il y en a déjà eu vingt-deux. Une chambre seule avec deux fenêtres est payée 110 francs par mois. On donne mille francs à un homme pour porter des dépêches à l'armée.

Ici, la vie ne compte pour rien.

Adieu...

FUZIER.

Le courrier du général Lorencez n'est, je crois, pas arrivé encore; il aura été pris.

232. — *Lettre du général Félix Douay (1) à son frère le général Abel Douay, communiquée par celui-ci au maréchal de Castellane.*

Orizaba, le 8 juillet 1862.

Je t'envoie la copie de la lettre que j'adresse aujourd'hui au général de Failly (2), tu y trouveras le détail très précis de la situation de l'armée au Mexique et de la mienne en particulier. Je n'ai pas de nouvelles particulières de France depuis la fin d'avril, parce que le courrier qui venait ici a été enlevé par l'ennemi, qui ne nous a pas fait la galanterie de nous renvoyer nos lettres. Je pense que celui qui portera cette lettre sera respecté, car il sera escorté jusqu'à Vera-Cruz par deux bataillons.

Ma santé se soutient bien et je n'ai pas moins bon moral, surtout depuis que je me suis dégagé de toute participation aux mesures que l'on prend, et que je me suis réduit au rôle d'instrument passif. Nos ennemis sont très heureusement bien maladroits et incapables de profiter du gâchis dans lequel nous sommes.

En vérité, la présence du comte de Lorencez à la tête d'une armée est une mystification bien cruelle pour elle; il est d'une ineptie inqualifiable et l'indignation est unanime et profonde. On devrait le renvoyer non devant un conseil de guerre, mais devant un conseil de santé. Sa conduite à Puebla et celle de l'illustre V***, son chef d'état-major, sont l'objet des plus vives accusations. Le cri général est : « Dieu protège la France et nous délivre des gens qui lancent des colonnes avec des longues-vues! » Je ne vois pas de solution possible,

_____

(1) Le général Félix Douay était arrivé au Mexique avec cent cinquante hommes après l'échec de Puebla. Il était passé le 23 mai 1862 à Lyon et le maréchal de Castellane, dans son *Journal*, tome V, p. 366, donne des détails sur la mission dont il était chargé.
(2) Aide de camp de l'empereur Napoléon III.

elle doit nous arriver de France toute faite, sinon il est impos-
-sible que nous en sortions avec un tel chef à notre tête...

Général FÉLIX DOUAY.

233. — *Lettre du général Félix Douay au général de Failly,*
aide de camp de l'empereur Napoléon III,

Orizaba, le 26 juillet 1862.

MON GÉNÉRAL,

Afin de vous mettre exactement au fait de la situation pré-
-sente au Mexique, je dois reprendre mon récit depuis le jour
de mon arrivée à Orizaba, le 11 juin, avec le convoi que j'ai
amené de la Vera-Cruz.

Mon premier soin en arrivant ici a été d'éclairer le général
en chef sur la ville de la Vera-Cruz et d'insister sur les difficultés que présenteraient les ravitaillements par la route de
cette ville; dès ce début, j'ai vu avec regret que le général,
son chef d'état-major et l'intendant se faisaient à ce sujet des
illusions. Je fis part ensuite au général en chef de ma correspondance officielle avec le ministre; il fut très satisfait d'y
trouver l'expression sincère de la situation qui venait corro-
borer les opinions qu'il avait lui-même émises dans ses rapports officiels; après quoi, je m'entretins avec lui de la position de l'armée qu'il m'expliqua de la manière suivante : les
deux bataillons du 99e à six kilomètres en avant d'Orizaba, à
Ingenio, avec deux obusiers de montagne; le 1er bataillon de
chasseurs, le 2e bataillon de zouaves, le bataillon de fusiliers
marins, douze pièces d'artillerie à Orizaba ; deux bataillons
d'infanterie de marine avec quatre pièces à Cordova; enfin le
1er bataillon de zouaves au Chiquihuite. Le corps mexicain
allié, commandé par le général Marquez, était réparti à Orizaba, au fortin, au Potrero et à la Soledad.

Les renseignements recueillis sur la situation de l'ennemi
annonçaient déjà à cette époque qu'il était concentré au delà

des « Cumbrés », et que, d'un moment à l'autre, il descendrait pour attaquer Orizaba, dont la défense consistait en barricades intérieures qui laissaient tous les abords extérieurs accessibles.

Le 12 juin, à sept heures du soir, le général en chef m'ayant fait appeler, je me rendis immédiatement chez lui; il venait de recevoir un parlementaire du général Zaragoza, porteur d'une lettre dans laquelle ce général lui proposait, au nom de l'humanité, de souscrire une capitulation, sur la base de l'évacuation du territoire mexicain par l'armée française, dans un délai qui serait débattu. Le général en chef me communiqua cette dépêche et me demanda mon avis; je lui donnai le conseil de ne pas s'émouvoir de cette arrogante prétention et de répondre purement et simplement que, n'ayant aucun pouvoir politique, il ne pouvait entrer dans la voie des négociations dont le ministre de France était seul chargé; il adopta cette forme qui servit de base à la réponse.

Ceci fait, je demandai au général en chef ce qu'était la position d'Ingenio occupée par le 99ᵉ, en face de l'armée du général Zaragoza établie à trois kilomètres, à Tecamalucan; je lui demandai si cette position pouvait être tournée, si, dans le cas où elle serait vigoureusement attaquée, il pouvait marcher à son secours avec le gros de ses forces. Il me répondit alors qu'il considérait la position comme forte, que, cependant, il ne pouvait assurer qu'on ne pût la tourner par des chemins de montagne, et que, quant à se porter à son secours, il n'en voyait pas la possibilité, parce qu'il avait trop d'intérêt à garder Orizaba.

Je déclarai alors au général qu'à mon avis, il fallait *immédiatement* rappeler le 99ᵉ à Orizaba et mettre à profit la faute commise par Zaragoza en nous prévenant de son attaque. Cet avis fut accueilli et le mouvement s'opéra pendant la nuit même.

Le renfort du 99ᵉ de ligne à Orizaba a été très utile, car il a permis d'étendre au delà des barricades la défense de la ville. La porte de Puebla fut occupée, ainsi que les accès du côté du nord. Quant à la montagne du Borrego, située entre ces deux points et qui est la clef de la position, elle resta inoccupée, parce que, m'affirmait-on, elle était inaccessible de toutes parts et que cela aurait été risquer dans une position excentrique le sort de la troupe qu'on y aurait envoyée.

Ces renseignements étaient évidemment infidèles; on a su depuis que le Borrego avait été occupé dans diverses circonstances et on y a trouvé des traces d'ouvrages. L'abandon de cette position pouvait nous être funeste, si l'ennemi s'y établissait solidement; la ville, nos établissements, notre réduit barricadé pouvaient être battus avec tout avantage; il tourna au contraire à notre profit, en amenant une opération dont le succès fut complet par l'effet foudroyant d'une surprise nocturne.

La journée du 13 fut consacrée par nous à élever des défenses à la porte de Puebla et à surveiller les mouvements d'un corps d'armée ennemi qui, signalé sur la route de Jésus-Maria, débouchait avec son avant-garde dans la plaine du Nord. Ce corps resta à grande distance, mais il faisait, en même temps que cette démonstration avec son avant-garde, un mouvement avec le corps principal sur le Borrego, par les sentiers qui conduisent à cette position. Il y arriva, en effet, avec de l'artillerie de montagne vers onze heures du soir. Il est bien entendu que nous restâmes dans l'ignorance de cette opération. Elle ne fut dévoilée que dans la soirée par le rapport d'un explorateur mexicain qui vint dénoncer le fait.

Averti de ce qui se passait, le colonel du 99ᵉ, chargé de la défense de la porte de Puebla, n'hésita pas un instant à faire escalader au milieu de la nuit les pentes perpendiculaires du Borrego, d'abord par une compagnie qu'il fit ensuite soutenir par une deuxième, avec ordre de tomber à l'improviste sur l'ennemi et de le chasser de la position. Le succès le plus complet couronna cette entreprise audacieuse. Le corps du général mexicain Ortega, surpris d'abord, eut toute sa tête de colonne culbutée. Remis ensuite de sa première émotion, il revint à la charge sur la 1ʳᵉ compagnie du 99ᵉ, mais celle-ci, renforcée par la seconde, poussa de nouveau en avant et acheva la défaite de l'ennemi, qui bientôt fut en déroute complète.

N'ayant été personnellement averti que tard de la résolution du colonel l'Héritier, je n'ai pu arriver à la porte de Puebla, au pied du Borrego, que vers trois heures du matin. Un moment après, j'entendis avec bonheur retentir la charge et les cris de victoire qui assuraient la prise de possession de la montagne. Trois pièces de canon, deux drapeaux, plusieurs fanions, des chevaux, des mulets avaient été pris, cent cinquante Mexicains environ avaient été tués, plus de trois cents blessés, et, en somme, toute la division Ortega dispersée : tels étaient les résultats de ce brillant fait d'armes.

Le général Zaragoza, ignorant encore l'issue du combat du Borrego, commença quelque temps après, vers cinq heures du matin, l'attaque de la porte de Puebla; il avait profité de la nuit pour s'en approcher, construire ses batteries et les tranchées destinées à abriter son infanterie.

De notre côté, on continua les travaux de défense, qui n'étaient qu'ébauchés et qui n'offrirent un abri réel que dans la soirée du 14. Après deux heures environ d'une vigoureuse canonnade, l'ennemi cessa son feu, il le reprit avec la même vigueur à midi et à cinq heures du soir; l'infanterie ne fit aucune tentative pour aborder nos positions. Le matin, notre artillerie avait répondu modérément au feu de l'ennemi, pendant que les soldats travaillaient à découvert à élever les abris nécessaires à nos pièces. A midi, son feu fut encore plus contenu, et, à cinq heures du soir, les travaux étant assez avancés, le feu des pièces fut absolument réservé pour le cas d'une attaque d'infanterie. Les travailleurs étaient aussi protégés par des tirailleurs pris dans les zouaves; leur feu bien ménagé dut être d'un effet très utile.

Dans la soirée, le capitaine de Coatpont, chef du génie, qui était monté sur le Borrego, me communiqua un croquis représentant la position de l'ennemi dans la plaine. Celui-ci avait établi quatre batteries, dont les feux convergeaient sur la porte de Puebla, reliées entre elles par des tranchées ou des fossés naturels. Deux zigzags paraissaient annoncer l'intention de déboucher en avant et, par conséquent, de rapprocher les batteries; on pouvait donc supposer que l'ennemi allait, pour ainsi dire, faire le siège de la porte.

Dans cette supposition, j'allai trouver le général en chef et je lui indiquai la possibilité qu'il y aurait, à mon avis, d'en finir une bonne fois avec le corps du général Zaragoza, en le faisant tourner par un ou deux bataillons qui, cheminant sur les crètes occidentales du Borrego, iraient déboucher sur le flanc gauche et même sur les derrières de ce corps, cette attaque étant, bien entendu, combinée avec un mouvement offensif partant de la porte de Puebla. Je pensais bien que l'état d'extrême fatigue dans lequel se trouvait la garnison ne permettrait pas de faire cette tentative le 15, mais elle me paraissait très faisable le 16. On pouvait même y faire participer un bataillon d'infanterie de marine qu'il était très possible de faire venir de Cordova.

Je m'aperçus très facilement que mon projet inspirait peu de sympathies au général; nous en restâmes donc là et je retournai à la porte de Puebla pour y passer la nuit. Or, le général Zaragoza ayant sans doute reconnu que la défaite du corps d'Ortega le laissait exposé à une destruction peut-être complète, avait résolu de se soustraire à cette situation critique par une prompte retraite; il l'exécuta pendant la nuit, et le matin du 15 juin, nous n'avions plus personne devant nous.

L'effet du succès que nous venions d'obtenir à Orizaba était considérable et dégageait la situation en avant, mais nous restions toujours avec de très graves préoccupations relativement à nos convois. Nous avions appris qu'une bande de guérillas avait pillé un détachement de vingt voitures, dont quinze chargées de munitions, que l'escorte avait été massacrée et les approvisionnements de poudre brûlés; qu'à la suite de cet événement, les autres voitures étaient rentrées à la Vera-Cruz, que les troupes indigènes alliées qui occupaient la Tegeria s'étaient retirées à Medellin, enfin que la route était complètement coupée.

Quelques jours avant l'attaque d'Orizaba, le général Marquez avait offert au général en chef de partir pour Vera-Cruz et de lui amener tout le convoi qui nous était destiné; il s'était mis en route, était allé jusqu'à la Vera-Cruz, mais, arrivé là,

il avait appris par les rapports les plus confus qu'une lutte
avait eu lieu ici, et comme il n'avait aucune donnée sur son
issue, il avait pris le parti de revenir sans le convoi, qui aurait
pu l'embarrasser en route. Cette contre-marche aurait pu être
évitée, si le général en chef avait pris soin de tenir le général
au fait de la situation, aussi bien que les commandants de
Cordova et de Chiquihuite, qu'on avait laissés sans nouvelles.

La rentrée des troupes de Marquez en dedans de Chiquihuite laissait la route de Vera-Cruz complètement livrée aux
déprédations des guérillas. La situation était d'autant plus
critique qu'avec nos rations réduites, il n'y avait de vivres à
Orizaba que jusqu'au 20 juillet au plus, que la population
n'avait ni pain, ni farine, ni maïs, et que l'armée mexicaine
ne vivait que de pillage, n'étant ni soldée, ni nourrie.

Voilà donc où nous en étions au retour du général Marquez sans le convoi. Tout d'abord, ce dernier s'offrit de
retourner à Vera-Cruz; il demandait seulement qu'un bataillon français l'accompagnât jusqu'à la Soledad, l'y attendît et
revînt ensuite avec lui et le convoi; mais le soir du jour où il
avait accepté cette mission, il fit prévenir le général en chef
qu'il avait trop présumé de ses forces, que son infanterie était
nu-pieds, habillée de haillons, qu'elle n'avait même pas de
gibernes pour mettre ses cartouches à l'abri, et qu'enfin il lui
était impossible de se mettre en route.

Cette déclaration laissait donc à l'armée française tout le
soin de faire en Terre-Chaude, dans la plus mauvaise saison,
les pénibles voyages d'escorte des convois. J'avais prévu cette
dure nécessité, dans un moment où je voyais à regret les
illusions contraires prendre le dessus.

Enfin, le général en chef prit le parti d'envoyer à la Vera-
Cruz le colonel Enicque, avec quatre compagnies d'infanterie
de marine et le second bataillon de zouaves, qui alors formaient
la garnison de Cordova; le bataillon des fusiliers marins alla
occuper cette dernière ville et le colonel Enicque en partit
avec sa colonne le 25 juin.

Mais, dans la journée du 26, des nouvelles fort inquiétantes

furent données de tous côtés sur les intentions de l'ennemi.
Zaragoza, renforcé de Dobbado et de Comonfor, devait se présenter de nouveau devant Orizaba, pendant que des mouvements tournants exécutés par des corps détachés auraient
pour objet d'aller attaquer la colonne du colonel Enicque.
D'ailleurs, la Soledad était, disait-on, occupée par trois mille
hommes avec six pièces.

Ce jour-là, le général en chef me fit part de tous ces rapports et de ses appréhensions. Je lui dis que, quant au mouvement du colonel Enicque, il me semblait aussi impossible
de l'arrêter que de le seconder ; que l'arrêter serait une faute,
l'issue de son voyage étant une question de vie ou de mort
pour l'armée ; que, quant à le seconder, cela lui était impossible, puisque lui-même était plus ou moins menacé de tous
côtés. J'ajoutai enfin que, dans la circonstance, il me paraissait urgent de ne pas laisser le colonel Enicque dans l'indécision, qu'il y avait lieu de lui envoyer un courrier à Paso-
Ancho, où il devait être arrivé ce jour-là, pour le prévenir
que des rapports signalaient la Soledad comme occupée par
l'ennemi et qu'il fallait, coûte que coûte, le culbuter et passer
outre. Le général adopta cette fois encore mon avis et lui
donna suite.

Il restait à pourvoir aux éventualités d'une attaque sur Orizaba. On avait perfectionné les défenses de la porte de Puebla
et occupé le Borrego ; je pensais qu'il y avait encore quelque
chose à faire pour être bien préparé sur toutes les faces, il
me semblait surtout utile de répartir avec ordre et proportionnellement aux effectifs les précieuses défenses des abords
extérieurs, de reporter nos moyens d'action au delà des barricades et de ne considérer ces dernières que comme suprême
ressource, et enfin de renforcer par quelques travaux de
campagne plusieurs excellentes positions dans la plaine du
Nord. Ces propositions faites de ma part dans toute la sincérité de mes convictions militaires produisirent sur l'esprit du
général en chef un effet diamétralement opposé à celui que je
pouvais attendre. Je croyais lui avoir donné assez de gages
de mon dévouement pour lui inspirer de la confiance, je

m'étais trompé, et, à partir de ce moment, j'ai vu clairement que j'étais devenu importun et que la méfiance avait pris la place des premiers sentiments de confiance qu'il m'avait témoignés.

. Mon projet avait pour objet d'inscrire la ville et ses défenses naturelles accessoires dans un triangle, dont chaque côté aurait été étudié avec soin par les corps chargés de le défendre. A cet effet, je proposai au général de réunir chez lui les chefs de corps et des services de l'artillerie et du génie, afin de régler sur un plan toutes les conditions de la surveillance, de la garde et de la défense. Il indiqua une heure pour ce rendez-vous, mais au moment de la réunion, il envoya un officier d'ordonnance prévenir qu'il n'y assisterait pas, et, comme il ne disait point qu'on pouvait étudier la question sans lui, on envoya demander ses ordres ; alors seulement on sut que son intention était que la séance eût lieu. On y posa les principes généraux de la défense dans le sens indiqué plus haut, et on étudia la question d'une égale répartition des charges du service des grand'gardes.

La séance terminée, le chef d'état-major entra chez le général pour lui en rendre compte, il en ressortit presque immédiatement en annonçant, de la part du général en chef, que tout ce qui venait d'être proposé serait modifié, parce que son intention formelle était de ne pas avoir de grand'garde sur la face nord, suffisamment gardée par nos alliés les Mexicains.

La résolution du général de ne pas assister à cette séance, le ton employé par le chef d'état-major pour signifier ses volontés m'ont suffisamment éclairé pour me faire reconnaître que j'étais de leur part l'objet d'une petite mystification ; elle a été, du reste, assez transparente pour être parfaitement saisie par tous les officiers qui étaient présents. J'ai pu voir par ces procédés qu'à l'avenir mes conseils ou mes observations seraient fort mal accueillis, et, dès lors, j'ai pris la résolution de m'abstenir de les produire.

Néanmoins, j'ai été amené par les circonstances à intervenir encore une fois près du général en chef, voici à quelle occasion.

. Le 1ᵉʳ juillet, j'apprenais que le général, sur la proposition de son chef d'état-major, envoyait un bataillon du 99ᵉ d'Orizaba au Chiquihuite d'abord et ensuite à la Soledad, pour aller au-devant du convoi. Ce détachement devait aussi fournir au Chiquihuite un détachement d'une centaine de travailleurs pour le génie. Je considérai et je considère encore ce mouvement comme très nuisible : il faisait tomber sur un bataillon une surcharge de marche qu'on devrait éviter avant tout, dans un moment où les troupes sont appelées à subir les fatigues ét les travaux les plus périlleux. Ayant encore deux conditions à remplir : 1° d'avoir des troupes disponibles au Chiquihuite pour aller au-devant du convoi; 2° de renforcer les travailleurs du génie occupés au rétablissement du grand pont de l'Atoïac, il était facile, judicieux et équitable d'obtenir ces résultats beaucoup plus avantageusement, en ne faisant faire qu'une journée de marche à chacun. La combinaison consistait dans l'envoi du bataillon de fusiliers-marins de Cordova au Chiquihuite. Ce bataillon composé d'hommes habitués aux manœuvres de force, travaillant avec ensemble, aurait fourni au génie des ouvriers auxiliaires précieux pour descendre de la montagne les arbres nécessaires à la réparation du pont de l'Atoïac, qui a plus de dix-huit mètres de largeur.

Les officiers de marine qui font partie de ce bataillon sont certainement très aptes à diriger ces mêmes travaux de force. L'arrivée de ce bataillon au Chiquihuite était donc une application intelligente de l'aptitude de cette troupe, et elle procurait l'avantage de rendre disponibles, au moins en nombre égal, les troupes de l'infanterie de marine nécessaires pour aller au-devant du convoi. Quant à Cordova, il suffisait d'y envoyer le bataillon du 99ᵉ remplacer les fusiliers marins. C'était à la fois le moyen de ne faire faire qu'une seule marche à chacun et d'avoir même la possibilité, au cas où l'on aurait été inquiété ici, de recouvrir, par une contre-marche de vingt-quatre heures ou de quarante-huit heures au plus, toutes les positions dégarnies.

Intimement convaincu de ces vérités, j'ai pensé qu'il était

de mon devoir de faire une dernière tentative près du général en chef, pour l'arrêter dans une voie qui me paraît funeste pour le sort de l'armée. Je me suis présenté chez lui, je lui ai signalé les inconvénients qui pouvaient résulter de l'adoption d'une mesure qui aurait pour résultat de faire passer subitement un bataillon de la tête à la queue de son armée, en lui imposant des marches pénibles et un séjour périlleux dans les Terres-Chaudes, et j'ai insisté sur l'avantage qu'il y aurait à adopter l'autre combinaison que j'ai exposée plus haut.

Mes observations n'ont point été prises en considération par le général en chef, et j'ai dû me retirer en lui déclarant que cette démarche serait le dernier acte de participation de ma part à ses projets et que, pour l'avenir, je me bornerais à exécuter ses ordres. Je lui ai dit que j'avais cru devoir l'éclairer d'avance sur mes sentiments, parce qu'ils étaient en désaccord avec ses vues, et afin que si, plus tard, j'avais à lui en manifester l'expression, il ne pût m'accuser de les lui avoir dissimulés avec perfidie.

Je reste donc sans participation aucune dans les mesures qui sont adoptées, je ne serai plus entre les mains du général en chef qu'un instrument d'obéissance passive, quand il voudra bien m'employer.

J'étais venu ici avec d'autres idées : j'avais écarté de mon esprit toutes les critiques fort justes qui avaient été faites sur la conduite des affaires, sur les fautes commises antérieurement par le général en chef et par son chef d'état-major. Je n'ai voulu voir dans l'inexplicable attaque de Puebla, entreprise sans reconnaissances préalables et sans aucune des précautions les plus élémentaires du métier, que le résultat du fatal entraînement auquel on obéissait dès le début de la seconde expédition, et surtout de l'aveuglement dans lequel on avait été jeté par suite des renseignements faux et intéressés de personnages dont on subissait l'influence.

J'avais également voulu oublier que l'amiral Jurien de la Gravière avait été l'objet d'accusations calomnieuses et des procédés les plus offensants de la part du chef d'état-major, conduite que je trouvais aussi injuste que blâmable et odieuse, car si la marine et son administration n'ont pu mieux faire dès le début, c'est que réellement elles ont rencontré un concours de circonstances difficiles qu'il n'est pas permis à des hommes expérimentés de méconnaître.

Pour ne citer qu'un seul fait entre mille, je vous signalerai la question des transports. La deuxième expédition eût été, tout comme la première, frappée d'immobilité si, à la suite du traité de la Soledad, le gouvernement de Juarès n'avait permis à deux cents grands chariots de descendre de Mexico à Vera-Cruz. L'intendance militaire en a profité pour les affréter. On a proclamé très hautement le mérite de cette opération, en omettant, bien entendu, de reconnaître sa véritable origine. De cette façon, les uns se sont trouvés au pinacle et les autres ont été déclarés pour le moins des impuissants. La seule chose vraie est que la marine fournit encore, à l'heure qu'il est, à tous nos besoins, et qu'elle continue, à Vera-Cruz, son rude labeur de fournir à nos approvisionnements. Le commandant Rose, qui sait très bien à quoi s'en tenir sur la gratitude et les procédés dont on use envers la marine, n'en continue pas moins, avec abnégation et dévouement, sa rude tâche.

Mais en voulant bien oublier toutes ces causes profondes de dissentiments, j'espérais rencontrer des consciences éclairées par les événements et les leçons de l'expérience mises à profit pour l'avenir; j'ai reconnu que rien n'était changé dans l'état des hommes et des choses. Chez le général, c'est toujours la même inertie, absence de plans et même d'idées, dégoût de tout ce qui peut être conception, calcul ou prévision; dans les moments de sécurité, oubli du danger passé et, de plus, horreur profonde de toutes les personnes ou les choses qui pourraient venir le troubler.

Chez son chef d'état-major, on rencontre le même mépris ou la même ignorance des conditions de notre existence militaire. Ses conceptions sont hasardeuses, rien ne les justifie, chaque jour elles peuvent compromettre le sort de l'armée; la violence de son caractère et son intempérance de langage ont eu pour résultat de nous aliéner des auxiliaires très utiles dans l'armée mexicaine. En vérité, quand on est l'agent responsable d'une opération aussi désastreuse que celle de l'attaque de Puebla, on peut être plus modeste avec ceux qui, au bout du compte, sont destinés à payer toutes vos erreurs et et à en subir toutes les conséquences.

Il m'a fallu, pour vous mettre au courant de la situation, entrer dans bien des détails, je regrette de n'avoir pu les éviter, et je m'arrêterai sans vous parler d'une autre question qui me mènerait beaucoup trop loin ; c'est celle de l'armée alliée du général Marquez, qui, laissée dans le plus grand dénuement, va, se dispersant chaque jour, disparaître et nous laisser seuls à pourvoir à nos postes avancés. Je déplore d'autant plus cette faute que j'ai la conviction qu'avec la bonne volonté du général Marquez et de ses subordonnés on aurait pu, avec un peu de travail de notre part, il est vrai, arriver à organiser une force qui pouvait nous rendre les services les plus utiles.

En définitive, mon opinion se résume à dire que notre salut dépend beaucoup plus de l'incapacité militaire de nos ennemis que de notre bonne organisation.

Général Félix Douay.

FIN.

TABLE ALPHABÉTIQUE

TABLE DES MATIÈRES

FIN DE LA TABLE

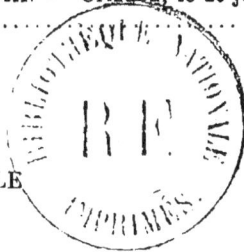

PARIS. TYP. DE E. PLON, NOURRIT ET Cie, RUE GARANCIÈRE, 8. — 3698.

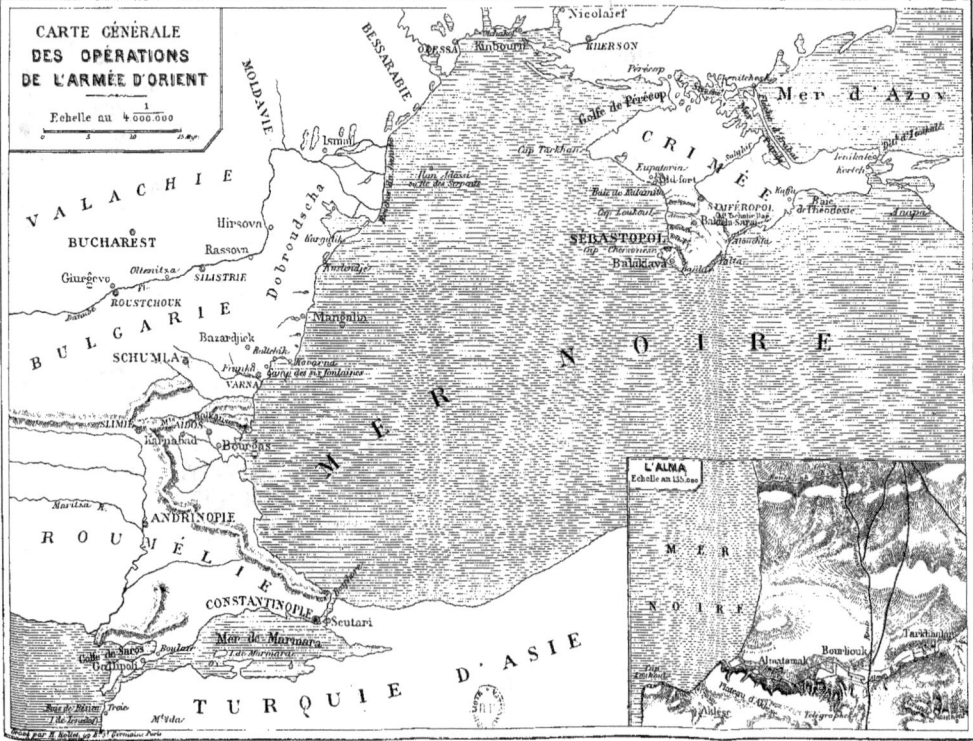

CARTE GÉNÉRALE
DES OPÉRATIONS
DE L'ARMÉE D'ORIENT

Echelle au $\frac{1}{4\,000\,000}$

L'ALMA
Echelle au 135.000

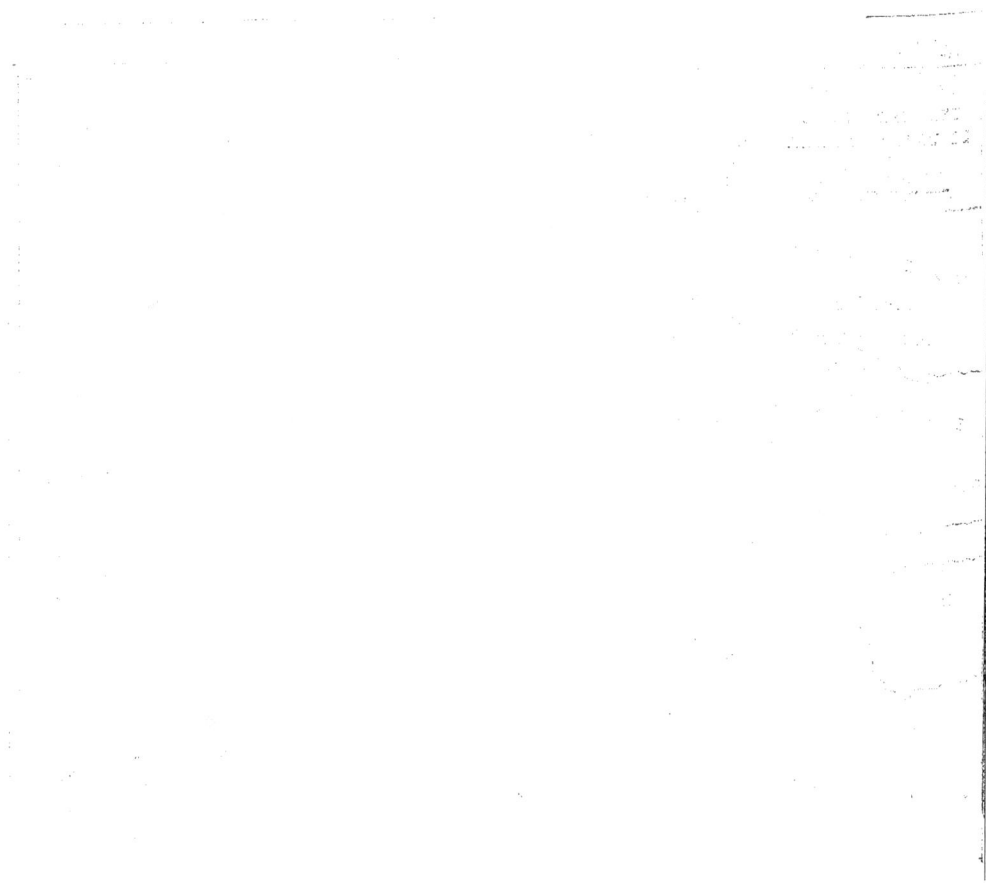

LE PLATEAU
DE CHERSONÈSE
ET LES
ENVIRONS DE SÉBASTOPOL

Échelle au 90.000

SÉBASTOPOL EN 1855
SPÉCIALEMENT DANS LA
2.ᵉ PÉRIODE DU SIÈGE

Échelle au 35.000

Fort du Nord

Fort Michel

Fort Catherine

Fort Constantin

GRAND PORT DE SÉBASTOPOL

B.ᵗⁱᵉˢ du Phare

Fort Alexandre

Fort Nicolas

Baie de l'Artillerie

St Paul

Batterie N.º 6

Baie Karabelnaia

Fort de la Quarantaine

Baie de la Quarantaine

Bastion N.º 6
B.ⁿ de la Quarantaine

SÉBASTOPOL

PORT DE SUD

Faub.ᵍ Karabelnaia

Maison en trou

Boyel B.ᵗ de la Faubourg

Ravin Tchernaia

B.ᵗ du 2 Mai

Red.ᵗ Selenghinsk
ouvrage du 23 Février

Bastion N.º 2
1.ᵉʳ Redan

R.ᵗ Volhynie
Ouv.ᵉ du 21.ᵉ Février

B.ᵗ du fond du Port

Cimetière

Lunette Bielkina
3.ᵉ Central

Fort Malakof

Tour Malakof
G.ᵈ Gervais

R.ᵗ Kamtchatka
Mamelon Vert
(B.ᵗ Brancion)

B.ᵗ des Anglais

R.ᵗ du Phare

Grande Red.ᵗ des Anglais

Bastion N.º 5
Red.ᵗ Schwartz

Bar Nikonoff
G.ᵈᵉˢ Casernes

Bastion N.º 3
G.ᵈ Redan

Quar.ᵗ de l'Artillerie

Ravin du Carénage

M.ᵗ Vorotzof

R.ᵗ du 5 Novembre

Maison brûlée

Bastion N.º 4
B.ⁿ du Mât

Ravin Anglais

Ravin du Laboratoire ou du Midi

Montagne Verte

Ravin Karabelnaia ou des Docks

Batterie Lancastre

R.ᵗ Victoria

ATTAQUES FRANÇAISES DE DROITE

M.ᵗ Sapoudine

ATTAQUES DE LA FRANÇAISES DE GAUCHE

Maison des Carrières

Maison du Clocheton

ATTAQUES ANGLAISES

Grave par B.Rulict, 99 R.º S.ᵗ Germain Paris.

www.ingramcontent.com/pod-product-compliance
Lightning Source LLC
Chambersburg PA
CBHW060953280326
41935CB00009B/704